NEUE SCHRIFTEN DES DEUTSCHEN STÄDTETAGES

―――――― Heft 66 ――――――

PK - II - 520

Bauland durch städtebauliche Entwicklungsmaßnahmen

von

Dr. Franz-Josef Lemmen

VERLAG W. KOHLHAMMER

DIE NEUEN SCHRIFTEN DES DEUTSCHEN STÄDTETAGES veröffentlichen neben offiziellen Äußerungen des Deutschen Städtetages auch Arbeitsergebnisse und Diskussionsbeiträge seiner Gremien, seiner Mitglieder und sonstiger Mitarbeiter. Meinungen, die in den Schriften geäußert werden, stellen deshalb nicht in allen Fällen die festgelegte Ansicht des Deutschen Städtetages dar, sondern werden von den Verfassern verantwortet.

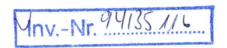

Sonderdruck für den Deutschen Städtetag

ISBN 3-17-012912-0

Werk-Nummer 12912

© Copyright 1993 Verlag W. Kohlhammer GmbH, Stuttgart, Berlin, Köln, Mainz - Verlagsort Köln

Druck: Drei Kronen Druck GmbH, Hürth/Rheinland

Printed in Germany   Imprimé en Allemagne

Vorwort

Vor dem Hintergrund der aktuellen Wohnungs- und Baulandproblematik wurde die städtebauliche Entwicklungsmaßnahme in das System des Städtebaurechts durch das Investitionserleichterungs- und Wohnbaulandgesetz unbefristet wieder eingeführt. Den Städten und Gemeinden in den alten und neuen Ländern wurde ein Instrument an die Hand gegeben, das ihnen erlaubt, aktiv die Entwicklung auf den Bauland- und Wohnungsmärkten zu fördern.

Städtebauliche Entwicklungsmaßnahmen ermöglichen nicht nur dort, wo die öffentliche Hand schon Grundstücke besitzt, neue Bauflächen auszuweisen und Wohnungen zu realisieren. Sie sind durch die Grunderwerbs- und Veräußerungspflicht der Gemeinden geeignet, eine optimale Nutzung des Grund und Bodens, einen Ausgleich zwischen städtebaulichen und ökologischen Belangen und die Nutzbarmachung des durch die Gemeinde hervorgerufenen maßnahmebedingten Bodenwertzuwachses zur Finanzierung der Entwicklung herbeizuführen.

Die Aktualität des Themas „Bauland durch städtebauliche Entwicklungsmaßnahmen" der vorliegenden Arbeit zeigt sich schon darin, daß zur Zeit eine hohe Bereitschaft zur Anwendung dieses Instruments in den Städten und Gemeinden besteht. Schon heute werden mehr städtebauliche Entwicklungsmaßnahmen nach neuem Recht vorbereitet bzw. durchgeführt als insgesamt nach dem Städtebauförderungsgesetz.

Die vorliegende Arbeit, die auf einer Dissertation an der Universität Dortmund, Fachbereich Raumplanung, Fachgebiet Vermessungswesen und Bodenordnung beruht, beschäftigt sich mit diesem Instrument der Baulandbereitstellung und seiner praktischen Bedeutung. Der Verfasser legt mit seinem Werk eine Monographie über städtebauliche Entwicklungsmaßnahmen vor, die es in dieser

Form bisher nicht gegeben hat. Es werden nicht nur theoretische, insbesondere juristische Zweifelsfragen aufgegriffen und gelöst, sondern die im Umgang mit dem noch neuen Instrument noch unsichere Praxis erhält gleichzeitig die erforderlichen Hinweise zur Anwendung städtebaulicher Entwicklungsmaßnahmen. Die Arbeit macht den Städten und Gemeinden Mut, das Instrument der städtebaulichen Entwicklungsmaßnahme zur Behebung des Bauland- und Wohnungsmangels anzuwenden. Sie ist eine wertvolle Hilfe für die Verantwortlichen in der Praxis, die sich mit der Vorbereitung und Durchführung solcher Maßnahmen beschäftigen.

Köln, im November 1993

Jochen Dieckmann
Geschäftsführendes Präsidialmitglied
des Deutschen Städtetages

INHALTSVERZEICHNIS

	Seite
Abkürzungsverzeichnis	XII
Abbildungsverzeichnis	XV

I. Einleitung 1
1. Problemstellung 1
2. Zweck der Arbeit 2

A. Städtebauliche Entwicklungsmaßnahmen nach dem StBauFG/BauGB 1987

II. Das Entwicklungs-Instrumentarium nach dem StBauFG/BauGB 1987 - Überblick 4
1. Entstehungsgeschichte städtebaulicher Entwicklungsmaßnahmen 4
2. Das Entwicklungsrecht des StBauFG/BauGB 1987 in den Grundzügen 6
   - 2.1 Bodenpolitische Merkmale 6
   - 2.2 Gegenstände, Ziele, Zwecke und Voraussetzungen 7

III. Rechtsprechung zu städtebaulichen Entwicklungsmaßnahmen nach dem StBauFG/BauGB 1987 10
1. Das Boxberg-Urteil des Bundesverfassungsgerichts 10
2. Zur Rechtsprechung 11
   - 2.1 Zu den Anforderungen an die förmliche Festlegung eines städtebaulichen Entwicklungsbereichs 12
     - 2.1.1 Gegenstand städtebaulicher Entwicklungsmaßnahmen - Begriff des "Ortes" und des "Ortsteils" 12
     - 2.1.2 Ziele städtebaulicher Entwicklungsmaßnahmen 13
     - 2.1.3 Allgemeinwohlerfordernis als Festlegungsvoraussetzung 14
     - 2.1.4 Voraussetzung der zügigen Durchführung innerhalb eines absehbaren Zeitraums 18
     - 2.1.5 Bürgeranhörung und -beteiligung sowie vorbereitende Untersuchungen vor Erlaß einer Entwicklungsverordnung 19
     - 2.1.6 Planungskonzeption bei Erlaß einer Entwicklungsverordnung 20
   - 2.2 Zur entwicklungsbedingten Wertabschöpfung 20
   - 2.3 Zur Genehmigungspflicht bei Vorhaben und Rechtsvorgängen nach § 15 StBauFG im Zusammenhang mit der Preisprüfung nach § 23 Abs. 2 StBauFG 22
   - 2.4 Zur Entwicklungsbereichsabgrenzung 24

IV. Städtebauliche Entwicklungsmaßnahmen nach dem StBauFG/BauGB 1987 in der Praxis - Empirische Untersuchung 26
1. Überblick, Bedeutung 26

		Seite

2. Empirische Untersuchung ausgewählter Entwicklungsmaßnahmen 30
   2.1 Vorbemerkungen 30
      2.1.1 Forschungsleitfragen 30
      2.1.2 Auswahlkriterien - Ausgewählte Fallbeispiele 30
      2.1.3 Methodische Vorgehensweise 32
   2.2 Zusammenfassung der Ergebnisse 33
   2.3 Darstellung der ausgewählten Entwicklungsmaßnahmen 41
      2.3.1 Entwicklungsmaßnahme Backnang 41
      2.3.2 Entwicklungsmaßnahme Friedrichsdorf 47
      2.3.3 Entwicklungsmaßnahme Rockenhausen 52
      2.3.4 Entwicklungsmaßnahme Rödental 57

B. Städtebauliche Entwicklungsmaßnahmen nach dem BauGB

V. Das Entwicklungs-Instrumentarium nach dem BauGB 62
   1. Entstehungsgeschichte 62
   2. Gegenstände, Ziele und Zwecke 73
      2.1 Zum Raumbezug 74
      2.2 Zum Planungsbezug 74
      2.3 Zum Entwicklungsbezug 76
      2.4 Zum Nutzungsbezug 76
   3. Das Entwicklungsrecht des BauGB 77
      3.1 Anwendungs- und Festlegungsvoraussetzungen 77
         3.1.1 Allgemeine Anwendungsvoraussetzung 77
         3.1.2 Festlegungsvoraussetzungen 78
      3.2 Abgrenzug des Entwicklungsbereichs 80
      3.3 Anpassungsgebiete 81
      3.4 Verfahren der förmlichen Festlegung durch Satzung 83
      3.5 Besonderes Bodenrecht für Entwicklungsmaßnahmen 84
         3.5.1 Entwicklungsrechtliches Abwägungsgebot 85
         3.5.2 Voruntersuchungen der Gemeinde 85
         3.5.3 Wirkungen des Beschlusses über den Beginn der Voruntersuchungen 85
         3.5.4 Kosten- und Finanzierungsübersicht; Finanzierungsvorschriften 86
         3.5.5 Abgaben- und Auslagenbefreiung; steuerliche Vergünstigungen nach anderen Vorschriften 87
         3.5.6 Entwicklungsträger; Übertragung von Aufgaben auf einen Planungsverband 87
         3.5.7 Wirkungen der förmlichen Festlegung; Genehmigungspflichtige Vorhaben, Teilungen und Rechtsvorgänge; Genehmigung 88
         3.5.8 Durchführung von Ordnungsmaßnahmen durch die Eigentümer 89

		Seite
3.5.9	Zuständigkeit und Aufgaben der Gemeinde	89
3.5.10	Grunderwerb	90
3.5.11	Ausschluß von Umlegung und Grenzregelung	91
3.5.12	Grundstücksveräußerung	92
3.5.13	Erschließungsbeiträge; Überleitungsvorschriften zur förmlichen Festlegung	92
3.5.14	Maßgebende Grundstückswerte im Entwicklungsbereich	93
3.5.15	Abschluß der Entwicklungsmaßnahme	96
3.5.16	Vorschriften über den Verkehr mit land- und forstwirtschaftlichen Grundstücken	96

VI. Zur Bedeutung städtebaulicher Entwicklungsmaßnahmen nach dem BauGB 97

1. Allgemeines 97
2. Außenentwicklungsmaßnahmen 97
   - 2.1 Zur Außenentwicklung 97
   - 2.2 Anwendungsmöglichkeiten 99
   - 2.3 Vergleich mit anderen baulandpolitischen Instrumenten 104
     - 2.3.1 Neuerschließungsumlegung 105
     - 2.3.2 Grenzregelung 113
     - 2.3.3 Enteignung 114
     - 2.3.4 Städtebauliche Verträge zur Planverwirklichung 116
     - 2.3.5 Vorhaben- und Erschließungsplan 125
   - 2.4 Städtebauliche Entwicklungsmaßnahmen - Natur- und Landschaftsschutz 126
     - 2.4.1 Allgemeines 126
     - 2.4.2 Bauleitplanung, Naturschutzrecht und städtebauliche Entwicklungsmaßnahmen 128
   - 2.5 Vergleich mit dem Baulandbereitstellungsprozeß in den Niederlanden 130
3. Innenentwicklungsmaßnahmen 135
   - 3.1 Zur Innenentwicklung 135
   - 3.2 Anwendungsmöglichkeiten 135
     - 3.2.1 Brachflächen 135
     - 3.2.2 Ehemals militärisch genutzte Flächen 137
     - 3.2.3 Mindergenutzte Flächen 141
   - 3.3 Vergleich mit anderen baulandpolitischen Instrumenten 143
     - 3.3.1 Neuordnungsumlegung, Ergänzungsumlegung 143
     - 3.3.2 Grenzregelung 144
     - 3.3.3 Enteignung 144
     - 3.3.4 Städtebauliche Sanierungsmaßnahmen 144
     - 3.3.5 Städtebauliche Verträge zur Planverwirklichung 146
     - 3.3.6 Grundstücksfonds zur Reaktivierung von Brachflächen 147

		Seite

4. Städtebauliche Entwicklungsmaßnahmen in den neuen
 Bundesländern 149
5. Zusammenfassung und abschließende Bewertung 152
 5.1 "Doppeltes Bodenrecht" 152
 5.2 Strenge Anwendungs- und Festlegungsvoraussetzungen 154
 5.3 Entwicklungsmaßnahmenspezifische Probleme 155

VII. Vorschläge und Hinweise zur Anwendung städtebaulicher Entwicklungsmaßnahmen 158

1. Grobanalyse, Voruntersuchungen 158
 1.1 Grobanalyse 158
 1.2 Voruntersuchungen 159
  1.2.1 "Entwicklungsbeschluß" 159
  1.2.2 Gegenstand von Voruntersuchungen 159
  1.2.3 Vorbereitende Untersuchungen 160
  1.2.4 Beteiligung und Mitwirkung der Betroffenen 161
  1.2.5 Abgrenzung des Entwicklungsbereichs 162
2. Vorbereitender Grunderwerb, Grunderwerb 162
 2.1 Vorbereitender Grunderwerb 162
 2.2 Grunderwerb 164
  2.2.1 Maßnahmen zur Erleichterung des Grunderwerbs 164
  2.2.2 Abwendungsvereinbarungen 166
  2.2.3 Enteignungen 167
  2.2.4 Erhöhung der Ankaufspreise? 168
  2.2.5 Naturschutzrechtliche Ersatzflächen 169
3. Wertermittlung 170
 3.1 Allgemeines zur Ermittlung des entwicklungsunbeeinflußten Grundstückswerts 172
 3.2 Zur Ermittlung des Zeitpunkts des beginnenden
  Entwicklungseinflusses (Stichtag ohne Entwicklungserwartungen) 173
 3.3 Zur Ermittlung entwicklungsunbeeinflußter
  Grundstückswerte 175
  3.3.1 Unbebaute Grundstücke 175
  3.3.2 Bebaute Grundstück 179
  3.3.3 Brachflächen 179
  3.3.4 Ehemals militärisch genutzte Flächen 180
 3.4 Zur Ermittlung der Neuordnungswerte 183
4. Planung 184
 4.1 Bauleitplanung 184
 4.2 Vorhaben- und Erschließungsplan 185
5. Grundstücksveräußerung 186
 5.1 Veräußerung unterhalb des Neuordnungswerts? 186
 5.2 Vertragliche Bindungen, Auswahl von Bewerbern 189
 5.3 Grundstücksveräußerung in Verbindung mit
  naturschutzrechtlichen Ersatzflächen 191

		Seite
VIII.	**Weiterer Regelungsbedarf?**	193
	1. Entwicklungsrecht	193
	2. Steuerrecht	196
	3. Bodenrecht	197

Anhang

1. Beschreibung der Fallstudien 199

Entwicklungsmaßnahme Backnang 200
Entwicklungsmaßnahme Friedrichsdorf 217
Entwicklungsmaßnahme Rockenhausen 233
Entwicklungsmaßnahme Rödental 247

2. §§ 165 - 171 BauGB (Städtebauliche Entwicklungsmaßnahmen) 261

Literaturverzeichnis 267

Ablaufschema Städtebauliche Entwicklungsmaßnahmen: 3. Umschlagseite

ABKÜRZUNGSVERZEICHNIS

a.a.O.	am angegebenen Ort
Abb.	Abbildung
Abs.	Absatz
a.F.	alte Fassung
AG	Amtsgericht
AgrarR	Agrarrecht
ARGEBAU	Arbeitsgemeinschaft der für das Bau-, Wohnungs- und Siedlungswesen zuständigen Minister (Senatoren) der Länder
Art.	Artikel
BAnz.	Bundesanzeiger
BauGB	Baugesetzbuch
BauGB-MaßnahmenG	Maßnahmengesetz zum Baugesetzbuch
BauR	Zeitschrift für das gesamte öffentliche und zivile Baurecht
BauZVO	Bauplanungs- und Zulassungsverordnung
Bay.Vbl.	Bayerische Verwaltungsblätter
BBauBl.	Bundesbaublatt
BBauG	Bundesbaugesetz
Bd.	Band
Beschl.	Beschluß
BGB	Bürgerliches Gesetzbuch
BGBl.	Bundesgesetzblatt
BGH	Bundesgerichtshof
BHO	Bundeshaushaltsordnung
BImSchG	Bundesimmissionsschutzgesetz
BNatSchG	Bundesnaturschutzgesetz
BR-Drs.	Bundesratsdrucksache
BRS	Baurechtssammlung
BT-Drs.	Bundestagsdrucksache
BVerfG	Bundesverfassungsgericht
BVerfGE	Entscheidung des Bundesverfassungsgerichts
BVerwG	Bundesverwaltungsgericht
BWGZ	Baden-Württembergische Gemeindezeitung
bzgl.	bezüglich
bzw.	beziehungsweise

		Seite
Abbildung 16	Lage des Entwicklungsbereichs im Stadtgebiet (1973) Kartengrundlage: Topographische Karte 1:25.000, Blatt 5717 mit Genehmigung des Landesvermessungsamtes Hessen (LVA Hessen) vervielfältigt - Vervielfältigungsnr. 93-1-180	221
Abbildung 17	Bebauungsplan Am Römerhof - Ausschnitt	225
Abbildung 18	Entwicklungsbereich (1986) Kartengrundlage: DGK 5, Blatt 2 - 7468 mit Genehmigung des LVA Hessen vervielfältigt - Vervielfältigungsnr. B-267/93	230

Entwicklungsmaßnahme Rockenhausen

Abbildung 19	Lage im Raum	233
Abbildung 20	Lage des Entwicklungsbereichs im Stadtgebiet (1976) Kartengrundlage: Topographische Karte 1:25.000, Blatt 6312 mit Genehmigung des Landesvermessungsamtes Rheinland-Pfalz (LVA Rh.-Pf.) vervielfältigt - Kontrollnr. 244/93	236
Abbildung 21	Entwicklungsbereich (1976) Kartengrundlage: DGK 5, Blatt 3414/5498 (Rockenhausen) mit Genehmigung des LVA Rh.-Pf. vervielfältigt - Kontrollnr. 102/93	238
Abbildung 22	Bebauungspläne	241
Abbildung 23	Entwicklungsbereich (1989) Kartengrundlage: DGK 5, Blatt 3414/5498 (Rockenhausen) mit Genehmigung des LVA Rh.-Pf. vervielfältigt - Kontrollnr. 102/93	244

Entwicklungsmaßnahme Rödental

Abbildung 24	Lage im Raum	247
Abbildung 25	Lage des Entwicklungsbereichs im Stadtgebiet (1988) Kartengrundlage: Topographische Karte 1:25.000, Blatt 5632 und 5732 mit Genehmigung des Bayerischen Landesvermessungsamtes (LVA Bayern) vervielfältigt - Kontrollnr. 5411/93	251

ABBILDUNGSVERZEICHNIS

		Seite
Abbildung 1	Gegenstände städtebaulicher Entwicklungsmaßnahmen nach dem StBauFG/BauGB 1987	8
Abbildung 2	Städtebauliche Entwicklungsmaßnahmen nach dem StBauFG/BauGB 1987	28
Abbildung 3	Städtebauliche Entwicklungsmaßnahmen nach dem StBauFG/BauGB 1987 - Untersuchungsstädte	32
Abbildung 4	Backnang (Darstellung des Entwicklungsbereichs im Stadtgebiet)	41
Abbildung 5	Friedrichsdorf (Darstellung des Entwicklungsbereichs im Stadtgebiet)	47
Abbildung 6	Rockenhausen (Darstellung des Entwicklungsbereichs im Stadtgebiet)	52
Abbildung 7	Rödental (Darstellung des Entwicklungsbereichs im Stadtgebiet)	57
Abbildung 8	Innenentwicklungsmaßnahme auf einer mindergenutzten Fläche	142
Abbildung 9	Zeitpunkt des beginnenden Entwicklungseinflusses, Wertermittlungsstichtage und -fälle	171
Abbildung 10	Schematische Darstellung der Bodenwertentwicklung und -abschöpfung bei Außenentwicklungsmaßnahmen	178

Anhang:
Entwicklungsmaßnahme Backnang

Abbildung 11	Lage im Raum	200
Abbildung 12	Lage des Entwicklungsbereichs im Stadtgebiet (1986) Kartengrundlage: Topographische Karte 1:25.000, verkleinerter Ausschnitt aus dem Blatt 7022, mit Genehmigung des Landesvermessungsamtes Baden-Württemberg vervielfältigt, Vervielfältigungsgenehmigung 5.11/963	205
Abbildung 13	Bebauungsplan 1. Bauabschnitt Wohnen	211
Abbildung 14	Entwicklungsbereich - Teilbereich Wohnen (1992), Teilbereich Gewerbe (1990) - Kartengrundlage: Verkleinerung 1:10.000 FK 25 w.o., mit Genehmigung des Staatlichen Vermessungsamtes Waiblingen vervielfältigt, Az.: 5.19/9	215

Entwicklungsmaßnahme Friedrichsdorf

Abbildung 15	Lage im Raum	217

Abkürzungsverzeichnis

ca.	circa
d.h.	das heißt
DÖV	Die öffentliche Verwaltung
DS	Der Sachverständige
DVBl.	Deutsches Verwaltungsblatt
e.V.	eingetragener Verein
EStG	Einkommensteuergesetz
etc.	et cetera
f, ff	folgender, fortfolgende
FlurbG	Flurbereinigungsgesetz
GBl.	Gesetzblatt
gem.	gemäß
GEWOS	Gesellschaft für Wohnungs- und Siedlungswesen e.V.
GG	Grundgesetz
GrEStG	Grunderwerbsteuergesetz
GuG	Grundstücksmarkt und Grundstückswert
GVBl.	Gesetz- und Verordnungsblatt
ha	Hektar
Hrsg.	Herausgeber
i.d.R.	in der Regel
InV-WoBaulG	Investitionserleichterungs- und Wohnbaulandgesetz
i.S.d.	im Sinne des
i.V.m.	in Verbindung mit
i.w.	im wesentlichen
KAG	Kommunalabgabengesetz
Kap.	Kapitel
LEG	Landesentwicklungsgesellschaft
LKV	Landes- und Kommunalverwaltung
m.w.H.	mit weiteren Hinweisen
n.F.	neue Fassung
NJW	Neue Juristische Wochenschrift
NRW	Nordrhein-Westfalen
NuR	Natur und Recht
NVwZ	Neue Zeitschrift für Verwaltungsrecht
o.g.	oben genannt

OLG	Oberlandesgericht
OVG	Oberverwaltungsgericht
Rdnr.	Randnummer
RegE	Regierungsentwurf
ROG	Raumordnungsgesetz
S.	Seite
s.o.	siehe oben
s.u.	siehe unten
sog.	sogenannte(r)
StBauFG	Städtebauförderungsgesetz
StBauFVwV	Allgemeine Verwaltungsvorschrift über den Einsatz von Förderungsmitteln nach dem StBauFG
u.ä.	und ähnliches
u.a.	unter anderem, und andere
u.U.	unter Umständen
UPR	Umwelt- und Planungsrecht
Urt.	Urteil
usw.	und so weiter
Verm.techn.	Vermessungstechnik
VGH	Verwaltungsgerichtshof
vgl.	vergleiche
vhw	Volksheimstättenwerk
VR	Vermessungswesen und Raumordnung
VwGO	Verwaltungsgerichtsordnung
VwVfG	Verwaltungsverfahrensgesetz
WEG	Wohnungseigentumsgesetz
WertR	Wertermittlungs-Richtlinien
WertV	Wertermittlungsverordnung
WiVerw	Wirtschaft und Verwaltung
WoBauErlG	Wohnungsbauerleichterungsgesetz
II. WoBauG	Zweites Wohnungsbaugesetz
z.B.	zum Beispiel
z.T.	zum Teil
z.Zt.	zur Zeit
ZfBR	Zeitschrift für deutsches und internationales Baurecht
ZfV	Zeitschrift für Vermessungswesen

			Seite
Abbildung 26	Entwicklungsbereich (1973) Kartengrundlage: Flurkarte 1:5.000, Nr. NW 103-16, NW 103-17, NW 104-16 und NW 104-17 mit Genehmigung des LVA Bayern vervielfältigt - Kontrollnr. 5411/93		253
Abbildung 27	Bebauungspläne		255
Abbildung 28	Entwicklungsbereich (1988) Kartengrundlage: Flurkarte 1:5.000, Blatt Nr. NW 103-16, NW 103-17, NW 104-16 und NW 104-17 mit Genehmigung des LVA Bayern vervielfältigt - Kontrollnr. 5411/93		259

Kartentechnische Bearbeitung:

Brigitte Bergmann-Strube

Heinz Kobs

I. Einleitung

1. Problemstellung

Am 1.6.1990 trat das Wohnungsbau-Erleichterungsgesetz (WoBauErlG) in Kraft.[1] Damit hatte der Gesetzgeber auf die angespannte Lage auf dem Wohnungs- und Bodenmarkt in den alten Bundesländern reagiert. Sie war und ist insbesondere durch einen starken Druck auf der Nachfrageseite gekennzeichnet, der auf der Angebotsseite bis heute nicht aufgefangen werden konnte. Mit dem WoBauErlG soll ein Beitrag zur Lösung dieses Problems geleistet werden. Die in bodenpolitischer Hinsicht wohl weitreichendste Neuregelung[2] war die befristete Wiedereinführung der städtebaulichen Entwicklungsmaßnahme in fortentwickelter Form (Art. 2 WoBauErlG, §§ 6 und 7 BauGB-MaßnahmenG 1990[3]).

Nach Inkrafttreten des WoBauErlG hielt die Diskussion zur Förderung von Investitionen in den neuen und alten Bundesländern sowie zur Verbesserung der Verhältnisse auf den Baulandmärkten an. Mit dem Investitionserleichterungs- und Wohnbaulandgesetz (InV-WoBaulG)[4], das am 1.5.1993 in Kraft trat, wurden eine Reihe gesetzespolitischer Anliegen aufgegriffen, u.a. zum Entwicklungsrecht: Städtebauliche Entwicklungsmaßnahmen wurden in das Dauerrecht des BauGB übernommen (§§ 165 bis 171 BauGB).

Mit der Wiedereinführung der städtebaulichen Entwicklungsmaßnahme war nicht ohne weiteres zu rechnen, da dieses Instrument erst 1987 durch das BauGB abgeschafft wurde, nachdem es 1971 zur Verwirklichung raumordnerischer und landesplanerischer Ziele in das Städtebaurecht (StBauFG) aufgenommen worden war. Der Gesetzgeber vertrat 1986 die Auffassung, daß städtebauliche Entwicklungsmaßnahmen in Zukunft nur noch eine geringe praktische Bedeutung hätten. Doch nur wenige Jahre später heißt es in der Gesetzesbegründung des WoBauErlG:[5]

> "Diese Annahme hat sich hinsichtlich neuer Trabantenstädte als zutreffend erwiesen. Hinsichtlich der Erforderlichkeit eines besonderen Instrumentariums, um in Gemeinden mit einem erhöhten Bedarf an Wohn- und Arbeitsstätten städtebaulich integrierte Gesamtmaßnahmen entwickeln zu können oder größere innerstädtische Brachflächen einer neuen Nutzung für Wohn- und Arbeitsstätten wieder zuführen zu können, erscheint die seinerzeitige Annahme aus heutiger Sicht den neuen städtebaulichen Aufgabenstellungen nicht mehr gerecht zu werden.
>
> Die städtebauliche Entwicklungsmaßnahme soll daher mit fortentwickelter Aufgabenstellung und dieser Aufgabenstellung angepaßten Instrumenten zeitlich befristet wieder eingeführt werden, um ein mittelfristig wirkendes

---

[1] Gesetz zur Erleichterung des Wohnungsbaus im Planungs- und Baurecht sowie zur Änderung mietrechtlicher Vorschriften vom 17. Mai 1990, BGBl. I S. 926
[2] Vgl. Dieterich, Dieterich-Buchwald, Endlich Innenentwicklungsbereiche!, ZfBR 1990, S. 61 und Krautzberger, Das Maßnahmengesetz zum Baugesetzbuch, GuG 1990, S. 3
[3] BauGB-Maßnahmengesetz in der bis zum 30.4.1993 geltenden Fassung
[4] Gesetz zur Erleichterung von Investitionen und der Ausweisung und Bereitstellung von Wohnbauland vom 22.4.1993, BGBl. I S. 466
[5] Vgl. BT.-Drs. 11/5972, S. 11; BT.-Drs. 11/6508, S. 12

Instrument zur Entwicklung von Ortsteilen oder anderen Teilen eines Gemeindegebietes zur Verfügung zu haben."

Mit der Reaktivierung der städtebaulichen Entwicklungsmaßnahme und der Erweiterung des Anwendungsbereichs sowie der Verlagerung der Kompetenz zur förmlichen Einleitung eines Entwicklungsverfahrens von der Landes- auf die kommunale Ebene hat der Gesetzgeber den Gemeinden ein weiteres Instrument zur Baulandbeschaffung für die Innen- wie die Außenentwicklung zur Verfügung gestellt. Es liegt nun vor allem in der Verantwortung der Gemeinden, ob sie von diesem Instrument Gebrauch machen, um insbesondere dort, wo Bauland knapp ist, aber dringend benötigt wird, die Baulandproblematik zu entschärfen. Es zeigt sich aber bereits gut drei Jahre nach Wiedereinführung der städtebaulichen Entwicklungsmaßnahme, daß dieses Instrument von vielen Städten und Gemeinden angenommen wird. Die städtebauliche Entwicklungsmaßnahme ist auf dem Weg, zu einem zentralen baulandpolitischen Instrument zu werden.[1]

2. Zweck der Arbeit

"Für alle die, die nicht unmittelbar mit einer solchen festgelegten [Entwicklungs-] Maßnahme befaßt sind, lohnt sich die Einarbeitung in diese Vorschriften nicht mehr".[2] Nur kurze Zeit nachdem der Verfasser eines Handbuches über die "Einführung in das neue Städtebaurecht" dieses niederschrieb, ist es nun wieder empfehlenswert, sich mit städtebaulichen Entwicklungsmaßnahmen und ihren Vorschriften zu befassen.

Darüber hinaus ist es sinnvoll, sich zunächst mit städtebaulichen Entwicklungsmaßnahmen alten Rechts nach dem StBauFG/BauGB 1987 zu beschäftigen: Obwohl die schon angesprochenen wichtigen Änderungen im Entwicklungsrecht vorgenommen wurden, handelt es sich nicht um ein völlig neuartiges Instrument des Städtebaurechts. Unter bodenrechtlichen Gesichtspunkten und hinsichtlich des Verfahrensablaufs haben sich nur geringfügige Änderungen gegenüber dem Entwicklungsrecht des StBauFG/BauGB 1987 ergeben. Grunderwerbs- und Veräußerungspflicht der Gemeinde, erleichterte Enteignungsmöglichkeit (Enteignung ohne Bebauungsplan) sowie die nur noch bei städtebaulichen Sanierungsmaßnahmen gegebene Möglichkeit der Nichtberücksichtigung maßnahmebedingter Wertsteigerungen sind in das neue Entwicklungsrecht übertragen worden.

Aus diesem Grund, und weil Entwicklungsmaßnahmen - wegen ihrer geringen praktischen Bedeutung in der Vergangenheit - relativ unbekannt sind, sind Erfahrungen mit weitgehend abgeschlossenen Maßnahmen nach dem StBauFG/BauGB 1987 im Hinblick auf solche neuen Rechts von Interesse. Zu diesem Zweck werden im ersten Teil der Arbeit vier Entwicklungsmaßnahmen

---

[1] Vgl. Krautzberger, Engpässe auf den Baulandmärkten - gesetzgeberische Überlegungen, GuG 1992, S. 249 (251)

[2] So Schmidt-Eichstaedt, Einführung in das neue Städtebaurecht - Ein Handbuch, Stuttgart 1987, S. 277

I. Einleitung

empirisch untersucht. Erkenntnisse aus dieser Untersuchung tragen im zweiten Teil der Arbeit dazu bei, Hinweise zu wichtigen Fragen des Entwicklungsrechts und Vorschläge zur Anwendung zu geben. Da auch die Rechtsprechung zu den Entwicklungsmaßnahmen alten Rechts wieder Bedeutung erlangt, wird der erste Teil der Arbeit durch eine systematische Darstellung der Rechtsprechung vervollständigt.

Im zweiten Teil der Arbeit werden - neben den schon angesprochenen Hinweisen und Vorschlägen - zunächst die Grundlagen des Entwicklungsrechts nach dem BauGB und seine Entstehungsgeschichte dargestellt. Darauf aufbauend wird die Bedeutung dieses Instruments für die Stadtentwicklung untersucht. Dabei sollen Anwendungsmöglichkeiten dargestellt, Vergleiche mit anderen wichtigen baulandpolitischen Instrumenten und auch mit der Baulandbereitstellung in den Niederlanden hergestellt sowie Lösungsmöglichkeiten zur Bewältigung der naturschutzrechtlichen Problematik bei der Aufschließung neuer Baugebiete aufgezeigt werden, um abschließend eine Beurteilung über die Chancen des Entwicklungs-Instrumentariums abzugeben. Aus den gewonnenen Erkenntnissen soll schließlich der Frage nachgegangen werden, welcher weitere Regelungsbedarf hinsichtlich der rechtlichen Rahmenbedingungen zur Durchführung von Entwicklungsmaßnahmen besteht.

II. Das Entwicklungs-Instrumentarium nach dem StBauFG/BauGB 1987 - Überblick

1. Entstehungsgeschichte städtebaulicher Entwicklungsmaßnahmen[1]

Wurde die Sanierung von Gebieten im BBauG 1960 in wenigen Vorschriften eher beiläufig angesprochen, so ging das Gesetz auf Stadterweiterungsmaßnahmen größeren Umfangs und die damit verbundenen Probleme überhaupt nicht ein. Doch schon mit dem Inkrafttreten des BBauG 1960 zeichnete sich ab, daß dieses Gesetz nicht ausreichen würde, um Stadterneuerung, Stadtsanierung und Stadtentwicklung in ausreichendem Maße zu gewährleisten.[2]

Für Stadterweiterungsmaßnahmen ergaben sich besonders folgende Mängel:[3]

- Das BBauG 1960 enthielt keine Bestimmungen zur Inanspruchnahme von planungs- bzw. maßnahmenbedingten Wertsteigerungen.[4]

Hohe Bodenpreise infolge der Aufhebung der Preisbindung für unbebaute Grundstücke im Jahr 1960 erschwerten aber Stadterweiterungsmaßnahmen mit umfangreichem Grunderwerb oder machten sie unmöglich.

- Das BBauG 1960 enthielt kein aufeinander abgestimmtes bodenrechtliches Instrumentarium, um die Durchführung von Stadterweiterungsmaßnahmen zu erleichtern.

Ein aktives, auf Verwirklichung gerichtetes Handeln der Gemeinden fand im BBauG 1960 kaum Berücksichtigung. Für Maßnahmen mit umfangreichem Grunderwerb gab es weder Vorschriften über den Grunderwerb noch über Veräußerungspflichten. Eine - sozialpolitisch erwünschte - breite Streuung des Grundeigentums konnte mit dem gesetzlichen Instrumentarium des BBauG nur unbefriedigend erreicht werden.

- Im BBauG 1960 gab es keine Vorschriften über die Förderung von kostenintensiven städtebaulichen Entwicklungsmaßnahmen.

Die Durchführung von Stadterweiterungsmaßnahmen hing i.w. von der Finanzkraft der Gemeinden und des jeweiligen Landes ab. Eine Mitfinanzierung des Bundes bei städtebaulichen Maßnahmen - wie es sie heute gibt - gab es nicht. Vor allem für finanzschwache Gemeinden bzw. Länder war diese Situation unbefriedigend.

---

[1] Ausführliche Beschreibungen der Entstehungsgeschichte des StBauFG im allgemeinen und der städtebaulichen Entwicklungsmaßnahme im besonderen finden sich z.B. in: Bielenberg, StBauFG, Einleitung B; Hein, Kommentar zum Städtebauförderungsgesetz, Göttingen 1971; Schlichter/Stich/Krautzberger, Städtebauförderungsgesetz, Einleitung, Rdnr. 1 ff, 2. Auflage 1985; Forßmann, Entstehung, Funktion und Ablauf städtebaulicher Entwicklungsmaßnahmen nach dem Städtebauförderungsgesetz, 1978

[2] Vgl. z.B. Conradi, Dieterich, Hauff, Für ein soziales Bodenrecht, 1972, S. 84

[3] Auf weitere sanierungsspezifische Unzulänglichkeiten des BBauG 1960 soll hier nicht eingegangen werden; z.T. handelt es sich bei den o.g. Mängeln auch um solche hinsichtlich der Sanierung von Stadtgebieten (z.B. Fehlen eines aufeinander abgestimmten bodenrechtlichen Instrumentariums).

[4] Obwohl dies im Gesetzgebungsverfahren diskutiert worden war. Vgl. Zinkahn in: Ernst/Zinkahn/Bielenberg, BauGB, Einleitung Rdnr. 44 ff

II. Das Entwicklungs-Instrumentarium nach dem StBauFG/BauGB 1987 - Überblick

- Das BBauG 1960 enthielt keine Vorkehrungen, um mögliche negative Auswirkungen von städtebaulichen Maßnahmen auf die Eigentümer und Bewohner aufzufangen und abzumildern.

- Eine großräumige Lenkung der Siedlungsentwicklung im Sinne strukturpolitischer Zielsetzungen war zu dieser Zeit kaum möglich. Raumordnung und Landesplanung, wie sie sich heute darstellen, befanden sich organisatorisch und inhaltlich noch in der Aufbauphase.[1]

1961 begann man mit der Ausarbeitung eines Vorentwurfs für ein Stadterneuerungsgesetz, mit dem u.a. die beschriebenen Mängel des BBauG 1960 für größere Stadterweiterungsmaßnahmen beseitigt werden sollten. Doch erst 1964 enthielt ein mehrfach überarbeiteter ministeriumsinterner Entwurf eines Städtebauförderungsgesetzes (StBauFG) einen besonderen Teil über städtebauliche Entwicklungsmaßnahmen. Diese waren von Beginn an als großflächige Stadterweiterungs- oder Stadtneugründungsmaßnahmen zur Erfüllung übergeordneter - raumordnerischer und landesplanerischer - Ziele konzipiert.

Die Verabschiedung des StBauFG dauerte jedoch noch mehrere Jahre. In dieser Zeit wurde vor allem die Mitfinanzierung durch den Bund bei städtebaulichen Sanierungs- und Entwicklungsmaßnahmen diskutiert (s.o.). Verfassungsrechtliche Bedenken fanden 1969 ihren vorläufigen Abschluß mit der Änderung des Art. 104 a Abs. 4 GG im Rahmen der Finanzverfassungsreform.[2] Die für Entwicklungsmaßnahmen vorgesehene ausnahmslose Grunderwerbspflicht wurde kontrovers diskutiert. Außerdem wurde die Möglichkeit erörtert, einen festen Stichtag einzuführen, ab dem Wertsteigerungen beim Grunderwerb und bei Entschädigungs- und Ausgleichsleistungen nicht mehr zu berücksichtigen seien. Nach Anrufung des Vermittlungsausschusses kam es 1971 zu einer Einigung. Auf die Einfügung eines festen Stichtages wurde verzichtet. Die Grunderwerbspflicht bei Entwicklungsmaßnahmen wurde jedoch für bestimmte Fälle eingeschränkt.

Das StBauFG trat am 1.8.1971 in Kraft.

Seit dem Inkrafttreten des BauGB 1987 können städtebauliche Entwicklungsmaßnahmen i.S.d. StBauFG nicht mehr förmlich durch Rechtsverordnung der Landesregierung eingeleitet werden. Das Entwicklungsrecht wurde jedoch als Übergangsrecht in das BauGB 1987[3] übernommen. Nach § 245 a Abs. 2 BauGB 1993 gilt es für die vor dem 1.7.1987 förmlich festgelegten städtebaulichen Entwicklungsmaßnahmen weiter.

---

[1] Das Raumordnungsgesetz wurde erst 1965 erlassen.
[2] Finanzreformgesetz vom 12.5. 1969, BGBl. I S. 359. Doch erst mit dem Urteil des BVerfG vom 4.3.1975 - 2 BvF 1.72 - BVerfGE 39, S. 96 - wurden letzte verfassungsrechtliche Bedenken der Mitfinanzierung des Bundes nach Art. 104 a Abs. 4 GG ausgeräumt.
[3] §§ 165 bis 171 BauGB in der bis zum 30.4.1993 geltenden Fassung

2. Das Entwicklungsrecht des StBauFG/BauGB 1987 in den Grundzügen[1]

2.1 Bodenpolitische Merkmale

Städtebauliche Entwicklungsmaßnahmen sind durch folgende **bodenpolitische Merkmale** gekennzeichnet:[2]

a) Sachliches, zeitliches und räumliches Sonderrecht

Das Entwicklungsrecht findet nur für bestimmte Maßnahmen in einem bestimmten Bereich und für bestimmte Zeit Anwendung.

b) Städtebauliche Gesamtmaßnahme

Entwicklungsmaßnahmen (und Sanierungsmaßnahmen) enthalten ein Bündel von verschiedenartigen, aber miteinander im Zusammenhang stehenden hoheitlichen und vertraglich-kooperativen Einzelmaßnahmen (z.B. förmliche Bereichsfestlegung, Aufstellung von Bebauungsplänen, freihändiger oder zwangsweiser Grunderwerb, Herstellung von Erschließungsanlagen, Veräußerung von baureifen Grundstücken, Baumaßnahmen). Sie sind darauf angelegt, ein bestimmtes Gebiet koordiniert zu entwickeln, und zwar nach einer flächendeckenden und zeitlich geschlossenen Planungskonzeption. Den Gemeinden obliegt die Verantwortung für die einheitliche Vorbereitung und zügige Durchführung der Entwicklungsmaßnahme. Nicht-hoheitliche Einzelmaßnahmen können auf einen Entwicklungsträger als Treuhänder der Gemeinde übertragen werden.

c) Besondere finanzierungs- und förderungsrechtliche Vorschriften

Für städtebauliche Entwicklungsmaßnahmen nach dem StBauFG/BauGB 1987 gelten besondere finanzierungsrechtliche Vorschriften, die im StBauFG enthalten sind und auch nach Inkrafttreten des BauGB weiter als Bundesrecht gelten, soweit nicht Landesrecht an deren Stelle tritt (§ 245 Abs. 11 BauGB).[3] Darüber hinaus gelten besondere förderungsrechtliche Vorschriften (früher §§ 71 bis 75 StBauFG, heute aufgrund einer Verwaltungsvereinbarung gem. Art. 104 a Abs. 4 GG).

d) Besondere bodenrechtliche Befugnisse

Hierzu zählen insbesondere:

- Genehmigungspflicht bei Vorhaben, Teilungen und Rechtsvorgängen (§ 169 Abs. 1 Nr. 5 BauGB 1987 i.V.m. §§ 144 und 145 BauGB);

---

[1] Eine ausführliche Darstellung des Entwicklungsrechts nach dem BauGB 1993 befindet sich in Kap. V. Dort werden auch die wesentlichen Unterschiede zum Entwicklungsrecht des StBauFG/BauGB 1987 erläutert.

[2] Vgl. Krautzberger in: Battis/Krautzberger/Löhr, BauGB, 3. Auflage, § 165 Rdnr. 19 ff

[3] Bei Entwicklungsmaßnahmen nach dem StBauFG/BauGB 1987 müssen Überschüsse - falls sie auftreten - nicht auf die Eigentümer etwa entsprechend § 48 StBauFG bei Sanierungsmaßnahmen verteilt werden. Nach § 245 Abs. 11 BauGB i.V.m. § 58 StBauFG (Finanzierung der städtebaulichen Entwicklungsmaßnahme) ist § 48 StBauFG über die Überschußregelung nicht anzuwenden. Vgl. Bielenberg, StBauFG, § 58 Rdnr. 13.

- Nichtberücksichtigung entwicklungsbedingter (maßnahmebedingter) Wertsteigerungen[1] beim Grunderwerb und bei Ausgleichs- und Entschädigungsleistungen (§ 169 Abs. 1 Nr. 7 BauGB 1987 i.V.m. § 153 Abs. 1 BauGB, früher § 23 Abs. 2 StBauFG);
- Vorkaufsrecht (§ 24 Abs. 1 Nr. 3 BauGB).

Während die o.g. Merkmale auch auf städtebauliche Sanierungsmaßnahmen zutreffen, unterscheiden sich städtebauliche Entwicklungsmaßnahmen insbesondere dadurch, daß

- eine **umfassende Grunderwerbspflicht** besteht (§ 166 Abs. 3 BauGB 1987, früher § 54 Abs. 3 StBauFG) und diese notfalls
- durch eine **Enteignung ohne Bebauungsplan** durchgesetzt werden kann (§ 169 Abs. 3 BauGB 1987, früher § 57 Abs. 3 StBauFG).

2.2 Gegenstände, Ziele, Zwecke und Voraussetzungen

Nicht jede Stadterweiterungsmaßnahme konnte Gegenstand (Vorhaben) einer städtebaulichen Entwicklungsmaßnahme nach dem StBauFG sein. § 1 Abs. 3 Satz 1 StBauFG bestimmte die zulässigen Gegenstände. Danach sollten durch Entwicklungsmaßnahmen

a) neue Orte geschaffen (§ 1 Abs. 3 Satz 1 Nr. 1 StBauFG) oder

b) vorhandene Orte zu neuen Siedlungseinheiten entwickelt (§ 1 Abs. 3 Satz 1 Nr. 2 StBauFG) oder

c) vorhandene Orte um neue Ortsteile erweitert werden (§ 1 Abs. 3 Satz 1 Nr. 3 StBauFG).

Entwicklungsmaßnahmen nach dem StBauFG/BauGB 1987 dienen der Verwirklichung raumordnerischer und landesplanerischer Ziele. Das ergibt sich gem. § 1 Abs. 3 Satz 1 StBauFG aus der engen Bindung von Entwicklungsmaßnahmen an die übergeordneten Ziele der Raumordnung und Landesplanung. Darüber hinaus mußten Entwicklungsmaßnahmen nach § 1 Abs. 3 Satz 2 StBauFG die Strukturverbesserung in den Verdichtungsräumen, die Verdichtung von Wohn- und Arbeitsstätten im Zuge von Entwicklungsachsen oder den Ausbau von Entwicklungsschwerpunkten außerhalb der Verdichtungsräume, insbesondere in den hinter der allgemeinen Entwicklung zurückbleibenden Gebieten, zum Ziel haben. Weitere Ziele ergaben sich aus § 1 Abs. 4 Satz 1 und Satz 2 StBauFG.[2]

---

[1] Entwicklungsbedingte Wertsteigerungen = Wertsteigerungen, die lediglich durch die Aussicht auf die Entwicklung, durch ihre Vorbereitung oder ihre Durchführung eingetreten sind.

[2] Danach sollen Entwicklungsmaßnahmen - wie auch Sanierungsmaßnahmen - dazu beitragen, daß die bauliche Struktur in allen Teilen des Bundesgebiets nach den sozialen, hygienischen, wirtschaftlichen und kulturellen Erfordernissen entwickelt wird, die Verbesserung der Wirtschafts- und Agrarstruktur unterstützt wird oder die Siedlungsstruktur den Anforderungen an gesunde Lebens- und Arbeitsbedingungen der Bevölkerung entspricht.

Abb. 1 Gegenstände städtebaulicher Entwicklungsmaßnahmen nach dem StBauFG/BauGB 1987[1]

a) § 1 Abs. 3 Satz 1 Nr. 1 StBauFG: Schaffung neuer Orte

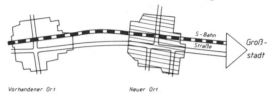

b) § 1 Abs. 3 Satz 1 Nr. 2 StBauFG: Entwicklung vorhandener Orte zu neuen Siedlungseinheiten

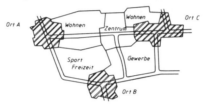

c) § 1 Abs. 3 Satz 1 Nr. 3 StBauFG: Erweiterung vorhandener Orte um neue Ortsteile

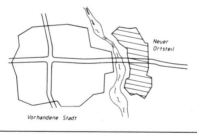

Maßnahmen, die zwar einen zulässigen Gegenstand nach § 1 Abs. 3 StBauFG darstellten, aber keine überörtliche Bedeutung hatten, d.h. nicht den Zielen der Raumordnung und Landesplanung bzw. der angestrebten Entwicklung des Landesgebiets und der Region entsprachen, konnten nicht als Entwicklungsmaßnahmen i.S.d. StBauFG durchgeführt werden. Wegen der überörtlichen Zielsetzung wurde der Bereich, in dem eine Entwicklungsmaßnahme durchgeführt werden sollte, von der jeweiligen Landesregierung förmlich durch Rechtsverordnung (Entwicklungsverordnung) festgelegt (§ 53 Abs. 1 StBauFG).

Mit städtebaulichen Entwicklungsmaßnahmen werden nicht nur **allokative Zwecke** verfolgt, die zu einer optimalen Verwendung des Grund und Bodens

---

[1] Quelle: Braam, Stadtplanung, 2. Auflage, Düsseldorf 1992

II. Das Entwicklungs-Instrumentarium nach dem StBauFG/BauGB 1987 - Überblick

entsprechend den raumordnerischen Zielen beitragen, sondern insbesondere auch **distributive Zwecke**:

- **Verhinderung von Bodenspekulation** durch die Nichtberücksichtigung entwicklungsbedingter Bodenwertsteigerungen;
- **Finanzierungsfunktion** durch Abschöpfung des Entwicklungsgewinns (Differenz zwischen entwicklungsunbeeinflußtem Grundstückswert (Eingangswert) und Neuordnungswert[1]);
- **Eigentumsbildung für weite Kreise der Bevölkerung**.[2]

Schließlich übt das Entwicklungsrecht durch die Grunderwerbspflicht eine wichtige **Mobilisierungsfunktion** aus. Entwicklungsmaßnahmen sind zur Erreichung ihrer Ziele und Zwecke darauf angelegt, Rechtsänderungen in der Person des Eigentümers herbeizuführen.

Aufgrund des weitgehenden Eingriffs in die Eigentumsrechte konnten Entwicklungsmaßnahmen nur förmlich eingeleitet werden, wenn das **Wohl der Allgemeinheit** die Durchführung dieser Maßnahme nach den Regeln des StBauFG erforderte (§ 53 Abs. 1 Nr. 2 StBauFG). Weitere Voraussetzungen für die förmliche Bereichsfestlegung waren: einheitliche Vorbereitung, Planung und Durchführung der Maßnahme entsprechend der angestrebten Entwicklung des Landesgebiets und der Region sowie zügige Durchführung innerhalb eines absehbaren Zeitraums (§ 53 Abs. 1 Nr. 1 und 3 StBauFG). Außerdem mußte die Bereitstellung der voraussichtlich erforderlichen Mittel aus öffentlichen Haushalten erwartet werden können (§ 53 Abs. 1 Nr. 4 StBauFG).

---

[1] Verkehrswert nach rechtlicher und tatsächlicher Neuordnung des Entwicklungsbereichs (§ 169 Abs. 8 BauGB 1987, früher § 59 Abs. 5 StBauFG)

[2] Nach § 169 Abs. 6 BauGB 1987 (früher § 59 Abs. 2 StBauFG) sind die Grundstücke unter Berücksichtigung weiter Kreise der Bevölkerung und unter Beachtung der Ziele und Zwecke der Entwicklungsmaßnahme an Bauwillige zu veräußern.

III. Rechtsprechung zu städtebaulichen Entwicklungsmaßnahmen nach dem StBauFG/BauGB 1987

1. Das Boxberg-Urteil des Bundesverfassungsgerichts

Das BVerfG hat im sog. Boxberg-Urteil aus dem Jahr 1987[1] auch eine wichtige Aussage zu städtebaulichen Entwicklungsmaßnahmen nach dem StBauFG getroffen.

Das BVerfG hatte über die Anordnung einer Unternehmensflurbereinigung nach § 87 FlurbG zur Anlage einer Teststrecke für Kraftfahrzeuge zu entscheiden. Für das Versuchsgelände lagen Bebauungspläne vor. Mit dem Vorhaben wurde das Ziel verfolgt, Arbeitsplätze zu schaffen und die regionale Wirtschaftsstruktur zu verbessern. Die Unternehmensflurbereinigung wurde aufgrund § 144 f BBauG (Flurbereinigung aus Anlaß einer städtebaulichen Maßnahme) eingeleitet. Verfassungsrechtlich zu überprüfen war, ob die Übertragung der für die Anlage der Teststrecke benötigten Grundstücke auf ein privatnütziges Unternehmen im Rahmen eines solchen Verfahrens mit Art. 14 Abs. 3 GG in Einklang stand.

Vom BVerfG wurde die prinzipielle Zulässigkeit der privatnützigen Enteignung klargestellt.[2] Jedoch hielt das Gericht in diesem speziellen Fall die Anordnung der Unternehmensflurbereinigung mit Art. 14 Abs. 3 für nicht vereinbar, vor allem deshalb nicht, weil das BBauG als Enteignungszweck die Schaffung von Arbeitsplätzen und die Verbesserung der Wirtschaftsstruktur nicht zuließe.

Dagegen betonte das BVerfG, daß das StBauFG für städtebauliche Entwicklungsmaßnahmen den Enteignungszweck eindeutig konkretisiert habe:

"Bei den Entwicklungsmaßnahmen (§ 1 Abs. 3 StBauFG) handelt es sich um Maßnahmen, die auf orts- und siedlungsstrukturelle Verbesserungen abzielen und sich damit einem eng verstandenen Begriff des Städtebaus zuordnen lassen."[3]

Das BVerfG verwies auf § 70 StBauFG, welcher durch § 144 f BBauG abgelöst worden war:

"Die ursprüngliche Regelung des § 70 StBauFG in Verbindung mit § 87 Abs. 1 FlurbG ergab daher eine harmonische Einheit: Die Gemeinden konnten für städtebauliche Maßnahmen, zugunsten derer das Städtebauförderungsgesetz die Enteignung für zulässig erklärt hatte, die Unternehmensflurbereinigung beantragen, ohne daß sich in bezug auf die Tatbestandsvoraus-

---

[1] BVerfG, Urt. vom 24.3.1987 - 1 BvR 1046/85 - BVerfGE 74, S. 264; NJW 1987, S. 1251; DVBl. 1987, S. 466; DÖV 1987, S. 596
[2] Vgl. z.B. Schmidt-Aßmann, Bemerkungen zum Boxberg-Urt. des BVerfG, NJW 1987, S. 1587; Berkemann in: Berliner Kommentar zum BauGB, § 87 Rdnr. 14
[3] BVerfGE 74, S. 290

setzung des § 87 Abs. 1 FlurbG "anderweitige Zulässigkeit der Enteignung" Probleme ergeben hätten."[1]

Das BVerfG hatte demnach gegen eine flächenhafte, transitorische Enteignung durch städtebauliche Entwicklungsmaßnahmen zur Verwirklichung der in § 1 Abs. 3 StBauFG genannten Ziele **keine Bedenken.**[2]

Auch der VGH Baden-Württemberg[3] betonte 1989 in seiner Entscheidung zum Normenkontrollverfahren gegen die Entwicklungsverordnung Backnang unter Bezugnahme auf das Urteil des BVerfG, daß § 53 Abs. 1 StBauFG i.V.m. § 1 StBauFG eine ausreichende gesetzliche Grundlage für eine Enteignung im städtebaulichen Entwicklungsbereich darstelle.

2. Zur Rechtsprechung

Die obersten und oberen Gerichte der Zivil- und Verwaltungsgerichtsbarkeit haben sich in ihren Entscheidungen zum Recht der städtebaulichen Entwicklungsmaßnahme nach dem StBauFG/BauGB i.w. mit folgenden Themen befaßt:

- **Anforderungen an die förmliche Festlegung eines städtebaulichen Entwicklungsbereichs**

- **Entwicklungsbedingte Wertabschöpfung**

- **Genehmigungspflicht bei Vorhaben und Rechtsvorgängen**

- **Entwicklungsbereichsabgrenzung.**

Die nur in wenigen Punkten voneinander abweichende Rechtsprechung zu den Entwicklungsmaßnahmen alten Rechts wird in den meisten Fällen für Entwicklungsmaßnahmen neuen Rechts nach dem BauGB 1993 **weiterhin von Bedeutung sein,** da sich das bodenrechtliche Instrumentarium nur wenig geändert hat. Die Durchsicht aller Normenkontrollverfahren ergab, daß - mit Ausnahme einer Teil-Nichtigkeitserklärung im Fall der Entwicklungsverordnung Norderstedt - keine Verordnung für ungültig erklärt wurde.

In einigen Fällen war die Rechtsprechung zu den städtebaulichen Sanierungsmaßnahmen zu berücksichtigen. Dies war wegen der entsprechenden Anwendbarkeit wesentlicher Teile der sanierungsrechtlichen Sondervorschriften in Entwicklungsbereichen erforderlich, so z.B. die Vorschriften über genehmigungspflichtige Vorhaben und Rechtsvorgänge (§ 15 StBauFG, heute: §§ 144, 145

---

1   A.a.O., S. 290 f; § 70 StBauFG bestimmte, daß die Gemeinde mit Zustimmung der höheren Verwaltungsbehörde nach § 87 Abs. 1 FlurbG die Einleitung eines Flurbereinigungsverfahrens beantragen konnte, wenn für eine Sanierungs- oder Entwicklungsmaßnahme land- oder forstwirtschaftliche Grundstücke in Anspruch genommen werden sollten. Die Nachfolgevorschrift in § 144 f BBauG stimmte i.w. mit § 70 StBauFG überein, sprach jedoch nicht von Sanierungs- oder Entwicklungsmaßnahmen, sondern allgemein von städtebaulichen Maßnahmen (so ebenfalls heute § 190 BauGB).

2   Vgl. Gaentzsch, Städtebauliche Entwicklungsmaßnahmen nach dem Baugesetzbuch-Maßnahmengesetz, NVwZ 1991, S. 921 (922)

3   VGH Baden-Württemberg, Urt. vom 5.12.1989 - 8 S 2821/87

und 153 BauGB) oder über die Nichtberücksichtigung sanierungs- bzw. entwicklungsbedingter Bodenwertsteigerungen (§ 23 Abs. 2 StBauFG, heute § 153 Abs. 1 BauGB).

2.1 Zu den Anforderungen an die förmliche Festlegung eines städtebaulichen Entwicklungsbereichs

2.1.1 Gegenstand städtebaulicher Entwicklungsmaßnahmen - Begriff des "Ortes" und des "Ortsteils"

Mit den Begriffen "Ort" und "Ortsteil" hatte sich das OVG Lüneburg 1975 in einem Normenkontrollverfahren gegen den Entwicklungsbereich Norderstedt befaßt.[1] Das OVG legte dar, daß die Begriffe des "Ortes" in § 1 Abs. 3 Nr. 1 StBauFG und des "Ortsteils" in § 1 Abs. 3 Nr. 3 StBauFG weder im Sinne kommunalrechtlicher Gebietseinteilungen noch i.S.d. Städtebaurechts (BBauG) zu verstehen seien, sondern durch **raumordnerische Gesichtspunkte** geprägt werden.

Unter "Ort" wurde eine städtebauliche Einheit verstanden, die bestimmte Funktionen in sich vereinige und eine ausreichende Basis für öffentliche und private Einrichtungen der Daseinsvorsorge biete. Dies wurde für den Entwicklungs-Teilbereich Norderstedt-Mitte bejaht, da dieser Ort auf der "grünen Wiese" geplant und als neuer Stadtrandkern mit den Teilfunktionen eines Mittelzentrums vorgesehen war.

Für einen zweiten, räumlich getrennten Teilbereich (Wohnhaussiedlung, vorwiegend mit Einfamilienhäusern) wurde eine "Ortsteileigenschaft" anerkannt. Das Gericht stellte hierzu fest, daß der Begriff des "Ortsteils" nicht mit dem des § 34 BBauG (im Zusammenhang bebaute Ortsteile) identisch sei. Vielmehr sei ein Ortsteil i.S.d. § 1 Abs. 3 StBauFG ein Erweiterungsraum des vorhandenen Ortes, der zwar keiner Selbständigkeit bedarf, aber **wesentliche Teilfunktionen** des vorhandenen Ortes in sich vereinigen müsse.[2] Das OVG Bremen betonte 1983 in einem Normenkontrollverfahren gegen die Entwicklungsverordnung Bremen-Niedervieland (Güterverkehrszentrum)[3], daß der **Begriff des "Ortsteils" städtebaulicher Natur** sei. Als "Teil eines Ortes" müsse er wesentliche Teilfunktionen des Ortes, aber keineswegs alle erfüllen.[4] Auch müsse sich das Erscheinungsbild eines Ortsteils nicht dem eines kompletten Ortsteils annähern. Selbst "monostrukturierte Gewerbegebiete" (wie z.B. das Güterverkehrszentrum) kämen als Ortsteile im Sinne des § 1 Abs. 3 Nr. 3 StBauFG in Betracht. Dabei sei von untergeordneter Bedeutung, ob einige Be-

---

[1] OVG Lüneburg, Beschl. vom 5.11.1975 - I C 3/74 - NJW 1976, S. 2281; BRS Bd. 29 Nr. 21; es handelte sich um die erste Entscheidung eines Gerichts zur Überprüfung der Gültigkeit einer Entwicklungsverordnung.

[2] Das OVG verwies auf die beiden Kommentierungen zum StBauFG von Hein, Kommentar zum Städtebauförderungsgesetz, 1971, § 1 Rdnr. 5 und Bielenberg, Städtebauförderungsgesetz, Kommentar, § 1 Rdnr. 62.

[3] OVG Bremen, Urt. vom 12.4.1983 - 1 N 1/82 - BRS Bd. 40 Nr. 245; DÖV 1983, S. 637

[4] So auch VGH Baden-Württemberg, Urt. vom 5.12.1989 - 8 S 2821/87 - (Entwicklungsmaßnahme Backnang)

triebe oder zahlreiche oder ob gleichartige oder unterschiedliche Betriebe in diesem Ortsteil angesiedelt würden, weil Industrie- bzw. Gewerbegebiete eine wesentliche Funktion in der Gesamtstruktur einer Gemeinde erfüllen. Allerdings erfülle nach Auffassung des OVG nicht jedes Baugebiet die Anforderungen, die an einen Ortsteil i.S.d. § 1 Abs. 3 StBauFG zu stellen seien. Voraussetzung sei ein beträchtliches Eigengewicht der Ansiedlung. Zur Abgrenzung gegenüber zu kleinen Vorhaben wurde vom Gericht das Verhältnis der Größe des Entwicklungsbereichs zur Größe des Gesamtortes als mögliches Kriterium vorgeschlagen, ohne darauf näher einzugehen.[1] Das OVG ließ offen, ob möglicherweise ein Ortsteil gewisse Teilfunktionen des Gesamtortes mit einem höheren Grad an Selbständigkeit erfüllen müsse:

"Ein gewisses und letztlich auch wesentliches Maß an Funktionsteilung (z.B. zwischen Wohnen und Arbeiten) kann der Qualifikation als Ortsteil nicht entgegenstehen. Aber eine gewisse Funktionsvollständigkeit für den Bereich Gewerbe und Arbeit ist möglicherweise für einen gewerblichen Ortsteil zu fordern."[2]

Der BGH[3] stimmte 1986 im Fall des städtebaulichen Entwicklungsbereichs Bonn Parlaments- und Regierungsviertel dem Verordnungsgeber zu, daß die Entwicklungsmaßnahme die Entwicklung der vorhandenen Orte Bonn, Bad-Godesberg und Beuel zu einer neuen Siedlungseinheit zum Gegenstand habe.[4] Unter Hinweis auf Bielenberg[5] verstand der BGH unter der Entwicklung vorhandener Orte zu einer neuen Siedlungseinheit die Schaffung eines qualitativ neuen städtebaulichen Gebildes mit wesentlich erweiterten bzw. intensivierten Funktionen.[6]

2.1.2 Ziele städtebaulicher Entwicklungsmaßnahmen

Eng verbunden mit der Frage nach den zulässigen Gegenständen einer Entwicklungsmaßnahme war die Frage, welche **konkreten Ziele** mit einer Entwicklungsmaßnahme verfolgt werden dürfen. Von den Gerichten wurden folgende Zielsetzungen anerkannt bzw. nicht beanstandet:

- Schaffung eines neuen Stadtkerns mit den dazugehörigen Infrastruktureinrichtungen sowie eines Gewerbe- und Industriegebiets (Entwicklungsmaßnahme Norderstedt)[7];

---

[1] Bei einer Größe des Entwicklungsbereichs Bremen-Niedervieland von 170 ha (=1,7 km²) hielt das OVG ein beträchtliches Eigengewicht der Ansiedlung für gegeben.
[2] OVG Bremen, Urt. vom 12.4.1983 - 1 N 1/82 - a.a.O.
[3] BGH, Urt. vom 2.10.1986 - III ZR 99/85, NVwZ 1987, S. 923; ZfBR 1987, S. 110
[4] Ebenso in der Vorinstanz das OLG Köln, Urt. vom 4.12.1985 - 7 U (Baul) 79/84
[5] Bielenberg, a.a.O., § 1 Rdnr. 53 ff
[6] Ebenso: Bayerischer VGH, Urt. vom 17.12.1987 - Nr. 2 N 86.01623
[7] OVG Lüneburg, Beschl. vom 5.11.1975 - I C 3/74 - a.a.O.

- Strukturverbesserung eines weitgehend agrarorientierten Raums durch Ansiedlung großer Industrieunternehmen in einer Stadt und Entwicklung dieser Stadt zu einem Mittelzentrum (Entwicklungsmaßnahme Brunsbüttel)[1];

- Ausbau einer Gemeinde zu einem Siedlungsschwerpunkt mit einem neuen Stadtzentrum, insbesondere durch Ausweisung von Wohngebieten mit einer Mischung von Einfamilienhäusern, verdichtetem Wohnungsbau und Geschoßbauten mit den dazugehörigen Infrastruktureinrichtungen (Entwicklungsmaßnahmen Dietzenbach[2], Neu-Anspach[3] und Erlangen[4]);

- Ausbau eines Mittelzentrums durch Ausweisung von Wohn- und Gewerbe- bzw. Industriegebieten (Entwicklungsmaßnahme Backnang)[5];

- Stärkung der zentralörtlichen Funktion eines Oberzentrums und Verbesserung der Wirtschaftsstruktur eines Ortes durch Schaffung von Wohn-, Industrie- und Gewerbegebieten mit den dazugehörigen Infrastruktureinrichtungen (Entwicklungsmaßnahme Regensburg)[6];

- Entwicklung eines Güterverkehrszentrums zur Verbesserung der Wirtschaftsstruktur eines Ortes (Entwicklungsmaßnahme Bremen-Niedervieland)[7];

- Schaffung eines Parlaments- und Regierungsviertels mit Folgeeinrichtungen (Gebäude für Botschaften, Vertretungen der Länder, Verbände usw.)[8] einschließlich der Errichtung eines Freizeitparks[9] (Entwicklungsmaßnahme Bonn Parlaments- und Regierungsviertel).

2.1.3 Allgemeinwohlerfordernis als Festlegungsvoraussetzung

Die schon angesprochene Entscheidung des OVG Lüneburg[10] (1975) führte zur einzigen Teil-Nichtigkeitserklärung einer Entwicklungsverordnung. Sie wurde damit begründet, daß für den Teil-Entwicklungsbereich, in dem eine Wohnhaussiedlung für Einfamilienhäuser realisiert werden sollte, die allgemeinen Enteignungsvoraussetzungen des Art. 14 Abs. 3 GG und des § 53 Abs. 1 Nr. 2 StBauFG nicht erfüllt gewesen seien. Diese Enteignungsvoraussetzungen hatten nach Auffassung des OVG im Hinblick auf die Grunderwerbspflicht und die

---

[1] BVerwG, Urt. vom 21.8.1981 - 4 C 16/78 - NJW 1982, S. 398, BauR 1982, S. 554, ZfBR 1981, S. 290, BBauBl. 1981, S. 792 und BGH, Urt. vom 12.1.1984 - III ZR 103/82 - NJW 1984, S. 1880

[2] Hessischer VGH, Beschl. vom 30.12.1980 - IV N 10/74 - BRS 38 Nr. 218

[3] Hessischer VGH, Beschl. vom 27.1.1987 - IV N 4/81 - ZfBR 1987, S. 204

[4] Bayerischer VGH, Urt. vom 30.7.1984 - Nr. 14 N 83 A.857

[5] VGH Baden-Württemberg, Urt. vom 4.7.1985 - 8 S 1923/83 - und Urt. vom 5.12.1989 - 8 S 2821/87

[6] Bayerischer VGH, Urt. vom 17.12.1987 - Nr. 2 N 86.01623

[7] OVG Bremen, Urt. vom 12.4.1983 - 1 N 1/82 - a.a.O.

[8] BGH, Urt. vom 2.10.1986 - III ZR 99/85 - a.a.O.

[9] OLG Köln, Urt. vom 4.2.1985 - 65 O (Baul) 8/80

[10] OVG Lüneburg, Beschl. vom 5.11.1975 - I C 3/74 - a.a.O.

Enteignungsmöglichkeit ohne Bebauungsplan schon bei Erlaß der Rechtsverordnung generell vorzuliegen.

Im Fall einer Wohnhaussiedlung für Einfamilienhäuser hielt das OVG grundsätzlich das allgemeine Städtebaurecht für ausreichend. Nach Auffassung des Gerichts hatte die Landesregierung als Verordnungsgeber nicht genügend dargelegt, weshalb die Entwicklungsmaßnahme zur Realisierung dieser Wohnsiedlung vom Allgemeinwohl erfordert wurde. Sie hätte näher begründen müssen, wodurch eine Beeinträchtigung bei der Verwirklichung des Wohngebiets entstanden wäre, wenn die Privateigentümer ihre Grundstücke behalten hätten und das allgemeine Städtebaurecht angewendet worden wäre. Nach der Begründung zur Rechtsverordnung wurde das Allgemeinwohlerfordernis darin gesehen, daß mit der Entwicklungsmaßnahme das Entstehen von Splittersiedlungen vermieden und die Eigenständigkeit von Norderstedt nachhaltig gefördert werden sollte; außerdem wurde in der Begründung die Schaffung der notwendigen Gemeinbedarfs- und Folgeeinrichtungen genannt. Mit diesen - nach Auffassung des OVG - allgemein gehaltenen Erwägungen hätte die unter Enteignungsgesichtspunkten zu sehende Erforderlichkeit i.S.d. § 53 Abs. 1 Nr. 2 StBauFG allenfalls dann begründet werden können, wenn es sich um Entwicklungsmaßnahmen handeln würde, die ihrer Art nach zwangsläufig dazu führen, daß die zügige Durchführung wegen einer Vielzahl von Eigentümern nicht mehr gewährleistet sei. Die Schaffung eines neuen Ortes oder eines Gewerbe- und Industriegebietes wurde beispielhaft genannt.

Auch wenn das OVG nicht generell die Möglichkeit der Realisierung von Einfamilienhausgebieten im Zuge von Entwicklungsmaßnahmen verneinte, so entstand doch erhebliche Unsicherheit.[1]

Die nachfolgende Rechtsprechung konnte diese Zweifel jedoch ausräumen: Die Bereitstellung von Wohnbauflächen für den verdichteten Wohnungsbau und auch für Einfamilienhäuser wurde im Rahmen der Überprüfung der Entwicklungsverordnungen Dietzenbach[2], Neu-Anspach[3], Backnang[4], Regensburg[5] und Erlangen[6] nicht beanstandet. Im Urteil zur Entwicklungsmaßnahme Erlangen führte das Gericht aus:

"Das Wohl der Allgemeinheit muß auch erfordern, daß eine verstärkte und möglicherweise spekulative Bodenpreispolitik unterbrochen wird. Dies ist hier der Fall. Es ist nicht von der Hand zu weisen, daß die Durchführung der Entwicklungsmaßnahme ohne die rechtlichen Möglichkeiten des Städtebauförderungsgesetzes beeinträchtigt wäre. Bei der Vielzahl der Grundstückseigentümer und ihrem Interesse an der Erzielung höchstmöglicher Bodenpreise kann nicht ausgeschlossen werden, daß zusammenhängende große

---

[1] Die Entscheidung des OVG stieß in der Literatur überwiegend auf Kritik, vgl. Krautzberger, Verfahrens- und bodenrechtliche Fragen der Entwicklungsmaßnahmen, in: Bundesminister für Raumordnung, Bauwesen und Städtebau, Schriftenreihe "Stadtentwicklung", Heft Nr. 02.035, S. 88.
[2] Hessischer VGH, Beschl. vom 30.12.1980 - IV N 10/74 - a.a.O.
[3] Hessischer VGH, Beschl. vom 27.1.1987 - IV N 4/81 - a.a.O.
[4] VGH Baden-Württemberg, Urt. vom 4.7.1985 - 8 S 1923/83 - und Urt. vom 5.12.1989 - 8 S 2821/87
[5] Bayerischer VGH, Urt. vom 17.12.1987 - Nr. 2 N 86.01623
[6] Bayerischer VGH, Urt. vom 30.7.1984 - Nr. 14 N 83 A.857

Flächen in absehbarer Zeit nicht zur Verfügung stünden. Einzelne Grundstückseigentümer wären ohne weiteres in der Lage, die Entwicklungsbereichsmaßnahmen nachhaltig zu verzögern."

Eine weitere Unsicherheit ergab sich durch den Beschluß des Hessischen VGH[1] 1980, der über einen Normenkontrollantrag gegen die Entwicklungsverordnung Dietzenbach zu entscheiden hatte. Er war der Auffassung, daß der Erlaß einer Entwicklungsverordnung nicht voraussetze, daß die Enteignungsvoraussetzungen für sämtliche Grundstücke im Entwicklungsbereich erfüllt sein müssen. Mit dieser Feststellung wurde eine andere Auffassung als die des OVG Lüneburg vertreten, wonach die Enteignungsvoraussetzungen bei Erlaß einer Rechtsverordnung generell gegeben sein müssen. Zur Begründung bemerkte der VGH, daß zwischen Erlaß einer Entwicklungsverordnung und Durchführung einer Entwicklungsmaßnahme unterschieden werden müsse: Erst wenn die Gemeinde die Nutzung der Grundstücke aufgrund ihres Planungsrechts und ihrer Planungspflicht näher konkretisiert habe, ließen sich für die einzelnen im Entwicklungsbereich liegenden Grundstücke die Enteignungsvoraussetzungen des § 57 Abs. 3 StBauFG feststellen.

Das BVerwG[2] hatte 1982 in einer Entscheidung zum Entwicklungsbereich Bonn-Hardtberg eine Klärung dieser Rechtsfrage herbeigeführt. Im Urteil heißt es hierzu:

"Aus einer Zusammenschau der §§ 53 I Nr. 2, 54 III und 57 III StBauFG folgt deswegen, daß bei der Prüfung, ob das "Wohl der Allgemeinheit" die Entwicklungsmaßnahme erfordert, bereits in Rechnung zu stellen ist, daß im Grundsatz alle unbebauten Grundstücke des Entwicklungsbereichs in das Eigentum der Gemeinde überführt werden sollen. Damit wird die Prüfung der Enteignungsvoraussetzungen auf den Zeitpunkt des Erlasses der Rechtsverordnung vorverlagert ..."

Wegen der Großflächigkeit von Entwicklungsmaßnahmen und weil bei Erlaß der Entwicklungsverordnung in der Regel noch keine ins einzelne gehende Planungskonzeption vorläge, räumte das BVerwG aber ein, daß es sich um eine mehr **pauschale Prüfung der Enteignungsvoraussetzungen** handeln müsse. Zum Zeitpunkt des Erlasses der Entwicklungsverordnung könnten deshalb noch nicht für jedes einzelne unbebaute Grundstück die Enteignungsvoraussetzungen abschließend geprüft werden. Bei der förmlichen Festlegung des Entwicklungsbereichs müsse jedoch die **eigentumsverteilende Wirkung** der städtebaulichen Entwicklungsmaßnahme beachtet werden mit der Folge, daß das Allgemeinwohl die geplante Entwicklung einschließlich der gebotenen Enteignungen rechtfertigen müsse.

Die Auffassung des BVerwG, daß die Zulässigkeit von Enteignungsmaßnahmen zur **Rechtmäßigkeitsvoraussetzung** der Festlegung eines Entwicklungsbereichs werde, wurde in der folgenden Zeit von allen Gerichten, die sich mit diesem

---

[1] Hessischer VGH, Beschl. vom 30.12.1980 - IV N 10/74 - a.a.O.
[2] BVerwG, Urt. vom 15.1.1982 - 4 C 94/79 - NJW 1982, S. 2787; BRS 39 Nr. 244; BauR 1982, S. 251

III. Rechtsprechung zu städtebaulichen Entwicklungsmaßnahmen nach dem StBauFG/BauGB 1987   17

Rechtsproblem auseinandersetzten, bekräftigt.[1] Der BGH[2] hatte 1986 diesen Grundsatz präzisiert und gesagt, daß das Allgemeinwohl grundsätzlich die Durchführung der Entwicklungsmaßnahme erfordere, wenn es sich um eine Maßnahme handelt, deren einheitliche Vorbereitung und zügige Durchführung im öffentlichen Interesse liege (sog. qualifiziertes öffentliches Interesse i.S.d. § 1 Abs. 1 Satz 1 StBauFG) und das Vorhaben einen zulässigen Gegenstand i.S.d. § 1 Abs. 3 StBauFG darstelle.[3]

Das Verhältnis von städtebaulichen Entwicklungsmaßnahmen und Landwirtschaft wurde in einer Reihe von gerichtlichen Entscheidungen angesprochen. Dabei wurde von den Gerichten eingeräumt, daß **für die Landwirtschaft regelmäßig und unvermeidlich Nachteile** infolge der Durchführung einer Entwicklungsmaßnahme eintreten würden. Diese Nachteile könnten aber den vom Allgemeinwohl geforderten Entwicklungsmaßnahmen zur Ausweisung von Siedlungsbereichen und zur Verbesserung der Siedlungsstruktur bzw. der Wirtschaftsstruktur nicht entgegenstehen.[4] Aus diesem Grund, so stellte der Hessische VGH 1980 fest, hätte der Gesetzgeber Sonderregelungen im StBauFG geschaffen, um Nachteile für die Landwirtschaft aufzufangen.[5]

Der Bayerische VGH[6] stellte im Normenkontrollverfahren gegen die Entwicklungsverordnung Erlangen-West 1984 fest, daß es für die Prüfung des Allgemeinwohlerfordernisses ausreichen müsse, wenn vor der förmlichen Festlegung allgemein untersucht worden sei, ob und gegebenenfalls inwieweit den betroffenen Landwirten durch Ersatzlandbereitstellung geholfen werden könne. Eine konkrete, den Belangen der betroffenen Eigentümer entsprechende Regelung sei nach Auffassung des Gerichts erst später notwendig, so z.B. im Wege eines **Sozialplans**.[7]

Der VGH Baden-Württemberg hatte in seinen beiden Entscheidungen zur Entwicklungsmaßnahme Backnang (1985 und 1989) ähnlich entschieden. Außerdem erwähnte er in der Urteilsbegründung von 1989[8], daß es Landwirten, die im Entwicklungsbereich Grundstücke besitzen, wegen der mehrere Jahre dau-

---

1   Vgl. z.B. OVG Bremen, Urt. vom 12.4.1983 - 1 N 1/82 - a.a.O.; Bayerischer VGH, Urt. vom 30.7.1984 - Nr. 14 N 83 A.857
2   BGH, Urt. vom 2.10.1986 - III ZR 99/85 - a.a.O.
3   So schon Bayerischer VGH, Urt. vom 30.7.1984 - Nr. 14 N 83 A.857; vgl. auch OVG Bremen, Urt. vom 12.4.1983 - 1 N 1/82 - a.a.O.; Bayerischer VGH, Urt. vom 17.12.1987 - Nr. 2 N 86.01623; VGH Baden-Württemberg, Urt. vom 5.12.1989 - 8 S 2821/87
4   Vgl. Hessischer VGH, Beschl. vom 30.12.1980 - IV N 10/74 - a.a.O.; OVG Bremen, Urt. vom 12.4.1983 - 1 N 1/82 - a.a.O.
5   Der Hessische VGH, a.a.O., nannte folgende Sonderregelungen: Übernahmeverlangen eines land- oder forstwirtschaftlichen Betriebes nach § 56 Abs. 2 StBauFG, die bewertungsrechtliche Sonderregelung für land- und forstwirtschaftlich genutzte Grundstücke nach § 57 Abs. 4 StBauFG, die Vergabe der für die land- oder forstwirtschaftliche Nutzung festgesetzten Grundstücke an die früheren Land- oder Forstwirte, die Eigentum abgegeben hatten nach § 59 Abs. 4 StBauFG und die Vorschriften über städtebauliche Maßnahmen im Zusammenhang mit Maßnahmen zur Verbesserung der Agrarstruktur nach § 144 a - 144 f BBauG (vorher: §§ 64 bis 70 StBauFG)
6   Bayerischer VGH, Urt. vom 30.7.1984 - Nr. 14 N 83 A.857
7   Mit Urt. vom 17.12.1987 - Nr. 2 N 86.01623 - bekräftigte der Bayerische VGH seine Auffassung.
8   VGH Baden-Württemberg, Urt. vom 5.12.1989 - 8 S 2821/87

ernden Durchführungsphase einer Entwicklungsmaßnahme zumutbar sei, wenn sie sich selbst um Ersatzland bemühten.

2.1.4 Voraussetzung der zügigen Durchführung innerhalb eines absehbaren Zeitraums

Die Gerichte haben sich häufig zu den in der Begründung zur Rechtsverordnung genannten **Durchführungszeiträumen** geäußert. So beanstandete der VGH Hessen[1] 1980 nicht, daß in der Begründung der Entwicklungsverordnung Dietzenbach ein Durchführungszeitraum von **15 Jahren** veranschlagt worden war. Im 1987 durchgeführten Normenkontrollverfahren zur Entwicklungsmaßnahme Neu-Anspach[2] wurde sogar eine Durchführungszeitspanne von **17 Jahren** noch als im gesetzlichen Rahmen liegend bezeichnet. Eine Überschreitung einer etwa gebotenen zeitlichen Begrenzung wurde vom VGH in beiden Fällen verneint. Auch für die Entwicklungsmaßnahme Erlangen-West kam der VGH Bayern[3] 1984 zu der Überzeugung, daß der für diese Maßnahme angesetzte Abwicklungszeitrahmen von 15 Jahren noch als zügig i.S.d. § 53 Abs. 1 Nr. 3 StBauFG anzusehen sei; er könne jedenfalls nicht als unabsehbar bezeichnet werden. Die Frage, ob eine zügige Durchführung innerhalb eines absehbaren Zeitraums gewährleistet sei, hing nach Auffassung des VGH insbesondere vom Ausmaß und Umfang der konkreten Entwicklungsmaßnahme ab.

In einem Enteignungsverfahren in der Entwicklungsmaßnahme Bonn Parlaments- und Regierungsviertel war das OLG Köln[4] 1985 ebenfalls der Meinung, ein 15-jähriger Durchführungszeitraum sei vertetbar. Unter Bezug auf das o.g. Urteil des Hessischen VGH aus dem Jahr 1980 meldete das OLG Zweifel an, ob ein Zeitraum von 15 Jahren überhaupt eine äußerste zeitliche Grenze darstelle. Der BGH[5], der sich 1986 in der Revision mit diesem Fall zu beschäftigen hatte, betonte, daß es bei der Beurteilung der Einschätzung des Durchführungszeitraums darauf ankomme, ob die zugrundegelegte **Prognose** hinsichtlich des Erkenntnisstands im Zeitpunkt des Erlasses der Rechtsverordnung - unter Berücksichtigung der dafür erheblichen Umstände - **sachgerecht** erstellt worden sei.[6] Nur das könne gerichtlich überprüft werden. Sollte sich die Entwicklungsmaßnahme nur verzögerlich durchsetzen lassen, so folge daraus nicht die Nichtigkeit der Rechtsverordnung; ein zeitweiliges Stocken der Durchführung der Entwicklungsmaßnahme[7] oder eine etwaige unzureichende zügige Förderung der Entwicklungsmaßnahme[8] habe auf die Gültigkeit der Verordnung keinen Einfluß.

---

1 Hessischer VGH, Beschl. vom 30.12.1980 - IV N 10/74 - a.a.O.
2 Hessischer VGH, Beschl. vom 27.1.1987 - IV N 4/81 - a.a.O.
3 Bayerischer VGH, Urt. vom 30.7.1984 - Nr. 14 N 83 A.857; vgl. auch Urt. vom 17.12.1987 - Nr. 2 N 86.01623
4 OLG Köln, Urt. vom 4.2.1985 - 65 O (Baul) 8/80
5 BGH, Urt. vom 2.10.1986 - III ZR 99/85 - a.a.O.
6 So schon Bayerischer VGH, Urt. vom 30.7.1984 - Nr. 14 N 83 A.857
7 Vgl. auch VGH Baden-Württemberg, Urt. vom 5.12.1989 - 8 S 2821/87
8 Vgl. OLG-Frankfurt, Beschl. vom 25.6.1990 - 1 W (Baul.) 1/90 - UPR 1990, S. 450

2.1.5 Bürgeranhörung und -beteiligung sowie vorbereitende Untersuchungen vor Erlaß einer Entwicklungsverordnung

Zu dem Rechtsproblem, ob und wann Bürger oder Betroffene bei Entwicklungsmaßnahmen zu beteiligen sind, hatte das OVG Lüneburg in seinen beiden Entscheidungen zu den Entwicklungsverordnungen Norderstedt[1] (1975) und Brunsbüttel[2] (1977) Stellung genommen. Das Gericht betonte in beiden Fällen, daß vorbereitende Untersuchungen für Entwicklungsmaßnahmen nicht zwingend erforderlich seien. Die Verweisungsvorschrift des § 57 Abs. 1 Nr. 1 StBauFG[3] bezog sich nach Auffassung des OVG (1975) nur auf die Vorschriften über den Sozialplan, nicht allgemein auf diejenigen über vorbereitende Untersuchungen. In seinem Urteil von 1977 räumte das OVG zwar ein, daß den Betroffenen nach § 1 Abs. 4 StBauFG Gelegenheit gegeben werden solle, bei der Vorbereitung und Durchführung der Maßnahmen mitzuwirken, frühestens jedoch ab förmlicher Festlegung des Entwicklungsbereichs, da erst mit dem Erlaß der Entwicklungsverordnung die Vorbereitung (und Durchführung) der Entwicklungsmaßnahme beginne. In Übereinstimmung mit *Bielenberg*[4] hielt es das OVG auch mit rechtsstaatlichen Grundsätzen für vereinbar, daß das Gesetz eine Beteiligung der Betroffenen vor der förmlichen Festlegung des Entwicklungsbereichs nicht verlangt. Das Gericht führte weiter aus:

"Denn zu den gesetzlichen Voraussetzungen des § 53 StBauFG können die Betroffenen ebensowenig beitragen wie zum Erlaß anderer Rechtsverordnungen. Anders als bei Bauleitplänen und Sanierungssatzungen der Gemeinden wäre ihre Beteiligung hier eine leere Formalität. Denn eine Entwicklungsverordnung hat keinen anderen Inhalt, als die Vorschriften des Städtebauförderungsgesetzes auf einen bestimmten Bereich für anwendbar zu erklären. Die Entwicklungsmaßnahme selbst wird damit nur ermöglicht, aber noch nicht begonnen."[5]

Das OVG Bremen[6] schloß sich dieser Auffassung in seiner Entscheidung von 1983 an und betonte, daß alle Erörterungen, Untersuchungen und detaillierten Abwägungen der öffentlichen und privaten Belange erst nach Erlaß der Entwicklungsverordnung nach den Vorschriften des BBauG vorzunehmen seien, so z.B. bei der Aufstellung von Bauleitplänen.

Eine Anhörung der Betroffenen vor Erlaß der Rechtsverordnung sei gesetzlich nicht vorgeschrieben, stellte der BGH[7] 1986 ausdrücklich fest.

---

[1] OVG Lüneburg, Beschl. vom 5.11.1975 - I C 3/74 - a.a.O.
[2] OVG Lüneburg, Urt. vom 15.12.1977 - I A 311/74 - NJW 1979, S. 1316; BRS Bd. 32, Nr. 201; AgrarR 1978, S. 167
[3] § 57 Abs. 1 Nr. 1 StBauFG verwies auf § 4 Abs. 2 und 2a Satz 1 Nr. 2 und Satz 2 StBauFG (Vorschriften über vorbereitende Untersuchungen) sowie auf § 8 Abs. 2 StBauFG (Sozialplan)
[4] Bielenberg, a.a.O., § 1 Rdnr. 130
[5] OVG Lüneburg, Urt. vom 15.12.1977 - I A 311/74 - a.a.O.; vgl. auch Bayerischer VGH, Urt. vom 30.7.1984 - Nr. 14 N 83 A.857 - und Urt. vom 17.12.1987 - Nr. 2 N 86.01623
[6] OVG Bremen, Urt. vom 12.4.1983 - 1 N 1/82 - a.a.O.
[7] BGH, Urt. vom 2.10.1986 - III ZR 99/85 - a.a.O.; so ebenfalls: VGH Baden-Württemberg, Urt. vom 4.7.1985 - 8 S 1923/83 - und Urt. vom 5.12.1989 - 8 S 2821/87; Bayerischer VGH, Urt. vom 30.7.1984 - Nr. 14 N 83 A.857

2.1.6 Planungskonzeption bei Erlaß einer Entwicklungsverordnung

Zur Frage, wie konkret die Ziele der Entwicklungsmaßnahme bzw. die Planungskonzeption für den Entwicklungsbereich bei Erlaß einer Entwicklungsverordnung formuliert sein müssen, hat sich insbesondere das BVerwG[1] 1982 - im Zusammenhang mit einem Rechtsstreit wegen Versagung der Genehmigung nach § 15 StBauFG (Genehmigungspflichtige Vorhaben und Rechtsvorgänge) im Entwicklungsbereich Bonn-Hardtberg - beschäftigt. Das BVerwG führte hierzu aus, daß nicht schon die Entwicklungsverordnung den Inhalt der beabsichtigten Planung im einzelnen erkennen lassen müsse, um gültig zu sein. Der BGH[2] vertrat in seinem Urteil von 1986 die gleiche Auffassung: Eine **detaillierte Planung** sei erst **nach Erlaß der Rechtsverordnung** erforderlich.[3]

2.2 Zur entwicklungsbedingten Wertabschöpfung

Das OVG Lüneburg[4] stellte 1975 fest, daß die Abschöpfung entwicklungsbedingter Werterhöhungen nach § 23 Abs. 2 StBauFG neben den Sachzwecken zulässiger Zweck einer Entwicklungsmaßnahme sein könne, allerdings nicht Hauptzweck oder einziger Zweck. Das OVG Bremen[5] (1983) und der Bayerische VGH[6] (1984) haben indessen auf die **legitime Finanzierungsfunktion** der städtebaulichen Entwicklungsmaßnahme durch die Inanspruchnahme entwicklungsbedingter Werterhöhungen hingewiesen.[7]

Wichtige Entscheidungen zur Wertabschöpfung nach § 23 Abs. 2 StBauFG wurden vom BVerwG[8] (1981) und BGH[9] (1984) zur Entwicklungsmaßnahme Brunsbüttel getroffen. Beide Gerichte hatten es als zulässig erkannt, daß die in § 23 Abs. 2 StBauFG normierte Nichtberücksichtigung entwicklungsbedingter Werterhöhungen auch solche Erhöhungen erfasse, die vor Inkrafttreten einer Entwicklungsverordnung entstanden sind.

Darüber hinaus wurde in beiden Entscheidungen der Vorschrift des § 23 Abs. 2 StBauFG eine "**unechte Rückwirkung**" zuerkannt. Danach sollten grundsätzlich entwicklungsbedingte Werterhöhungen, die vor dem 1.8.1971 - dem Inkrafttreten des StBauFG - entstanden waren, keine Berücksichtigung bei der

---

[1] Vgl. BVerwG, Urt. vom 15.1.1982 - 4 C 94/79 - a.a.O.
[2] BGH, Urt. vom 2.10.1986 - III ZR 99/85 - a.a.O.
[3] So OLG Köln, Urt. vom 4.2.1985 - 65 O (Baul) 8/80 - in der Vorinstanz
[4] OVG Lüneburg, Beschl. vom 5.11.1975 - I C 3/74 - a.a.O.
[5] OVG Bremen, Urt. vom 12.4.1983 - 1 N 1/82 - a.a.O.
[6] Bayerischer VGH, Urt. vom 30.7.1984 - Nr. 14 N 83 A.857
[7] OVG und Bayerischer VGH wiesen darauf hin, daß die Erforderlichkeit des Entwicklungsmaßnahmen-Instrumentariums u.a. durch die im allgemeinen Interesse liegende Inanspruchnahme der entwicklungsbedingten Wertzuwächse der Grundstücke mitbestimmt würde.
[8] BVerwG, Urt. vom 21.8.1981 - 4 C 16/78 - a.a.O.
[9] BGH, Urt. vom 12.1.1984 - III ZR 103/82 - a.a.O.

III. Rechtsprechung zu städtebaulichen Entwicklungsmaßnahmen nach dem StBauFG/BauGB 1987

Bemessung der Ausgleichs- und Entschädigungsleistungen finden.[1] Durch diese "unechte Rückwirkung" sollten städtebauliche Maßnahmen, die schon vor dem Inkrafttreten des StBauFG eingeleitet, dann aber in das Recht des StBauFG als Sanierungs- oder Entwicklungsmaßnahmen übergeleitet wurden, mit den Sanierungs- und Entwicklungsverfahren, die erst nach dem Inkrafttreten des StBauFG eingeleitet wurden, gleichgestellt werden.

In der Urteilsbegründung des BVerwG zur Nichtberücksichtigung von Werterhöhungen, die durch die Aussicht auf eine Entwicklungsmaßnahme entstanden sind, knüpfte das Gericht an die Rechtsprechung des BGH bzgl. sanierungsaussichtsbedingter Werterhöhungen an:[2] Beide Gerichte waren der Auffassung, daß § 23 Abs. 2 StBauFG nur dann verfassungsrechtlichen Anforderungen des Gleichheitsgrundsatzes (Art. 3 Abs. 1 GG) und der Eigentumsgewährleistung (Art. 14 Abs. 1 GG) genüge,

"wenn die Abschöpfung auf Wertsteigerungen beschränkt wird, die *lediglich* durch die Aussicht auf den Einsatz des bodenrechtlichen Instrumentariums ... bewirkt wird ..."[3]

Voraussetzung sei jedoch, daß das Entwicklungsinstrumentarium seinerzeit überhaupt **bekannt** war und daß darüber hinaus mit **hinreichender Wahrscheinlichkeit** auch schon mit dem Erlaß einer Entwicklungsverordnung zu rechnen war. Der BGH stellte zusätzlich in seinen Entscheidungen[4] auf die **Verwendung öffentlicher Mittel** ab, welche vor Erlaß der Rechtsverordnung in Aussicht gestanden haben müssen.[5]

Im Fall der Entwicklungsmaßnahme Brunsbüttel verneinten BGH und BVerwG jedoch das Eintreten entwicklungsbedingter Werterhöhungen vor Erlaß des StBauFG. Das BVerwG betonte in diesem Zusammenhang, daß eine städtebauliche Entwicklungsmaßnahme eine **Gesamtmaßnahme** sei, die darauf angelegt sei, ein bestimmtes Gebiet koordiniert zu entwickeln. Erforderlich sei eine **flächendeckende und zeitlich geschlossene Planungskonzeption** für ein exakt umschriebenes Gebiet. Dabei sei entscheidend, daß Entwicklungsmaßnahmen i.S.d. StBauFG nur solche Maßnahmen seien, die eines der in § 1 Abs. 3

---

[1] Das BVerwG verwies auf die Regelung in § 94 Abs. 1 bzw. Abs. 2 StBauFG, wonach die Gemeinde im Einzelfall aus Billigkeitsgründen von der Erhebung eines Ausgleichsbetrages absehen konnte, wenn mit der Durchführung der Sanierung bzw. der Entwicklung vor Inkrafttreten des StBauFG schon begonnen worden war. Daraus wurde die generelle Zulässigkeit der Erhebung von Ausgleichsbeträgen in den Fällen, in denen mit der werterhöhenden Durchführung der Sanierung bzw. Entwicklung schon vor Inkrafttreten des StBauFG begonnen worden war (z.B. bei Pilot- oder Versuchsprojekten), gefolgert.

[2] Vgl. BGH, Urt. vom 8.5.1980 - III ZR 27/77 - NJW 1980, S. 2814

[3] Ebenda

[4] BGH, Urt. vom 12.1.1984 - III ZR 103/82 - a.a.O. und Urt. vom 8.5.1980 - III ZR 27/77 - a.a.O., in dem es hieß, daß die Nichtberücksichtigung entwicklungsbedingter Werterhöhungen nach § 23 Abs. 2 StBauFG vermeiden soll, "daß einzelne Eigentümer ohne eigene Leistung ungerechtfertigte Gewinne zu Lasten der Allgemeinheit erzielen, die die zur Behebung städtebaulicher Mißstände erforderlichen öffentlichen Mittel zur Verfügung stellt."

[5] So äußerte sich schon das OVG Lüneburg, Urt. vom 15.12.1977 - a.a.O. zur selben Entwicklungsmaßnahme. Das OVG bekräftigte außerdem, daß nach § 143 BBauG (Wirkung der Gutachten, heute: § 193 BauGB) Wertermittlungen des Gutachterausschusses - unter Berücksichtigung von § 23 Abs. 1 und Abs. 2 StBauFG einschließlich der Werte land- und forstwirtschaftlicher Grundstücke (§ 23 Abs. 3 StBauFG) - weder für die Gemeinde noch für das Gericht verbindlich seien.

StBauFG genannten Vorhaben zum Gegenstand haben. Außerdem sei die Entwicklungsplanung in erster Linie Sache der Gemeinde und nicht des Landes, auch wenn die Entwicklungsverordnung von der Landesregierung erlassen würde. Wichtig sei weiterhin, daß die Entwicklungsmaßnahme ein städtebauliches Instrument ist und vorrangig von der Initiative und Steuerung der Gemeinde abhängt.

Da weder aufgrund von bereits vorgenommenen Ausbaumaßnahmen noch aufgrund sonstiger Vorgänge eine Gesamtkonzeption für die systematische (Fort-)Entwicklung von Brunsbüttel und seiner Umgebung vor dem 1.8.1971 erkennbar war, schlossen BVerwG und BGH entwicklungsbedingte Werterhöhungen aus dieser Zeit aus.

Der BGH fügte noch hinzu, daß entwicklungsbedingte Wertsteigerungen nur dann angenommen werden könnten, wenn die **vorbereitenden Planungen** für die spätere Enteignung im städtebaulichen Entwicklungsbereich

- **ursächlich** waren,

- eine **hinreichende Bestimmtheit** hatten und

- die **förmliche Erklärung** der betroffenen Flächen zum Entwicklungsbereich, die dann die Enteignung gestattete, mit **Sicherheit erwarten** ließen.

Bodenpreise müßten daher durch die Erwartung des Grundstücksmarkts auf spezifische Entwicklungsmaßnahmen und nicht nur auf allgemeine Wirtschaftsförderungsmaßnahmen - wie im Fall Brunsbüttel - ansteigen.

2.3 Zur Genehmigungspflicht bei Vorhaben und Rechtsvorgängen nach § 15 StBauFG im Zusammenhang mit der Preisprüfung nach § 23 Abs. 2 StBauFG

Da in den ersten Jahren nach dem Inkrafttreten des StBauFG häufig die Verfassungsmäßigkeit der Regelung über genehmigungspflichtige Vorhaben und Rechtsvorgänge nach § 15 StBauFG bezweifelt wurde, hatten sich die Gerichte mit dieser Fragestellung auch im Rahmen von Entwicklungsmaßnahmen auseinanderzusetzen. Nach dem Urteil des OVG Lüneburg[1] (1977) zur Entwicklungsmaßnahme Brunsbüttel wurde der Genehmigungsvorbehalt nach § 15 StBauFG (heute: §§ 144, 145 und 153 BauGB) als zulässige Inhalts- und Schrankenbestimmung i.S.d. Art. 14 Abs. 1 Satz 2 GG bezeichnet.

Diese Auffassung wurde 1978 vom BVerwG[2] und 1981 vom BGH[3] in der Rechtsprechung zur Genehmigungspflicht nach § 15 StBauFG in Sanierungsgebieten bestätigt. Sie stellten fest, daß § 15 StBauFG einer verfassungskonformen Auslegung zugänglich ist. Außerdem enthalte ein Antrag auf Erteilung einer Baugenehmigung nicht schon als solcher den Antrag auf Genehmigung

---

1 A.a.O.
2 BVerwG, Urt. vom 20.10.1978 - 4 C 48/76 - NJW 1979, S. 2577
3 BGH, Urt. vom 17.12.1981 - III ZR 72/80 - DVBl. 1982, S. 535

III. Rechtsprechung zu städtebaulichen Entwicklungsmaßnahmen nach dem StBauFG/BauGB 1987   23

nach § 15 Abs. 1 StBauFG. Wegen der gesetzlich angeordneten Fiktionswirkung nach § 15 Abs. 6 StBauFG[1] müsse die Erteilung der Genehmigung nach § 15 StBauFG ausdrücklich beantragt werden.

Der BGH (1981) machte darauf aufmerksam, daß eine Versagung der Genehmigung nach § 15 StBauFG nur dann in Frage komme, wenn entgegenstehende Sanierungsabsichten hinreichend konkretisiert sind; außerdem habe die Gemeinde bei ihrer Sanierungsplanung die Grundsätze der Verhältnismäßigkeit und Erforderlichkeit zu beachten. In einem anderen Urteil zu § 15 StBauFG in Sanierungsgebieten räumte das BVerwG[2] (1984) aber ein, daß zu Beginn des Sanierungsverfahrens eine geringere Konkretisierung der Sanierungsziele für die Genehmigungsversagung nach § 15 Abs. 3 StBauFG ausreiche; allerdings seien mit fortschreitendem Sanierungsverfahren höhere Anforderungen an die Konkretisierung zu stellen. Diese Rechtsprechung ist sinnentsprechend auf die Genehmigungspflicht in Entwicklungsbereichen anzuwenden.

Eng verbunden mit der Genehmigungspflicht nach § 15 StBauFG und insbesondere mit den Versagungsgründen nach dieser Vorschrift war die Preisprüfung nach § 23 Abs. 2 StBauFG. Nach § 15 Abs. 3 StBauFG bestand eine gesetzliche Vermutung, daß eine wesentliche Erschwerung der Sanierung bzw. Entwicklung dann vorlag und damit zur Versagung der Genehmigung führte, wenn der vereinbarte Gegenwert bei der Veräußerung eines Grundstücks sowie bei der Bestellung oder Veräußerung eines Erbbaurechts für das Grundstück oder das Recht über dem Verkehrswert lag, der sich in Anwendung des § 23 Abs. 2 StBauFG ergab. Zu der Frage der Überschreitung des nach § 23 Abs. 2 StBauFG maßgebenden Werts griff das BVerwG[3] (1981) auf seine frühere Rechtsprechung zurück.[4] Danach liege der vereinbarte Gegenwert nicht über dem nach § 23 Abs. 2 StBauFG maßgebenden Wert,

> "wenn nicht Werte vereinbart bzw. zugrunde gelegt werden, die den nach § 23 Abs. 2 StBauFG "bereinigten" Wert in einer dem Rechtsverkehr erkennbaren Weise deutlich verfehlen."[5]

Nur undeutliche oder unwesentliche Überschreitungen des nach § 23 Abs. 2 StBauFG maßgebenden Werts sollten danach im Hinblick auf die vom BVerwG angenommenen Unsicherheiten des Verkehrswerts bei der Preisprüfung hingenommen werden. Diese Aussage, die schon im angesprochenen Urteil des BVerwG von 1978 enthalten war, ist verschiedentlich in der Literatur besprochen worden.[6] Insbesondere *Dieterich*[7] und *Seele*[8] kritisierten, daß durch die

---

[1] Danach galt die Genehmigung als erteilt, wenn sie nicht innerhalb einer Frist von 3, maximal 6 Monaten versagt wurde. § 145 Abs. 1 BauGB entspricht heute § 15 Abs. 6 StBauFG.
[2] BVerwG, Urt. vom 7.9.1984 - 4 C 20/81 - NJW 1985, S. 278
[3] BVerwG, Urt. vom 21.8.1981 - 4 C 16/78 - a.a.O.
[4] BVerwG, Urt. vom 24.11.1978 - 4 C 56/76 - NJW 1979, S. 2578
[5] So der Leitsatz des Urt. vom 21.8.1981 - 4 C 16/78 - a.a.O.
[6] Vgl. Gronemeyer, Der Verkehrswert als Schranke rechtsgeschäftlicher Veräußerung eines Grundstücks, BauR 1979, S. 112; Otte, Anmerkung zum Urt. des Bundesverwaltungsgerichts vom 24.11.1978, ZfBR 1979, S. 76
[7] Dieterich, Verkehrswert oder Verkehrswertspanne?, ZfBR 1979, S. 223
[8] Seele, Wertermittlung bei der Preisprüfung und Ungewißheit des Verkehrswertes, VR 1982, S. 105

Entscheidung des BVerwG eine **Relativierung des Verkehrswertbegriffs** in Richtung einer Preisspanne statt eines einzigen Preises erfolgt sei, was aber nach ihrer Meinung durch die Definition des Verkehrswertes in § 142 BBauG (heute: § 194 BauGB) nicht gedeckt sei.

Das BVerwG führte weiter aus, daß ein Rechtsanspruch auf Genehmigung nach § 15 StBauFG bestehe, wenn eine nur unwesentliche Überschreitung des maßgebenden Wertes nach § 23 Abs. 2 StBauFG festzustellen sei, auch wenn für dasselbe Grundstück in einem späteren Enteignungsverfahren ein geringerer Wert ermittelt würde. Damit hatte das Gericht die Bindung der Entscheidung über die Preisprüfung für die Enteignungsentschädigung verneint.[1]

2.4 Zur Entwicklungsbereichsabgrenzung

Zur Vorschrift in § 53 Abs. 2 StBauFG hatte der BGH[2] 1986 festgestellt, daß die zweckmäßige Abgrenzung des Entwicklungsbereichs grundsätzlich in den Bereich des **Planungsermessens oder der planerischen Gestaltungsfreiheit** des Verordnungsgebers fällt. Eine Entwicklungsverordnung könne nach Meinung des BGH gerichtlich nur daraufhin überprüft werden, ob der Begrenzung des Entwicklungsbereichs ermessensfehlerhafte Planungserwägungen zugrunde liegen.

Schon 1983 hatte das OVG Bremen[3] darauf hingewiesen, daß die Entwicklungsbereichsabgrenzung im Ermessen des Verordnungsgebers steht.[4] Auch die Einbeziehung einer Autobahn in den Entwicklungsbereich wurde vom OVG nicht bemängelt, sondern als sachgerechte Maßnahme bezeichnet, da zusätzliche Autobahnabfahrten im Entwicklungsbereich geplant waren.[5] Auch der VGH Bayern[6] räumte der Überprüfung der Entwicklungsverordnung im allgemeinen und der raumplanerischen Elemente im besonderen nur eine beschränkte gerichtliche Kontrolle ein. Der Standort einer Entwicklungsmaßnahme, die Einordnung in das örtliche und überörtliche Siedlungs- und Raumgefüge sowie die Abgrenzung und Größe eines Entwicklungsbereichs gehörten nach Meinung des VGH weitestgehend zur planerischen Gestaltungsfreiheit des Verordnungsgebers.[7] Zur Standortfrage stellte das Gericht allerdings fest, daß ernsthaft in Betracht kommende Alternativstandorte auch ernsthaft in Betracht gezogen werden müssen. Eine Überschreitung der Grenzen der planerischen Gestaltungsfreiheit wäre aber nur dann anzunehmen, wenn ein anderer Standort

---

[1] Zu der nach der Entscheidung des BVerwG aufgeworfenen Frage der Anrechenbarkeit wesentlicher Überschreitungen des nach § 23 Abs. 2 StBauFG maßgebenden Wertes auf die Ausgleichsbetragserhebung vgl. Kleiber, in: Ernst/Zinkahn/Bielenberg, BauGB, § 153 Rdnr. 31
[2] BGH, Urt. vom 2.10.1986 - III ZR 99/85 - a.a.O.
[3] OVG Bremen, Urt. vom 12.4.1983 - 1 N 1/82 - a.a.O.
[4] Das OLG Köln (Urt. vom 4.2.1985 - 65 O (Baul) 8/80) räumte dem Verordnungsgeber einen "Beurteilungsspielraum" hinsichtlich der zweckmäßigen Abgrenzung eines Entwicklungsbereichs ein.
[5] Freilich war für die Einbeziehung der Autobahn nach § 53 Abs. 2 Satz 3 StBauFG die Zustimmung des Straßenbaulastträgers erforderlich.
[6] Bayerischer VGH, Urt. vom 30.7.1984 - Nr. 14 N 83 A.857
[7] So ebenfalls der Bayerische VGH in seinem Urt. vom 17.12.1987 - Nr. 2 N 86.01623

für die Entwicklungsmaßnahme eindeutig besser geeignet wäre. Der Hessische VGH[1] betonte 1987, daß nach dem **Grundsatz der Verhältnismäßigkeit** keine Grundstücke in den Entwicklungsbereich einbezogen werden dürfen, die für eine zweckmäßige Ausführung der Entwicklungsmaßnahme nicht erforderlich seien.

1987 hatte der Bayerische VGH[2] im Fall der Entwicklungsmaßnahme Regensburg dargelegt, daß die Abgrenzung des Entwicklungsbereichs nicht in allen Punkten mit den Darstellungen im Flächennutzungsplan übereinstimmen muß. Das Gericht beanstandete in seiner Entscheidung nicht, daß der Entwicklungsbereich nicht das gesamte im Flächennutzungsplan dargestellte Gewerbegebiet umfaßte, sondern Teile davon aussparte.

Auch die räumliche Trennung eines Entwicklungsbereichs in selbständige Teilbereiche ist von der Rechtsprechung nicht gerügt worden. So hat das OVG Lüneburg[3] im Fall der Entwicklungsmaßnahme Norderstedt die Dreiteilung des Entwicklungsbereichs nicht beanstandet. Der VGH Baden-Württemberg[4] hatte eine räumliche Zweiteilung des Entwicklungsbereichs Backnang, der aus einem Wohn- und einem etwa 500 m enfernt liegenden Gewerbe-Teilbereich besteht, nicht beanstandet, weil die Trennung nicht groß und der Zweck der Bildung eines Entwicklungsbereichs nicht gefährdet sei.

---

1   Hessischer VGH, Beschl. vom 27.1.1987 - IV N 4/81 - a.a.O.
2   Bayerischer VGH, Urt. vom 30.7.1984 - Nr. 14 N 83 A.857
3   Vgl. OVG-Lüneburg, Beschl. vom 5.11.1975 - I C 3/74 - a.a.O.
4   Vgl. VGH Baden-Württemberg, Urt. vom 4.7.1985 - 8 S 1923/83

IV. Städtebauliche Entwicklungsmaßnahmen nach dem StBauFG/BauGB 1987 in der Praxis - Empirische Untersuchung

1. Überblick, Bedeutung[1]

In den 16 Jahren der Geltungsdauer des StBauFG (1971 bis 1987) wurden lediglich 48 städtebauliche Entwicklungsmaßnahmen vorbereitet. Davon wurden 36 förmlich durch Rechtsverordnung der Landesregierung eingeleitet, die meisten davon (25) in den ersten drei Jahren nach Inkrafttreten des StBauFG. Bei den ersten förmlich eingeleiteten Entwicklungsmaßnahmen handelt es sich um besonders großflächige Vorhaben zur Schaffung neuer größerer Stadtteile ("Trabantenstädte"), deren Vorbereitungen bis in die sechziger Jahre zurückreichten und noch stark auf Wachstum ausgerichtet waren. Zu diesen - auf das Entwicklungsrecht des StBauFG umgestellten Maßnahmen - gehören z.B. Bonn-Hardtberg (722 ha), Köln-Chorweiler (356,5 ha), Bochum-Querenburg (253,8 ha), Dietzenbach (760 ha) und Brunsbüttel (2.283 ha).

Die sich Anfang der siebziger Jahre abzeichnenden Änderungen in den demographischen und ökonomischen Rahmenbedingungen sowie die etwa ab Mitte der siebziger Jahre vollzogenen Korrekturen auf Landes- und Regionalplanungsebene führten jedoch zu Verzögerungen gegenüber eingeleiteten Maßnahmen und Hemmnissen gegenüber Neueinleitungen.[2] Wurden dennoch Entwicklungsmaßnahmen förmlich eingeleitet, so standen sie meistens mit der Schaffung (Entwicklung) neuer Ortszentren aus Anlaß kommunaler Neugliederungen (Alsfeld, 27,2 ha; Baunatal, 199 ha; Freiberg, 11,3 ha; Rödental, 54 ha) oder mit Universitätsgründungen (Augsburg, 89 ha; Bayreuth, 126,8 ha; Kaiserslautern, 138 ha; Trier, 168,4 ha) im Zusammenhang.

Nach 1980 wurden noch 5 Entwicklungsverordnungen (Erlangen, 114 ha; Bremen-Niedervieland, 170 ha; Backnang, 71,9 ha; Regensburg, 390 ha; Straubing, 114,6 ha) erlassen. Diese dienen - mit Ausnahme der in Erlangen (Schaffung von zusammenhängenden neuen Wohnbauflächen) - auch oder ausschließlich gewerblichen/industriellen Zwecken zur Verbesserung der Wirtschaftsstruktur der jeweiligen Städte.

Als Gründe für die gegenüber städtebaulichen Sanierungsmaßnahmen[3] geringe Anwendung des Entwicklungsmaßnahmen-Instrumentariums sind zu nennen:

- Städtebauliche Entwicklungsmaßnahmen wurden hinsichtlich ihrer Zielsetzung vorrangig als großflächige, auf Expansion gerichtete Außenbereichsmaßnahmen aufgefaßt, für die ab Mitte der siebziger Jahre kaum noch Bedarf bestand (s.o.).

---

[1] Vgl. Koopmann in: Bundesminister für Raumordnung, Bauwesen und Städtebau, Schriftenreihe "Stadtentwicklung", Heft 02.035, Städtebauliche Entwicklungsmaßnahmen nach dem Städtebauförderungsgesetz, S. 14 ff; zu den verschiedenen Zielsetzungen vgl. Kap. III 2.1.2 (Rechtsprechung)

[2] Vgl. Bielenberg, Erweiterte Umlegung und gemeindliche Entwicklungsmaßnahmen, BBaubl. 1982, S. 606 (612)

[3] Bis 1992 wurden über 2.200 Sanierungs-, aber nur 44 Entwicklungsmaßnahmen in das Städtebauförderungsprogramm des Bundes aufgenommen.

- Stärkere Ausrichtung des StBauFG und der Städtebauförderung auf Stadterneuerungsmaßnahmen
- Enge Anwendungsvoraussetzungen hinsichtlich:
  - des zulässigen Gegenstands,
  - der überörtlichen Bedeutung und besonders
  - des Allgemeinwohlerfordernisses
- Anordnungsmodus: Zuständigkeit der Landesregierung (Rechtsverordnung)
- Besonderes Bodenrecht, insbesondere Grunderwerbspflicht - notfalls durch Enteignung - und die damit verbundenen Akzeptanzprobleme auf allen Ebenen
- Finanzierungslast infolge Grunderwerb.

Abb. 2 Städtebauliche Entwicklungsmaßnahmen nach dem StBauFG/BauGB 1987

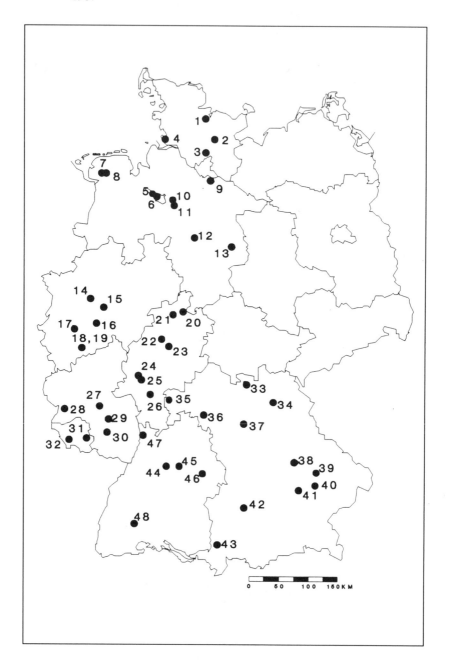

IV. Empirische Untersuchung

Schleswig-Holstein:
1. EB	Kiel-Wellsee	1977	StBauF	320,0 ha
2. EM	Bad Segeberg/Wahlstedt	-	StBauF	-
3. EB	Norderstedt*	1973	StBauF	377,0 ha
4. EB	Brunsbüttel*	1973	StBauF	2283,0 ha

Bremen:
5. EB	Bremen-Niedervieland*	1982	StBauF	170,0 ha
6. EB	Bremen-Osterholz-Tenever	1973	StBauF	59,0 ha

Niedersachsen:
7. EM	Ihlow	-	StBauF	-
8. EM	Großefehn	-	StBauF	-
9. EB	Seevetal**	1974	StBauF	390,0 ha
10. EM	Achim West	-	StBauF	-
11. EM	Verden Ost	-	StBauF	-
12. EM	Langenhagen-Stadtmitte	-	StBauF	-
13. EM	Lehre	-	StBauF	-

Nordrhein-Westfalen:
14. EB	Bochum-Querenburg*	1972	StBauF	253,8 ha
15. EB	Hagen-Halden	1973	StBauF	460,0 ha
16. EB	Gummersbach-Berstig	1973	-	123,0 ha
17. EB	Köln-Chorweiler	1972	StBauF	356,5 ha
18. EB	Bonn-Hardtberg*	1972	StBauF	722,0 ha
19. EB	Bonn-Parlaments- und Regierungsviertel***	1974	-	672,0 ha

Hessen:
20. EB	Kassel	1977	-	170,0 ha
21. EB	Baunatal	1974	StBauF	199,0 ha
22. EB	Stadtallendorf	1974	StBauF	74,2 ha
23. EB	Alsfeld	1974	StBauF	27,2 ha
24. EB	Neu-Anspach	1973	StBauF	185,0 ha
25. EB	Friedrichsdorf	1974	StBauF	88,3 ha
26. EB	Dietzenbach	1973	StBauF	760,0 ha

Rheinland-Pfalz:
27. EB	Sobernheim Leinenborn	1978	StBauF	23,3 ha
28. EB	Trier Tarforster Höhe	1975	StBauF	168,4 ha
29. EB	Rockenhausen-Bergstadt	1976	StBauF	22,7 ha
30. EB	Universitätswohnstadt Kaiserslautern	1975	StBauF	138,0 ha

Saarland:
31. EB	Homburg-Berliner Straße	1974	StBauF	143,0 ha
32. EB	Völklingen-Sonnenhügel	1974	StBauF	47,0 ha

Bayern:
33. EB	Rödental	1974	StBauF	55,0 ha
34. EB	Bayreuth*	1974	StBauF	126,8 ha
35. EM	Aschaffenburg-Damm West	-	StBauF	-
36. EB	Würzburg-Heuchelhof**	1974	StBauF	457,0 ha
37. EB	Erlangen-West	1981	StBauF	114,0 ha
38. EB	Regensburg-Burgweinting	1983	StBauF	390,0 ha
39. EB	Straubing-Sand	1987	StBauF	114,6 ha
40. EM	Dingolfing Wiesen	-	StBauF	-
41. EM	Landshut-Münchnerau	-	StBauF	-
42. EB	Augsburg-Alter Flughafen	1974	StBauF	89,0 ha
43. EB	Kempten-West	1974	StBauF	56,5 ha

Baden-Württemberg:
44. EB	Freiberg-Ortszentrum	1974	-	11,3 ha
45. EB	Backnang	1982	StBauF	71,9 ha
46. EM	Oberkochen-Heide	-	StBauF	-
47. EB	Mannheim-Herzogenried	1973	StBauF	21,5 ha
48. EM	Villingen-Schwenningen	-	StBauF	-

EM	Entwicklungsmaßnahme ohne Entwicklungsverordnung
EB	Entwicklungsmaßnahme mit Entwicklungsverordnung
*	Entwicklungsverordnung (mehrfach) geändert, bzw. (teilweise) aufgehoben
**	Entwicklungsverordnung, die bereits aufgehoben wurde
***	Entwicklungsmaßnahme mit besonderer Förderung
1982	Erlaß der Entwicklungsverordnung
StBauF	Entwicklungsmaßnahme, die in das Bundesprogramm der Städtebauförderung aufgenommen wurde
71,9 ha	Größe des Entwicklungsbereichs

2. Empirische Untersuchung ausgewählter Entwicklungsmaßnahmen

2.1 Vorbemerkungen

2.1.1 Forschungsleitfragen

Für die Untersuchung wurde ein Fragenkatalog erarbeitet, der sich an folgenden **Leitfragen** orientierte:

- Welche Überlegungen führten zur Durchführung der städtebaulichen Entwicklungsmaßnahme, von wem kamen sie und welchen Einfluß übten die Landesregierungen als Verordnungsgeber auf die Durchführung der Entwicklungsmaßnahme aus?
- Wurden die konkreten Ziele und Zwecke der Entwicklungsmaßnahme erreicht?
- Konnten Bodenpreisspekulationen verhindert werden? Konnte sich die Maßnahme finanziell selbst tragen? Wurde für weite Kreise der Bevölkerung Eigentum geschaffen? Welche Auswirkungen ergaben sich auf das Bodenpreisgefüge in den Untersuchungsstädten?
- Welche Bedeutung kann dem Entwicklungsrecht des StBauFG/BauGB 1987 bei der Realisierung der Entwicklungsziele beigemessen werden? Welche Vorteile ergaben sich aus der Anwendung des besonderen Bodenrechts der städtebaulichen Entwicklungsmaßnahme?
- Welche Probleme traten bei der Vorbereitung und Durchführung der Entwicklungsmaßnahme auf und wie wurden sie bewältigt?
- Welche Bedeutung hatte die Städtebauförderung für die Entwicklungsmaßnahme?

2.1.2 Auswahlkriterien - Ausgewählte Fallbeispiele

Im Hinblick auf die veränderte Aufgabenstellung der Entwicklungsmaßnahmen nach dem BauGB 1993 wurden für die Auswahl der Fallbeispiele folgende Kriterien berücksichtigt:

- Größe des Entwicklungsbereichs

  Da Entwicklungsmaßnahmen nach neuem Recht kleinteiliger sein können, sollten die Entwicklungsbereiche der auszuwählenden Maßnahmen eine maximale Größe von 100 ha (1 km²) nicht überschreiten.

- Gegenstand und Maßnahmentyp (Nutzungsbezüge)

  Hinsichtlich des Gegenstands der zu untersuchenden Entwicklungsmaßnahmen kamen kleinere Ortserweiterungen i.S.d. § 1 Abs. 3 Nr. 3 StBauFG bzw. die Schaffung kleinerer Siedlungseinheiten i.S.d. § 1 Abs. 3 Nr. 2 StBauFG in Frage, die auch heute Vorhaben einer Entwicklungsmaßnahme nach neuem Recht sein können.

  Des weiteren sollten verschiedene Maßnahmentypen hinsichtlich der Nutzungsbezüge ausgewählt werden. Die zu untersuchenden Maßnahmen sollten nicht nur der Schaffung von Wohnstätten, sondern auch von Arbeitsstätten und Infrastruktureinrichtungen dienen. Entwicklungsmaßnahmen mit besonderen Anlässen wie z.B. Maßnahmen, die im Zusammenhang mit Universitätsgründungen standen oder zur Schaffung eines Parlaments- und Regierungsviertels dienten, sollten außer Betracht bleiben.

- Maßnahmen mit und ohne Einschaltung eines Entwicklungsträgers
- Bodenpreisniveau

  Um Aussagen über die Beeinflussung des Bodenmarktes durch Entwicklungsmaßnahmen treffen zu können, erschien es wichtig, Untersuchungsstädte mit unterschiedlichen Bodenpreisniveaus auszuwählen, auch im Hinblick auf die Finanzierungsfunktion der Entwicklungsmaßnahmen.

- Durchführungsstadium

  Die auszuwählenden Entwicklungsmaßnahmen sollten sich in einem fortgeschrittenen Durchführungsstadium befinden: Grunderwerb, Erschließungs- und Baumaßnahmen sollten für Teilbereiche bzw. Durchführungsabschnitte abgeschlossen sein.[1]

- Rechtsprechung

  Da gerichtliche Auseinandersetzungen die Durchführung von Entwicklungsmaßnahmen beeinflussen, sollte wenigstens in einer Maßnahme ein Rechtsmittel gegen die Entwicklungsverordnung (Normenkontrollantrag) oder gegen ein Enteignungsverfahren eingelegt worden sein.

Bei Berücksichtigung dieser Kriterien wurden folgende 4 Entwicklungsmaßnahmen ausgewählt:

Ausgewählte Entwicklungsmaßnahme	Größe des Entwicklungsbereichs	Gegenstand und Maßnahmentyp	Bodenpreisniveau	Durchführungsstadium Grad der Realisierung (˜ %)	Rechtsprechung
Backnang	71,9 ha	§ 1 Abs.3 Nr.3 StBauFG (Ortsteilerweiterung), Schaffung von Wohn- und Arbeitsstätten	hoch	Wohnbereich: 20 % Gewerblicher Bereich: 65 %	Normenkontrollverfahren, mehrere Enteignungsverfahren
Friedrichsdorf	88,3 ha	§ 1 Abs.3 Nr.2 StBauFG (Entwicklung zu einer Siedlungseinheit), Schaffung von Wohn- und Arbeitsstätten sowie von Gemeindebedarfs- und Folgeeinrichtungen	hoch	Wohnbereich: 75 % Gewerblicher Bereich: 100 % Zentrumsbereich: 90 %	———
Rockenhausen	22,6 ha	§ 1 Abs.3 Nr.3 StBauFG (Ortsteilerweiterung), Schaffung von Wohn- und Arbeitsstätten	niedrig	90 %	———
Rödental	64,0 ha	§ 1 Abs.3 Nr.2 und 3 StBauFG (Ortsteilerweiterung und Entwicklung zu einer Siedlungseinheit), Schaffung von Wohnstätten und von Gemeinbedarfs- und Folgeeinrichtungen	niedrig	80 %	———

---

[1] Als Maß für den Durchführungsstand (Grad der Realisierung) wurde der Anteil der neugeordneten und (re-)privatisierten Grundstücke an der Gesamtnettobaufläche gewählt.

2.1.3 Methodische Vorgehensweise

Folgende Informationsquellen dienten als Grundlage für die nachstehenden Ergebnisse der Untersuchung sowie die ausführlichere Beschreibung der einzelnen Maßnahmen (siehe Anhang):

- Akten zur Entwicklungsmaßnahme bei den Untersuchungsgemeinden, den jeweiligen Landesministerien sowie beim Bundesbauministerium (soweit Akteneinsicht gewährt wurde)
- Besprechungen mit Vertretern der Stadtverwaltung, die mit Vorbereitungs- und Durchführungsaufgaben befaßt waren bzw. noch befaßt sind. Als Gesprächspartner konnten die Leiter der mit der Maßnahme beauftragten Stadtämter (Planungs-, Liegenschafts-, Vermessungs-, Hauptamt bzw. Stadtkämmerei) gewonnen werden, z.T. auch die Bürgermeister.
- Besprechungen mit dem Entwicklungsträger, soweit ein solcher beauftragt war
- Auskünfte bei den zuständigen Gutachterausschüssen für Grundstückswerte
- Ortsbesichtigung des Entwicklungsbereichs.

Abb. 3 Städtebauliche Entwicklungsmaßnahmen nach dem StBauFG/BauGB 1987 - Untersuchungsstädte

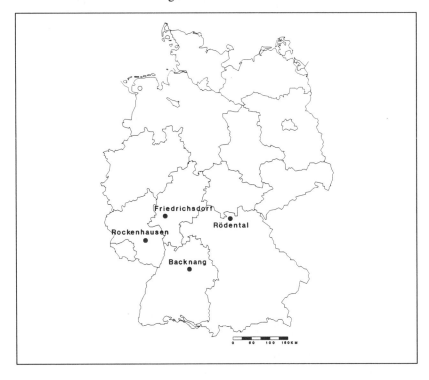

2.2 Zusammenfassung der Ergebnisse

1. Die häufigsten **Gründe, die zur Anwendung des Entwicklungsrechts** in den untersuchten Fallbeispielen führten, waren:

   - Erfordernis einer zügigen Baulandbereitstellung und -mobilisierung;
   - Notwendigkeit der Koordination und Bündelung von Einzelmaßnahmen im Rahmen einer Gesamtmaßnahme;
   - Einflußnahme auf Grundstückspreise (An- und Verkaufspreise) zur Erreichung der Entwicklungsziele;
   - Inanspruchnahme von Städtebauförderungsmitteln zur Mitfinanzierung der Entwicklungsmaßnahme.

2. Die untersuchten Entwicklungsmaßnahmen wurden **von der Stadt eigenverantwortlich gesteuert und z.T. initiiert.**

   Nach Erlaß der Entwicklungsverordnung durch die jeweilige Landesregierung lagen Planung und Realisierung der Entwicklungsmaßnahme ganz in der Verantwortung der Untersuchungsstadt. Lediglich im Rahmen der Städtebauförderung war eine gewisse Einflußnahme des Landes festzustellen (Friedrichsdorf). In Rödental und Backnang ging der Anstoß zur Durchführung der Entwicklungsmaßnahme von der Stadt aus; in Rockenhausen und Friedrichsdorf fand die von anderer Stelle ergriffene Initiative für eine Entwicklungsmaßnahme Zustimmung der jeweiligen Stadt. Gegen den Willen der Stadt wurde keine Maßnahme förmlich eingeleitet. Es läßt sich daher festhalten, daß ohne gemeindliches Einverständnis die Entwicklungsmaßnahmen nicht möglich gewesen wären.

   Entwicklungsmaßnahmen nach dem StBauFG/BauGB 1987 lassen sich daher nur bedingt als Steuerungsinstrument der Raumordnung und Landesplanung bezeichnen: Abgesehen von der geringen Anwendung des Instrumentariums in der Praxis konnten übergeordnete Ziele erst dann im Rahmen von Entwicklungsmaßnahmen verfolgt werden, wenn sie i.w. mit den gemeindlichen stadtentwicklungsplanerischen Zielen übereinstimmten und die Stadt willens war, die Maßnahme durchzuführen. Es erscheint in diesem Zusammenhang nur folgerichtig, daß städtebauliche Entwicklungsmaßnahmen neuen Rechts von der Gemeinde eigenverantwortlich durch Satzung eingeleitet werden können.

3. Wichtig war in allen untersuchten Fällen, daß die Entwicklungsmaßnahme **von der Gemeindevertretung getragen** wurde.

   Die Entwicklungsmaßnahme Backnang zeigt, daß dieses bodenpolitische Instrument einer starken Rückendeckung durch die Gemeindevertretung bedarf. Ohne vollen kommunalpolitischen Rückhalt scheint eine solche Maßnahme nicht oder nur schwer möglich bzw. durchsetzbar.

4. Die Untersuchung hat gezeigt, daß sich Entwicklungsmaßnahmen als **geeignetes Instrument** erwiesen haben, um die in sie gesteckten, insbesondere **gemeindlichen Ziele und Zwecke** i.w. zu erreichen.

a) Nutzungsallokationen konnten im Zuge von Entwicklungsmaßnahmen besonders gut vorgenommen werden. Die untersuchten Fallbeispiele widerlegen die Behauptung, daß Entwicklungsmaßnahmen alten Rechts lediglich ein Instrument zur Schaffung von Trabantenstädten und Großsiedlungen seien.[1] Die Maßnahmen in Backnang, Friedrichsdorf und Rödental sind gute Beispiele für eine Mischung aus maßvoller baulicher Verdichtung und aufgelockerter Bebauung und ebenfalls für sinnvolle Kombinationen von Nutzungsarten in einem Entwicklungsbereich (Wohnen und Gewerbe in Backnang und Friedrichsdorf). Das Fallbeispiel Rockenhausen belegt, daß auch Einfamilienhausgebiete durch Entwicklungsmaßnahmen realisiert werden können.

b) Bei den Maßnahmen in Backnang und Friedrichsdorf konnte eine verstärkte Hinwendung zu gemeindlichen Zielen und im gleichen Maße eine Abkehr von übergeordneten landes- und regionalplanerischen Zielen festgestellt werden. Aus der Praxis dieser Entwicklungsmaßnahmen kann demnach ein Bedürfnis für Maßnahmen mit gemeindlichen Zielsetzungen abgeleitet werden. Mit dem neuen Entwicklungsrecht wurde diesem Bedürfnis Rechnung getragen, indem Entwicklungsmaßnahmen mit örtlicher Bedeutung eingeführt wurden.

c) Die Untersuchung hat ergeben, daß die Realisierung bzw. der Erfolg dieser Maßnahmen - wie bei allen städtebaulichen Maßnahmen - von äußeren Faktoren abhängt, die nicht durch die Entwicklungsmaßnahme beeinflußt werden können, so z.B.:

- vom Bedarf nach Wohnbau- und gewerblichen Grundstücken (alle untersuchten Maßnahmen);
- vom Nachfrageverhalten im Wohnbereich (insbesondere Rockenhausen);
- von der äußeren Verkehrserschließung, Individual- und öffentlicher Personenverkehr (Backnang und Friedrichsdorf).

d) Die anfangs geplanten Durchführungszeiträume ließen sich i.d.R. nicht einhalten. Neben den schon genannten Gründen spielten hier "interne" Probleme, insbesondere Grunderwerbs- und Wertermittlungsprobleme (s.u.), eine Rolle (Backnang, Rödental).

e) Es konnte in allen Fällen beobachtet werden, daß die anfänglich aufgestellten Prognosen hinsichtlich der Anzahl anzusiedelnder Einwohner und gewerblicher Unternehmen zu optimistisch waren. Das Entwicklungsrecht erwies sich jedoch als flexibel genug, um konzeptionelle Änderungen hinsichtlich der Entwicklungsziele zu ermöglichen (vgl. z.B. Friedrichsdorf).

---

[1] Vgl. z.B. die Begründung zum Entwurf des Wohnungsbauerleichterungsgesetzes der Bundesregierung, BT-Drs. 11/6508, S. 12

f) Die Entwicklungsmaßnahmen in Backnang und Friedrichsdorf haben außerdem einen wichtigen Beitrag zur Förderung der wirtschaftlichen Entwicklung ihrer Städte geleistet. Durch die in den Gewerbegebieten angesiedelten Unternehmen konnten viele neue Arbeitsplätze geschaffen werden. Bei innerstädtischen Betriebsverlagerungen in den Entwicklungsbereich konnten Arbeitsplätze gesichert werden; mögliche Betriebsverlagerungen außerhalb der Stadtgrenzen ließen sich verhindern. Durch die rege Bautätigkeit in den Entwicklungsbereichen konnte zudem die lokale Bauwirtschaft gefördert werden. In wirtschaftlichen Problemregionen, wie in Rockenhausen, hat die Entwicklungsmaßnahme indirekt, wenn auch begrenzt, zur Arbeitsplatzschaffung bzw. -sicherung auf dem Bausektor beigetragen.

5. Das Entwicklungsrecht des StBauFG/BauGB 1987 hat **wesentlich zur Realisierung der Entwicklungsziele beigetragen**.

   a) Es kann allgemein festgestellt werden, daß die Durchführung der untersuchten Maßnahmen im Rahmen des allgemeinen Städtebaurechts nicht den gleichen Erfolg gebracht hätte, wie er durch die Anwendung des besonderen Bodenrechts eingetreten ist. Hierzu hat vor allem der Durchgangserwerb beigetragen. Besondere Bedeutung erhielt die Anwendung des Entwicklungsrechts in Friedrichsdorf und Rockenhausen dadurch, daß hier die einzig mögliche Baulanderweiterungsfläche konsequent in Angriff genommen werden konnte.

   b) Durch die Nichtberücksichtigung entwicklungsbedingter Bodenwertsteigerungen konnten die Grunderwerbskosten i.d.R. niedrig gehalten werden. In einigen Fällen mußte jedoch festgestellt werden, daß planungsbedingte Bodenwertsteigerungen (Bauerwartungswerte) dann nicht als entwicklungsbedingt abgeschöpft werden konnten, wenn sie nicht infolge der Entwicklungsmaßnahme, sondern schon aufgrund vorhergehender Flächennutzungsplanung entstanden waren (Backnang, Rödental). Aus bodenwirtschaftlichen Gründen ist deshalb ein koordinierteres, auf die Entwicklungsmaßnahme abgestimmtes Handeln der Gemeinde zu fordern.

   Im Fall Rödental muß allerdings eingeräumt werden, daß die Planungen für ein neues Ortszentrum schon längere Zeit im Gange waren, bevor die Stadt sich entschloß, eine Entwicklungsmaßnahme durchführen zu wollen. Hier bestand keine Möglichkeit die - allerdings nur geringfügigen - Bodenwertsteigerungen im Rahmen der Entwicklungsmaßnahme abzuschöpfen. In Backnang wäre es aber möglich gewesen, die durch Flächennutzungsplanung bedingten Bodenwerterhöhungen auszuschalten, wenn die Stadt zunächst der Öffentlichkeit die Absicht, eine Entwicklungsmaßnahme durchführen zu wollen, mitgeteilt hätte.

   c) Man kann weiterhin feststellen, daß Entwicklungsmaßnahmen nicht zwangsläufig Enteignungen zur Folge haben. Nur in Backnang mußte enteignet werden. Hier hat die Enteignungsmöglichkeit dazu beigetragen, daß die Entwicklungsmaßnahme überhaupt weitergeführt werden konnte. In den meisten Fällen konnten aber einvernehmliche Regelungen mit den Grundstückseigentümern getroffen werden (Rockenhausen, Rödental und Friedrichsdorf). Hieraus läßt sich folgern, daß die Enteignungsmöglichkeit im Entwicklungsbereich mit zur Verkaufsbereitschaft der Eigentümer beigetragen hat.

d) In allen Fällen spielten die Vorschriften über genehmigungspflichtige Vorhaben und Rechtsvorgänge gem. § 15 StBauFG bzw. §§ 144, 145 BauGB eine untergeordnete Rolle. Lediglich in Rödental erwies sich diese bodenrechtliche Vorschrift als wichtig, um bei einigen Grundstückskaufverträgen die Entwicklungsgenehmigung nach § 145 BauGB wegen überhöhter Kaufpreise versagen zu können. Ansonsten fand Grundstücksverkehr unter Privaten kaum oder gar nicht statt. Als Grund kann hier vor allem angeführt werden, daß für die untersuchten Entwicklungsmaßnahmen nur der Durchgangserwerb in Frage kam, weil die Möglichkeiten der Ausnahme von der gemeindlichen Grunderwerbspflicht nach § 54 Abs. 3 StBauFG bzw. § 166 Abs. 3 BauGB 1987 kaum gegeben waren und deshalb nur wenig Interesse bei Investoren (z.B. Wohnungsunternehmen) bestand, zu diesem frühen Zeitpunkt Grundstücke im Entwicklungsbereich zu erwerben und zu behalten. Auch bauliche Veränderungswünsche im Entwicklungsbereich waren nicht festzustellen.

e) Zur Durchsetzung der Entwicklungsziele und der Bebauungsplan-Festsetzungen wurde in keinem Fall von der Möglichkeit des Erlasses städtebaulicher Gebote (insbesondere Baugebote) Gebrauch gemacht, obwohl diese Instrumente bis zur Novellierung des BBauG 1976 nur in Sanierungsgebieten und Entwicklungsbereichen zulässig waren. Man kann festhalten, daß städtebauliche Gebote keine Bedeutung bei den untersuchten Entwicklungsmaßnahmen erlangten. Sie waren nicht erforderlich, da zweckmäßigerweise die Stadt bzw. der Entwicklungsträger vertragliche Vereinbarungen beim Grundstücksverkauf getroffen hatten. Dabei wurde in allen Fällen dem Erwerber wenigstens eine Baupflicht auferlegt. Bei Nichteinhaltung der Baupflicht, was nur sehr selten vorkam, konnten die Grundstücke problemlos zurückerworben und wieder veräußert werden (alle Entwicklungsmaßnahmen).

In den meisten Fällen nutzten die Städte jedoch die Möglichkeit zu weiteren vertraglichen Vereinbarungen im Rahmen der Grundstücksveräußerungsgeschäfte. So wurde regelmäßig die Anerkennung einer städtebaulichen Oberleitung durch den Erwerber vereinbart. Hiermit konnte hinsichtlich der gewünschten baulichen Gestaltung des einzelnen Bauvorhabens sowie des gesamten Baugebiets mehr erreicht werden, als im Rahmen des Baugenehmigungsverfahrens möglich gewesen wäre.

Vor allem wurde von der Möglichkeit der Auswahl von Bauinteressenten im Entwicklungsbereich nach bestimmten, häufig sozialen Kriterien, die vom Gemeinderat festgelegt wurden, Gebrauch gemacht (vgl. insbesondere Friedrichsdorf und Backnang). Boden- und letztlich kommunalpolitische Zielsetzungen konnten somit im Wege der Grundstücksveräußerung verfolgt werden.

f) Neugeordnete Grundstücke wurden zu einem Preis verkauft, der häufig unter den Baulandpreisen in vergleichbaren benachbarten Baugebieten lag (Friedrichsdorf und Rockenhausen). Nur dort, wo die Stadt eine kommunale Bodenvorratspolitik in größerem Umfang betreibt, wie in Backnang und Rödental, entsprechen die Baulandpreise im Entwicklungsbereich den Preisen, die von der Stadt für entsprechende Baugrundstücke in anderen Teilen des Stadtgebiets (mit Ausnahme von Backnang-Stadt) gefordert werden. In allen Fällen haben die Entwicklungsmaßnahmen also einen wichtigen Beitrag zur Senkung der Baulandpreise geleistet, insbesondere in Rockenhausen und Friedrichsdorf, wo seit Erlaß der Entwicklungsverordnung keine weiteren Baugebiete mehr ausgewiesen wurden.

g) Allerdings haben verhältnismäßig niedrige Baulandpreise in den Entwicklungsbereichen wenig Einfluß auf das Grundstückspreisniveau in anderen Gebieten der Untersuchungsstädte ausgeübt. Vor allem in Friedrichsdorf wurden einzelne noch unbebaute Grundstücke außerhalb des Entwicklungsbereichs zu wesentlich höheren Preisen - entsprechend dem hohen Preisniveau im Frankfurter Umland - verkauft. Dies liegt vor allem daran, daß Baugrundstücke in den Entwicklungsbereichen nur einem bestimmten Personenkreis offen standen bzw. stehen. Bewerber mit Grundeigentum oder höherem Einkommen konnten häufig nur Grundstücke außerhalb des Entwicklungsbereichs und dann zu marktüblichen Preisen erwerben.

h) Beanstandungen bzgl. der Grundstücksveräußerung unterhalb des Neuordnungswerts nach § 59 Abs. 5 StBauFG bzw. § 169 Abs. 8 BauGB 1987 hat es bis heute in keinem der Fälle gegeben. Allenfalls bei der Abrechnung der Entwicklungsmaßnahmen könnten aus förderungsrechtlichen Gründen Probleme entstehen.

i) Die untersuchten Fallbeispiele verdeutlichen die Bedeutung der distributiven Zweckbestimmungen städtebaulicher Entwicklungsmaßnahmen: Bodenspekulationen konnten verhindert werden, indem entwicklungsbedingte Bodenwertsteigerungen der Allgemeinheit zugeführt wurden. Durch die Inanspruchnahme dieser Wertsteigerungen konnten die Maßnahmen zu einem wesentlichen Teil finanziert werden. Allerdings wurden bisher nur in Friedrichsdorf Entwicklungsgewinne in einem solchen Umfang erwirtschaftet, daß zusätzlich notwendig gewordene Infrastrukturmaßnahmen - wie Kindergärten - finanziert werden können. Dies war - im Gegensatz zu Rockenhausen und Rödental - aufgrund des hohen Baulandpreisniveaus möglich.

j) Durch die verbilligte Grundstücksabgabe konnte dem gesetzlichen Zweck entsprochen werden, weite Kreise der Bevölkerung zu berücksichtigen, insbesondere solche Kreise, die sich bei marktüblichen Preisen keine Baugrundstücke leisten können. Das Beispiel Rockenhausen zeigt aber, daß bei Maßnahmen mit niedrigem Baulandpreisniveau und verhältnismäßig hohen Preisreduzierungen beim Grundstücksverkauf die Finanzierungsfunktion der städtebaulichen Entwicklungsmaßnahme nicht mehr erfüllt ist.

k) Ob die Einschaltung eines Entwicklungsträgers generell zu befürworten ist, läßt sich anhand der untersuchten Entwicklungsmaßnahmen nicht eindeutig bestimmen. Für die kleineren Städte Rödental und Rockenhausen hat die Beauftragung eines Entwicklungsträgers die Stadtverwaltung nicht nur entlastet, sondern es hat sich auch deshalb als vorteilhaft erwiesen, weil der Entwicklungsträger über Spezialkenntnisse auf dem Gebiet des Entwicklungsrechts verfügte. Die Nichteinschaltung eines Entwicklungsträgers in den beiden größeren Städten Friedrichsdorf und Backnang hat sich jedoch nicht nachteilig auf die Vorbereitung bzw. Durchführung der jeweiligen Entwicklungsmaßnahmen ausgewirkt. Allerdings verlangte diese Vorgehensweise besonderes Engagement der mit der Maßnahme beschäftigten Verwaltungsmitarbeiter. Außerdem wurden, insbesondere in Backnang, Vorbereitungs- und Durchführungsaufgaben an geeignete Beauftragte vergeben.

6. Als besonders wichtig für die untersuchten Entwicklungsmaßnahmen hat sich die **Städtebauförderung** erwiesen.

Die Städtebauförderung hat wesentlich zum Vorankommen der jeweiligen Maßnahme beigetragen. Vor allem in der Anfangsphase einer Entwicklungsmaßnahme waren Städtebauförderungsmittel zur Finanzierung vorbereitender Untersuchungen, des Grunderwerbs und der Erschließung besonders wichtig. Die Untersuchung zeigt, daß der Finanzierungseffekt umso größer ist, je höher die Entwicklungsgewinne sind, d.h. je höher die Differenz zwischen Ankaufs- und Veräußerungspreis ausfällt. Maßnahmen mit höheren Baulandpreisen kommen letztlich mit einer geringeren Förderung aus (Backnang, Friedrichsdorf), als Maßnahmen mit relativ niedrigen Baulandpreisen (Rockenhausen, Rödental). Der Anteil der Städtebauförderung an den (bisherigen) Gesamtkosten betrug in den 4 Fällen:

Entwicklungsmaßnahme	Städtebauförderungsmittel von Bund und Land [Mio. DM]	Anteil an Gesamtkosten [ca. %]
Backnang	8,0	10,5
Friedrichsdorf	6,5	9,8
Rockenhausen	17,2	59,4
Rödental	22,3	50,2

Die Maßnahme in Friedrichsdorf zeigt, daß staatliche Mittel als Anschubfinanzierung genügen und revolvierend zum Einsatz kommen können. Wichtig ist auch, daß durch den Einsatz der Städtebauförderungsmittel hohe Investitionen im privaten Bereich erfolgten. Nach einer Berechnung der Stadt Rödental aus dem Jahr 1987 ergaben die bis 1986 ausgezahlten Städtebauförderungsmittel von ca. 18 Mio. DM für die Entwicklungsmaßnahme in dieser Stadt Gesamtinvestitionen in Höhe von ca. 170 Mio. DM.

7. Der **Grunderwerb** war in den meisten Fällen **erwartungsgemäß das Hauptproblem** der untersuchten Entwicklungsmaßnahmen (insbesondere Backnang und Rödental)

   a) Es konnte festgestellt werden, daß nicht nur das Problem des Verlustes landwirtschaftlich genutzter Flächen bzw. landwirtschaftlicher Existenzen Schwierigkeiten bereitete, sondern auch die relativ niedrigen Grundstücksankaufspreise. Hierdurch mußten größere Verzögerungen bei der Durchführung der Maßnahmen in Kauf genommen werden.

   b) Größere Verzögerungen von jeweils zwei Jahren ergaben sich in Backnang wegen zweier Normenkontrollverfahren. Dadurch kam es auch zu einem Aufschub von beantragten Enteignungsverfahren, da von der Enteignungsbehörde der Ausgang des Normenkontrollverfahrens abgewartet wurde.

   c) Verkaufsfördernd hat sich in einigen Fällen eine vertragliche Ankaufsoption der Alteigentümer auf neugeordnete Grundstücke im Entwicklungsbereich erwiesen (z.B. Friedrichsdorf). Zügig auf den Grundstücksankauf hat sich auch das Angebot landwirtschaftlicher Tauschflächen ausgewirkt, soweit sie von der Stadt zur Verfügung gestellt werden konnten. Auch in rechtlicher Hinsicht ist die Möglichkeit, landwirtschaftliches Ersatzland anbieten zu können, positiv zu bewerten, insbesondere bei der Überprüfung einer Entwicklungsverordnung durch die Gerichte (Backnang).

   d) Die Entwicklungsmaßnahmen in Rödental und Friedrichsdorf sind Beispiele dafür, daß öffentliche Aufgabenträger Verzögerungen verursachen können. Die Pflicht zur Mitwirkung öffentlicher Aufgabenträger nach § 2 StBauFG bzw. § 169 Abs. 1 Nr. 4 BauGB 1987 i.V.m. § 139 BauGB wurde in diesen Fällen wenig beachtet.

   e) Eine Anhörung der betroffenen Grundeigentümer vor Erlaß der Entwicklungsverordnung fand lediglich in Backnang statt. Dennoch kam es hier zu zwei Normenkontrollverfahren sowie zahlreichen Enteignungsverfahren. Die Anhörung führte in Backnang also nicht zu einer zügigeren Durchführung der Maßnahme. In den anderen Verfahren genügte es, die Betroffenen bzw. die Öffentlichkeit über Planungskonzepte und Vorgehensweise im beabsichtigten Entwicklungsbereich allgemein zu informieren.

f) Als weitere wichtige Voraussetzung für einen zügigen Grunderwerb ist eine zuverlässige und plausible Wertermittlung zu fordern. Ist diese nicht gewährleistet, so muß mit weiteren Verzögerungen und Schwierigkeiten gerechnet werden (Rödental).

g) Verzögerungen konnten auch schon in der Voruntersuchungsphase vor Erlaß der Entwicklungsverordnung festgestellt werden. Diese waren insbesondere darauf zurückzuführen, daß eine regionalplanerische bzw. landesplanerische Absicherung in entsprechenden übergeordneten Plänen noch nicht erfolgt war und diese von der Landesregierung abgewartet wurde (z.B. Friedrichsdorf). Darüber hinaus ergaben sich weitere Verzögerungen von der Antragstellung der Stadt auf förmliche Festlegung des Entwicklungsbereichs bis zum Erlaß der Entwicklungsverordnung, für die lediglich übervorsichtiges Verhalten der Landesregierung (Förderungsbindung) als Grund angegeben werden kann. Mit der Wiedereinführung kommunaler Entwicklungsmaßnahmen neuen Rechts können solche Verzögerungen nicht mehr entstehen. Außerdem hat die Landesregierung bei Entwicklungsmaßnahmen neuen Rechts mit örtlicher Bedeutung keine Möglichkeit mehr, Teilbereiche auszuschließen, wie das im Fall Friedrichsdorf geschehen ist.

2.3 Darstellung der ausgewählten Entwicklungsmaßnahmen

2.3.1 Entwicklungsmaßnahme Backnang

Abb. 4

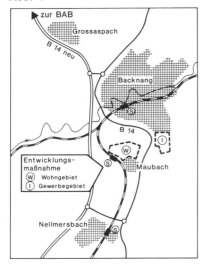

1. Angaben zum Entwicklungsbereich Backnang

Lage: Rems-Murr-Kreis, Baden-Württemberg

Verordnung: vom 20.12.1982, GBl. 1983 Nr. 1, S. 7

Größe: 71,9 ha (davon für den Wohn-Teilbereich: 36,9 ha und für den Gewerbe-Teilbereich: 35,0 ha)

Gegenstand: Durch die Maßnahme sollen die Orte Backnang und Maubach jeweils um einen neuen Ortsteil erweitert werden (§ 1 Abs. 3 Satz 1 Nr. 3 StBauFG).

Maßnahmentyp: Schaffung von Wohn- und Arbeitsstätten

2. Ziele und Zwecke

- Erfüllung der landes- und regionalplanerischen Zielsetzung, Backnang als Mittelzentrum und Entlastungsort für die Region Mittlerer Neckar auszubauen und zwar durch Ausweisung eines größeren Wohn- bzw. Gewerbe-/Industriegebiets im Entwicklungsbereich

- Konzentration von Wohn- und Arbeitsstätten im Bereich der Entwicklungsachse Waiblingen/Fellbach-Winnenden-Backnang-Sulzbach an der Murr durch die Entwicklungsmaßnahme, um eine Zersiedelung der Region Mittlerer Neckar zu vermeiden

- Realisierung eines größeren Wohngebietes im Bereich einer S-Bahn-Haltestelle entsprechend der Konzeption der Landesregierung, besonders an geeigneten Haltepunkten der S-Bahn-Linien Siedlungsgebiete auszuweisen

- Förderung der gewerblichen und industriellen Entwicklung Backnangs durch Bereitstellung von dringend benötigtem Gewerbebauland im Entwicklungsbereich, um zusätzliche Arbeitsplätze zu schaffen und bestehende zu sichern

- Förderung des Bevölkerungswachstums von Backnang durch den Ausbau des Ortsteils Maubach zu einem Wohnsiedlungsschwerpunkt im Entwicklungsbereich, um dringend benötigtes Wohnbauland Backnanger Bürgern und hinzuziehenden Arbeitskräften zur Verfügung stellen zu können

- Steigerung der Attraktivität Backnangs als Wohnstandort durch Realisierung einer besonderen städtebaulichen Gestaltung der Wohnbaugebiete
- zügige, bedarfsorientierte Baulandbereitstellung; zeitlich parallele Entwicklung in den beiden Teilbereichen
- beabsichtigter Durchführungszeitraum: 12 bis 15 Jahre
- Verfügbarkeit über sämtliche Grundstücke, um die Veräußerung der Baugrundstücke zu steuern und um diese zu günstigeren Bedingungen als in den Umlandgemeinden zu verkaufen
- Förderung der Entwicklungsmaßnahme mit Städtebauförderungsmitteln, da die Finanzkraft der Stadt zur damaligen Zeit schwächer war als heute.

3. Stand der Maßnahme und Ergebnisse[1]

Im Wohn-Teilbereich wurde bisher im ersten von vier Bauabschnitten mit den Baumaßnahmen begonnen. Trotzdem kann schon heute festgestellt werden, daß die städtebauliche Entwicklungsmaßnahme im Wohn-Teilbereich - trotz aller aufgetretenen (Grunderwerbs-) Probleme - geeignet ist, die in sie gesteckten Ziele zu erreichen.

Insbesondere hinsichtlich der aktuellen Bauland- und Wohnungsmarktmisere erfährt die Entwicklungsmaßnahme eine weitere wichtige Bedeutung: Die Stadt Backnang ist heute dank der Entwicklungsmaßnahme in der Lage, Wohnbauland in ausreichendem Umfang zur Verfügung zu stellen.

Allerdings ist die landesplanerische Zielsetzung, nämlich Backnang als Entlastungsort des Verdichtungsraumes Stuttgart auszubauen, in den Hintergrund getreten. Dafür hat die gemeindliche Zielsetzung, vornehmlich Backnanger Bürger oder die in Backnang Beschäftigten im Entwicklungsbereich anzusiedeln, an Bedeutung gewonnen.

Im Gewerbe-Teilbereich ist die Maßnahme weiter fortgeschritten. Hier wurde der erste von drei Abschnitten realisiert; im zweiten sind die Baumaßnahmen schon weit fortgeschritten; im dritten ist das Bebauungsplanverfahren noch nicht abgeschlossen. Durch die Bauflächenausweisungen im gewerblichen Teilbereich der Entwicklungsmaßnahme war es der Stadt erstmals wieder möglich, ansiedlungswilligen bzw. erweiterungswilligen Gewerbebetrieben Baugrundstücke anzubieten. Die große Nachfrage - nicht alle Interessenten konnten berücksichtigt werden - und die zügige Grundstücksvergabe haben gezeigt, daß in Backnang der Bedarf für eine gewerbliche Entwicklungsmaßnahme in dieser Größenordnung vorhanden war und heute noch besteht. Mit der Veräußerung von Grundstücken an ausgewählte einheimische und auswärtige Gewerbebe-

---

[1] Bezogen auf das Jahr 1992

triebe konnten der Ausbau Backnangs als Mittelzentrum und als überörtlich bedeutsamer Standort für Gewerbe gefördert, neue Arbeitsplätze geschaffen und insbesondere bestehende gesichert werden. Die Entwicklungsmaßnahme ist damit erfolgreich zur Förderung der Wirtschaft eingesetzt worden.

Freilich muß festgestellt werden, daß sich die ursprünglich geplante Anzahl neu zu schaffender Arbeitsplätze im Gewerbe-Teilbereich nicht realisieren läßt. Bisher konnten etwa 1.270 Arbeitsplätze geschaffen bzw. gesichert werden, ursprünglich vorgesehen waren aber 2.000 bis 3.000 Arbeitsplätze; dieses Ziel wird nicht erreicht werden. Ähnliches gilt für den Wohn-Teilbereich. Nach dem überarbeiteten Entwicklungskonzept sollen 900 Wohneinheiten statt 1.300 realisiert werden.

Positiv hervorzuheben ist die Verknüpfung von Gewerbeflächen- und Wohnbaulandausweisung im Rahmen dieser Entwicklungsmaßnahme. Auf diese Weise hat die Stadt den durch Neuan- und Umsiedlung von Gewerbebetrieben entstehenden Wohnungsbedarf berücksichtigt. Allerdings ließ sich die geplante parallele Realisierung beider Teilbereiche infolge der Schwierigkeiten beim Grunderwerb im Wohn-Teilbereich nicht einhalten; insofern konnte dieses Entwicklungsziel bisher nicht voll erfüllt werden. Falls keine weiteren Probleme beim Grunderwerb auftreten, kann beim derzeitigen Wohnungs- und Wohnbaulandbedarf mit einer zügigen Entwicklung des Wohn-Teilbereichs gerechnet werden. Dennoch ist das Ziel, die Entwicklungsmaßnahme in 12 bis 15 Jahren durchzuführen, also spätestens im Jahr 1997 abzuschließen, für den Wohn-Teilbereich praktisch nicht mehr erreichbar. Für den gewerblichen Teil der Entwicklungsmaßnahme kann das zeitliche Konzept eingehalten werden.

Mit der Ausweisung des Wohn-Teilbereichs im Einzugsgebiet der S-Bahn-Haltestelle Maubach konnte dem landesplanerischen Ziel entsprochen werden, Siedlungsgebiete verstärkt an geeigneten Haltepunkten der S-Bahn-Linien auszuweisen. Somit wurden die Voraussetzungen dafür geschaffen, den Individualverkehr zu entlasten und den öffentlichen Nahverkehr besser auszulasten. Der im Bereich von Backnang (noch) nicht vorgenommene Ausbau der B 14 hat sich bislang nicht nachteilig auf die Realisierung der Entwicklungsmaßnahme ausgewirkt. Das zeigt u.a. die große Nachfrage nach Baugrundstücken im Gewerbe-Teilbereich. Dennoch hängt der weitere Erfolg der Entwicklungsmaßnahme auch davon ab, ob die überörtliche Verkehrsanbindung und insbesondere der Ausbau der B 14 in absehbarer Zeit erfolgt. Das erhöhte Verkehrsaufkommen im allgemeinen und - bedingt durch die weitere Ansiedlung von Einwohnern und Gewerbebetrieben - im besonderen erfordert eine Verbesserung der Verkehrsstruktur, was schon im Bericht über die vorbereitenden Untersuchungen gefordert wurde.

Das Hauptproblem der Entwicklungsmaßnahme war bisher der Grunderwerb. Trotz umfangreicher - gesetzlich nicht vorgeschriebener - vorbereitender Untersuchungen, einschließlich der Erarbeitung von Standortalternativen für den Wohn-Teilbereich, war die Mitwirkungsbereitschaft aller Grundeigentümer nicht zu erreichen. Auch das von der Stadt angebotene landwirtschaftliche Ersatzland konnte bei einem Teil der betroffenen Landwirte die Verkaufsbereitschaft nicht fördern. Um so erstaunlicher war dieses Verhalten, da die Stadt mit der städtebaulichen Entwicklungsmaßnahme nach dem StBauFG ihre Baulandpolitik für die Ortsteile (mit Ausnahme von Backnang Stadt) konsequent fortgesetzt hatte: Vor Einleitung der Entwicklungsmaßnahme wurde ein neues Baugebiet nur dann überplant und erschlossen, wenn zuvor die Eigentümer ihre Grundstücke an die Stadt verkauften. Die Alteigentümer erhalten i.d.R. nach der Neuordnung der Grundstücke nur einen Bauplatz, falls dies gewünscht wird. Diese Strategie verfolgt die Stadt auch heute noch. Die Eigentümer wären demnach - auch hinsichtlich des Ankaufspreises - keineswegs besser behandelt worden, wenn die Stadt den hier besprochenen Bereich im Rahmen des allgemeinen Städtebaurechts und entsprechend ihrer Baulandbereitstellungspraxis verwirklicht hätte.

Große zeitliche Verzögerungen von jeweils zwei Jahren ergaben sich durch zwei Normenkontrollverfahren. In beiden Fällen wurde die Rechtsgültigkeit der Verordnung zur förmlichen Festlegung des Entwicklungsbereichs bestätigt. Als besonders wichtig ist die Erkenntnis des VGH Baden-Württemberg zu werten, daß die Entwicklungsmaßnahme zwar schwerwiegende Nachteile für die landwirtschaftlichen Betriebe bedeute, gleichwohl das Allgemeinwohlerfordernis zur Durchführung dieser Maßnahme von ihm höher eingestuft wurde. Es zeigte sich, daß die Bereitstellung von (landwirtschaftlichem) Ersatzland im Rahmen des Grunderwerbs - obwohl gesetzlich nicht vorgeschrieben - als abwägungsrelevanter Vorgang beim Nachweis der Rechtmäßigkeitsvoraussetzungen positiv zu berücksichtigen ist. Außerdem konnte durch die Ersatzlandbereitstellung erreicht werden, daß kein landwirtschaftlicher Betrieb unfreiwillig seine Existenzgrundlage verloren hat.

Weitere Verzögerungen im Ablauf der Entwicklungsmaßnahme ergaben sich durch die in allen Bauabschnitten eingeleiteten Enteignungsverfahren, die zum Teil noch nach den Entscheidungen des VGH erforderlich waren. Im Wege der Einigung oder des Vergleichs vor der Baulandkammer wurden höhere Ankaufspreise von der Stadt gezahlt. Das hat sich negativ auf die Gesamtkosten der Entwicklungsmaßnahme ausgewirkt, da alle mitwirkungsbereiten Eigentümer, die ihre Grundstücke freiwillig an die Stadt verkauft hatten, aus Gleichbehandlungsgründen eine Nachzahlung in Höhe der Differenz zum erhöhten Kaufpreis erhielten.

Das unnachgiebige Verhalten eines kleineren Teils der Grundeigentümer im Entwicklungsbereich, der nicht verkaufsbereit war, kann nicht verallgemeinert werden. Es zeigt aber, daß uneinsichtige Eigentümer, die möglicherweise auf höhere Bodenpreise spekulieren, eine Entwicklungsmaßnahme erheblich verzögern können. Dennoch hat die Stadt sich nicht gescheut, Enteignungsanträge zu stellen, da sie letztlich nur auf diese Weise die Interessen der Allgemeinheit gegen die Privatinteressen durchsetzen konnte.

Als besonders wichtig für die Entwicklungsmaßnahme in Backnang ist anzusehen, daß die politischen Entscheidungsgremien der Stadt einig darin waren, trotz massiver Proteste der Grundeigentümer nach Erlaß der Entwicklungsverordnung die Entwicklungsmaßnahme weiter durchzuführen. Gemeinderat und

Stadtverwaltung haben - am Anfang zwar zögernd - aber letztlich an der Entwicklungsmaßnahme festgehalten, auch wenn zwischenzeitlich der Baulandbedarf in Backnang, wie im gesamten Bundesgebiet, nachgelassen hatte.

Das Beispiel Backnang zeigt, daß eine Entwicklungsmaßnahme in einer mittelgroßen Stadt auch ohne Entwicklungsträger vorbereitet und durchgeführt werden kann. Allerdings hat sich die Stadt mehrfach zur Erfüllung von Vorbereitungs- und Durchführungsaufgaben eines geeigneten Beauftragten bedient (vorbereitende Untersuchungen, Erarbeitung des Rahmenkonzepts und der Bebauungspläne im Wohn-Teilbereich, Grunderwerb im Wohn-Teilbereich). Insoweit konnte der Arbeitsumfang der Verwaltung reduziert werden. Jedoch mußte die Stadt bzw. die Verwaltung erkennen, daß zusätzliche (Überzeugungs-) Arbeit (Alteigentümer, Öffentlichkeit) dann zu leisten ist, wenn die Maßnahme einer erneuten Überprüfung infolge eines Normenkontrollverfahrens unterzogen wird.

Bis auf die sich im Zusammenhang mit dem Grunderwerb ergebenden Schwierigkeiten im Wohn-Teilbereich stellte die Bebauungsplanung im gesamten Entwicklungsbereich keine Schwierigkeit dar. Außerdem war die Stadt in der Lage, im Wohn-Teilbereich qualitativ höhere städtebauliche und ökologische Anforderungen an Planung und Erschließung zu stellen. So sollen im Rahmen der Entwicklungsmaßnahme neue Wohnformen (Wohnhof[1]) realisiert werden. Darüber hinaus werden im ersten Bauabschnitt ca. 20 % der Bruttobaufläche als Obstbaumwiesen im Bebauungsplan festgesetzt; sie könnten damit im Sinne von naturschutzrechtlichen Eingriffs-Ersatzflächen gelten. Lediglich auf ca. 57 % der Bebauungsplanfläche entsteht Netto-Wohnbauland. Die Realisierung einer solchen Planung stellt im Rahmen einer Entwicklungsmaßnahme bodenordnerisch kein größeres Problem dar, bedeutet aber bodenwirtschaftlich höhere Grunderwerbs- und Finanzierungskosten, wenn ein hoher Anteil an öffentlichen Grünflächen vorhanden ist. Bei einer amtlichen Umlegung nach dem BauGB hätten sich aber noch größere Probleme wegen der umlegungsrechtlich zu fordernden, mindestens wertgleichen Zuteilung ergeben. Auch bei einer freiwilligen Umlegung wird ein Flächenabzug von 43 % problematisch sein.

Im Wohn-Teilbereich ist die Stadt - wie im Gewerbe-Teilbereich - in der Lage, Prioritäten bei der Grundstücksvergabe festzulegen. So werden insbesondere junge, einkommensschwächere Familien berücksichtigt. Das gesetzliche Ziel der Berücksichtigung weiter Kreise der Bevölkerung bei der Grundstücksvergabe wird in Backnang durch besondere Vergabekriterien erfüllt. Bis auf Teile der Bauplätze für den verdichteten Wohnungsbau erfolgt der Verkauf nur an Privatpersonen. Außerdem werden die Bauträger des verdichteten Wohnungsbaus angehalten, die Vergabekriterien der Stadt bei der späteren Veräußerung/Vermietung zu berücksichtigen. Die Stadt hat dies allerdings nicht vertraglich abgesichert. Neben Bauverpflichtung und Wiederkaufsrecht bei Nichterfüllung der Baupflicht wurden keine weiteren vertraglichen Regelungen beim Grundstücksverkauf getroffen.

---

[1] Siehe Anhang

Deutlich zeigt diese Maßnahme, daß der Ausschluß entwicklungsbedingter Bodenwerterhöhungen keinen allgemeinen Planungswertausgleich ermöglicht. Bauerwartungen aufgrund des Flächennutzungsplan-Entwurfs von 1974 mußten vom Gutachterausschuß bei der Wertermittlung berücksichtigt werden. Somit müssen heute die Grundstücke unter Berücksichtigung der allgemeinen Wertsteigerungen zu ca. 60,- DM/m² im Gewerbe-Teilbereich und zu ca. 100,- DM/m² im Wohn-Teilbereich erworben werden.

Die vom Gemeinderat Anfang der neunziger Jahre festgelegten Verkaufspreise von ca. 110,- DM/m² im Gewerbe-Teilbereich und ca. 260,- DM/m² im Wohn-Teilbereich sind für den Stuttgarter Verdichtungsraum sehr günstig. Diese Preise entsprechen den Preisen, die die Stadt bei der Veräußerung gemeindeeigener Grundstücke außerhalb des Entwicklungsbereichs verlangt. Bei Privatverkäufen werden allerdings wesentlich höhere Preise gezahlt. Da sich die Stadt in den letzten Jahren hauptsächlich auf die Planung und Erschließung des Entwicklungsbereichs konzentriert hat, trägt die Entwicklungsmaßnahme wesentlich zur Bodenpreisdämpfung bei. Die Stadt ist heute in der Lage, Baugrundstücke - entsprechend den Zielen der Entwicklungsmaßnahme - zu relativ günstigen Preisen zu veräußern. Angesichts der hohen Bodenpreise im Stuttgarter Umland muß dies besonders positiv bewertet werden.

Als wichtig hat sich für die Durchführung der Entwicklungsmaßnahme die Städtebauförderung von Bund und Land erwiesen. Mit den Mitteln des Städtebauförderungsprogramms konnten bis 1989 der Grunderwerb und die Erschließung der Bauabschnitte vorfinanziert werden. Vor allem in der Grunderwerbsphase war die Stadt auf diese Mittel angewiesen, da deren Finanzkraft allein nicht ausgereicht hätte, um den umfangreichen Grunderwerb in dieser Zeit durchführen zu können. Ob sich die Maßnahme selbst trägt, kann heute noch nicht mit Sicherheit festgestellt werden, da der Wohn-Teilbereich nicht vor dem Jahr 2000 realisiert sein wird. Nach einer Übersicht der Stadt über die künftig noch entstehenden Ausgaben und Einnahmen verbleibt ihr zwar ein Eigenanteil von ca. 25 Mio. DM (einschließlich des gemeindlichen Städtebauförderungs-Anteils von 4 Mio. DM); doch ist zu berücksichtigen, daß diese Übersicht Kosten für Gemeinbedarfseinrichtungen (Kindergärten) (ca. 9,3 Mio. DM) und Kosten für die äußere Erschließung (ca. 8,3 Mio. DM) enthält.

2.3.2 Entwicklungsmaßnahme Friedrichsdorf

Abb. 5

1. Angaben zum Entwicklungsbereich Friedrichsdorf

Lage: Hochtaunuskreis, Hessen

Verordnung: vom 23.9.1974, GVBl. Teil I/1974, Nr. 31, S. 460

Größe: 88,3 ha

Gegenstand: Durch die Maßnahme sollen die Stadtteile Friedrichsdorf und Seulberg zu einer neuen Siedlungseinheit entwickelt werden (§ 1 Abs. 3 Satz 1 Nr. 2 StBauFG).

Maßnahmentyp: Schaffung von Wohn- und Arbeitsstätten sowie von Gemeinbedarfs- und Folgeeinrichtungen

2. Ziele und Zwecke

- Erfüllung der landes- und regionalplanerischen Zielsetzung, Friedrichsdorf zu einem Siedlungsschwerpunkt und Entlastungsort für den Verdichtungsraum Rhein-Main auszubauen und zwar durch Ausweisung größerer Wohn- und Gewerbe-/Industriegebiete im Entwicklungsbereich

- Konzentration von Wohn- und Arbeitsstätten im Einzugsbereich von Bundesbahnstrecken, um eine Zersiedelung im Vortaunusbereich infolge des starken Siedlungsprozesses in diesem Raum zu verhindern

- Schaffung von Gemeinbedarfs- und Folgeeinrichtungen in einem Zentrumsbereich zur Versorgung der Neu- und Altbürger

- Schaffung von Arbeitsstätten durch Ausweisung eines Gewerbe- und Industriegebietes im Entwicklungsbereich, um den Auspendlerüberschuß zu verringern und dadurch Wohnen und Arbeiten am gleichen Ort zu ermöglichen

- Finanzierung der Entwicklungsmaßnahme einschließlich der notwendigen öffentlichen Infrastruktureinrichtungen über Veräußerungserlöse (vollständige Selbstfinanzierung), Förderung mit Städtebauförderungsmitteln zur Vorfinanzierung des Grunderwerbs

- Sicherung der Entwicklungsziele hinsichtlich des wirtschaftlichen Gefüges, der bevölkerungsmäßigen Zusammensetzung und der städtebaulichen Konzeption durch vertragliche Regelungen im Rahmen der Veräußerungsgeschäfte

- Beabsichtigter Durchführungszeitraum: 15 Jahre, bei abschnittsweiser Vorgehensweise (zwei Durchführungsphasen mit jeweils einem Wohn- und Gewerbegebiet bzw. einem Wohngebiet und einem Zentrumsbereich)

3. Stand der Maßnahme und Ergebnisse[1]

Die städtebauliche Entwicklungsmaßnahme in Friedrichsdorf hat in den letzten knapp 20 Jahren die Stadtentwicklung entscheidend geprägt. Ein größeres Wohngebiet ist vollständig bebaut. Hier konnten 1.700 Einwohner angesiedelt werden. Weiterhin wurde ein Gewerbe-/Industriegebiet realisiert. Etwa 600 Arbeitsplätze wurden neu geschaffen bzw. gesichert. Im Zentrumsbereich sind bis auf ein geplantes Bürgerhaus ebenfalls die Baumaßnahmen abgeschlossen.

Auch wenn die Bebauung im zweiten Wohngebiet für etwa 2.000 Einwohner noch nicht abgeschlossen ist, kann heute festgestellt werden, daß die Entwicklungsmaßnahme wesentlich dazu beigetragen hat, die sich aus dem Entwicklungsdruck ergebenden Probleme zu lösen: Der Ausbau Friedrichsdorfs zu einem Siedlungsschwerpunkt im Vortaunusbereich gemäß Regionalem Raumordnungsplan konnte über die Festlegung eines Entwicklungsbereichs in geordnete Bahnen gelenkt werden. Im Gegensatz zu einigen anderen Entwicklungsmaßnahmen hat man in Friedrichsdorf den Weg einer maßvollen Verdichtung von Baugebieten gewählt; Hochhaussiedlungen wurden vermieden.

Die Verantwortlichen in der Stadt sind der Überzeugung, daß Planung und Realisierung des fast 90 ha großen Gebietes nur im Rahmen einer städtebaulichen Entwicklungsmaßnahme möglich waren.

Die landes- und regionalplanerische Zielsetzung, Friedrichsdorf zu einem Entlastungsort für den Verdichtungsraum Rhein-Main auszubauen, ist jedoch in den Hintergrund getreten. Vor allem im zweiten Wohngebiet, welches heute etwa zu einem Drittel bebaut ist, werden bei der Grundstücksvergabe vorrangig Friedrichsdorfer Bürger berücksichtigt, um den "Eigenbedarf" an Baugrundstücken zu decken bzw. die verdichtete Wohnungssituation in der Stadt zu entflechten. Allerdings werden auch solche Bauinteressenten bevorzugt ausgewählt, die nicht in Friedrichsdorf leben, aber dort arbeiten. Somit konnte dem Entwicklungsziel entsprochen werden, Wohnen und Arbeiten am gleichen Ort zu ermöglichen.

Die von der Stadtverordnetenversammlung für die Entwicklungsmaßnahme beschlossene Grundstücks-Verkaufsstrategie (verbilligte Grundstücksabgabe, Auswahl der Bauinteressenten sowie Preisaufschläge für Erwerber, die schon über Grund- oder Wohnungseigentum verfügen) zeigt besonders, daß die städtebauliche Entwicklungsmaßnahme als ein gemeindliches bodenpolitisches und letztlich kommunalpolitisches Instrument erkannt und mit Erfolg eingesetzt wurde.

Allerdings mußte die Stadt darauf verzichten, Erbbaurechte im Entwicklungsbereich zu vergeben. Die Stadt wollte damit einkommensschwächeren Bevölke-

---

[1] Bezogen auf das Jahr 1992

rungsschichten zu Wohneigentum verhelfen. Darin sah die zuständige Behörde für Städtebauförderungsmittel einen Verstoß gegen die damalige Städtebauförderungsverwaltungsvorschrift, insbesondere gegen das Gebot der anderweitigen Deckung der Kosten der Entwicklungsmaßnahme durch Grundstücksveräußerungserlöse.

Durch die Veräußerung von Baugrundstücken zu niedrigen Preisen konnte der Wohnungsbau in dieser Verdichtungsregion mit einem sehr hohen Bodenpreisniveau zu tragbaren Preisen ermöglicht werden: Ein Einfamilienhausgrundstück kostete Ende 1991 im zweiten Baugebiet 300,- DM/m²; im Frankfurter Umland muß heute i.d.R. das doppelte hierfür gezahlt werden. Da seit der Ausweisung der Baugebiete im Entwicklungsbereich kein weiteres Baugebiet durch Bebauungsplanung angegangen wurde, obwohl dies von der Gemeinde geplant war, hat die Entwicklungsmaßnahme wesentlich zur Preisberuhigung in dieser Stadt beigetragen. Freilich werden bei Grundstücksverkäufen in anderen Gebieten der Stadt höhere Preise gezahlt.

Die Vergabe von verbilligten Grundstücken an Wohnungsbaugesellschaften im ersten Wohngebiet war insofern unbefriedigend, als dieser Preisvorteil nicht (voll) an die Mieter weitergegeben worden ist. Die Stadt hatte hier nicht von der Möglichkeit der vertraglichen Regelung im Grundstückskaufvertrag Gebrauch gemacht, um dies zu gewährleisten.

Mit Schwierigkeiten bei den zuständigen Förderungsbehörden für Städtebauförderungsmittel wegen der Grundstücksveräußerung unterhalb des Neuordnungswertes wird jedoch nicht zu rechnen sein, da die von Bund und Land gewährten Städtebauförderungsmittel, die als Zinsdarlehen gewährt wurden, für die Entwicklungsmaßnahme voll zurückgezahlt werden können.

Das Ziel der Selbstfinanzierung der Entwicklungsmaßnahme unter Zuhilfenahme der später zurückzuzahlenden Städtebauförderungsmittel kann heute als erreicht angesehen werden: Es wird erwartet, daß etwa 23 Mio. DM Erlöse aus der Grundstücksveräußerung zur Finanzierung notwendig gewordener (entwicklungsbedingter) Gemeinbedarfseinrichtungen (z.B. Kindergarten) eingesetzt werden können.

Die hohen Entwicklungsgewinne ergeben sich trotz verbilligter Grundstücksabgabe. Wichtig war hier, daß die Grundstücke im Entwicklungsbereich zu einem relativ niedrigen Preis aufgekauft werden konnten. Dabei konnten Werterhöhungen aufgrund der Flächennutzungsplanung, mit der schon vor Erlaß der Entwicklungsverordnung begonnen worden war, als entwicklungsbedingt i.S.d. § 23 Abs. 2 StBauFG ausgeschlossen werden. Aufgrund des zügigen Verkaufs der erworbenen Grundstücke, insbesondere im ersten Wohngebiet, konnte die Zinsbelastung für den Zwischenerwerb niedrig gehalten werden. Außerdem wurden durch die Nicht-Einschaltung eines Entwicklungsträgers Kosten eingespart.

Positiv auf die zügige Durchführung der Entwicklungsmaßnahme hat sich die Tatsache ausgewirkt, daß die veränderten Bevölkerungszuwachs-Prognosen schon zu einer Zeit aktuell wurden, als sich das Entwicklungskonzept noch in der Planungsphase befand. Somit konnten größere und zeitaufwendige Umkonzeptionierungen und -planungen vermieden werden. Dennoch muß festgestellt werden, daß auch die zum Zeitpunkt des Erlasses der Entwicklungsverordnung angestrebte Zahl anzusiedelnder Bewohner und vor allem neuer Arbeitsplätze nicht voll realisiert werden kann. Auch der ursprünglich beabsichtigte Durchführungszeitraum bis 1990 ließ sich nicht einhalten. Bis 1995 sollen aber alle Grundstücke verkauft sein.

Die Strategie, die Maßnahme in mehrere zeitlich aufeinanderfolgende Durchführungsabschnitte zu gliedern, hat sich als positiv herausgestellt, da Baugrundstücke nach dem jeweiligen Bedarf zur Verfügung gestellt werden konnten. Dabei haben sich die aufgrund der günstigen Lage überdurchschnittlich hohe Nachfrage nach Baugrundstücken und die relativ niedrigen Baulandpreise günstig auf die zügige Veräußerung der Grundstücke ausgewirkt. Probleme bei der Investorensuche hat es deshalb nicht gegeben; nicht immer konnten alle Bauinteressenten berücksichtigt werden.

Wichtig war weiterhin, daß die Entwicklungsmaßnahme im Grundsatz von allen politischen Parteien getragen wurde, so daß sie zu keiner Zeit in Frage gestellt wurde.

Es hat sich gezeigt, daß eine Entwicklungsmaßnahme in dieser Größenordnung von der Stadtverwaltung einer Kleinstadt in eigener Regie ohne Einschaltung eines Entwicklungsträgers durchgeführt werden kann. Durch die engagierte Tätigkeit der mit der Entwicklungsmaßnahme betrauten Verwaltungsmitarbeiter und durch die in der Anfangsphase vom Bürgermeister zur "Chefsache" erklärten Entwicklungsmaßnahme, konnten Neueinstellungen und Verwaltungsumorganisationen vermieden werden.

Nach Angaben der Verwaltung bewirkte die - im Vergleich zu einem Entwicklungsträger - bessere Kenntnis des örtlichen Bodenmarktes und die oftmals persönliche Bekanntschaft mit einer überschaubaren Zahl von Landwirten als Grundeigentümer eine zügigere Durchführung des Grunderwerbs. Außerdem zeigte sich, daß ausreichend vorhandenes landwirtschaftliches Tauschland die Grunderwerbsverhandlungen erleichterte. Auch die den "Alteigentümern" offerierte Möglichkeit, Baugrundstücke - in begrenzter Anzahl - "zurückzuerwerben", verhalf zu einem zügigen Grundstücksankauf. Enteignungen konnten vermieden werden.

Allerdings hatte die Nichteinschaltung eines Entwicklungsträgers zur Folge, daß sämtliche Konflikte in der Vorbereitungs- und Durchführungsphase (so z.B. bei der Grundstücksvergabe) von der Verwaltung zu bewältigen waren. Hier hätte sich die Verwaltung eine Entlastung gewünscht, um aus dem Spannungsfeld von Kommunalpolitik und Öffentlichkeit heraustreten zu können.

Als positiv wurde insbesondere die durch den Zwischenerwerb eröffnete Möglichkeit gesehen, auf die Realisierung jedes einzelnen Bauvorhabens und auf die Gestaltung des gesamten Baugebietes und der Bebauungspläne - entsprechend den Zielen der Entwicklungsmaßnahme - Einfluß nehmen zu können. Kosten- und flächensparendes Bauen konnte hierdurch verwirklicht werden. Die Erfahrungen, die hier mit den besonderen Vertragsbedingungen im Rahmen der Grundstücksveräußerung gemacht wurden, so z.b. die Bindungen hinsichtlich der Baufertigstellung, Gestaltung der Baukörper und der Spekulationsfristen wurden positiv beurteilt. Ebenfalls positive Erfahrungen wurden mit der städtebaulichen Oberleitung durch ein privates Planungsbüro gemacht, welches auch die Bebauungspläne erarbeitete.

Die Schaffung eines neuen Zentrumsbereichs im Anschluß an den alten Ortskern von Friedrichsdorf, entsprechend dem Entwicklungsziel, und die mit diesem Zentrum erhoffte Integrationsfunktion der vier Stadtteile durch den Zentrumsbereich ist noch nicht voll erreicht. Das für die Erfüllung der Zentrumsfunktion wichtige Bürgerhaus mit Versammlungsräumen, Altenbegegnungsstätte und Bibliothek wurde bisher nicht realisiert, obwohl die Flächen hierfür bereits im Eigentum der Stadt sind. Was fehlt ist der politische Wille zum Bau dieser Einrichtung. In der Stadtverordnetenversammlung wurde hierüber schon mehrfach kontrovers diskutiert. Ein ursprünglich geplantes Schwimmbad wurde erst gar nicht im Bebauungsplan berücksichtigt.

Probleme hinsichtlich der zügigen Durchführung der Entwicklungsmaßnahme hat es durch Verzögerungen beim Bau einer Ortsumgehungsstraße gegeben, die für die äußere Erschließung des zweiten Wohngebietes erforderlich war. Obwohl die Stadt den Grunderwerb der im Entwicklungsbereich gelegenen Straßenflächen ohne Probleme tätigen konnte, gab es über einen längeren Zeitraum Abstimmungsprobleme zwischen Bundesbahn und Straßenbauamt wegen der S-Bahn Überquerung dieser Umgehungsstraße. Die Pflicht öffentlicher Aufgabenträger zur Unterstützung von Entwicklungsmaßnahmen gem. § 2 StBauFG (heute: § 139 BauGB) wurde in diesem Fall wenig beachtet.

2.3.3 Entwicklungsmaßnahme Rockenhausen

Abb. 6

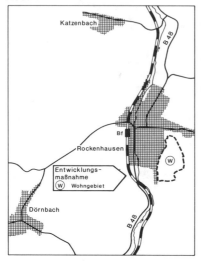

1. Angaben zum Entwicklungsbereich "Bergstadt" Rockenhausen

Lage: Landkreis Donnersberg, Rheinland-Pfalz

Verordnung: vom 13.1.1976, GVBl. 1976, S. 36

Größe: 22,6 ha

Gegenstand: Durch die Entwicklungsmaßnahme soll die Stadt Rockenhausen um einen neuen Ortsteil ("Bergstadt") erweitert werden, § 1 Abs. 3 Satz 1 Nr. 3 StBauFG.

Maßnahmentyp: Schaffung von Wohnstätten

2. Ziele und Zwecke

- Erfüllung der landes- und regionalplanerischen Zielsetzung, Rockenhausen zu einem Mittelzentrum mit Teilfunktionen auszubauen und zwar durch Ausweisung eines Wohngebietes im Entwicklungsbereich

- Verbesserung der Lebensbedingungen in einem hinter der allgemeinen Entwicklung zurückgebliebenen Raum in der Nordpfalz und Ausbau Rockenhausens zu einem Entwicklungsschwerpunkt in dieser Region durch die Entwicklungsmaßnahme

- Ausreichende Bereitstellung von Wohnbauland zur Stärkung der Wohnfunktion der Stadt und zur Vermeidung einer Bevölkerungsabwanderung durch zügige Ausweisung und Bereitstellung von Wohnbauflächen einschließlich der Infrastruktureinrichtungen im Entwicklungsbereich, Schaffung von Wohnstätten für 1.600 Menschen

- Mobilisierung der einzig geeigneten Wohnbauland-Flächenreserve in der Stadt

- Deckung des durch Gewerbe- und Industrieansiedlung bedingten Wohnungsbedarfs im Entwicklungsbereich

- Bereitstellung von Ersatzwohnungen im Entwicklungsbereich wegen wegfallender Wohnungen infolge der beabsichtigten Ortskernsanierung

- Durchführung der Entwicklungsmaßnahme in 10 Jahren unter Inanspruchnahme von Städtebauförderungsmitteln zur Finanzierung des Grunderwerbs, der Erschließung und von Maßnahmen außerhalb des Entwicklungsbereichs, die aber mit der Entwicklungsmaßnahme im Zusammenhang stehen

3. Stand der Maßnahme und Ergebnisse[1]

Die Ziele, die mit der städtebaulichen Entwicklungsmaßnahme in Rockenhausen verwirklicht werden sollten, können heute weitgehend als erreicht betrachtet werden. Seit 1976, also innerhalb von 17 Jahren, konnten im Entwicklungsbereich über 800 Einwohner angesiedelt werden. Mit der "Bergstadt" konnte in einem peripheren ländlichen Raum der drohenden Bevölkerungsabwanderung entgegengewirkt werden. Die Stadt konnte die Funktion als Auffangzentrum für die vom Bevölkerungsrückgang betroffenen umliegenden Orte erfüllen; drei Viertel der Bewohner der "Bergstadt" siedelten aus der Verbandsgemeinde Rockenhausen und den umliegenden Orten an.

Die Entwicklungsmaßnahme hat entscheidenden Anteil daran, daß Rockenhausen heute den Aufgaben als Mittelzentrum mit Teilfunktion gerecht werden kann. Der durch den Ausbau eines bestehenden größeren Gewerbebetriebes und die Ansiedlung weiterer Gewerbebetriebe verursachte zusätzliche Wohnungsbedarf konnte im Entwicklungsbereich gedeckt werden. Eine Ortskernsanierung wurde allerdings bis heute nicht durchgeführt, so daß der ursprünglich prognostizierte weitere Wohnungsbedarf nicht entstanden ist. Freilich hat sich - wie in Friedrichsdorf - gezeigt, daß die anfangs geplanten Einwohnerzuwächse zu optimistisch waren; nur die Hälfte der ursprünglich vorgesehenen 1.600 Einwohner wurde bisher in zwei größeren Bebauungsabschnitten im Entwicklungsbereich angesiedelt; etwa 100 Einwohner sind für den geplanten dritten Bauabschnitt hinzuzurechnen. Außerdem mußte der besonders starken Nachfragesituation nach Einfamilienhäusern Rechnung getragen werden. Ursprünglich geplante verdichtete Wohnformen wurden kaum realisiert; nur wenige Mietwohnungen wurden vom Entwicklungsträger erstellt. Dabei erwies sich deren Vermietung als schwierig.

Weitere Umplanungen führten dazu, daß der zu Beginn der Entwicklungsmaßnahme geplante Zentrumsbereich mit privaten und öffentlichen Infrastruktureinrichtungen nicht realisiert wurde.

Das Ziel, die Entwicklungsmaßnahme innerhalb von zehn Jahren durchzuführen, konnte nicht voll eingehalten werden, da der dritte Bauabschnitt noch nicht realisiert ist. Allerdings waren die ersten beiden größeren Bauabschnitte innerhalb der Zehn-Jahresfrist verwirklicht.

Daß in Rockenhausen überhaupt eine städtebauliche Entwicklungsmaßnahme nach dem StBauFG/BauGB 1987 durchgeführt wurde, geht i.w. auf die Initiative der Stadt, insbesondere des damaligen Bürgermeisters, zurück. Auch die Aussicht auf Förderung der Maßnahme mit Städtebauförderungsmitteln hat dazu beigetragen, daß die Stadt die förmliche Festlegung der "Bergstadt" als

---

[1] Bezogen auf das Jahr 1992

Entwicklungsbereich bei der Landesregierung beantragte. Mit Unterstützung anderer Stellen, z.B. der Planungsgemeinschaft Westpfalz, konnte erreicht werden, daß die Landesregierung die entsprechende Entwicklungsverordnung erließ und so die Durchführung einer Entwicklungsmaßnahme in einer kleinen Stadt im ländlichen Raum ermöglichte.

Rockenhausen ist weiterhin ein Beispiel dafür, daß mit Hilfe des Entwicklungsrechts des StBauFG nicht nur Großsiedlungen in Ballungsräumen, sondern auch kleinere aufgelockerte Baugebiete und sogar reine Einfamilienhausgebiete realisiert werden können. Die Entwicklungsmaßnahme wurde erfolgreich eingesetzt, um in einer kleineren Stadt im ländlichen Raum die einzig mögliche und dringend erforderliche bauliche Erweiterung konsequent in Angriff zu nehmen und verwirklichen zu können.

Durch die Vergabe von Baugrundstücken ausschließlich an Einzelpersonen (Familien) - mit Ausnahme einiger Grundstücke, die der Entwicklungsträger erworben hatte - wurde das gesetzliche Ziel, weite Kreise der Bevölkerung bei der Veräußerung der neugeordneten und erschlossenen Grundstücke zu berücksichtigen, erfüllt. Die Stadt bzw. der Entwicklungsträger hatten somit direkten Einfluß auf die Auswahl der zukünftigen Bewohner des Entwicklungsbereichs. Darüber hinaus konnten Arbeitnehmer der ortsansässigen Gewerbebetriebe bei der Grundstücksvergabe entsprechend dem gemeindlichen Entwicklungsziel berücksichtigt werden.

Das Entwicklungsrecht des StBauFG hat dazu beigetragen, daß Grundstücke im Entwicklungsbereich zu einem niedrigen Preis erworben werden konnten. Bodenpreisspekulationen konnten bislang verhindert werden. Größere Probleme beim Grunderwerb sind, mit Ausnahme eines Grundstücks im dritten noch zu realisierenden Bauabschnitt, nicht aufgetreten; der Erwerb konnte zügig ohne Enteignungsverfahren durchgeführt werden.

Der Einsatz von Städtebauförderungsmitteln des Bundes und des Landes hat maßgeblichen Anteil am Erfolg dieser Entwicklungsmaßnahme. Die Mittel für die beiden ersten Bauabschnitte wurden von der Gemeinde bzw. vom Entwicklungsträger u.a. dazu verwendet, daß Einfamilienhaus-Grundstücke in den Jahren 1981 bis 1988 zu Preisen von 23,- DM/m² bis 28,50 DM/m² veräußert werden konnten. Diese lagen weit unterhalb der sonst üblichen Preise in der Stadt, die etwa doppelt so hoch waren. Aufgrund des niedrigen Baulandpreisniveaus und des verbilligten Grundstücksverkaufs reichten die Veräußerungserlöse nicht zur Finanzierung der Gesamtmaßnahme aus.

Die Nachfrage und damit die zügige Durchführung der Maßnahme konnten aufgrund der niedrigen Verkaufspreise - auch in Zeiten allgemein nachlassender Nachfrage nach Baugrundstücken - gewährleistet werden. Die Stadt und der Entwicklungsträger sind der Meinung, daß die Ziele der Entwicklungsmaßnahme nicht erreicht worden wären, wenn die Grundstückspreise im Entwicklungsbereich auf das "private Marktniveau" angehoben worden wären. Zur Grundstücksveräußerung in den ersten beiden Bauabschnitten stellte der Entwicklungsträger fest, daß ein höherer Preis - etwa 40,- DM/m² bis 60,- DM/m² entsprechend den Baulandpreisen in benachbarten Wohnbaugebieten - viele Bauherren davon abgehalten hätte, ein Bauvorhaben anzugehen. Dennoch wurden teilweise erhebliche Summen in die Bauvorhaben investiert (400.000,- DM bis 600.000,- DM nach Auskunft des Entwicklungsträgers), so daß der Grundstückspreis gemessen an der investierten Summe eine untergeordnete Bedeutung hatte.

Die Subventionierung der Baulandpreise durch Städtebauförderungsmittel hat sich negativ auf die Realisierung des dritten Bauabschnitts ausgewirkt. Da die Erschließungskosten des zweiten Bauabschnitts höher als erwartet und Städtebauförderungsmittel geringer als beantragt ausfielen, werden von Bauinteressenten gegenüber den ersten beiden Bauabschnitten etwa fünfmal höhere Baulandpreise (100,- DM/m² bis 140,- DM/m²) zu zahlen sein, die nun über den Baulandpreisen in anderen Teilen der Stadt liegen. Bei mehr marktorientierten Verkaufspreisen in den beiden ersten Abschnitten hätte dies verhindert werden können. Eine geringere Unterschreitung des marktüblichen Baulandpreises hätte wohl ausgereicht, um einen Anreiz auf die Ansiedlung im Entwicklungsbereich auszuüben.

Es bleibt nun abzuwarten, wie sich die sehr viel höheren Grundstückspreise für den dritten Bauabschnitt auswirken werden. Angesichts der Baulandknappheit und weil bis heute kein weiteres Baugebiet in Rockenhausen Stadt ausgewiesen wurde, kann aber ein Verkauf aller Grundstücke erwartet werden.

Probleme könnten bei der Abrechnung der Entwicklungsmaßnahme für den Fall auftreten, daß die für die Städtebauförderung zuständige Stelle die Verkaufspreise in den ersten beiden Bauabschnitten beanstanden würde. Hierzu müßte bei der Überprüfung der Abrechnung von der Förderungsstelle ein "fiktiver" Neuordnungswert angesetzt werden. Allerdings würde das eine Korrektur der vom Gutachterausschuß ermittelten Neuordnungswerte bedeuten, da die Stadt sich an diese Werte beim Verkauf der Baugrundstücke in den beiden ersten Bauabschnitten gehalten hatte.

Die Zusammenarbeit zwischen der Stadt und dem Entwicklungsträger wurde von beiden Seiten als gut bezeichnet. Durch den Einsatz des Entwicklungsträgers wurde die gesamte planerische, gestalterische und organisatorische Abwicklung der Entwicklungsmaßnahme übertragen. Damit konnte die Verbandsgemeindeverwaltung entlastet werden, insbesondere hinsichtlich des Grundstücksankaufs, der Bebauungsplanung, der Finanzierung und der Beratungstätigkeiten im Rahmen der Grundstücksvergabe.

Die im Grünordnungsplan vorgesehenen Maßnahmen ließen sich gut über privatrechtliche Regelungen im Rahmen der Veräußerungsgeschäfte durchsetzen. Nach Auffassung des Entwicklungsträgers und der Stadt wäre es schwieriger gewesen, wenn die Bestimmungen des Grünordnungsplans als Festsetzungen im Bebauungsplan getroffen worden wären und man die Verwirklichung den privaten Grundstückseigentümern überlassen bzw. Pflanzgebote ausgesprochen hätte. Außerdem wären solche zusätzlichen Bebauungsplan-Festsetzungen im Gemeinderat eher auf Schwierigkeiten gestoßen. Auf die Finanzierung der

Grünordnungsmaßnahmen im Vorgartenbereich der Baugrundstücke durch den Entwicklungsträger hätte allerdings verzichtet werden können. Die Kosten hätten die Eigentümer übernehmen oder im Grundstückspreis berücksichtigt werden sollen.

Die städtebauliche Entwicklungsmaßnahme hat sich beschäftigungspolitisch positiv auf das Baugewerbe ausgewirkt. Durch die rege Bautätigkeit im Entwicklungsbereich konnte das örtliche Baugewerbe in dieser wirtschaftlichen Problemregion gefördert werden.

Ob die städtebauliche Entwicklungsmaßnahme auch in ihrem letzten, kleineren Bauabschnitt erfolgreich zu Ende geführt wird, hängt nun von der Frage ab, wie die Stadt ihrer Grunderwerbspflicht nachkommt. Sollte es keine Einigung zwischen der Stadt und dem einzigen, nicht verkaufsbereiten Grundstückseigentümer geben, so bleibt die Enteignung als einzig mögliche Lösung des Grunderwerbsproblems. Die Stadt hätte hierzu nicht nur das Recht, sondern wäre auch aus Gründen der Gleichbehandlung aller Grundstückseigentümer dazu verpflichtet.

IV. Empirische Untersuchung   57

2.3.4 Entwicklungsmaßnahme Rödental

Abb. 7

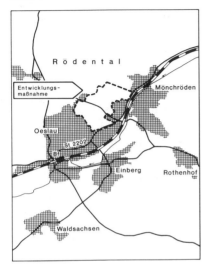

1. **Angaben zum Entwicklungsbereich Rödental**

Lage: Landkreis Coburg, Bayern

Verordnung: vom 11.1.1974, GVBl. Nr. 2/1974, S. 35

Größe: 64 ha[1]

Gegenstand: Durch die Maßnahme sollen die vorhandenen Orte Oeslau, Mönchröden und Einberg der Stadt Rödental um einen neuen Ortsteil erweitert und hierdurch zu einer neuen Siedlungseinheit entwickelt werden, § 1 Abs. 3 Satz 1 Nr. 2 und 3 StBauFG.

Maßnahmentyp: Schaffung von Wohnstätten und von Gemeinbedarfs- und Folgeeinrichtungen

2. **Ziele und Zwecke**

- Erfüllung der landesplanerischen Zielsetzung, Rödental zu einem Unterzentrum und einem Schwerpunkt des (damaligen) Zonenrandgebiets auszubauen und zwar durch Ausweisung eines neuen Ortszentrums im Entwicklungsbereich

- Schaffung eines leistungsfähigen Verwaltungs- und Versorgungszentrums im Entwicklungsbereich für die im Zuge der Kommunalgebietsreform neugebildete Gemeinde, um die Defizite in der Versorgung mit öffentlichen und privaten Gütern und Dienstleistungen abzubauen

- Schaffung eines städtebaulichen und gesellschaftlichen Bindeglieds der verstreuten Ortsteile durch das geplante Ortszentrum im Entwicklungsbereich

- ausreichende Bereitstellung von dringend benötigtem Wohnbauland, um einerseits den Bedarf an Wohnungen in Einfamilienhäusern und verdichteten Wohnformen zu decken und andererseits einer Bevölkerungsabwanderung wegen der grenznahen Lage zur ehemaligen DDR entgegenzuwirken

---

1 Angabe gemäß Begründung zur Entwicklungsverordnung; eigene Flächenberechnungen führten zu einer Flächengröße von 54 ha.

3. Stand der Maßnahme und Ergebnisse[1]

Insgesamt kann man heute feststellen, daß die Zielsetzungen der städtebaulichen Entwicklungsmaßnahme in Rödental zum größten Teil schon erreicht worden sind. Der Ausbau Rödentals zu einem Unterzentrum konnte durch die städtebauliche Entwicklungsmaßnahme wesentlich vorangetrieben werden. Es ist ein neues Ortszentrum entstanden, das die Versorgung mit Gütern und Dienstleistungen gewährleistet: In einer Umfrage bei Rödentaler Bürgern im Jahre 1988 wurden die bessere Infrastrukturausstattung sowie die besseren gemeindlichen Dienstleistungen als wichtigster Erfolg der Gemeindegebietsreform und damit auch der städtebaulichen Entwicklungsmaßnahme angesehen.[2]

Die Entwicklungsmaßnahme hat dazu beigetragen, daß der im Vergleich zu Nachbargemeinden erhöhte Bedarf an Baugrundstücken befriedigt werden konnte. Wichtig war die Steuerung der Bauplatzvergabe durch die Gemeinde bzw. den Entwicklungsträger, so daß man in der Lage war, auch auswärtigen Arbeitnehmern Grundstücke im Entwicklungsbereich anbieten zu können. Bei Beendigung der Baumaßnahmen im letzten Bauabschnitt "Mahnberg" werden insgesamt ca. 2.700 Menschen im Entwicklungsbereich wohnen. Die ursprünglich prognostizierte Einwohnerzahl von 3.500 kann allerdings nicht erreicht werden. Das ist eine Konsequenz, die sich insbesondere aus der Entscheidung ergab, mehr Einzelhausbebauung als Geschoßwohnungsbau im Entwicklungsbereich zu realisieren.

Durch ausreichende Bereitstellung von Bauland konnte zudem einer möglichen Bevölkerungsabwanderung wegen der grenznahen Lage zur ehemaligen DDR entgegengewirkt werden. Darüber hinaus hat die Entwicklungsmaßnahme infolge der Wiedervereinigung Deutschlands besondere Bedeutung für die Stadt und die Region gewonnen. Der sich hieraus für Rödental ergebende Siedlungsdruck kann besonders im Entwicklungsbereich in geordnete Bahnen gelenkt werden. Auch die im Vergleich zur nahegelegenen Stadt Coburg niedrigen Baulandpreise zeigen, wie wichtig die Entwicklungsmaßnahme für Rödental ist. Aufgrund der positiven Erfahrungen mit diesem Instrument und des weiter anhaltenden Baulandbedarfs wird z.Zt. eine Erweiterung des Entwicklungsbereichs nach neuem Recht sowie eine neue Entwicklungsmaßnahme im Ortsteil Einberg vorbereitet.

Außerdem trug die Entwicklungsmaßnahme dazu bei, daß die drei Kernorte Oeslau, Mönchröden und Einberg städtebaulich so gut wie zusammengewachsen sind. Ob das neue Ortszentrum auch ein gesellschaftliches Bindeglied darstellt, ließ sich im Rahmen dieser Untersuchung nicht feststellen.[3]

Die städtebauliche Entwicklungsmaßnahme in Rödental ist insbesondere aus gemeindlicher Sicht zu beurteilen. Initiative und Beweggründe, die zu dieser

---

[1] Bezogen auf das Jahr 1993
[2] In: Haus, Zur Entwicklung lokaler Identität nach der Gemeindegebietsreform in Bayern, Passau 1989, S. 46
[3] Die Arbeit von Haus (a.a.O., S. 104 f) zeigt aber auf, daß im Vergleich der drei untersuchten oberfränkischen Gemeinden Rödental, Wiesenttal und Ebersfeld die räumliche Identifikation mit der neuen Gemeinde (und ihrem Ortszentrum) in Rödental am stärksten ausgeprägt ist.

Maßnahme führten, sind von der Stadt ausgegangen. Allerdings konnte das Instrument nur deshalb eingesetzt werden, weil die Schaffung eines neuen Ortszentrums zugleich den Zielen der Raumordnung und Landesplanung entsprach.

Bodenpreisspekulationen und die Durchsetzung von überhöhten Kaufpreisforderungen konnten mit Hilfe des Entwicklungsrechts erfolgreich verhindert werden, so daß die Grundstücke zu einem relativ niedrigen Preis vom Entwicklungsträger erworben werden konnten (9,- DM/m² bis 12,- DM/m²; heute max. 30,- DM/m²). Dennoch zeigte sich auch hier, daß das Entwicklungsrecht keinen allgemeinen Planungswertausgleich ermöglicht. Grundstücke im Zentrumsbereich (Bauabschnitt "Mitte-Zentrum") mußten im Gegensatz zu den sonstigen Grundstücken im Entwicklungsbereich zu einem höheren Preis erworben werden (16,- DM/m² bis 18,- DM/m²). Dieser Preis hatte sich aufgrund vorbereitender Bauleitplanungen im Vorfeld der Entwicklungsmaßnahme gebildet und mußte - da nicht entwicklungsbedingt - berücksichtigt werden.

Grundstücksverhandlungen wurden - trotz Beauftragung eines Entwicklungsträgers - durch einen leitenden Mitarbeiter der Stadtverwaltung geführt. Dies wurde als günstig beurteilt, da man gegenüber dem Entwicklungsträger über bessere Ortskenntnisse verfügte, was i.d.R. zu einem schnellen Erfolg der Verhandlungen mit den Privateigentümern geführt habe. Sämtliche Eigentümer wurden in Geld entschädigt; Entschädigungen in Land waren nicht erforderlich. Kein landwirtschaftlicher Betrieb mußte unfreiwillig seine Existenz aufgeben. Dennoch stellte der Grunderwerb das größte zu bewältigende Problem in der Entwicklungsmaßnahme dar. Wegen überhöhter Kaufpreisforderungen des größten Grundeigentümers, der bayerischen Staatsforstverwaltung, zogen sich die Grunderwerbsverhandlungen über eine längere Zeit hin, konnten aber letztlich freihändig zum entwicklungsunbeeinflußten Grundstückswert abgeschlossen werden. Die Unterstützungspflicht öffentlicher Aufgabenträger gem. § 2 StBauFG (§ 139 BauGB) erwies sich hier als Leerformel.

Durch das Festhalten der Stadt bzw. des Entwicklungsträgers an den vom Gutachterausschuß ermittelten Werten konnten die Kosten der Entwicklungsmaßnahme reduziert werden. Allerdings verzögerte sich die Maßnahme infolge der Grunderwerbsschwierigkeiten um etwa zwei bis drei Jahre. Auch bei den noch anstehenden Grundstücksankäufen wollen Stadt und Entwicklungsträger konsequent an den vom Gutachterausschuß ermittelten Werten festhalten. Die Stadt ist durchaus willens, ihre Grunderwerbspflicht notfalls auch im Wege eines Enteignungsverfahrens durchzusetzen, wenn auf dem Verhandlungswege eine Einigung nicht erzielt werden kann. Das zeigte sich schon zu Beginn der Grunderwerbsverhandlungen, als es beinahe zu einem Enteignungsverfahren der Stadt gegen die bayerische Staatsforstverwaltung gekommen wäre.

Es hat sich gezeigt, wie wichtig eine zuverlässige Wertermittlung im Entwicklungsbereich ist, um den An- und Verkauf zügig durchführen zu können. Die Ermittlung der entwicklungsunbeeinflußten Grundstückswerte sowie der Neuordnungswerte hat in Rödental zu lange gedauert (ca. ein bis zwei Jahre), was zu Verzögerungen bei der Durchführung der Maßnahme führte. Aufzukaufende bzw. neugeordnete Grundstücke konnten z.T. nur durch vertragliche Regelungen mit einer Preisanpassungsklausel erworben bzw. an Bauinteressenten veräußert werden.

Preisermäßigungen beim Grundstücksverkauf hat es im Entwicklungsbereich nicht gegeben. Dennoch wurden die vom Gutachterausschuß ermittelten Neuordnungswerte als günstig betrachtet, da sie unterhalb des reinen Kostenpreises lagen. Deshalb überlegte man Mitte der achtziger Jahre sogar, die Grundstücke mit einem Aufschlag von 10 % zu veräußern. Doch diese Regelung kam nicht zustande, da sich der Stadtrat eindeutig für die vom Gutachterausschuß ermittelten Werte ausgesprochen hatte.

Die bisherige Bilanz und die weitere Finanzplanung zeigen, daß die Entwicklungsmaßnahme sich nicht selbst trägt oder etwa Erlöse zur Finanzierung weiterer entwicklungsbedingter Infrastruktureinrichtungen erwirtschaftet. Obwohl Bodenpreisspekulationen beim Aufkauf der Flächen ausgeschaltet werden konnten, können die Veräußerungserlöse (die Preise lagen zu Beginn der Grundstücksveräußerung zwischen 47,- DM/m² und 60 DM/m², heute bei max. 95,- DM/m²) nicht in vollem Umfang zur Finanzierung der Gesamtkosten der Entwicklungsmaßnahme, insbesondere für die Erschließung, beitragen. Nur etwa ein Viertel der Gesamtkosten (einschließlich Kosten für Gemeinbedarfseinrichtungen) können durch Grundstücksveräußerungserlöse gedeckt werden.

Die Bereitstellung der Städtebauförderungsmittel hat hier wesentlich zur Realisierung der Entwicklungsmaßnahme beigetragen. Der Anteil der Einnahmen aus der Städtebauförderung von Bund und Land an den Gesamteinnahmen liegt bei ca. 50 %. Vor allem in der Anfangsphase verhalfen die zur Verfügung gestellten Förderungsmittel zu einer zügigen Durchführung des Grundstücksankaufs und der Erschließungsmaßnahmen. Ohne Städtebauförderungsmittel hätte die Stadt die Maßnahme in dieser Form nicht durchführen können. In keinem Fall hätte sie den heutigen Durchführungsstand erreicht.

Wie in Backnang und Friedrichsdorf hat sich in Rödental als positiv herausgestellt, daß der Stadtrat konsequent an der Entwicklungsmaßnahme festgehalten hatte. Auch die schwierigen Grunderwerbsverhandlungen führten nicht zu einer Abkehr von den Entwicklungszielen und vom Instrument der städtebaulichen Entwicklungsmaßnahme.

Mit der Beauftragung eines Entwicklungsträgers und eines Planungsbüros zur Ausarbeitung der Bauleitpläne konnte die relativ kleine Stadtverwaltung entlastet werden. Die Zusammenarbeit zwischen Stadt und Entwicklungsträger wurde als gut bezeichnet; Probleme hat es nicht gegeben.

Die Erfahrungen mit der städtebaulichen Oberleitung zur Überwachung der Bauvorhaben und der Außenanlagen nach städtebaulich-architektonischen Gesichtspunkten, die von den bauwilligen Interessenten durch den Kaufvertrag anzuerkennen war, wurden überwiegend positiv beurteilt. Hierdurch konnte aktiv Einfluß auf die erwünschte bauliche Gestaltung der einzelnen Vorhaben und des gesamten Entwicklungsbereichs ausgeübt werden. Auch die Vorgaben des Grünordnungsplans, zu deren Einhaltung die Eigentümer im Grundstückskaufvertrag verpflichtet wurden, trugen dazu bei, daß der Entwicklungsbereich heute eine den regionalen Verhältnissen angepaßte Begrünung vorzuweisen hat.

Die Bildung von mehreren Bebauungsplangebieten im Entwicklungsbereich wurde als vorteilhaft angesehen. Bebauungsplanverfahren sowie Änderungsverfahren konnten zügig, ohne größere Einwendungen abgeschlossen werden. So wurde z.b. ein Bebauungsplan-Teilbereich mit vorgesehenen Atriumhäusern mangels Kaufinteresse ohne Schwierigkeiten in eine Einzelhausbebauung geändert.

Auch die Bildung von Durchführungsabschnitten hinsichtlich Ankauf, Erschließung und Verkauf wurde als günstig angesehen. So konnte der jeweiligen Nachfragesituation nach Wohnbauland insofern Rechnung getragen werden, als nur soviel Gelände erworben und erschlossen wurde, um diese Nachfrage in einem überschaubaren Zeitraum befriedigen zu können. Da i.d.R. die Zwischenerwerbsphase des Entwicklungsträgers nicht mehr als zwei Jahre betrug, konnten die Zwischenfinanzierungskosten für den Grunderwerb niedrig gehalten werden.

V. Das Entwicklungs-Instrumentarium nach dem BauGB

1. Entstehungsgeschichte - Vorschläge und Initiativen für eine kommunale Entwicklungsmaßnahme in der Zeit nach dem Inkrafttreten des StBauFG

Nach Inkrafttreten des StBauFG hielt die politische und fachliche Diskussion über das Bodenrecht zunächst an. Mängel des BBauG sollten durch eine Novellierung beseitigt werden.[1] Nach der Regierungserklärung vom 18.1.1973 sollten auch die Möglichkeiten des StBauFG in das BBauG übertragen werden.[2]

Einen breiten Raum in dieser Diskussion nahm die Frage ein, wie die Bodenrente oder ein Teil von ihr, soweit diese nicht auf Einsatz von Arbeit und Kapital des Eigentümers beruht, auf die Allgemeinheit überführt werden könnte. Verschiedene Abschöpfungsmodelle wurden entwickelt.[3] Bodenrechtliche Lösungen wie z.B. die Ausgleichsbetragslösung, die im StBauFG für städtebauliche Sanierungs- und Entwicklungsmaßnahmen Eingang gefunden hatte, oder der Planungswertausgleich wurden ebenso erörtert wie steuerliche Modelle.[4]

Des weiteren standen Fragen der Verfügungsgewalt über Grundstücke im Mittelpunkt der bodenrechtlichen Reformüberlegungen. So wurde überlegt, ob die Planverwirklichungsgebote des StBauFG (Abbruch-, Bau- und Modernisierungsgebot), die nur in Sanierungsgebieten und Entwicklungsbereichen zur Anwendung kommen konnten, in das allgemeine Städtebaurecht übertragen werden sollten.

Von *Bielenberg*, der für den 49. Deutschen Juristentag 1972 ein Gutachten erstattet hatte,[5] kam die Empfehlung, den Grundgedanken des Entwicklungsrechts des StBauFG zu einem Enteignungsrecht für Großvorhaben in Neuerschließungsfällen fortzuentwickeln. Dieses "Enteignungsmodell" sollte aber aus verfassungsrechtlichen Gründen (Art. 14 GG) nur subsidiär gegenüber dem "Umlegungsmodell" (§ 45 ff BBauG) Anwendung finden. In diesem Zusammenhang machte *Bielenberg* darauf aufmerksam, daß dem "Umlegungsmodell" Grenzen gesetzt sind, wenn das Ziel städtebaulicher Maßnahmen darin besteht, weiten Kreisen der Bevölkerung Eigentum zu verschaffen.

Die Empfehlung wurde jedoch im weiteren Gesetzgebungsverfahren nicht aufgegriffen; auch eine sonstige Änderung des sachlichen Anwendungsbereichs oder des bodenrechtlichen Teils der Entwicklungsmaßnahme wurde nicht erörtert.

---

[1] Die Novellierung des BBauG wurde bereits 1970 von der Bundesregierung in ihrem Städtebaubericht 1970, BT-Drs. 6/1497, S. 69 ff angekündigt.
[2] Vgl. Bielenberg in: Ernst/Zinkahn/Bielenberg, BauGB, Einleitung Rdnr. 83
[3] Ebenda, Rdnr. 76 ff
[4] Z.B. Bodenwertzuwachssteuer, Grundsteuer oder Modelle in Verbindung mit der Einkommensteuer
[5] Bielenberg, Empfehlen sich weitere bodenrechtliche Vorschriften im städtebaulichen Bereich?, Gutachten B zum 49. Deutschen Juristentag, München 1972, S. B 132

V. Das Entwicklungs-Instrumentarium nach dem BauGB - Entstehungsgeschichte

In der Zeit bis zur Novelle des BBauG im Jahr 1976 war die städtebauliche Entwicklungsmaßnahme nur noch vereinzelt Gegenstand der fachlichen Diskussion. So kritisierten *Conradi/Dieterich/Hauff* 1972 das Entwicklungsrecht des StBauFG. Sie waren der Auffassung, daß es zu kasuistisch geregelt sei, und daß es viel zu schwierig sei, alle Voraussetzungen für die förmliche Festlegung zu erfüllen.[1] *Coordes* stellte 1972 ein Finanzierungskonzept für die Siedlungsschwerpunkte in der Region Untermain vor und schlug es als Muster für andere Entwicklungsmaßnahmen vor. Er war der Auffassung, daß erfolgreich durchgeführte Entwicklungsmaßnahmen den Weg für eine weitere Bodenreform ebnen würden.[2] *Lange* kritisierte 1975 die gemeindliche Grunderwerbspflicht im Entwicklungsbereich. Er war angesichts der veränderten demographischen und ökonomischen Rahmenbedingungen der Meinung, daß sich städtebauliche Entwicklungen im Außenbereich nur noch sukzessive durch kleinere Erweiterungen und mit Mitteln des allgemeinen Städtebaurechts (BBauG) vollziehen könnten.[3]

Am 1.1.1977 trat die BBauG-Novelle in Kraft. Die bodenpolitische Konzeption der städtebaulichen Sanierungs- und Entwicklungsmaßnahmen oder Teile davon wurden nicht in das BBauG übertragen. Die sehr intensiv diskutierten Abschöpfungsmodelle fanden keine Berücksichtigung in der Novelle.[4] Planungsbedingte Bodenwertsteigerungen, soweit sie maßnahmenbedingt waren, konnten weiterhin nur im Rahmen von Sanierungs- und Entwicklungsmaßnahmen nach dem StBauFG abgeschöpft werden.[5]

In der zweiten Hälfte der siebziger Jahre stellten sich größere Probleme auf dem Bau- und Bodenmarkt ein. In dieser Zeit waren stark steigende Bodenpreise[6] und ein Mangel an Bauland zu verzeichnen. Neben gestiegenen Baukosten und hohen Zinsen konnte manches Bauvorhaben deshalb nicht realisiert werden, weil bebaubarer Boden aus tatsächlichen oder finanziellen Gründen nicht zu beschaffen war.[7] Das Bodenrecht rückte Ende der siebziger Jahre wieder stärker in die politische und fachliche Diskussion.[8]

---

1 Conradi, Dieterich, Hauff, Für ein soziales Bodenrecht, Frankfurt 1972, S. 84
2 Coordes, Neue Städte nach dem Städtebauförderungsgesetz, Stadtbauwelt 1972 Nr. 36, S. 286 (292). Coordes hielt z.B. ein "stufenweises Senken der Schwellen der Anwendbarkeit des Gesetzes" für möglich.
3 Lange, Vier Jahre Städtebauförderungsgesetz, Der Städtetag 1975, S. 400 (403)
4 Der von der Bundesregierung vorgeschlagene Planungswertausgleich fand nicht die Zustimmung der Opposition, die einer Steuerlösung den Vorzug gab. Nach Anrufung des Vermittlungsausschusses wurde am 9.4.1976 wurde ganz auf eine Ausgleichslösung verzichtet (vgl. Bielenberg in: Ernst/Zinkahn/Bielenberg, BauGB, Einleitung Rdnr. 90 f).
5 Mit der Novelle 76 wurden i.w. die Planungsbefugnisse der Gemeinde verbessert, die Bürger stärker und frühzeitiger an der Bauleitplanung beteiligt und die Planverwirklichungsgebote des StBauFG mit fortentwickeltem Inhalt übernommen.
6 Vgl. Tiemann, Hüttenrauch, Baulandpreise, Der Städtetag 1982, S. 2
7 Vgl. Dieterich, Konsequente Flächenumlegung statt erweiterter Umlegung?, ZfBR 1982, S. 195
8 Am 1.8.1979 trat das "Gesetz zur Beschleunigung von Verfahren und zur Erleichterung von Investitionsvorhaben im Städtebaurecht (Beschleunigungsnovelle)" in Kraft (BGBl. I 1979, S. 949). Bundesbaugesetz und Städtebauförderungsgesetz wurden durch die Beschleunigungsnovelle geändert. Eine Erweiterung des Anwendungsbereichs der städtebaulichen Entwicklungsmaßnahme oder eine Änderung des bodenrechtlichen Teils dieser Maßnahme wurden im Gesetzgebungsverfahren nicht in Erwägung gezogen.

Zur Erörterung dieser Probleme und der möglichen Auswege fand am 4. und 5.3.1980 eine wohnungspolitische Fachkonferenz des Deutschen Städtetages statt.[1] *Göb* schlug im Arbeitskreis "Planung und Bodenpolitik" vor, das Instrument der städtebaulichen Entwicklungsmaßnahme für die Lösung der Probleme auf dem Bodenmarkt auszugestalten. Nach seiner Auffassung sollte das Instrument besser auf eine kommunale Wohnungsbaupolitik ausgerichtet werden. Dazu schlug er zwei Änderungen zum Entwicklungsrecht nach dem StBauFG vor: Zum einen sollte die Gemeinde die Entscheidungsbefugnis erhalten, eine Entwicklungsmaßnahme einzuleiten, indem sie selbst den Entwicklungsbereich durch Satzung festlegt. Zum anderen sollte der Anwendungsbereich für Entwicklungsmaßnahmen wesentlich erweitert werden und zwar für alle bisher unerschlossenen Wohnbaulandflächen und für Erneuerungsbereiche, die den Zielen der Stadtentwicklungs- und Flächennutzungsplanung entsprechen.[2]

Anläßlich eines Expertengesprächs am 17./18.7.1980[3] wurden die Möglichkeiten der städtebaulichen Entwicklungsmaßnahme zur Lösung der Probleme erörtert. Bei der Diskussion des Themas "Konzepte zur Mobilisierung und rationellen Verwendung von Bauland" schlug *Bielenberg* ebenfalls vor, die städtebauliche Entwicklungsmaßnahme nach dem StBauFG in kommunale Zuständigkeit zu übertragen.[4] Die Gemeinden hätten damit ein Instrument zur Verfügung, um ihren dringend benötigten Baulandbedarf zu decken. Allerdings sollte nach seiner Meinung vom Grundsatz des gemeindlichen Zwischenerwerbs ("Flächenenteignung") zugunsten eines flexiblen, an das Umlegungsrecht angelehnten Grundstücksneuordnungsverfahrens Abstand genommen werden. *Lange* sprach sich ebenfalls dafür aus, die städtebauliche Entwicklungsmaßnahme nach dem StBauFG in kommunale Verantwortung zu übertragen, jedoch ohne Änderung der bodenpolitischen Konzeption, insbesondere hinsichtlich des gemeindlichen Zwischenerwerbs.[5] Auch *Dieterich* und *Tiemann* befürworteten die kommunale Entwicklungsmaßnahme.[6] *Dieterich* betonte, daß die städtebauliche Entwicklungsmaßnahme ein geeignetes Instrument sei, um untere Einkommensschichten mit Sozialwohnungen zu versorgen. Er machte allerdings darauf aufmerksam, daß städtebauliche Entwicklungsmaßnahmen nach dem StBauFG für die Steuerung der Stadtrandwanderung vielleicht ein "zu schweres Geschütz" seien.[7] Er hielt aber den Grundgedanken des

---

[1] Vgl. Neue Schriften des Deutschen Städtetages, Neue Wohnungsnot in unseren Städten, Heft Nr. 41, 1980

[2] A.a.O., S. 56. Göb nannte als Mindestumfang - z.B. für eine Entwicklungsmaßnahme in der Stadt Köln - die Schaffung von 50 Wohneinheiten im Geschoßwohnungsbau und 20 Wohneinheiten im Einfamilienhausbau.

[3] In diesem vom Bundesbauministerium und von der Bundesforschungsanstalt für Landeskunde und Raumordnung durchgeführten Expertengespräch sollten angesichts der Engpässe auf dem Bau- und Bodenmarkt Vorstellungen für eine Neuakzentuierung der Bodenpolitik erörtert werden. Die Diskussionsergebnisse wurden veröffentlicht vom Bundesminister für Raumordnung, Bauwesen und Städtebau in der Schriftenreihe "Städtebauliche Forschung", Bodenpreise, Bodenmarkt und Bodenpolitik, Heft Nr. 03.088, Bonn 1981.

[4] Ebenda, S. 81 f

[5] Ebenda

[6] Ebenda, S. 82

[7] Ebenda, S. 31

V. Das Entwicklungs-Instrumentarium nach dem BauGB - Entstehungsgeschichte

Entwicklungsrechts zur "Aufschließung neuer Baugebiete in geregelten Bahnen" für richtig.

Der Bund sah sich angesichts der Entwicklung auf den verschiedenen örtlichen Bodenmärkten bodenpolitisch gefordert. Alle im Deutschen Bundestag vertretenen Parteien waren sich darin einig, daß in der Verknappung des Baulandangebots eine der wesentlichen Ursachen der Probleme auf dem Bodenmarkt lag.[1]

Nach dem Entwurf eines Gesetzes zur Erleichterung der Bereitstellung von Bauland vom 17.8.1981 (RegE)[2] hatte die Bundesregierung Änderungen zum Recht der Umlegung und neue Instrumente zur Baulandbereitstellung, und zwar die erweiterte Umlegung und die gemeindliche Entwicklungsmaßnahme, vorgeschlagen. Diese Instrumente sollten zu einer mittel- bis langfristigen Verbesserung der örtlichen Baulandmärkte beitragen.

Die §§ 79 a bis 79 d enthielten die neuen Vorschriften zur erweiterten Umlegung.[3]

Der RegE sah einen neuen 10. Teil (§§ 172 bis 172 b BBauG) mit der Überschrift "Gemeindliche Entwicklungsmaßnahme" vor.

Dem neuen Instrument der gemeindlichen Entwicklungsmaßnahme lag gegenüber der städtebaulichen Entwicklungsmaßnahme nach dem StBauFG eine andere bodenpolitische Konzeption zugrunde. Während für die städtebauliche Entwicklungsmaßnahme nach dem StBauFG der gemeindliche Zwischenerwerb und die Abschöpfung entwicklungsbedingter Bodenwerterhöhungen vorgeschrieben waren, sollte bei den neuen gemeindlichen Entwicklungsmaßnahmen das ebenfalls neu vorgesehene Instrument der erweiterten Umlegung hinsichtlich der Zuteilung der Grundstücke zur Anwendung kommen. Nach den Erfordernissen der gemeindlichen Entwicklungsmaßnahme konnte von dem Grundsatz der wertgleichen Zuteilung nach unten abgewichen werden, falls die Voraussetzungen für eine Enteignung vorlagen; dabei konnte vorausgesetzt werden, daß die Gesamtmaßnahme dem Allgemeinwohl dient, weil dies - wie bei den Entwicklungsmaßnahmen nach dem StBauFG - eine Voraussetzung für die förmliche Festlegung des Entwicklungsbereichs sein sollte.[4]

Zwischenerwerb sämtlicher Grundstücke und Abschöpfung entwicklungsbedingter (planungsbedingter) Bodenwertsteigerungen durch die Gemeinde waren bei der gemeindlichen Entwicklungsmaßnahme nicht vorgesehen.[5]

---

[1] Krautzberger, Das Gesetz zur Erleichterung der Bereitstellung von Bauland, BBaubl. 1981, S. 514
[2] BT-Drs. 9/746
[3] Bei der erweiterten Umlegung sollte der an der Umlegung beteiligte Eigentümer - vorbehaltlich eines Abwendungsrechts - lediglich eine Zuteilung von Baugrundstücken entsprechend dem Einwurfswert erhalten. Die verbleibenden Grundstücke sollten in Gebieten mit besonderem Baulandbedarf Bauwilligen aus weiten Kreisen der Bevölkerung zugeteilt werden (vgl. Bielenberg, Erweiterte Umlegung und gemeindliche Entwicklungsmaßnahmen, BBaubl. 1982, S. 540 ff).
[4] Vgl. im einzelnen Bielenberg, a.a.O., S. 606 ff
[5] Bielenberg, a.a.O., S. 540, vertrat die Auffassung, daß die Einführung der erweiterten Umlegung in die gemeindliche Entwicklungsmaßnahme nicht nur koalitionspolitischen Zwängen entsprang, sondern auch sachgerechter sei. Hohe Zwischenerwerbskosten und grundsätzlicher Widerstand der Eigentümer könnten somit vermieden werden.

Gegenüber der städtebaulichen Entwicklungsmaßnahme nach dem StBauFG gab es noch zwei wesentliche Änderungen:

- Gegenstand der gemeindlichen Entwicklungsmaßnahme war die Schaffung neuer Baugebiete, die für die städtebauliche Entwicklung der Gemeinde von besonderer Bedeutung sind. Die Bundesregierung hatte an solche Fälle gedacht, in denen das Ziel der zügigen Bereitstellung von Bauland zu angemessenen Preisen[1] auch mit dem Instrument der erweiterten Umlegung nicht zu erreichen war. In der Begründung zum RegE[2] wurden als Beispiele Gebiete mit bereits relativ hohen Einwurfswerten oder mit nur wenigen Eigentümern genannt. In diesen Fällen könnte sich - so die Begründung - eine aus städtebaulichen Gründen unerwünschte Konzentration des Grundeigentums bei wenigen Eigentümern verfestigen.

- Die Entscheidung, eine städtebauliche Entwicklungsmaßnahme durchführen zu wollen, sollte von der Gemeinde eigenverantwortlich getroffen werden. Nach dem RegE sollte daher der Entwicklungsbereich durch Satzung der Gemeinde förmlich festgelegt werden.

Mit der Baulandnovelle sollte aber die städtebauliche Entwicklungsmaßnahme nach dem StBauFG nicht abgelöst werden. Durch eine Änderung des StBauFG sollten Gemeinden, die eine solche Maßnahme durchführen, die Möglichkeit erhalten, im Entwicklungsbereich eine Umlegung, eine erweiterte Umlegung oder eine Grenzregelung durchzuführen.[3]

Der Entwurf der Baulandnovelle wurde nach dem Regierungswechsel aufgrund der Koalitionsvereinbarung zwischen CDU/CSU und F.D.P. durch Beschluß des Bundeskabinetts vom 5.11.1982 zurückgezogen.[4] Die Aufnahme einer gemeindlichen Entwicklungsmaßnahme in das Städtebaurecht war damit gescheitert.

Im Rahmen der Novellierung des StBauFG im Jahr 1984 wurde das Entwicklungsrecht ausgeklammert. Die Novelle betraf i.w. das Sanierungsrecht.[5] Anläßlich der Beratungen dieser StBauFG-Novelle im Deutschen Bundestag wurden die städtebaulichen Entwicklungsmaßnahmen nur indirekt angesprochen. Man hielt sie für entbehrlich, da die städtebauliche Sanierungsmaßnahme auch

---

[1] In der Begründung zum RegE, a.a.O., S. 15, hieß es sogar: "Innerhalb der gemeindlichen Entwicklungsmaßnahme soll es insbesondere ermöglicht werden, Baugrundstücke an einkommensschwächere Gruppen nach Maßgabe der jeweiligen Ziele der gemeindlichen Entwicklungsmaßnahme auch zu Preisen unterhalb des Verkehrswertes abzugeben."

[2] A.a.O., S. 14

[3] Vgl. Art. 2 RegE (Änderung des StBauFG), a.a.O., S. 11

[4] Noch im Juni 1982 hatte der Präsident des Deutschen Städtetages, Dr. Rommel, die Ausgestaltung der städtebaulichen Entwicklungsmaßnahme nach dem StBauFG zu einem Instrument der kommunalen Selbstverwaltung gefordert. Siehe Stadtbau-Informationen Nr. 6 - Juni 1982, S. 88 (92)

[5] Kernstück der StBauFG-Novelle vom 9.11.1984 war die Einführung eines vereinfachten Verfahrens der Sanierung ohne Anwendung der besonderen bodenrechtlichen Vorschriften des StBauFG und der Wegfall der Verpflichtung zur Aufstellung von Bebauungsplänen in Sanierungsgebieten.

für solche Vorhaben eingesetzt werden sollte, die bislang mit einer Entwicklungsmaßnahme angegangen worden waren.[1]

Der 1983 vorgelegte Bericht zur Lage auf dem Baulandmarkt (Baulandbericht 1983)[2] kam zu dem Ergebnis, daß die Nachfrage nach Bauland anhalten werde, die erforderliche Ausweisung neuen Baulandes vor allem im Außenbereich zunehmend auf ökologische Grenzen stoßen werde und daß Bauland fast überall in geltenden Bauleitplänen in ausreichendem Umfang ausgewiesen sei. Zur städtebaulichen Entwicklungsmaßnahme wurde festgestellt, daß sie nur unter eingeschränkten Voraussetzungen anwendbar sei und einer Vorstellung von Stadtentwicklung entspräche, "die heute nur noch im Einzelfall und eher abnehmend von Bedeutung ist".[3] Sie wurde als Instrument der großflächigen Außenentwicklung bezeichnet. Das stand im Gegensatz zu der im Bericht aufgestellten Forderung nach behutsamer Ausweitung der gemeindlichen Siedlungsfläche und vor allem nach verstärkter Innenentwicklung.

Weitere Überlegungen zum Bodenrecht und damit zur städtebaulichen Entwicklungsmaßnahme wurden im Zusammenhang mit dem Vorhaben der Bundesregierung, das BBauG und das StBauFG zu einem Baugesetzbuch zusammenzufassen, angestellt.

Zur Vorbereitung für ein BauGB hatte der damalige Bundesbauminister Arbeitsgruppen eingesetzt, in denen Sachverständige aus Bund, Ländern und Gemeinden das geltende Recht überprüfen sollten. Die Arbeitsgruppen "Stadterneuerung" und "Finanzierung des Städtebaus" kamen zu dem Ergebnis, daß für die städtebauliche Entwicklungsmaßnahme als Instrument der Landesplanung und Raumordnung künftig kein Bedürfnis mehr bestünde.[4] Sie bekräftigten zwar, daß gemeindliche Maßnahmen zur Entwicklung von Gebieten zu neuen Siedlungseinheiten oder zur Erweiterung vorhandener Siedlungseinheiten auch weiterhin erforderlich seien. Für diese städtebaulichen Aufgaben wurde aber die Sanierungsmaßnahme in der Form der "Funktionsschwächesanierung" und nicht mehr die Entwicklungsmaßnahme als geeignetes Instrumentarium empfohlen.

Vor dem Hintergrund einer gedämpften Baulandpreisentwicklung[5] und der Wohnungsleerstände größeren Ausmaßes Mitte der achtziger Jahre antwortete die Bundesregierung auf eine Große Anfrage der SPD-Fraktion, daß keine Notwendigkeit bestehe, im Bereich des Bodenrechts zusätzliche Instrumente zu

---

[1] Vgl. Krautzberger, Verfahrens- und bodenrechtliche Fragen der Entwicklungsmaßnahmen, in: Bundesminister für Raumordnung, Bauwesen und Städtebau, Städtebauliche Entwicklungsmaßnahmen, Schriftenreihe "Stadtentwicklung", Heft 02.035, Bonn 1985, S. 87 (91)

[2] Bundesminister für Raumordnung, Bauwesen und Städtebau, Baulandbericht 1983, Schriftenreihe "Städtebauliche Forschung", Heft Nr. 03.100, Bonn 1983

[3] A.a.O., S. 18

[4] Vgl. Bundesminister für Raumordnung, Bauwesen und Städtebau, Materialien zum Baugesetzbuch, Schriftenreihe "Städtebauliche Forschung", Heft Nr. 03.108, Bonn 1984, S. 104

[5] Betrug die Steigerungsrate für Baulandpreise 1982 noch 16,1 %, schwächte sie sich in den folgenden Jahren deutlich ab: 1983 lag sie bei 7,5 % und 1984 nur noch bei 1,7 %. Z.T. war Stagnation, in einigen Bereichen sogar Preisrückgang festzustellen. Vgl. hierzu Krautzberger, Das Maßnahmengesetz zum Baugesetzbuch, GuG 1990, S. 3

schaffen.¹ Von der SPD wurde u.a. gefragt, ob die Überführung des bodenrechtlichen Teils der städtebaulichen Entwicklungsmaßnahme nach dem StBauFG in das allgemeine Städtebaurecht für Neubaugebiete eine Möglichkeit böte, den Baulandmarkt zu beeinflussen. Die Bundesregierung bezeichnete in ihrer Antwort die Entwicklungsmaßnahme als Instrument einer überholten Konzeption der Außenentwicklung. Sie vertrat - wie der Baulandbericht 1983 und die Arbeitsgruppen zum BauGB - die Auffassung, daß Entwicklungsmaßnahmen nach dem StBauFG in der Zukunft nur noch geringe praktische Bedeutung hätten, da "die Zeit der Trabantenstädte und der großflächigen Ausweisung neuer Baugebiete im Außenbereich"² vorbei sei. Außerdem war sie der Meinung, daß die Bodenpreise nur in sehr kleinen Gemeinden durch städtebauliche Entwicklungsmaßnahmen beeinflußt würden. In der Antwort wurde darüber hinaus für städtebauliche Aufgaben der Umnutzung von Flächen aus Gründen einer städtebaulichen Umstrukturierung (so z.B. bei Umwidmungen von Brachflächen und bei baulichen Verdichtungen in bisher aufgelockert bebauten Siedlungsgebieten) das Instrumentarium des Sanierungsrechts nach dem StBauFG empfohlen.

Zu einem anderen Ergebnis kam *Dieterich*, der den Vorschlag machte, das Instrument der städtebaulichen Entwicklungsmaßnahme entsprechend den veränderten Aufgabenstellungen für die Innenentwicklung der Städte - insbesondere für Brachflächen - einzusetzen.³ Nachdem in der Vergangenheit die Erweiterung des Anwendungsbereiches der städtebaulichen Entwicklungsmaßnahme i.w. für Neuerschließungsfälle angeregt worden war, wurde nun der Typ der Innenentwicklungsmaßnahme vorgeschlagen.⁴

Der Baulandbericht von 1986⁵ bestätigte das Ergebnis des Berichts von 1983, daß nämlich Wohnbaulandreserven fast überall ausreichend vorhanden gewesen waren. Im Kontext der Hinwendung zu einer verstärkten Innenentwicklung der Städte war kein Platz mehr für Entwicklungsmaßnahmen mit dem Ziel der Baulandbereitstellung und -mobilisierung, weder im Außen- noch im Innenbereich. Die schon angesprochenen Wohnungsleerstände und die Ansicht, daß die Bevölkerung in der Bundesrepublik Deutschland schrumpfe⁶, zumindest aber stagniere, verstärkte die Auffassung, daß Entwicklungsmaßnahmen zukünftig keine Bedeutung mehr hätten.

Demgemäß sollte nach dem Regierungsentwurf eines Baugesetzbuchs das Entwicklungsrecht des StBauFG nur noch für laufende Entwicklungsmaßnahmen übernommen werden. Neue Entwicklungsmaßnahmen sollten nicht mehr ein-

---

1 Siehe Antwort der Bundesregierung vom 24.7.1985 zur Baulandsituation, Entwicklung der Baulandpreise, des Bodenrechts und der Bodensteuern, BT-Drs. 10/3690, S. 2
2 A.a.O., S. 11
3 Dieterich, u.a., Umwidmung brachliegender Gewerbe- und Industrieflächen, Schriftenreihe "Städtebauliche Forschung" des Bundesministers für Raumordnung, Bauwesen und Städtebau, Nr. 03.112, Bonn 1985, S. 236 f
4 Siehe auch Göb, a.a.O., der generell städtebauliche Entwicklungsmaßnahmen für Stadterneuerungsbereiche vorgeschlagen hatte.
5 Bundesminister für Raumordnung, Bauwesen und Städtebau, Baulandbericht 1986, Schriftenreihe "Städtebauliche Forschung", Heft Nr. 03.116, Bonn 1986
6 Vgl. Baulandbericht 1986, a.a.O., S. 60 ff

geleitet werden können. Die geplante Abschaffung des Entwicklungsrechts des StBauFG stieß zum Teil auf Kritik.[1]

Das BauGB trat am 1.7.1987 in Kraft. Die Entwicklungsmaßnahmen wurden zum "Auslaufmodell" erklärt, wie es im RegE vorgesehen war. Die Entwicklungsmaßnahme in Straubing/Bayern zeigt aber, daß nicht überall die Auffassung von der Bedeutungslosigkeit dieses Instruments vertreten wurde. Die förmliche Einleitung dieser Entwicklungsmaßnahme durch Rechtsverordnung der bayerischen Staatsregierung erfolgte - nach längerer Vorbereitungszeit - am 30.6.1987, am letzten Tag, an dem es möglich war, eine Entwicklungsverordnung nach dem StBauFG zu erlassen.

Doch kurze Zeit nach dem Inkrafttreten des BauGB stellten sich neue, größere Probleme auf dem Wohnungs- und Bodenmarkt ein: Die geburtenstarken Jahrgänge drängten auf den Wohnungsmarkt, Einpersonenhaushalte nahmen zu, Wohnflächenansprüche stiegen kontinuierlich aufgrund der Einkommenszuwächse, Aus- und Übersiedler mußten mit Wohnraum versorgt werden. Angesichts dieser Probleme faßten die Bonner Koalitionsfraktionen am 7.11.1989 umfangreiche Beschlüsse zu einem Maßnahmenpaket für den Wohnungsbau, welches auch "Leitlinien für ein Gesetz zur Erleichterung des Wohnungsbaus im Planungs- und Baurecht" enthielt. Danach sollte die städtebauliche Entwicklungsmaßnahme reaktiviert werden. Am 5.12.1989 brachten die Fraktionen der CDU/CSU und der F.D.P. den Entwurf eines Gesetzes zur Erleichterung des Wohnungsbaus im Planungs- und Baurecht sowie zur Änderung mietrechtlicher Vorschriften (Wohnungsbau-Erleichterungsgesetz - WoBauErlG)[2] in den Bundestag ein. Die Bundesregierung beschloß einen inhaltsgleichen Entwurf am 20.12.1989.[3] Artikel 2 dieses Gesetzentwurfs enthielt das Maßnahmengesetz zum Baugesetzbuch (BauGB-MaßnahmenG). Die §§ 6 und 7 des Gesetzentwurfs sahen die Wiedereinführung der städtebaulichen Entwicklungsmaßnahme vor. Mit einer gegenüber dem StBauFG erweiterten Definition des Gegenstands städtebaulicher Entwicklungsmaßnahmen sollten nun neben Maßnahmen mit überörtlicher Bedeutung auch solche mit örtlicher Bedeutung möglich sein.

Da das BauGB-MaßnahmenG Teil des WoBauErlG ist, wurde in § 6 Abs. 2 Satz 2 BauGB-MaßnahmenG ausdrücklich erwähnt, daß Entwicklungsmaßnahmen Wohn-, Gewerbe-, Industrie- und Infrastrukturzwecken dienen sollen. Andernfalls hätte man aus der Zielsetzung des Gesetzes folgern müssen, daß Entwicklungsmaßnahmen nur der Errichtung von Wohnstätten dienen sollen.[4]

Die förmliche Einleitung einer Entwicklungsmaßnahme nach diesem Gesetzentwurf sollte durch Rechtsverordnung der Landesregierung - wie bei den Ent-

---

[1] Siehe Stellungnahmen von Verbänden, Organisationen, Wissenschaftlern und Praktikern zu dem Gesetzentwurf der Bundesregierung in: Ausschuß für Raumordnung, Bauwesen und Städtebau, Ausschußdrucksache Nr. 20, Stand 8.4.1986
[2] BT-Drs. 11/5972
[3] BT-Drs. 11/6508
[4] Vgl. Runkel, Städtebauliche Entwicklungsmaßnahmen nach dem Maßnahmengesetz zum Baugesetzbuch, ZfBR 1991, S. 91 (93)

wicklungsmaßnahmen nach dem StBauFG - erfolgen. In der Begründung des Gesetzentwurfs wurde eingeräumt, daß man 1987 bei der Abschaffung der städtebaulichen Entwicklungsmaßnahme nicht daran gedacht hatte, daß dieses Instrument für bestimmte neue städtebauliche Aufgabenstellungen erforderlich sein könnte. Die Entwicklungsmaßnahme wurde als Instrument bezeichnet, um in Gemeinden mit einem erhöhten Bedarf an Wohn- und Arbeitsstätten städtebaulich integrierte Gesamtmaßnahmen entwickeln zu können oder größere innerstädtische Brachflächen einer Nutzung für Wohn- und Arbeitsstätten wieder zuführen zu können.[1]

Die Forderung des Bundesrats, die Bundesfinanzhilfen für städtebauliche Sanierungs- und Entwicklungsmaßnahmen von damals 660 Mio. DM auf 1 Mrd. DM aufzustocken, wurde von der Bundesregierung abgelehnt, u.a. mit dem Hinweis, daß städtebauliche Entwicklungsmaßnahmen nicht notwendigerweise eine Förderung durch Bundesfinanzhilfen erhalten müßten.[2]

Am 17.1.1990 fand eine Anhörung von Verbänden, Wissenschaftlern und Praktikern, am 24.1.1990 eine Anhörung der kommunalen Spitzenverbände vor dem Ausschuß für Raumordnung, Bauwesen und Städtebau statt. Die Wiedereinführung der städtebaulichen Entwicklungsmaßnahme in fortentwickelter Form wurde überwiegend begrüßt. Einzelne Stimmen sprachen sich gegen eine Befristung der städtebaulichen Entwicklungsmaßnahme aus.[3] Aufgrund der Stellungnahmen der kommunalen Spitzenverbände und der Äußerungen in den beiden öffentlichen Anhörungen hatte der Ausschuß einvernehmlich beschlossen, daß städtebauliche Entwicklungsbereiche nicht, wie vorgesehen, durch Rechtsverordnung der Landesregierung förmlich festgelegt werden sollten, sondern durch Satzung der Gemeinde. Die Satzung sollte von der höheren Verwaltungsbehörde genehmigt werden.[4]

Der Bundestag hatte am 15.3.1990 mit den Stimmen der Koalition aus CDU/CSU und F.D.P. unter Ablehnung der Opposition den Entwurf eines WoBauErlG, einschließlich der Änderungswünsche des Ausschusses bzgl. des Entwicklungsrechts, beschlossen.[5] Nach Anrufung des Vermittlungsausschusses wegen Art. 2 § 4 BauGB-MaßnahmenG (Erweiterung der Zulässigkeit des Baus von Wohnungen in bäuerlichen Anwesen) und der Annahme seines Vorschlags[6] durch Bundestag und Bundesrat im Mai 1990 trat das WoBauErlG am 1.6.1990 in Kraft.[7]

---

[1] BT-Drs. 11/5972, S. 27
[2] Vgl. BT-Drs. 11/6540, S. 2
[3] Vgl. Ausschuß für Raumordnung, Bauwesen und Städtebau, Beschlußempfehlung und Bericht zum Entwurf eines Wohnungsbauerleichterungsgesetzes vom 12.3.1990, BT-Drs. 11/6636, S. 21
[4] A.a.O., S. 27. Des weiteren wurden lediglich kleinere Änderungen bzw. Ergänzungen bezüglich der Entwicklungsmaßnahme vorgeschlagen.
[5] Siehe Stenographischer Bericht über die 202. Sitzung des Bundestages vom 15.3.1990, Plenar-Protokoll S. 15658
[6] Vgl. BT-Drs. 11/7018; Streitpunkt war, ob bei der Erweiterung der Zulässigkeit von Vorhaben im Außenbereich nach § 35 Abs. 4 Satz 1 Nr. 1 BauGB maximal 3 (Bundesrat) oder 4 Wohnungen je Hofstelle (Bundestag) zulässig sein sollten.
[7] Gesetz zur Erleichterung des Wohnungsbaus im Planungs- und Baurecht sowie zur Änderung mietrechtlicher Vorschriften (Wohnungsbauerleichterungsgesetz) vom 17.5.1990 (BGBl. I S. 926)

Bereits Ende 1992 kam es zu weiteren gesetzespolitischen Bestrebungen zur Förderung der Baulandausweisung und -mobilisierung und zur Erleichterung und Beschleunigung von Investitionen in den neuen, aber auch alten Bundesländern:[1] Am 8.12.1992 wurde von den Koalitionsfraktionen der CDU/CSU und der F.D.P. der Entwurf eines Gesetzes zur Erleichterung von Investitionen und der Ausweisung und Bereitstellung von Wohnbauland (Investitionserleichterungs- und Wohnbaulandgesetz - InV-WoBaulG)[2] im Bundestag eingebracht.

Art. 1 Nr. 10 dieses Entwurfs sah die unbefristete Wiedereinführung der städtebaulichen Entwicklungsmaßnahme in das Dauerrecht des BauGB vor. Am 18.1.1993 fand eine öffentliche Anhörung von Sachverständigen vor dem Ausschuß für Raumordnung, Bauwesen und Städtebau statt; außerdem wurden schriftliche Stellungnahmen von Verbänden in die Auswertung der Anhörung mit einbezogen.[3] Die Übernahme der städtebaulichen Entwicklungsmaßnahme in das BauGB wurde von den Verbänden und Sachverständigen mit großer Mehrheit begrüßt. Lediglich der Deutsche Bauernverband, der in seiner Stellungnahme zum WoBauErlG keine Kritik zur Entwicklungsmaßnahme äußerte,[4] und die Arbeitsgemeinschaft der Grundbesitzerverbände erhoben (verfassungsrechtliche) Bedenken.[5]

Nach Beratung des Gesetzentwurfs im Bundesrat am 5.3.1993 hat dieser den Vermittlungsausschuß angerufen, da der Bundestag keine seiner materiellen Änderungsbegehren (z.B. steuerrechtliche Regelungen)[6], die jedoch nicht das Entwicklungsrecht betrafen, aufgenommen hatte. Nachdem am 24.3.1993 im Vermittlungsausschuß Einigung erzielt werden konnte sowie Bundestag und Bundesrat am 26.3.1993 das Ergebnis des Vermittlungsauschusses billigten, konnte das InV-WoBaulG am 1.5.1993 in Kraft treten.[7] Es umfaßt Änderungen u.a. des BauGB, des BauGB-MaßnahmenG, des ROG, des BNatSchG, des Abfallgesetzes und des BImSchG.[8]

Nach Herausnahme städtebaulicher Entwicklungsmaßnahmen aus dem Städtebaurecht durch das BauGB im Jahr 1987 wurden sie mit dem InV-WoBaulG vom 22.4.1993 nach nur sechs Jahren wieder in die Städtebaurechtsordnung als Dauerrecht (§§ 165 bis 171 BauGB) aufgenommen.

---

1 Vgl. hierzu Krautzberger, Engpässe auf den Baulandmärkten - gesetzgeberische Überlegungen, GuG 1992, S. 249
2 BT-Drs. 12/3944; der Gesetzentwurf wurde - textgleich - von der Bundesregierung in den Deutschen Bundestag eingebracht: BT-Drs. 12/4047
3 Vgl. Ausschuß für Raumordnung, Bauwesen und Städtebau, Bericht zum Entwurf eines InV-WoBaulG vom 11.2.1993, BT-Drs. 12/4340
4 Siehe Stenographisches Protokoll der 62. Sitzung des Ausschusses für Raumordnung, Bauwesen und Städtebau vom 17.1.1990
5 Der Rechtsausschuß des Deutschen Bundestages erhob mehrheitlich gegen die Gesetzentwürfe - BT-Drs. 12/3944 und BT-Drs. 12/4047 - und die damit verbundene Wiedereinführung der städtebaulichen Entwicklungsmaßnahme als Dauerrecht keine verfassungsrechtlichen und sonstigen rechtlichen Bedenken. Vgl. Ausschuß für Raumordnung, Bauwesen und Städtebau, Bericht zum Entwurf eines InV-WoBaulG, a.a.O., S. 9
6 Vgl. BT-Drs. 12/4208
7 Gesetz zur Erleichterung von Investitionen und der Ausweisung und Bereitstellung von Wohnbauland - Investitionserleichterungs- und Wohnbaulandgesetz vom 22.4.1993 (BGBl. I S. 466)
8 I.w. enthält der Gesetzentwurf Bestimmungen zum Umweltrecht einerseits und zum Städtebaurecht zur Verbesserung der Wohnbaulandverhältnisse andererseits.

Für die vor dem 1.7.1987 förmlich festgelegten städtebaulichen Entwicklungsmaßnahmen sind nach § 245 a Abs. 2 BauGB die §§ 165 bis 171 BauGB in der bis zum 30.4.1993 geltenden Fassung (§§ 165 bis 171 BauGB 1987) weiter anzuwenden. Mit den neugefaßten §§ 165 bis 171 BauGB wurden noch einige Änderungen bzw. Klarstellungen gegenüber dem Entwicklungsrecht des BauGB-MaßnahmenG in der bis zum 30.4.1993 geltenden Fassung (BauGB-MaßnahmenG 1990) getroffen, und zwar i.w. hinsichtlich der Vorbereitung, der Bereichsabgrenzung und der Finanzierungsfunktion der Entwicklungsmaßnahme sowie der Bewertung land- und forstwirtschaftlicher Grundstücke.[1]

Zusammenfassung:

1. Vorschläge und Gesetzesinitiativen in der Vergangenheit, die städtebauliche Entwicklungsmaßnahme stärker als gemeindliches Instrument der Baulandbereitstellung auszugestalten, standen im Zusammenhang mit einer angespannten Lage auf dem Wohnungs- und Baulandmarkt. In Zeiten ausreichender Wohnungs- und Baulandversorgung schien kein Bedürfnis für ein solches (fortentwickeltes) Instrument vorhanden zu sein; es wurde 1987 sogar abgeschafft.

2. In Fachkreisen wurde in den siebziger Jahren vereinzelt vorgeschlagen, städtebauliche Entwicklungsmaßnahmen in kommunale Verantwortung zu übertragen, den Anwendungsbereich zu erweitern und das Instrument stärker für die Innenentwicklung, insbesondere für Brachflächenumwidmungen zu nutzen.

3. Erster ernsthafter Versuch, eine gemeindliche Entwicklungsmaßnahme in das Städtebaurecht einzuführen, war die Gesetzesinitiative für eine Baulandnovelle (Entwurf eines Gesetzes zur Erleichterung der Bereitstellung von Bauland von 1981). Der gemeindliche Zwischenerwerb und die Abschöpfung entwicklungsbedingter Bodenwertsteigerungen wurden jedoch durch die Einführung eines modifizierten Umlegungsverfahrens im Entwicklungsbereich ausgeschlossen.

4. In relativ kurzer Zeit - während der politischen Umbruchphase in der ehemaligen DDR - wurde 1990 das WoBauErlG verabschiedet. Kommunale Entwicklungsmaßnahmen wurden zeitlich befristet in das Städtebaurecht eingeführt. Bereits 1993, drei Jahre nach Inkrafttreten des BauGB-MaßnahmenG 1990, wurde nach nur kurzer Beratungszeit des InV-WoBaulG das Recht der städtebaulichen Entwicklungsmaßnahme als Dauerrecht in das BauGB übernommen. Wichtigste Neuerungen gegenüber dem Entwicklungsrecht des StBauFG/BauGB 1987 sind die förmliche Festlegung der Entwicklungsmaßnahme durch eine Gemeindesatzung und die Erweiterung des Anwendungsbereichs, so daß auch kleinteiligere Entwicklungsmaßnahmen mit örtlicher Bedeutung für die Außen- wie die Innenentwicklung durchgeführt werden können.

---

1 Vgl. hierzu die folgenden Abschnitte 2. und 3. über das Entwicklungsrecht des BauGB.

2. Gegenstände, Ziele und Zwecke

§ 165 Abs. 2 Satz 1 BauGB definiert die zulässigen **Gegenstände** städtebaulicher Entwicklungsmaßnahmen: Mit städtebaulichen Entwicklungsmaßnahmen sollen

> Ortsteile und
> andere Teile des Gemeindegebiets
> **(Raumbezug)**

> entsprechend ihrer besonderen Bedeutung für die städtebauliche Entwicklung und Ordnung der Gemeinde
> oder
> entsprechend der angestrebten Entwicklung des Landesgebiets oder der Region
> **(Planungsbezug)**

> erstmalig entwickelt oder
> im Rahmen einer städtebaulichen Neuordnung einer neuen Entwicklung zugeführt werden.
> **(Entwicklungsbezug)**

Ziel städtebaulicher Entwicklungsmaßnahmen ist nach Satz 2

> die Errichtung von Wohn- und Arbeitsstätten sowie von Gemeinbedarfs- und Folgeeinrichtungen.
> **(Nutzungsbezug)**

Durch die - gegenüber dem StBauFG - neue Definition städtebaulicher Entwicklungsmaßnahmen ist der Anwendungsbereich hinsichtlich des Raum-, Planungs- und Entwicklungsbezugs und damit hinsichtlich der Möglichkeiten, **Nutzungsallokationen** vorzunehmen, wesentlich erweitert worden.

Bezüglich der **distributiven Zweckbestimmungen** städtebaulicher Entwicklungsmaßnahmen hat sich gegenüber den Maßnahmen nach dem StBauFG/ BauGB 1987 nichts geändert. Dies gilt auch hinsichtlich des **Gesamtmaßnahmencharakters**.[1]

---

[1] Vgl. Kap. II 2

2.1 Zum Raumbezug

Bei Entwicklungsmaßnahmen neuen Rechts geht es nicht mehr um die Schaffung neuer Orte. Gegenstand von Entwicklungsmaßnahmen sind nun Ortsteile oder andere Teile des Gemeindegebiets. Damit kommt zum Ausdruck, daß die für solche Maßnahmen in Betracht kommenden Entwicklungsbereiche **kleinflächiger** als früher angelegt sein können. Freilich können Entwicklungsmaßnahmen neuen Rechts - wie nach altem Recht - die Erweiterung vorhandener Orte um neue Ortsteile[1] mit wesentlichen Teilfunktionen zum Gegenstand haben.[2]

Darüber hinaus können andere Teile des Gemeindegebiets, die nicht die Größe eines Ortsteils aufweisen, durch Entwicklungsmaßnahmen entwickelt werden. Diese müssen nicht wesentliche städtebauliche Teilfunktionen einer Gemeinde erfüllen. Unter "andere Teile des Gemeindegebiets" versteht *Bielenberg* solche städtebaulichen Gebilde, die inhaltlich "außerhalb" und größenmäßig "unterhalb" des Ortsteils liegen.[3]

Aufgrund der geänderten Raumbezüge von Entwicklungsmaßnahmen wurde gegenüber dem StBauFG eine weitere Änderung des Entwicklungsrechts vorgenommen: Nach § 166 Abs. 2 BauGB[4] muß die Gemeinde nicht mehr die Voraussetzungen dafür schaffen, daß ein lebensfähiges örtliches Gemeinwesen entsteht, sondern es "genügt" das Entstehen eines funktionsfähigen Bereichs entsprechend der beabsichtigten städtebaulichen Entwicklung und Ordnung, der nach seinem wirtschaftlichen Gefüge und der Zusammensetzung seiner Bevölkerung den Zielen und Zwecken der städtebaulichen Entwicklungsmaßnahme entspricht und in dem eine ordnungsgemäße und zweckentsprechende Versorgung der Bevölkerung mit Gütern und Dienstleistungen sichergestellt ist. Nun können Ortsteile oder andere Teile des Gemeindegebiets entwickelt werden, die (nur noch) im Zusammenhang mit ihren Verflechtungen mit anderen Bereichen der Gemeinde hinsichtlich der Versorgung der Bevölkerung funktionsfähig sein müssen.[5]

2.2 Zum Planungsbezug

Die Entwicklung von Ortsteilen oder anderen Teilen des Gemeindegebiets muß eine besondere örtliche Bedeutung (**gemeindebedeutsam**) oder überörtliche Be-

---

[1] Zum Begriff des Ortsteils vgl. Kap. III 2.1. Die Ausführungen der Gerichte zum Begriff des "Ortsteils" sind ohne Einschränkung auf Entwicklungsmaßnahmen neuen Rechts übertragbar.

[2] Bielenberg schließt aus, daß die in § 1 Abs. 3 Nr. 1 und 2 StBauFG genannten Vorhaben (Schaffung neuer Orte und Entwicklung vorhandener Orte zu neuen Siedlungseinheiten) Gegenstände einer Entwicklungsmaßnahme neuen Rechts sein können. Vgl. Bielenberg in: Ernst/Zinkahn/Bielenberg, BauGB, nach § 171, § 6 BauGB-MaßnahmenG Rdnr. 15. Angesichts des fließenden Übergangs von Ortserweiterungen und Entwicklungen zu neuen Siedlungseinheiten kann aber nicht ausgeschlossen werden, daß auch kleinere Siedlungseinheiten durch Entwicklungsmaßnahmen neuen Rechts entwickelt werden können.

[3] Ebenda

[4] früher: § 54 Abs. 2 StBauFG bzw. § 166 Abs. 2 BauGB 1987

[5] Vgl. Gaentzsch, Städtebauliche Entwicklungsmaßnahmen nach dem Baugesetzbuch-Maßnahmengesetz, NVwZ 1991, S. 921 (923); Neuhausen in: Kohlhammer, Baugesetzbuch, § 166 Rdnr. 69

deutung (**regional- bzw. landesbedeutsam**) haben. Die überörtliche Bedeutung war bei Entwicklungsmaßnahmen nach dem StBauFG/BauGB 1987 unverzichtbare Voraussetzung für die förmliche Festlegung eines Entwicklungsbereichs. Heute kann eine Entwicklungsmaßnahme überörtliche Bedeutung haben, sie muß es aber nicht. Deshalb sind städtebauliche Entwicklungsmaßnahmen mit überörtlicher Bedeutung nur noch eine Variante.[1] Die andere Variante ist die Entwicklungsmaßnahme mit besonderer Bedeutung für die städtebauliche Entwicklung und Ordnung der Gemeinde. Eine landes- bzw. regionalplanerische Absicherung der Ziele einer Entwicklungsmaßnahme in entsprechenden übergeordneten Plänen ist daher nicht unbedingt erforderlich. Auch hierdurch kommt zum Ausdruck, daß Entwicklungsmaßnahmen kleinteiliger sein können als früher.

Jedoch müssen die Gemeinden bei Entwicklungsmaßnahmen - wie bei allen Planungen und Maßnahmen, durch die Grund und Boden in Anspruch genommen oder die räumliche Entwicklung eines Gebiets beeinflußt wird - nach § 5 Abs. 4 ROG i.V.m. den Landesplanungsgesetzen grundsätzlich die Ziele der Raumordnung und Landesplanung beachten.[2] Darüber hinaus gilt für die Bauleitplanung im Zuge von Entwicklungsmaßnahmen selbstverständlich die Anpassungspflicht nach § 1 Abs. 4 BauGB (Anpassung der Bauleitpläne an die Ziele der Raumordnung und Landesplanung).

Die Definition der Entwicklungsmaßnahme nach dem BauGB ähnelt der im Entwurf der Baulandnovelle von 1981.[3] Danach sollten mit gemeindlichen Entwicklungsmaßnahmen entsprechend der beabsichtigten städtebaulichen Entwicklung und Ordnung der Gemeinde neue Baugebiete geschaffen werden, die für die städtebauliche Entwicklung der Gemeinde von besonderer Bedeutung sind. Aus der unterschiedlichen Formulierung hinsichtlich des Raumbezugs (Baulandnovelle: Schaffung neuer Baugebiete, BauGB: Entwicklung von Ortsteilen oder anderen Teilen des Gemeindegebiets) ergeben sich materiellrechtlich wohl kaum Unterschiede. Das entscheidende qualitative Abgrenzungskriterium gegenüber zu "kleinen" Maßnahmen ist in beiden Fällen die besondere örtliche Bedeutung.

Obwohl städtebauliche Entwicklungsmaßnahmen neuen Rechts in der Dimension bescheidener angelegt sind,[4] kann nicht jeder Teil eines Gemeindegebiets oder jede städtebauliche Maßnahme Gegenstand einer Entwicklungsmaßnahme sein.[5] Die besondere örtliche Bedeutung als Voraussetzung zur Durchführung einer städtebaulichen Entwicklungsmaßnahme kann sich inhaltlich aus einer stadtentwicklungsplanerischen Konzeption und größenmäßig aus dem Verhältnis zur Gemeindegröße und Siedlungsstruktur ergeben. Hier kommt es besonders auf die städtebauliche Aufgabenstellung des Einzelfalls an. Je kleinteiliger

---

[1] Vgl. Gaentzsch, a.a.O., S. 922
[2] Zu Abweichungen von Zielen der Raumordnung und Landesplanung, wenn sie unter raumordnerischen Gesichtspunkten vertretbar sind, vgl. § 5 Abs. 5 ROG
[3] Vgl. Gesetzentwurf zur Erleichterung der Bereitstellung von Bauland (§ 172 BBauG), BT-Drs. 9/746, S. 10
[4] Vgl. Gaentzsch, a.a.O., S. 922
[5] Vgl. Bielenberg, a.a.O., nach § 171, § 6 BauGB-MaßnahmenG Rdnr. 15

der Entwicklungsbereich von der Gemeinde gewählt wird, desto stärker muß nach Auffassung von *Bielenberg*[1] die besondere (hervorgehobene) qualitative Bedeutung nachgewiesen werden.

2.3 Zum Entwicklungsbezug

Das BauGB unterscheidet **zwei Grundtypen** städtebaulicher Entwicklungsmaßnahmen: Die **Innen- und die Außenentwicklungsmaßnahme** - ohne daß dadurch Mischformen ausgeschlossen sind. Entwicklungsmaßnahmen können zur erstmaligen Entwicklung eines Ortsteils oder eines anderen Teils des Gemeindegebiets zur Anwendung kommen. Dieser Typ der Außenentwicklungsmaßnahme wurde insoweit aus dem StBauFG/BauGB 1987 übernommen. Danach werden i.d.R. unbebaute land- oder forstwirtschaftlich genutzte Flächen im Außenbereich erstmalig zu Bauland entwickelt.

Neu gegenüber dem StBauFG/BauGB 1987 sind Innenentwicklungsmaßnahmen, durch die Ortsteile oder andere Teile des Gemeindegebiets im Rahmen einer städtebaulichen Neuordnung einer neuen Entwicklung zugeführt werden können. Hiermit sind innerstädtische Flächen angesprochen, die brach liegen, aber umgewidmet und wieder- bzw. umgenutzt werden sollen sowie minder- bzw. fehlgenutzte Flächen, die einer Vollnutzung bzw. Umnutzung zugeführt werden sollen.[2] Da hier vor allem im Zusammenhang bebaute Gebiete angesprochen sind, kann das gesamte Entwicklungsrecht auch in diesen Fällen Anwendung finden. Nach dem StBauFG/BauGB 1987 kamen im Zusammenhang bebaute Gebiete nur als Anpassungsgebiete im Entwicklungsbereich in Frage.

2.4 Zum Nutzungsbezug

Städtebauliche Entwicklungsmaßnahmen neuen Rechts haben nach § 165 Abs. 2 Satz 2 BauGB die Errichtung von Wohn- und Arbeitsstätten sowie von Gemeinbedarfs- und Folgeeinrichtungen zum Ziel. Hinsichtlich dieser **umfassenden Nutzungsbezüge** gibt es keine Unterschiede zu den Entwicklungsmaßnahmen alten Rechts. Auch können Entwicklungsmaßnahmen - wie nach altem Recht - überwiegend oder ausschließlich Wohn-, Gewerbe-, Industrie- oder Infrastrukturzwecken dienen.[3] Für monostrukturierte Gebiete ist allerdings zu fordern, daß sie im Zusammenhang mit anderen Gemeindeteilen einen funktionsfähigen Bereich darstellen, so daß eine ordnungsgemäße und zweckentsprechende Versorgung der Bevölkerung sichergestellt ist.

---

[1] Ebenda
[2] Vgl. Dieterich-Buchwald, Bedeutung der Entwicklungsmaßnahme für die Stadtentwicklung, Informationsdienst des Volksheimstättenwerks 1990, S. 128 (129)
[3] Vgl. Bielenberg in: Ernst/Zinkahn/Bielenberg, BauGB, nach § 171, § 6 BauGB-MaßnahmenG Rdnr. 16 und Runkel, Städtebauliche Entwicklungsmaßnahmen nach dem Maßnahmengesetz zum Baugesetzbuch, ZfBR 1991, S. 91 (93)

3. Das Entwicklungsrecht des BauGB

3.1 Anwendungs- und Festlegungsvoraussetzungen

3.1.1 Allgemeine Anwendungsvoraussetzung

Als allgemeine Voraussetzung zur Anwendung des Entwicklungsrechts nach dem BauGB bestimmt § 165 Abs. 1 BauGB, daß es sich bei städtebaulichen Entwicklungsmaßnahmen um solche handeln muß, deren einheitliche Vorbereitung und zügige Durchführung im öffentlichen Interesse liegen.[1] *Bielenberg* spricht in diesem Zusammenhang vom **qualifizierten öffentlichen Interesse**, welches die Entwicklungsmaßnahme aus dem allgemeinen Städtebau heraushebt.[2] Wie schon in § 1 Abs. 1 StBauFG hat der Gesetzgeber in § 165 Abs. 1 BauGB ausdrücklich formuliert, daß Entwicklungsmaßnahmen in Stadt und Land zulässig sind, also nicht nur in (größeren) Städten, sondern auch in Gemeinden im ländlichen Raum (außerhalb der Verdichtungsräume) in Frage kommen.

Im Unterschied zur früher geltenden Vorschrift in § 1 Abs. 1 StBauFG, wonach städtebauliche Entwicklungsmaßnahmen nach den Vorschriften des StBauFG "vorbereitet, gefördert und durchgeführt" werden, heißt es in § 165 Abs. 1 BauGB nur noch, daß Entwicklungsmaßnahmen nach den Vorschriften des BauGB "vorbereitet und durchgeführt" werden. Der Passus "gefördert" fehlt heute, da im Zuge des Abbaus der Mischfinanzierung mit dem BauGB die finanzierungs- und förderungsrechtlichen Vorschriften für städtebauliche Sanierungs- und Entwicklungsmaßnahmen aus dem besonderen Städtebaurecht herausgenommen wurden und mit der Einführung des neuen Entwicklungsrechts keine Änderung in dieser Frage herbeigeführt werden sollte.[3] Andererseits kommt durch die neue Formulierung zum Ausdruck, daß die öffentliche Förderung **nicht mehr zu den Wesensmerkmalen** einer städtebaulichen Entwicklungsmaßnahme gehört.[4]

Die Forderung nach einheitlicher Vorbereitung und zügiger Durchführung unterstreicht, daß es sich bei Entwicklungsmaßnahmen um städtebauliche Gesamtmaßnahmen handelt, die ein ganzes Bündel aufeinander abgestimmter Einzelmaßnahmen enthalten. Daher muß für den Entwicklungsbereich eine einheitliche Planungskonzeption erarbeitet und fortentwickelt werden, nach der die Maßnahme zügig zu realisieren ist. Das besondere Bodenrecht soll die einheitliche Vorbereitung und zügige Durchführung erleichtern und gewährleisten.[5]

---

[1] Diese Vorschrift galt schon für städtebauliche Sanierungs- und Entwicklungsmaßnahmen nach dem StBauFG (§ 1 Abs. 1 StBauFG) und gilt heute ebenfalls für städtebauliche Sanierungsmaßnahmen nach dem BauGB.

[2] Vgl. Bielenberg in: Bielenberg/Krautzberger/Söfker, Baugesetzbuch, Leitfaden und Kommentierung, 1990, Rdnr. 415 a

[3] Vgl. Krautzberger in: Battis/Krautzberger/Löhr, BauGB, 3. Auflage, Vorb. §§ 136-164 Rdnr. 25 ff

[4] Freilich gab es auch schon nach dem StBauFG/BauGB 1987 Entwicklungsmaßnahmen, die ohne Städtebauförderung durchgeführt wurden (vgl. Kap. IV 1).

[5] Vgl. Gaentzsch, a.a.O., S. 923

3.1.2 Festlegungsvoraussetzungen

Die materiell-rechtlichen Voraussetzungen für die förmliche Bereichsfestlegung enthält § 165 Abs. 3 Nr. 1 bis 3 BauGB:

a) § 165 Abs. 3 Nr. 1 BauGB: Die Maßnahme muß den Zielen und Zwecken nach § 165 Abs. 2 BauGB entsprechen.

Voraussetzung für die förmliche Einleitung einer Entwicklungsmaßnahme ist, daß es sich um ein i.S.d. § 165 Abs. 2 BauGB definiertes Vorhaben handelt.[1] Ziele und Zwecke der Entwicklungsmaßnahme (Entwicklungskonzept) müssen daher für die förmliche Festlegung des Entwicklungsbereichs soweit erarbeitet sein, daß sie für den Nachweis der Anwendungs- und Festlegungsvoraussetzungen genügen.[2]

b) § 165 Abs. 3 Nr. 2 BauGB: Das **Wohl der Allgemeinheit** muß die Durchführung der Entwicklungsmaßnahme nach dem BauGB erfordern, insbesondere zur Deckung eines erhöhten Bedarfs an Wohn- und Arbeitsstätten oder zur Wiedernutzung brachliegender Flächen.

Die Gemeinde, die eine Entwicklungsmaßnahme durchführen will, muß darlegen, daß das besondere Entwicklungsrecht als Ganzes erforderlich ist bzw. weshalb die Instrumente des allgemeinen Städtebaurechts oder das sanierungsrechtliche Instrumentarium nicht ausreichen, um die Ziele und Zwecke der Maßnahme zu verwirklichen.

Da das bodenpolitische System des StBauFG/BauGB 1987 in das BauGB übertragen worden ist, insbesondere die Gemeinde die Pflicht hat, alle Grundstücke im Entwicklungsbereich zu erwerben und die Enteignung ohne Bebauungsplan zulässig ist, kann bezüglich der Prüfung des Allgemeinwohlerfordernisses auf die Rechtsprechung zu den Entwicklungsmaßnahmen alten Rechts zurückgegriffen werden:[3] Vor Erlaß einer Entwicklungssatzung muß generell die Zulässigkeit von Enteignungsmaßnahmen in dem in Aussicht gestellten Entwicklungsbereich geprüft werden. Jedoch müssen bei Erlaß der Entwicklungssatzung nicht schon für jedes einzelne Grundstück die Enteignungsvoraussetzungen abschließend geprüft werden. Wird das Wohl der Allgemeinheit für die Gesamtmaßnahme bejaht, so kann nach Auffassung von *Bielenberg* in einem späteren Enteignungsverfahren davon ausgegangen werden, daß die Zuführung der Grundstücke zur vorgesehenen Entwicklung als legitimes Ziel der Entwicklungsmaßnahme dem Grunde nach feststeht. Gleichwohl ist im Einzelfall einer Enteignung zu prüfen, ob die Verwirk-

---

[1] Nach § 247 Abs. 7 BauGB entspricht die Entwicklung der Parlaments- und Regierungsbereiche in Berlin den Zielen und Zwecken einer städtebaulichen Entwicklungsmaßnahme gem. § 165 Abs. 2 BauGB.

[2] Vgl. Bielenberg in: Ernst/Zinkahn/Bielenberg, BauGB, nach § 171, § 6 BauGB-MaßnahmenG Rdnr. 23

[3] Vgl. im einzelnen Kap. III 2.1

lichung der Ziele und Zwecke der Entwicklungsmaßnahme die Eigentumsentziehung erfordert.[1]

Kann die Gemeinde darlegen, daß ein qualifiziertes öffentliches Interesse an der Durchführung einer Entwicklungsmaßnahme, die ein zulässiges Vorhaben nach § 165 Abs. 2 BauGB darstellt, besteht, so kann das Allgemeinwohlerfordernis grundsätzlich bejaht werden.[2]

Obwohl das BVerfG 1987 festgestellt hatte, daß städtebauliche Entwicklungsmaßnahmen ein Instrument seien, bei dem der Gesetzgeber den Enteignungszweck hinreichend konkretisiert habe, werden im BauGB zwei Beispiele, die ein Allgemeinwohlerfordernis begründen können, genannt. Dieser Katalog ist **nicht abschließend**; weitere Umstände können das Allgemeinwohlerfordernis begründen.

Nach § 165 Abs. 3 Nr. 2 (1. Fall) BauGB kann das Allgemeinwohlerfordernis gegeben sein, wenn die Entwicklungsmaßnahme zur Deckung eines erhöhten Wohnstättenbedarfs eingesetzt werden soll. Im Verhältnis zu anderen Vorschriften des BauGB und des BauGB-MaßnahmenG sind hinsichtlich des Begriffs des "erhöhten Bedarfs" zwei wichtige Unterschiede zu nennen:

Einmal kommt es bei Entwicklungsmaßnahmen nicht auf einen "dringenden Wohnbedarf" an, der z.B. beim Baugebot nach § 175 Abs. 2 BauGB, beim Optimierungsgebot nach § 1 Abs. 1 BauGB-MaßnahmenG[3], beim vorzeitigen Bebauungsplan nach § 1 Abs. 2 BauGB-MaßnahmenG oder bei der Zulässigkeit von Vorhaben nach § 4 BauGB-MaßnahmenG eine Rolle spielt. Bei Entwicklungsmaßnahmen genügt ein erhöhter Wohnungsbedarf. Hier wurde insbesondere dem Umstand Rechnung getragen, daß Entwicklungsmaßnahmen ein mittelfristig wirkendes Instrument sind und daher zur Deckung eines aktuellen, dringenden Wohnbedarfs weniger geeignet sind.

Ein erhöhter Bedarf ist anzunehmen, wenn mittelfristig die Nachfrage das Angebot deutlich überschreitet.[4] Je nachdem, ob es sich um eine gemeindebedeutsame oder regional- bzw. landesbedeutsame Maßnahme handelt, ist das Gemeindegebiet oder das Landesgebiet als Bezugsrahmen für den Nachweis des erhöhten Bedarfs an Wohn- und Arbeitsstätten maßgebend.[5]

Darüber hinaus wird in § 165 Abs. 3 Nr. 2 BauGB hervorgehoben, daß das Allgemeinwohl die Durchführung von Entwicklungsmaßnahmen auch bei einem erhöhten Arbeitsstättenbedarf erfordern kann.

---

[1] Vgl. Bielenberg, StBauFG, § 53 Rdnr. 14; Runkel, a.a.O., S. 94, hält in einem späteren Enteignungsverfahren nur noch Einzelfragen wie Enteignungszeitpunkt und Entschädigungshöhe für klärungsbedürftig.

[2] Vgl. Bielenberg in: Ernst/Zinkahn/Bielenberg, BauGB, nach § 171, § 6 BauGB-MaßnahmenG Rdnr. 21

[3] BauGB-MaßnahmenG in der Fassung der Bekanntmachung vom 17.5.1990 (BGBl. I S. 926), zuletzt geändert durch InV-WoBauLG vom 22.4.1993 (BGBl. I S. 466)

[4] Vgl. Runkel, Städtebauliche Entwicklungsmaßnahmen nach dem Wohnungsbau-Erleichterungsgesetz, BBauBl. 1990, S. 252 (254)

[5] Ebenda

Das andere vom Gesetzgeber in § 165 Abs. 3 Nr. 2 (2. Fall) BauGB konkretisierte Beispiel eines Allgemeinwohlerfordernisses bezieht sich auf die Wiedernutzung brachliegender Flächen. Während das erste Beispiel auf den Nutzungsbezug abstellt und für Innen- und Außenentwicklungsmaßnahmen gleichermaßen zutreffen kann, geht es beim zweiten Beispiel vornehmlich um Innenentwicklungsmaßnahmen (Entwicklungsbezug). Gemeint sind innerstädtische Industrie-, Gewerbe- oder Verkehrsbrachflächen, die einer neuen Entwicklung zugeführt werden sollen.

c) § 165 Abs. 3 Nr. 3 BauGB: Die zügige Durchführung der Entwicklungsmaßnahme muß innerhalb eines absehbaren Zeitraums gewährleistet sein.

Schon die allgemeine Anwendungsvoraussetzung des qualifizierten öffentlichen Interesses fordert eine zügige Durchführung der Entwicklungsmaßnahme. Da diese Voraussetzung auch für Entwicklungsmaßnahmen alten Rechts galt, kann grundsätzlich auf die Rechtsprechung hierzu verwiesen werden.[1] Ob eine Entwicklungsmaßnahme zügig und in absehbarer Zeit durchgeführt werden kann, hängt vom räumlichen und sachlichen Umfang und von der Schwierigkeit der zu bewältigenden Aufgaben ab.[2] Deshalb würde die Vorgabe pauschaler Zeitspannen dem Einzelfall nicht gerecht. Jedoch können die von der Rechtsprechung anerkannten Zeiträume (bis zu 17 Jahren), die noch als "absehbar" bezeichnet wurden, als Maßstab herangezogen werden.

Gegenüber dem Entwicklungsrecht des StBauFG entfiel als Festlegungsvoraussetzung, daß die Bereitstellung der voraussichtlich erforderlichen Mittel aus öffentlichen Haushalten erwartet werden kann (§ 53 Abs. 1 Nr. 4 StBauFG). Dennoch wird dies auch heute zu fordern sein. Das ergibt sich einerseits aus dem Gebot der zügigen Durchführung und andererseits aus § 171 Abs. 2 BauGB, wonach die Gemeinde bereits bei Erlaß der Entwicklungssatzung entsprechend § 149 BauGB eine Kosten- und Finanzierungsübersicht erstellen muß, aus der die Bereitstellung der voraussichtlich erforderlichen öffentlichen Mittel hervorzugehen hat.

3.2 Abgrenzung des Entwicklungsbereichs

Die Abgrenzung des Entwicklungsbereichs hat gem. § 165 Abs. 5 Satz 1 BauGB nach Zweckmäßigkeitsgesichtspunkten[3] unter Beachtung der im Zeitpunkt des Erlasses der Entwicklungssatzung feststehenden Ziele und Zwecke der Entwicklungsmaßnahme zu erfolgen. Da sich hier im Vergleich zum Entwicklungsrecht des StBauFG keine Änderung ergeben hat, kann auf die Rechtsprechung zu den Maßnahmen alten Rechts verwiesen werden.[4] Neu gegenüber früherem Recht ist die in § 165 Abs. 5 Satz 2 BauGB eröffnete Möglichkeit,

---

[1] Vgl. Kap. III 2.1
[2] Vgl. Gaentzsch, a.a.O., S. 923; Runkel, a.a.O., S. 255
[3] Nach dem Zweckmäßigkeitsgrundsatz sind auch Umlegungs- und Sanierungsgebiete abzugrenzen.
[4] Vgl. Kap. III 2.4

einzelne Grundstücke, die von der Entwicklung nicht betroffen werden, aus dem Bereich ganz oder teilweise herauszunehmen. Hierbei kann es sich sowohl um im Randbereich liegende Grundstücke[1] als auch um innenliegende Grundstücke handeln.

In § 6 Abs. 4 Satz 3 BauGB-MaßnahmenG 1990 war geregelt, daß im Zusammenhang bebaute Gebiete in den Entwicklungsbereich einbezogen werden können, wenn die Flächen, vorhandenen Gebäude oder sonstigen baulichen Anlagen nicht entsprechend der beabsichtigten städtebaulichen Entwicklung und Ordnung genutzt werden. Mit dem InV-WoBauIG wurde diese Bestimmung, insbesondere wegen der Formulierung "einbezogen", gestrichen, da sie in der Praxis zu unterschiedlichen und zum Teil zu engen Auslegungen geführt und damit den Anwendungsbereich der städtebaulichen Entwicklungsmaßnahme eingeschränkt habe.[2] Die Streichung dieser Bestimmung dient jedoch nur der Klarstellung: Der Entwicklungsbereich kann sich auf unbebaute wie bebaute Gebiete erstrecken, für die das Entwicklungsrecht uneingeschränkt gilt.[3]

Wie im Entwicklungsrecht des StBauFG/BauGB 1987 unterliegt nach § 165 Abs. 5 Satz 3 BauGB die Einbeziehung bestimmter Grundstücke mit besonderer Zweckbestimmung (z.B. Landesverteidigung, Bundesgrenzschutz, Zollverwaltung, Polizei, Zivilschutz, Post- und Fernmeldewesen, Kernenergie) in den Entwicklungsbereich der Zustimmung des jeweiligen Bedarfsträgers. Während bei städtebaulichen Sanierungsmaßnahmen die Zustimmung des Bedarfsträgers erst erforderlich ist, wenn einzelne Sanierungsmaßnahmen durchgeführt werden (§ 139 Abs. 4 BauGB), das Sanierungsgebiet also schon förmlich festgelegt sein kann, gilt für Entwicklungsmaßnahmen, daß die Zustimmung des Bedarfsträgers Voraussetzung für die Einbeziehung in den Entwicklungsbereich ist. Nach § 165 Abs. 5 Satz 4 BauGB soll der Bedarfsträger seine Zustimmung erteilen, wenn auch bei Berücksichtigung seiner Aufgaben ein überwiegendes öffentliches Interesse an der Durchführung der städtebaulichen Entwicklungsmaßnahme besteht. Es liegt demnach nicht im freien Ermessen des Bedarfsträgers, ob er seine Zustimmung erteilt oder nicht.[4]

3.3 Anpassungsgebiete

Wie im Entwicklungsrecht des StBauFG/BauGB 1987 ist es nach dem BauGB weiterhin möglich, im Zusammenhang bebaute Gebiete als Anpassungsgebiete im Entwicklungsbereich festzulegen (§ 170 Satz 1 BauGB). Im Zusammenhang bebaute Gebiete können, müssen aber nicht die Eigenschaft von im Zusammenhang bebauten Ortsteilen i.S.d. § 34 BauGB aufweisen; es reicht eine im Zu-

---

[1] Vgl. Runkel, Städtebauliche Entwicklungsmaßnahmen nach dem Maßnahmengesetz zum Baugesetzbuch, ZfBR 1991, S. 95

[2] Vgl. Bericht des Ausschusses für Raumordnung, Bauwesen und Städtebau zu dem Entwurf eines Gesetzes zur Erleichterung von Investitionen und der Ausweisung und Bereitstellung von Wohnbauland, BT.-Drs. 12/4340, zu Artikel 1 Nr. 10 (§ 165), S. 53 f

[3] Vgl. bereits oben unter 2.3

[4] Vgl. Gaentzsch, a.a.O., S. 923

sammenhang stehende räumliche Bebauung aus, die auch im Außenbereich i.S.d. § 35 BauGB liegen kann.[1]

Im Gegensatz zum alten Entwicklungsrecht können nach neuem Recht Entwicklungsbereich und Anpassungsgebiet in einem Zug förmlich festgelegt werden.[2] Es ist aber denkbar, daß ein Anpassungsgebiet erst nach Erlaß der Entwicklungssatzung festgelegt wird, so z.b. wenn der Entwicklungsbereich nachträglich durch Einbeziehung bebauter Gebiete vergrößert werden soll oder wenn sich erst nachträglich die Notwendigkeit von Anpassungsmaßnahmen ergibt.[3] Anpassungsmaßnahmen sind sanierungsähnlich.[4] Allerdings sind städtebauliche Mißstände i.S.d. § 136 BauGB als Festlegungsvoraussetzung für Anpassungsgebiete nicht erforderlich. § 170 Satz 4 BauGB schließt die Anwendung von § 136 BauGB aus. Auch handelt es sich bei einem Anpassungsgebiet nicht um ein selbständiges Sanierungsgebiet im Entwicklungsbereich.

Anpassungsmaßnahmen ergeben sich aus den Zielen und Zwecken der vorgesehenen Entwicklung. Als Anpassungsmaßnahmen kommen z.b. der Ausbau von Straßen oder von Gemeinbedarfs- und Folgeeinrichtungen in Betracht, die Erschließungs- oder Ergänzungsfunktionen für den Entwicklungsbereich im engeren Sinn wahrnehmen sollen.[5]

Für Anpassungsgebiete gilt i.w. das Sanierungsrecht.[6] Ein vereinfachtes Verfahren ohne Anwendung der besonderen sanierungsrechtlichen Vorschriften (Ausgleichsbetragserhebung) - wie es im Sanierungsrecht möglich ist - ist nicht zulässig. Vorbereitende Untersuchungen i.S.d. § 141 BauGB sind vor förmlicher Festlegung zwingend vorgeschrieben (§ 170 Satz 3 BauGB). Von den - ansonsten anwendbaren - Vorschriften des Entwicklungsrechts sind nach § 170 Satz 4 BauGB ausgenommen:

- die Grunderwerbspflicht (§ 166 Abs. 3 BauGB),
- der Ausschluß von Umlegung und Grenzregelung - sie sind also zulässig (§ 169 Abs. 2 BauGB),
- die erleichterte Enteignungsmöglichkeit (§ 169 Abs. 3 BauGB),
- die Sonderregelung für land- und forstwirtschaftliche Grundstücke nach § 169 Abs. 4 BauGB sowie

---

1 Zum Begriff "im Zusammenhang bebaute Gebiete" vgl. Bielenberg, a.a.O., § 170 Rdnr. 2
2 Nach dem StBauFG/BauGB 1987 war zunächst der Entwicklungsbereich einschließlich des "Anpassungsverdachtsgebiets" förmlich durch Rechtsverordnung festzulegen. Sodann konnte die Gemeinde nach Durchführung vorbereitender Untersuchungen das Anpassungsgebiet förmlich durch Satzung festlegen.
3 Vgl. Gaentzsch, a.a.O., S. 924
4 Vgl. Bielenberg in: Ernst/Zinkahn/Bielenberg, BauGB, nach § 171, § 6 BauGB-MaßnahmenG Rdnr. 37
5 Vgl. Runkel, a.a.O., S. 96
6 Mit Ausnahme der §§ 136, 142 und 143 Abs. 1, 2 und 4 BauGB

- die Vorschriften zur Veräußerungspflicht der Gemeinde nach § 169 Abs. 5 bis 8 BauGB.[1]

Da weder Grunderwerbspflicht noch erleichterte Enteignungsmöglichkeit bestehen, müssen die Enteignungsvoraussetzungen für Anpassungsgebiete nicht erfüllt sein.

3.4 Verfahren der förmlichen Festlegung durch Satzung

Eine der wichtigsten Änderungen gegenüber dem früheren Entwicklungsrecht ist, daß der Entwicklungsbereich nicht mehr durch Rechtsverordnung der Landesregierung, sondern durch **Satzung der Gemeinde** (Entwicklungssatzung) förmlich festgelegt wird (§ 165 Abs. 6 Satz 1 BauGB). In der Satzung ist der städtebauliche Entwicklungsbereich zu bezeichnen (§ 165 Abs. 6 Satz 2 BauGB); Anpassungsgebiete sind in der Entwicklungssatzung gesondert zu bezeichnen (§ 170 Satz 2 BauGB). Aus der Bezeichnung muß die Abgrenzung eindeutig hervorgehen. Das kann durch Umschreibung der Grenzen des Entwicklungsbereichs (z.B. durch Straßen, Wege oder Gewässer) erfolgen. Nicht erforderlich - wie z.b. in der Umlegung -, aber zulässig, ist die Aufführung aller im Entwicklungsbereich gelegenen Grundstücke in der Entwicklungssatzung.

Im Gegensatz zur Sanierungssatzung, die anzeigepflichtig ist, muß die Entwicklungssatzung von der höheren Verwaltungsbehörde genehmigt werden (§ 165 Abs. 7 Satz 1, 1. Halbsatz BauGB). Die Zuständigkeit für die Genehmigung kann nicht auf andere staatliche Behörden, Landkreise oder kreisfreie Gemeinden übertragen werden (§ 203 Abs. 3, 2. Halbsatz BauGB).

Die Gemeinde hat dem Antrag auf Genehmigung der Entwicklungssatzung einen **Bericht** beizufügen (§ 165 Abs. 7 Satz 1, 2. Halbsatz BauGB). Er soll die Gründe, die die förmliche Festlegung des entwicklungsbedürftigen Bereichs rechtfertigen, enthalten. Dieser Bericht hat nicht die Qualität einer Bebauungsplan-Begründung. Er ist lediglich der höheren Verwaltungsbehörde vorzulegen, nicht aber - wie eine Bebauungsplan-Begründung - zu jedermanns Einsicht auszulegen.

Die Genehmigungsbehörde darf nur die materiell-rechtlichen Voraussetzungen gem. § 165 BauGB sowie die Einhaltung von förmlichen Verfahrensvorschriften überprüfen (§ 165 Abs. 7 Satz 2 BauGB i.V.m. § 6 Abs. 2 und 4 BauGB). Über die Genehmigung ist nach § 165 Abs. 7 Satz 2 BauGB i.V.m. § 6 Abs. 4 BauGB innerhalb von drei Monaten zu entscheiden. Verweigert die höhere Verwaltungsbehörde die Genehmigung der Entwicklungssatzung (oder erteilt sie die Genehmigung unter Hinzufügung von Nebenbestimmungen), so

---

[1] Es gilt allgemein § 89 BauGB und § 159 Abs. 3 BauGB. Der Verkehrswert für zu veräußernde Grundstücke in Anpassungsgebieten richtet sich nach § 153 Abs. 4 BauGB.

kann die Gemeinde eine Verpflichtungsklage nach § 42 VwGO auf Genehmigung der Satzung (ohne Nebenbestimmungen) erheben.[1] Die Entwicklungssatzung ist zusammen mit der Erteilung der Genehmigung ortsüblich bekanntzumachen (§ 165 Abs. 8 Satz 1 BauGB). Mit der Bekanntmachung tritt die Satzung in Kraft (§ 165 Abs. 8 Satz 3 BauGB). In der Bekanntmachung ist auf die Genehmigungspflicht nach den §§ 144, 145 und 153 Abs. 2 BauGB hinzuweisen (§ 165 Abs. 8 Satz 2 BauGB). Zur Eintragung eines Entwicklungsvermerks in die Grundbücher hat die Gemeinde nach § 165 Abs. 9 Satz 1 BauGB dem Grundbuchamt die rechtsverbindliche Satzung mitzuteilen und die von der Entwicklungssatzung betroffenen Grundstücke einzeln aufzuführen (§ 165 Abs. 9 Satz 2 BauGB). Das Grundbuchamt hat gem. § 165 Abs. 9 Satz 3 BauGB den Entwicklungsvermerk einzutragen.

Entwicklungssatzungen unterliegen der Normenkontrolle nach § 47 VwGO. Antragsberechtigt ist jede natürliche oder juristische Person, die durch die förmlich eingeleitete Entwicklungsmaßnahme einen Nachteil erlitten oder in absehbarer Zeit zu erwarten hat, sowie jede Behörde. Nach Art. 13 Nr. 1 InVWoBauLG gilt bis zum 30.4.1998 in den neuen Ländern Brandenburg, Mecklenburg-Vorpommern, Sachsen, Sachsen-Anhalt und Thüringen bei Anträgen nach § 47 VwGO die 3-Monatsfrist, d.h. Normenkontrollanträge gegen eine förmlich eingeleitete Entwicklungsmaßnahme sind innerhalb von drei Monaten ab Inkrafttreten der Entwicklungssatzung zulässig.

3.5 Besonderes Bodenrecht für Entwicklungsmaßnahmen

Im förmlich festgelegten Entwicklungsbereich gelten grundsätzlich die Regelungen des Allgemeinen Städtebaurechts, so z.B. die Vorschriften über

- die Bauleitplanung (§§ 1 bis 13 und §§ 1 bis 3 BauGB-MaßnahmenG),
- die Zulässigkeit von Vorhaben (§§ 29 bis 38 BauGB) und
- das Planungsschadensrecht (§§ 39 bis 44 BauGB),

und auch die Regelungen des Besonderen Städtebaurechts, so z.B. die Vorschriften über

- die städtebaulichen Gebote (§§ 175 bis 179),
- den Sozialplan und den Härteausgleich (§§ 180 und 181 BauGB) und
- die Aufhebung, Entschädigung und Verlängerung von Miet- oder Pachtverhältnissen (§§ 182 bis 186 BauGB).

Darüber hinaus gelten für städtebauliche Entwicklungsmaßnahmen eine Reihe besonderer bodenrechtlicher Vorschriften, die die einheitliche Vorbereitung und zügige Durchführung erleichtern und damit zur Verwirklichung der Entwicklungsziele beitragen sollen.

Bereits in der **Vorbereitungs-** bzw. **Voruntersuchungsphase** finden einige dieser entwicklungsrechtlichen Vorschriften Anwendung. Hierzu zählen:

---

[1] Vgl. Bielenberg, a.a.O., nach § 171, § 6 BauGB-MaßnahmenG Rdnr. 34 m.w.H.

3.5.1 Entwicklungsrechtliches Abwägungsgebot (§ 165 Abs. 3 Satz 2 BauGB)

Nach dem entwicklungsrechtlichen Abwägungsgebot, das nicht nur in der Vorbereitungsphase, sondern während des gesamten Entwicklungsverfahrens gilt, sind die öffentlichen und privaten Belange gegeneinander und untereinander gerecht abzuwägen. Es soll sicherstellen, insbesondere im Hinblick auf die Prüfung des Allgemeinwohlerfordernisses, daß die privaten Belange berücksichtigt und nicht von vornherein vernachlässigt werden.[1]

3.5.2 Voruntersuchungen der Gemeinde (§ 165 Abs. 4 BauGB)

Gegenüber dem Entwicklungsrecht des StBauFG/BauGB 1987 und dem des BauGB-MaßnahmenG 1990 enthält das Entwicklungsrecht des BauGB nun eine Regelung über die Vorbereitung städtebaulicher Entwicklungsmaßnahmen. § 165 Abs. 4 Satz 1 BauGB schreibt ausdrücklich vor, daß die Gemeinde regelmäßig vor der förmlichen Festlegung des Entwicklungsbereichs die Voruntersuchungen durchzuführen oder zu veranlassen hat, die erforderlich sind, um Beurteilungsunterlagen über die Festlegungsvoraussetzungen zu gewinnen. Allerdings setzte auch bisher der Nachweis der Anwendungs- und Festlegungsvoraussetzungen zur Durchführung einer Entwicklungsmaßnahme nach dem StBauFG/BauGB 1987 bzw. BauGB-MaßnahmenG 1990 voraus, daß erforderliche Voruntersuchungen vorzunehmen waren.[2] Die Ergebnisse der Voruntersuchungen fließen in den für die Genehmigung der Entwicklungssatzung erforderlichen Bericht nach § 165 Abs. 7 BauGB ein. Von Voruntersuchungen kann abgesehen werden, wenn hinreichende Beurteilungsunterlagen bereits vorliegen (§ 165 Abs. 4 Satz 2 BauGB).[3]

Neu gegenüber dem früheren Entwicklungsrecht ist die Bestimmung, daß die Gemeinde die Vorbereitung der Entwicklung durch den **Beschluß über den Beginn der Voruntersuchungen** einleitet (§ 165 Abs. 4 Satz 3 BauGB). Der Beschluß ist ortsüblich bekanntzumachen; dabei ist auf die Auskunftspflicht nach § 138 BauGB hinzuweisen (§ 165 Abs. 4 Satz 4 und 5 BauGB).

3.5.3 Wirkungen des Beschlusses über den Beginn der Voruntersuchungen (§ 165 Abs. 4 Satz 6 BauGB)

Die Vorschriften über die Beteiligung und Mitwirkung der Betroffenen (§ 137 BauGB) und öffentlicher Aufgabenträger (§ 139 BauGB)[4] bei Sanierungsmaßnahmen gelten nun - im Gegensatz zum Entwicklungsrecht des StBauFG/

---

[1] Vgl. Gaentzsch, a.a.O., S. 923
[2] Dies gilt nicht nur für alle Entwicklungsmaßnahmen nach dem StBauFG (vgl. die vier untersuchten Entwicklungsmaßnahmen), sondern auch für die bisher in der Praxis eingeleiteten Entwicklungsverfahren nach dem BauGB-MaßnahmenG 1990.
[3] Dies entspricht der Regelung in § 141 Abs. 2 BauGB bei Sanierungsmaßnahmen.
[4] Die wichtigste Unterstützungspflicht stellt die Landabgabe dar, vgl. Neuhausen in: Kohlhammer, Baugesetzbuch, § 139 Rdnr. 20; zur Einklagbarkeit der Unterstützungspflicht vgl. Schlichter in: Berliner Kommentar zum BauGB, § 139 Rdnr. 2

BauGB[1] - auch vor förmlicher Bereichsfestlegung und zwar ab dem Beschluß über den Beginn der Voruntersuchungen nach § 165 Abs. 4 Satz 3 BauGB. Das Gesetz schreibt allerdings nicht vor, in welchem Umfang und in welcher Form dies zu erfolgen hat; auch verweist § 165 Abs. 4 BauGB nicht auf die im Sanierungsrecht vorhandene Vorschrift über vorbereitende Untersuchungen (§ 141 BauGB).

Ebenfalls besteht ab dem Beschluß über den Beginn der Voruntersuchungen eine Auskunftspflicht von Eigentümern, Mietern, Pächtern und sonstigen Betroffenen gem. § 138 BauGB. Ergänzend gelten die Bestimmungen über die Anordnung zur Erforschung des Sachverhalts gem. § 208 BauGB zur Durchsetzung einer Auskunftspflicht[2] und über Vorarbeiten auf Grundstücken gem. § 209 BauGB.

Außerdem sieht § 165 Abs. 4 Satz 6 BauGB vor, daß der Beschluß über den Beginn der Voruntersuchungen die Zurückstellung von Baugesuchen und Anträgen auf Erteilung einer Teilungsgenehmigung i.S.d. § 144 Abs. 1 Nr. 1 und 2 BauGB ermöglichen soll; § 15 BauGB gilt in diesen Fällen entsprechend.[3]

3.5.4 Kosten- und Finanzierungsübersicht (§ 171 Abs. 2 BauGB i.V.m. § 149 BauGB), Finanzierungsvorschriften (§ 245 Abs. 11 BauGB)

Neu gegenüber dem Entwicklungsrecht des StBauFG/BauGB 1987 ist die Verpflichtung zur Aufstellung einer Kosten- und Finanzierungsübersicht (§ 171 Abs. 2 Satz 1 BauGB). Sie ist nach dem jeweiligen Stand der Planung aufzustellen bzw. fortzuschreiben. Dabei sind nur die Kosten, die nach den Zielen und Zwecken der Entwicklung erforderlich sind, zu berücksichtigen (§ 171 Abs. 2 Satz 2 BauGB). Bei Erlaß der Entwicklungssatzung kann i.d.R. nur eine grobe Übersicht erstellt werden, da die Ziele und Zwecke einer Entwicklungsmaßnahme und die daraus konkret abzuleitenden Maßnahmen und die Dauer ihrer Verwirklichung noch nicht im Detail bekannt sind.

Nach § 245 Abs. 11 Satz 2 BauGB gelten die Vorschriften des StBauFG über die Finanzierung von Sanierungs- und Entwicklungsmaßnahmen (§ 38 Abs. 2 Satz 2 und 3, die §§ 39, 40, 41 Abs. 1 bis 3, § 43 Abs. 3 und 4 und die §§ 44 bis 49 und 58 StBauFG) derzeit als Bundesrecht weiter fort.[4] Eine Überschußverteilung, nach der Überschüsse auf die Eigentümer zu verteilen sind - wie bei Sanierungsmaßnahmen entsprechend § 48 StBauFG - kennt das Entwicklungsrecht nicht.[5] Denn nach § 245 Abs. 11 BauGB i.V.m. § 58 StBauFG

---

1   Vgl. Kap. III 2.1 (Rechtsprechung)
2   § 208 BauGB ist keine eigenständige gesetzliche Ermächtigung, um die Abgabe von Erklärungen i.S.d. § 138 BauGB zu erzwingen. Vgl. Krautzberger in: Battis/Krautzberger/Löhr, BauGB, 3. Auflage, § 138 Rdnr. 11
3   Dies gilt nun ebenfalls für Sanierungsmaßnahmen und zwar ab dem Beschluß über den Beginn der vorbereitenden Untersuchungen (§ 141 Abs. 4 BauGB).
4   Vgl. Krautzberger in: Battis/Krautzberger/Löhr, BauGB, 3. Auflage, § 245 Rdnr. 20 f; zur Finanzierung und Förderung von Entwicklungsmaßnahmen vgl. allgemein die Erläuterungen in: Bielenberg/Koopmann/Krautzberger, Städtebauförderungsrecht, Bd. II
5   Vgl. Bielenberg, StBauFG, § 58 Rdnr. 13

(Finanzierung der städtebaulichen Entwicklungsmaßnahme) ist § 48 StBauFG über die Überschußregelung bei Sanierungsmaßnahmen nicht anzuwenden. Allerdings beschränkt sich die Finanzierungsfunktion städtebaulicher Entwicklungsmaßnahmen auf die entwicklungsbedingten Kosten. Denn gem. § 171 Abs. 1 BauGB sind Einnahmen, die bei der Vorbereitung und Durchführung der Entwicklungsmaßnahme entstehen, zur Finanzierung der Entwicklungsmaßnahme zu verwenden. Diese Regelung fand während des Gesetzgebungsverfahrens zum InV-WoBaulG Eingang in das Entwicklungsrecht.[1]

3.5.5 Abgaben- und Auslagenbefreiung (§ 169 Abs. 1 Nr. 3 BauGB i.V.m. § 151 BauGB); steuerliche Vergünstigungen nach anderen gesetzlichen Bestimmungen

Die Vorschriften über die Befreiung von Gebühren und ähnlichen nichtsteuerlichen Abgaben sowie von Auslagen bei bestimmten Geschäften und Verhandlungen gelten - wie bei Sanierungsmaßnahmen - auch schon vor förmlicher Bereichsfestlegung[2] (so z.B. für den vorbereitenden Grunderwerb), soweit sich aus § 151 BauGB nichts anderes ergibt. Steuerliche Vergünstigungen finden sich in den entsprechenden Steuerfachgesetzen.[3] Für Grundstücksübertragungen im Vollzug der Vorbereitung und Durchführung von Entwicklungsmaßnahmen gibt es jedoch seit dem Grunderwerbsteuergesetz vom 17.12.1982[4] **keine Grunderwerbsteuerbefreiung** mehr.

3.5.6 Entwicklungsträger (§ 167 BauGB); Übertragung von Aufgaben auf einen Planungsverband (§ 166 Abs. 4 BauGB i.V.m. § 205 Abs. 4 BauGB)

Zur Übertragung von Vorbereitungs- bzw. Durchführungsaufgaben und zur Mittelbewirtschaftung kann die Gemeinde - wie bisher nach dem Entwicklungsrecht des StBauFG/BauGB 1987 - einen Entwicklungsträger (§ 167 Abs. 1 BauGB) beauftragen. Nach § 167 Abs. 3 Satz 2 BauGB i.V.m. § 159 Abs. 2 BauGB legen die Gemeinde und der Entwicklungsträger mindestens die Aufgaben, eine von der Gemeinde hierfür zu entrichtende angemessene Vergütung und die Befugnis der Gemeinde zur Erteilung von Weisungen durch schrift-

---

[1] Vgl. Bericht des Ausschusses für Raumordnung, Bauwesen und Städtebau zu dem Entwurf eines Gesetzes zur Erleichterung von Investitionen und der Ausweisung und Bereitstellung von Wohnbauland, BT-Drs. 12/4340, S. 31

[2] Dies galt bereits nach § 7 Abs. 1 BauGB-MaßnahmenG 1990 ("Besondere Vorschriften für städtebauliche Entwicklungsmaßnahmen"). Da mit der Übernahme des Entwicklungsrechts des BauGB-MaßnahmenG 1990 in das Dauerrecht des BauGB § 7 Abs. 1 BauGB-MaßnahmenG 1990 inhaltlich unverändert übernommen wurde (vgl. Entwurf eines Gesetzes zur Erleichterung von Investitionen und der Ausweisung und Bereitstellung von Wohnbauland, BT.-Drs. 12/3944, zu § 169, S. 100) ist davon auszugehen, daß § 151 BauGB auch schon vor förmlicher Bereichsfestlegung Anwendung finden kann, auch wenn § 151 BauGB im Katalog des § 169 Abs. 1 BauGB ("Besondere Vorschriften für den städtebaulichen Entwicklungsbereich") enthalten ist.

[3] Eine Auflistung dieser besonderen steuerlichen Vergünstigungen nach den verschiedenen Steuerfachgesetzen enthält § 7 Abs. 2 BauGB-MaßnahmenG 1990.

[4] BGBl. I S. 1777

lichen Vertrag (Werkvertrag i.S.d. §§ 631 ff BGB) fest. Im Gegensatz zu Sanierungsmaßnahmen kommt als Rechtsstellung des Entwicklungsträgers nur der Treuhänder (in eigenem Namen und für Rechnung der Gemeinde; § 167 Abs. 3 Satz 1 BauGB) in Betracht; dies gilt auch für die Beauftragung eines Trägers in einem Anpassungsgebiet.[1] Neu gegenüber dem Entwicklungsrecht des StBauFG/BauGB 1987 und BauGB-MaßnahmenG 1990 ist, daß die Bestätigung eines Entwicklungsträgers auch generell ausgesprochen werden kann. Hinsichtlich der Grundstücksveräußerung nach Maßgabe des § 169 Abs. 5 bis 8 BauGB ist er an die Weisungen der Gemeinde gebunden (§ 167 Abs. 4 BauGB).

Wie bei Entwicklungsmaßnahmen alten Rechts können auch nach neuem Recht Vorbereitungs- bzw. Durchführungsaufgaben auf einen Planungsverband übertragen werden, so z.b. bei gemeindeübergreifenden Entwicklungsmaßnahmen. Gegenüber früherem Recht ist es nicht mehr möglich, daß die Landesregierung einen Gemeindeverband, einen Verband, an dessen Willensbildung die Gemeinde beteiligt ist, einen Planungsverband oder eine andere Gemeinde oder einen Landkreis zur Erfüllung von Entwicklungsaufgaben (durch Rechtsverordnung) bestimmen kann.[2]

Im förmlich festgelegten Entwicklungsbereich gelten folgende Vorschriften:

3.5.7 Wirkungen der förmlichen Festlegung (§ 14 Abs. 4, § 15 Abs. 3, § 17 Abs. 6 und § 19 Abs. 4 Satz 1 Nr. 2 BauGB); Genehmigungspflichtige Vorhaben, Teilungen und Rechtsvorgänge; Genehmigung (§ 169 Abs. 1 Nr. 1 BauGB i.V.m. §§ 144 und 145 BauGB)

Die Vorschriften über die Veränderungssperre, die Zurückstellung von Baugesuchen und die Teilungsgenehmigung sind nicht anzuwenden; eine bestehende Veränderungssperre tritt außer Kraft. An deren Stelle tritt § 169 Abs. 1 Nr. 1 BauGB:

Wie nach früherem Entwicklungsrecht besteht in städtebaulichen Entwicklungsbereichen eine umfassende Genehmigungspflicht für tatsächliche und rechtliche Veränderungen an Grundstücken. Eine "Entwicklungsgenehmigung" der Gemeinde nach § 145 BauGB ist für folgende Fälle erforderlich:

- Vorhaben i.S.d. § 29 BauGB;

- Grundstücksteilungen;

- Gebrauchs- oder Nutzungsvereinbarungen, durch die ein schuldrechtliches Vertragsverhältnis (z.B. Miet- oder Pachtverträge) von mehr als einem Jahr eingegangen oder verlängert wird;

- Veräußerung eines Grundstücks und die Bestellung und Veräußerung eines Erbbaurechts und die Bestellung eines belastenden Rechts, wie z.B. Dienst-

---

[1] Vgl. Gaentzsch, a.a.O., S. 927; abweichend hierzu: Schlichter in: Schlichter/Stich/Krautzberger, StBauFG, § 55 Rdnr. 3
[2] So aber § 166 Abs. 4 und 5 BauGB 1987

barkeiten (§§ 1018 ff BGB) oder Grundpfandrechte (§§ 1113 ff BGB)[1], sowie die diesen Rechtsgeschäften zugrundeliegenden schuldrechtlichen Verträge.

Die Entwicklungsgenehmigung ist zu versagen, wenn Grund zu der Annahme besteht, daß die o.g. Fälle oder die damit erkennbar bezweckte Nutzung

- die Durchführung der Entwicklung unmöglich machen oder
- wesentlich erschweren oder
- den Zielen und Zwecken der Entwicklung zuwiderlaufen würden.

Die Genehmigung richtet sich nicht allein nach dem der Entwicklungsmaßnahme zugrundeliegenden Bebauungsplan, sondern insbesondere auch nach den Entwicklungszielen.[2]

Nach § 144 Abs. 1 BauGB kann die Gemeinde für bestimmte Fälle die Genehmigung für den förmlich festgelegten Entwicklungsbereich oder Teile desselben allgemein erteilen; sie hat dies ortsüblich bekanntzumachen. Eine Genehmigungspflicht entfällt u.a., wenn die Gemeinde oder der Entwicklungsträger für das Treuhandvermögen als Vertragsteil oder Eigentümer beteiligt ist (§ 144 Abs. 4 Nr. 1 BauGB).

3.5.8 Durchführung von Ordnungsmaßnahmen durch die Eigentümer (§ 169 Abs. 1 Nr. 2 BauGB i.V.m. § 147 Abs. 2 BauGB)

Neu gegenüber dem Entwicklungsrecht des StBauFG/BauGB 1987 ist die Regelung, daß die Gemeinde die Durchführung von Ordnungsmaßnahmen (z.B. Beseitigung baulicher Anlagen oder Erschließungsmaßnahmen) aufgrund eines Vertrags ganz oder teilweise dem Eigentümer überlassen kann. Diese Regelung steht besonders im Zusammenhang mit dem verbesserten Abwendungsrecht des Eigentümers beim Grunderwerb.[3]

3.5.9 Zuständigkeit und Aufgaben der Gemeinde (§ 166 Abs. 1 und 2 BauGB)

Hinsichtlich der Zuständigkeit der Gemeinde für die Vorbereitung[4] und Durchführung der Entwicklungsmaßnahme und der Pflicht, für den Entwicklungsbereich ohne Verzug Bebauungspläne aufzustellen (§ 166 Abs. 1 BauGB), hat sich gegenüber dem Entwicklungsrecht des StBauFG/BauGB 1987 nichts geän-

---

[1] Ausgenommen ist die Bestellung eines belastenden Rechts, das mit der Durchführung von Baumaßnahmen i.S.d. § 148 Abs. 2 BauGB im Zusammenhang steht (§ 144 Abs. 2 Nr. 2, 2. Halbsatz BauGB), so z.B. Grundschulden/Hypotheken zur Finanzierung der Neubauten.

[2] Vgl. hierzu Dieterich, Dieterich-Buchwald, Sicherung der Sanierungs- und Entwicklungsziele während der Bauphase, VR 1982, S. 200

[3] Vgl. Runkel, a.a.O., S. 97; zu finanzierungs- und förderungsrechtlichen Konsequenzen vgl. Krautzberger in: Bielenberg/Koopmann/Krautzberger, Städtebauförderungsrecht, Bd. I, C § 147 Rdnr. 73 f

[4] § 166 Abs. 1 Satz 1 BauGB gilt insofern auch für die Vorbereitung einer Entwicklungsmaßnahme.

dert. Auf die Regelung in § 166 Abs. 2 BauGB wurde bereits in Abschnitt 2.1 hingewiesen.

3.5.10 Grunderwerb (§ 166 Abs. 3 BauGB und andere Vorschriften)

Die Gemeinde soll - wie bei Entwicklungsmaßnahmen alten Rechts - grundsätzlich alle Grundstücke im Entwicklungsbereich erwerben (Grunderwerbspflicht nach § 166 Abs. 3 Satz 1 BauGB). Die Grunderwerbspflicht korrespondiert mit der Veräußerungspflicht nach § 169 Abs. 5 BauGB. Entwicklungsmaßnahmen sind auch weiterhin **kein Instrument einer allgemeinen Bodenvorratspolitik** der Gemeinden. Folgende Formen des Grunderwerbs kommen in Betracht:

a) Freihändiger Grunderwerb

Um ihrer Grunderwerbspflicht nachzukommen, wird die Gemeinde im Regelfall die Grundstücke **freihändig** durch Kauf oder Tausch erwerben. Im Rahmen der Grunderwerbsverhandlungen ist festzustellen, ob die bisherigen Eigentümer einen späteren Erwerb von Grundstücken oder Rechten anstreben (§ 166 Abs. 3 Satz 2 BauGB).

Ausnahmsweise soll die Gemeinde nach § 166 Abs. 3 Satz 3 BauGB vom Grunderwerb absehen, "wenn

1. bei einem baulich genutzten Grundstück die Art und das Maß der baulichen Nutzung bei der Durchführung der Entwicklungsmaßnahme nicht geändert werden sollen oder

2. der Eigentümer eines Grundstücks, dessen Verwendung nach den Zielen und Zwecken der städtebaulichen Entwicklungsmaßnahme bestimmt oder mit ausreichender Sicherheit bestimmbar ist, in der Lage ist, das Grundstück binnen angemessener Frist dementsprechend zu nutzen, und er sich hierzu verpflichtet."

Die Grunderwerbspflicht ist gegenüber dem Entwicklungsrecht des StBauFG/BauGB 1987 durch ein **verstärktes Abwendungsrecht** des Grundeigentümers gelockert worden (s.o. Nr. 2). Es ist dem Abwendungsrecht des Käufers beim gesetzlichen Vorkaufsrecht der Gemeinde nach § 27 BauGB nachgebildet. Bezog sich das Abwendungsrecht des Eigentümers früher nur auf solche unbebauten Grundstücke, auf denen ein Eigenheim oder eine Kleinsiedlung entstehen sollte (§ 166 Abs. 3 Nr. 2 BauGB 1987), so kann heute ein Eigentümer sein unbebautes oder bebautes Grundstück behalten, wenn er es entsprechend den Zielen und Zwecken der Entwicklungsmaßnahme nutzt und sich hierzu gegenüber der Gemeinde verpflichtet. Eine solche **Abwendungsvereinbarung** ist ein städtebaulicher Vertrag i.S.d. § 6 BauGB-MaßnahmenG. Auch im Fall des § 166 Abs. 3 Nr. 1 BauGB kommt - außer Bescheid durch Verwaltungsakt - ein städtebaulicher Vertrag in Betracht.[1]

---

[1] Vgl. Stich, Die Aufgaben der Gemeinden zur Durchführung förmlicher städtebaulicher Entwicklungsmaßnahmen, WiVerw 1993, S. 104 (110)

b) Vorkaufsrecht an allen im Entwicklungsbereich gelegenen Grundstücken nach § 24 Abs. 1 Nr. 3, Abs. 2 und 3 und §§ 26 und 27 Abs. 1 und § 28 BauGB

Voraussetzung für die Ausübung des Vorkaufsrechts ist, daß die Gemeinde die Entwicklungsgenehmigung für die Veräußerung des Grundstücks erteilt hat.[1] Die Gemeinde kann das Vorkaufsrecht auch zugunsten des Entwicklungsträgers ausüben (§ 28 Abs. 4 BauGB).

c) Übernahmeverlangen des Eigentümers nach § 168 BauGB und § 169 Abs. 1 Nr. 1 BauGB i.V.m. § 145 Abs. 5 BauGB (bei Versagung der Entwicklungsgenehmigung)

Voraussetzung ist, daß es dem Eigentümer wirtschaftlich nicht mehr zuzumuten ist, sein Grundstück zu behalten oder es in der bisherigen oder einer anderen zulässigen Art zu nutzen. In beiden Fällen kann ein sog. "Erstreckungsanspruch" geltend gemacht werden, wenn es sich um Flächen eines land- oder forstwirtschaftlichen Betriebs handelt, die innerhalb und außerhalb des Entwicklungsbereichs liegen (§ 168 Abs. 1 Satz 2 BauGB bzw. § 145 Abs. 5 Satz 2 BauGB). Außerdem kann in beiden Fällen - wenn eine Einigung zwischen Gemeinde und Eigentümer nicht zustandekommt, z.B. hinsichtlich des Kaufpreises - die Entziehung des Eigentums verlangt werden (§ 168 Abs. 2 BauGB bzw. § 145 Abs. 5 Satz 3 BauGB).

d) Enteignung nach § 169 Abs. 3 BauGB

Wie im Entwicklungsrecht nach StBauFG/BauGB 1987 ist im förmlich festgelegten Entwicklungsbereich die Enteignung ohne Bebauungsplan (erleichterte Enteignungsmöglichkeit) zugunsten der Gemeinde oder des Entwicklungsträgers zulässig. Voraussetzung ist, daß der Antragsteller sich ernsthaft um den freihändigen Erwerb der Grundstücke zu angemessenen Bedingungen, d.h. zum entwicklungsunbeeinflußten Wert, bemüht hat. Das Enteignungsrecht des V. Teils des BauGB findet nur z.T. Anwendung, da die §§ 85, 87, 88 und 89 Abs. 1 bis 3 BauGB im Entwicklungsbereich nicht gelten.

3.5.11 Ausschluß von Umlegung und Grenzregelung (§ 169 Abs. 2 BauGB)

Da im Entwicklungsbereich grundsätzlich die Grundstücksneuordnung im Wege des Zwischenerwerbs der Gemeinde oder des Entwicklungsträgers erfolgt, wurde - wie im Entwicklungsrecht des StBauFG/BauGB 1987 - die Anwendung der Umlegung und Grenzregelung ausgeschlossen. Lediglich in Anpassungsgebieten besteht die Möglichkeit, Umlegungen oder Grenzregelungen durchzuführen.

---

[1] Für die Fälle, in denen eine Entwicklungsgenehmigung nicht erteilt wurde, stellte das StBauFG den Gemeinden in § 18 StBauFG das sog. Grunderwerbsrecht und zwar zum entwicklungsunbeeinflußten Wert zur Verfügung. Das BauGB hat dieses Grunderwerbsrecht nicht übernommen.

3.5.12 Grundstücksveräußerung (§ 169 Abs. 5 bis 7 BauGB)

Alle im Entwicklungsbereich erworbenen Grundstücke sind nach § 169 Abs. 5 BauGB wieder zu veräußern (Privatisierung) mit Ausnahme der Flächen,

- die als Baugrundstücke für den Gemeinbedarf oder
- als Verkehrs-, Versorgungs- oder Grünflächen in einem Bebauungsplan festgesetzt sind oder
- für sonstige öffentliche Zwecke oder als Austauschland oder zur Entschädigung in Land benötigt werden.

Nach § 169 Abs. 6 BauGB sind die Grundstücke nach Neuordnung und Erschließung unter Berücksichtigung weiter Kreise der Bevölkerung und unter Beachtung der Ziele und Zwecke der Entwicklungsmaßnahme zu veräußern. Dabei sind zunächst die früheren Eigentümer zu berücksichtigen (Reprivatisierung).[1] Hinsichtlich der Rechtsformen der Veräußerung verweist § 169 Abs. 6 Satz 3 BauGB auf § 89 Abs. 4 BauGB. Das bedeutet aber nicht, daß die Gemeinde verpflichtet ist, die Grundstücke in den dort genannten Rechtsformen (Grundstückseigentum, grundstücksgleiche Rechte[2], Rechte nach dem WEG oder sonstige dingliche Rechte) unmittelbar an Bauwillige zu veräußern. Möglich ist auch die Veräußerung an bauwillige Träger, "die ihrerseits verpflichtet sind, die Grundstücke entsprechend den Zielen und Zwecken der Entwicklungsmaßnahme zu verwenden, z.B. Eigentum für weite Kreise zu schaffen oder Mietwohnungen (u.U. für bestimmte Bevölkerungskreise) zu errichten."[3]

Die Veräußerung darf nur an Bauwillige erfolgen, die sich verpflichten,[4] die Grundstücke innerhalb angemessener Frist entsprechend den Festsetzungen des Bebauungsplans und den Erfordernissen der Entwicklungsmaßnahme zu bebauen. Dabei soll die Gemeinde u.a. sicherstellen, daß die neu geschaffenen baulichen Anlagen entsprechend den Zielen und Zwecken der Entwicklungsmaßnahme dauerhaft genutzt werden (§ 169 Abs. 7 Satz 2 BauGB), was z.B. durch Eintragung einer Baulast nach den Landesbauordnungen erfolgen kann.[5]

3.5.13 Erschließungsbeiträge; Überleitungsvorschriften zur förmlichen Festlegung (§ 169 Abs. 1 Nr. 5 BauGB i.V.m. § 154 Abs. 1 Satz 2 BauGB und § 156 BauGB)

Wie im Entwicklungsrecht des StBauFG/BauGB 1987 werden im Entwicklungsbereich keine Erschließungsbeiträge für die Herstellung, Erweiterung oder Verbesserung von Erschließungsanlagen i.S.d. § 127 Abs. 2 BauGB erhoben.

---

1   Zur Berücksichtigungsklausel vgl. Bielenberg in: Ernst/Zinkahn/Bielenberg, BauGB, nach § 171, § 7 BauGB-MaßnahmenG Rdnr. 25 und § 169 Rdnr. 30
2   Möglich sind also auch Erbbaurechte.
3   Vgl. Bielenberg, a.a.O., § 169 Rdnr. 31
4   Früher nach StBauFG/BauGB 1987: "die glaubhaft machen"
5   Vgl. Runkel, a.a.O., S. 97; anderer Meinung: Stich, Die Aufgaben der Gemeinden zur Durchführung förmlicher städtebaulicher Entwicklungsmaßnahmen, WiVerw 1993, S. 118

Dies gilt auch für Beiträge aufgrund Landesrecht (z.B. nach KAG). Landesrechtliche Beiträge für die Herstellung, Erweiterung oder Verbesserung von Anlagen i.S.d. § 127 Abs. 4 BauGB, z.B. Anlagen zur Ableitung von Abwasser, können weiterhin erhoben werden.[1]

Beitragspflichten für Erschließungsanlagen i.S.d. § 127 Abs. 2 BauGB, die vor der förmlichen Bereichsfestlegung entstanden sind, bleiben gem. § 169 Abs. 1 Nr. 5 BauGB i.V.m. § 156 Abs. 1 BauGB unberührt.

3.5.14 Maßgebende Grundstückswerte im Entwicklungsbereich (§ 169 Abs. 1 Nr. 4 BauGB i.V.m. § 153 Abs. 1 bis 3 BauGB, § 169 Abs. 4 BauGB, § 166 Abs. 3 BauGB und § 170 BauGB i.V.m. §§ 154, 155 BauGB, § 169 Abs. 8 BauGB, §§ 26 bis 28 WertV)[2]

Das System der Wertabschöpfung bei Entwicklungsmaßnahmen neuen Rechts hat sich gegenüber dem des StBauFG/BauGB 1987 nicht geändert: § 169 Abs. 1 Nr. 4 BauGB schreibt die entsprechende Anwendbarkeit der Regelungen über die Bemessung von Ausgleichs- und Entschädigungsleistungen und Kaufpreisen in § 153 Abs. 1 bis 3 BauGB vor. Nähere Regelungen zur Ermittlung der im Entwicklungsbereich maßgebenden Werte können den §§ 26 bis 28 WertV entnommen werden.

Nach § 169 Abs. 1 Nr. 4 BauGB i.V.m. § 153 Abs. 1 Satz 1 BauGB sind - ergänzend zu den im Entwicklungsbereich geltenden Vorschriften über die Entschädigung (Dritter bis Fünfter Teil des Ersten Kapitels des BauGB) - bei der Bemessung von Ausgleichs- und Entschädigungsleistungen Werterhöhungen, die lediglich durch die Aussicht auf die Entwicklung, durch ihre Vorbereitung oder ihre Durchführung eingetreten sind, nur insoweit zu berücksichtigen, als der Betroffene diese Werterhöhungen durch eigene Aufwendungen zulässigerweise bewirkt hat. Jedoch sind nach § 153 Abs. 1 Satz 2 BauGB Änderungen in den allgemeinen Wertverhältnissen auf dem Grundstücksmarkt zu berücksichtigen. Dieser so ermittelte Wert wird als **entwicklungsunbeeinflußter Wert (Eingangswert)** bezeichnet. Nähere Vorschriften zur Ermittlung des entwicklungsunbeeinflußten Werts enthält § 26 Abs. 2 WertV, der die Wertermittlungsgrundsätze des § 26 Abs. 1 WertV bzgl. der Ermittlung des sanierungsunbeeinflußten Werts für entsprechend anwendbar erklärt.

Die durch § 153 Abs. 1 BauGB vorgeschriebene Nichtberücksichtigung entwicklungsbedingter Werterhöhungen kann als weitere **Reduktionsklausel** i.S.d. § 95 Abs. 2 BauGB verstanden werden.[3] Nach der Verkehrswertdefinition des § 194 BauGB ist diese Vorschrift als "rechtliche Gegebenheit" zu betrachten.

---

[1] Vgl. Kleiber in: Bielenberg/Koopmann/Krautzberger, Städtebauförderungsrecht, Bd. I, C § 154 Rdnr. 36 ff

[2] Zu § 169 Abs. 4 BauGB vgl. Kap. VII 3.3.1

[3] Nach § 95 Abs. 2 Nr. 2 BauGB werden deshalb bei der Bemessung von Ausgleichs- und Entschädigungsleistungen auch entwicklungsbedingte Wertminderungen nicht berücksichtigt. Zu dem Problem fallender Bodenwerte in einem Entwicklungsbereich vgl. Dieterich, Ermittlung von Grundstückswerten in städtebaulichen Entwicklungsbereichen, WiVerw 1993, S. 131 ff.

Das Gesetz erwähnt keinen bestimmten Zeitpunkt, ab dem Werterhöhungen entwicklungs- oder sanierungsbedingt sind. § 153 Abs. 1 BauGB wirkt grundsätzlich unbefristet zurück. Entwicklungsbedingte, insbesondere aussichtsbedingte Bodenwertsteigerungen, die vor Erlaß einer Entwicklungssatzung entstanden sind, müssen besonders nachgewiesen werden. Das Tatbestandsmerkmal "lediglich" in § 153 Abs. 1 BauGB bedeutet, daß eine Kausalität zwischen der Aussicht auf die Entwicklungsmaßnahme bzw. ihrer Vorbereitung oder Durchführung und den nicht zu berücksichtigenden Wertsteigerungen bestehen und von der Gemeinde nachgewiesen werden muß.[1]

Die Rechtsprechung des BGH und des BVerwG bzgl. entwicklungs- und sanierungsbedingter Werterhöhungen bei Maßnahmen nach dem StBauFG/BauGB 1987 kann i.w. auf das Entwicklungsrecht des BauGB übertragen werden.[2] Eine "unechte Rückwirkung" bzgl. des Eintretens entwicklungsbedingter Werterhöhungen - wie bei Entwicklungsmaßnahmen nach dem StBauFG/BauGB 1987 - kommt jedoch bei Maßnahmen nach dem BauGB nicht in Betracht, da der Gesetzgeber 1987 Entwicklungsmaßnahmen abgeschafft hatte und nicht mehr damit gerechnet werden konnte, daß dieses Instrument wieder in das Städtebaurecht aufgenommen würde. Deshalb können frühestens mit dem Erlaß des WoBauErlG (BauGB-MaßnahmenG 1990) entwicklungsbedingte Werterhöhungen eingetreten sein.

Auf die Zusage einer öffentlichen Förderung für Entwicklungsmaßnahmen kommt es bei der Ermittlung entwicklungsbedingter Wertsteigerungen allerdings nicht mehr an. Dies ergibt sich aus dem schon angesprochenen Umstand, daß die öffentliche Förderung, z.B. mit Städtebauförderungsmitteln, nicht mehr Wesensmerkmal der Entwicklungsmaßnahmen neuen Rechts ist.

Die Nichtberücksichtigung entwicklungsbedingter Werterhöhungen gilt nicht nur bei der Bemessung von Ausgleichs- und Entschädigungsleistungen im Rahmen einer Enteignung, sondern nach § 169 Abs. 1 Nr. 4 BauGB i.V.m. § 153 Abs. 2 und 3 BauGB auch beim freihändigen Grundstücksverkehr im Entwicklungsbereich:

- Nach § 153 Abs. 2 BauGB ist bei einer nach § 145 BauGB erforderlichen Entwicklungsgenehmigung für eine rechtsgeschäftliche Veräußerung eines Grundstücks sowie für eine Bestellung oder Veräußerung eines Erbbaurechts der vereinbarte Gegenwert für das Grundstück oder das Recht einer Preisprüfung zu unterziehen. Liegt der vereinbarte Gegenwert über dem Wert, der sich in Anwendung des § 153 Abs. 1 BauGB ergibt, so liegt darin eine wesentliche Erschwerung der Entwicklung i.S.d. § 145 Abs. 2 BauGB. Die Entwicklungsgenehmigung darf in diesem Fall nicht erteilt werden.[3]

---

[1] Vgl. Bielenberg, StBauFG, Einleitung B, Rdnr. 111
[2] Vgl. Kap. III 2.2
[3] Zu der Frage, ob jede Überschreitung des nach § 153 Abs. 1 BauGB maßgebenden Werts zur Versagung der Genehmigung führt, vgl. die Rechtsprechung zu § 23 Abs. 2 StBauFG (entspricht § 153 Abs. 1 BauGB) in Kap. III 2.3.

- Nach § 153 Abs. 3 BauGB darf die Gemeinde oder der Entwicklungsträger beim Erwerb eines Grundstücks ebenfalls nur den entwicklungsunbeeinflußten Wert vereinbaren.

Nach § 169 Abs. 8 Satz 1 BauGB ist zur Finanzierung der Entwicklung das Grundstück oder das Recht zu dem Verkehrswert zu veräußern, der sich durch die rechtliche und tatsächliche Neuordnung des städtebaulichen Entwicklungsbereichs ergibt (Neuordnungswert). Maßgebend für den Neuordnungswert ist die Gesamtheit der durch die Entwicklung bewirkten Werterhöhungen.[1] Nähere Regelungen enthält § 27 WertV. Die Kosten der Entwicklungsmaßnahme sind dabei nicht maßgebend.[2]

Erwirbt die Gemeinde oder der Entwicklungsträger ein Grundstück im Entwicklungsbereich nicht (§ 166 Abs. 3 Satz 3 BauGB), so hat die Gemeinde nach Maßgabe der Vorschriften der §§ 154 und 155 BauGB und des § 28 WertV Ausgleichsbeträge zu erheben. Das gilt auch für Anpassungsgebiete (§ 170 BauGB). § 154 Abs. 2 BauGB bezeichnet den Bodenwert, der sich für das Grundstück ergeben würde, wenn eine Sanierung weder beabsichtigt noch durchgeführt worden wäre als Anfangswert und den Bodenwert, der sich für das Grundstück durch die rechtliche und tatsächliche Neuordnung des förmlich festgelegten Sanierungsgebiets ergibt als Endwert. Diese Bezeichnungen können auch auf die Ausgleichsbetragserhebung bei Entwicklungsmaßnahmen übertragen werden. Anfangs- bzw. Endwert unterscheiden sich vom entwicklungsunbeeinflußten Wert (Eingangswert) bzw. vom Neuordnungswert u.a. dadurch,

- daß es sich bei letzteren um Verkehrswerte einschließlich baulicher Anlagen handelt, während Anfangs- und Endwerte reine Bodenwerte sind,

- daß Anfangswerte i.d.R. auf den Zeitpunkt der Aufhebung der Entwicklungs- bzw. Sanierungssatzung bezogen sind, während es für den entwicklungsunbeeinflußten Wert keinen festen Wertermittlungsstichtag gibt und

- daß bei der Ermittlung des Endwerts i.d.R. die rechtliche und tatsächliche Neuordnung des Entwicklungsbereichs ganz zu berücksichtigen ist, also kein Abschlag wegen Wartezeit erfolgt, während dies bei Neuordnungswerten häufiger vorkommen kann.

Gegenüber dem Entwicklungsrecht des StBauFG/BauGB 1987 wurde die Regelung in § 154 Abs. 5 BauGB ausdrücklich auf Entwicklungsmaßnahmen für anwendbar erklärt (§ 169 Abs. 8 Satz 2 BauGB). Danach hat die Gemeinde bei der Veräußerung der Grundstücke den Differenzbetrag zwischen dem entwicklungsunbeeinflußten Wert und dem Neuordnungswert in ein Tilgungsdarlehen umzuwandeln, wenn dem Erwerber nicht zugemutet werden kann, den Kaufpreis mit eigenen oder fremden Mitteln zu bezahlen.

---

[1] Vgl. Kleiber in: Ernst/Zinkahn/Bielenberg, BauGB, § 153 Rdnr. 44
[2] Ebenda

3.5.15 Abschluß der Entwicklungsmaßnahme (§ 169 Abs. 1 Nr. 6 BauGB i.V.m. §§ 162 bis 164 BauGB)

Hinsichtlich des Abschlusses von Entwicklungsmaßnahmen hat das BauGB die Vorschriften aus dem Sanierungsrecht für entsprechend anwendbar erklärt. Damit wurde klargestellt, daß die förmliche Festlegung eines Entwicklungsbereichs nicht nur aufzuheben ist,

- wenn die Entwicklungsmaßnahme durchgeführt ist (§ 162 Abs. 1 Nr. 1 BauGB)[1],

sondern auch dann,

- wenn sich die Entwicklung als undurchführbar erweist (§ 162 Abs. 1 Nr. 2 BauGB), weil z.B. die Finanzierung nicht (mehr) gesichert ist oder

- wenn die Entwicklungsabsicht aus anderen Gründen aufgegeben wird (§ 162 Abs. 1 Nr. 3 BauGB).[2] Die Aufhebung erfolgt nach § 162 Abs. 2 BauGB durch Satzung der Gemeinde, die der höheren Verwaltungsbehörde anzuzeigen ist. Teilaufhebungen (§ 162 Abs. 1 Satz 2 BauGB) und sog. individuelle Abschlußerklärungen (§ 163 BauGB)[3] sind möglich.

3.5.16 Vorschriften über den Verkehr mit land- und forstwirtschaftlichen Grundstücken (§ 169 Abs. 1 Nr. 7 BauGB i.V.m. § 191 BauGB)

In förmlich festgelegten Entwicklungsbereichen sind gem. § 169 Abs. 1 Nr. 7 BauGB i.V.m. § 191 BauGB die Vorschriften des Grundstückverkehrsgesetzes grundsätzlich nicht anzuwenden; ein Genehmigungsverfahren nach diesen Vorschriften entfällt, es sei denn, daß es sich um die Veräußerung der Wirtschaftsstelle eines land- oder forstwirtschaftlichen Betriebs oder solcher Grundstücke handelt, die im Bebauungsplan als Flächen für die Landwirtschaft oder als Wald ausgewiesen sind.

---

[1] Entsprechend § 171 Abs. 1 BauGB 1987 bei Entwicklungsmaßnahmen alten Rechts.

[2] Die Entwicklungsverordnung Würzburg "Heuchelhof" wurde aufgehoben, da die erforderlichen Finanzierungsmittel nicht mehr beschafft werden konnten. So auch die Entwicklungsverordnung Seevetal/Niedersachsen, für die auch aus anderen Gründen die Entwicklungsabsicht aufgegeben wurde (§ 162 Abs. 1 Nr. 3 BauGB).

[3] Gegenüber dem Entwicklungsrecht des BauGB 1987 ist für die individuelle Abschlußerklärung nicht mehr die Zustimmung der nach Landesrecht zuständigen Behörde erforderlich.

VI. Zur Bedeutung städtebaulicher Entwicklungsmaßnahmen nach dem BauGB

1. Allgemeines

Die Untersuchung städtebaulicher Entwicklungsmaßnahmen alten Rechts hat gezeigt, daß sie als wirksames bodenpolitisches Instrument zur Bereitstellung und Mobilisierung von Bauland für verschiedenste Ziele und Zwecke eingesetzt werden konnten. Der Deutsche Bundestag hat bereits in seinem Beschluß zum WoBauErlG vom 15.3.1990 an die Gemeinden appeliert, von den Instrumenten dieses Gesetzes, einschließlich der städtebaulichen Entwicklungsmaßnahme, "umfassenden Gebrauch zu machen".[1] Mit der Übernahme der städtebaulichen Entwicklungsmaßnahme in das Dauerrecht des BauGB hat der Gesetzgeber auf das große Interesse der Gemeinden an diesem Instrument reagiert. Denn es zeigt sich, daß schon jetzt mehr Entwicklungsmaßnahmen nach neuem Recht (BauGB-MaßnahmenG 1990 bzw. BauGB 1993) vorbereitet bzw. durchgeführt werden als insgesamt in den 16 Jahren Geltungsdauer des StBauFG. Eine Umfrage der ARGEBAU hat ergeben, daß Ende 1992 ca. 200 Entwicklungsmaßnahmen in Vorbereitung oder bereits förmlich eingeleitet waren.[2] Durch die Übernahme des Entwicklungsrechts als Dauerrecht in das BauGB (in einer verständlicheren Fassung) wird sich zudem die Bereitschaft der Gemeinden erhöhen, von diesem Instrument Gebrauch zu machen.

In diesem Kapitel soll die Bedeutung dieses Instruments für die Stadtentwicklung erörtert werden. Inhaltlich bietet sich hierfür der Entwicklungsbezug städtebaulicher Entwicklungsmaßnahmen als Unterteilung an, d.h. Innen- bzw. Außenentwicklungsmaßnahmen werden getrennt betrachtet.

2. Außenentwicklungsmaßnahmen

2.1 Zur Außenentwicklung

Im Städtebau sind die achtziger Jahre gekennzeichnet von einer zunehmenden Abkehr von der Außenentwicklung, d.h. von der erstmaligen Baulandausweisung im Außenbereich, und einer verstärkten Hinwendung zur Innenentwicklung. Hohe Landschaftsinanspruchnahme, Vernachlässigung der Innenbereiche, steigendes Verkehrsaufkommen durch Trennung der Wohn-, Arbeits- und Versorgungsbereiche und die Einschränkung des Naturraumpotentials wurden bei Fortsetzung einer allzusehr auf Außenentwicklung betonten Stadtentwicklung befürchtet. Die negativen Folgen einer vor allem in den sechziger und siebziger Jahren in den alten Bundesländern betriebenen Außenentwicklung sollten künftig vermieden werden.

---

[1] Siehe BR-Drs. 204/90
[2] Vgl. Bundesminister für Raumordnung, Bauwesen und Städtebau, Baulandbericht 1993; vgl. auch Kratzenberg, Baulandbereitstellung mit der städtebaulichen Entwicklungsmaßnahme, Mitteilungen der Landesentwicklungsgesellschaften und Heimstätten, 3/1992, S. 13

Die gute Wohnversorgung Mitte der achtziger Jahre sowie eine entspannte Lage auf den Baulandmärkten schienen zu belegen, daß für Außenentwicklung bzw. städtebauliche Entwicklungsmaßnahmen kein Bedarf bestand. Außerdem führten der seit den achtziger Jahren verstärkt einsetzende Konflikt zwischen Natur- und Landschaftsschutz einerseits und Bauleitplanung andererseits sowie ein gesteigertes ökologisches Bewußtsein in der Bevölkerung dazu, daß die Ausweisung neuer Bauflächen im Außenbereich zu einem schwierigen, wenn nicht unlösbaren Problem wurde und bis heute anhält. Deshalb war die Schaffung neuen Baulands in den letzten Jahren kommunalpolitisch wenig erwünscht.[1]

Die von den Gemeinden ausgewiesenen Baulandreserven der siebziger Jahre sind weitgehend aufgebraucht.[2] Gemeindeeigene Flächen stehen insbesondere in den Ballungsgebieten kaum noch zur Verfügung.[3] Deshalb mehren sich in den letzten Jahren die Stimmen, die von den Gemeinden eine verstärkte Baulandausweisung fordern, auch im bisherigen Außenbereich.[4] Auf der ARGEBAU-Ministerkonferenz am 6.12.1991 waren sich die Minister darin einig, daß der stetig steigende Wohnraumbedarf der Bevölkerung, die Zuwanderung von Aussiedlern, die Flächenansprüche im gewerblichen Bereich sowie wachsende Ansprüche in den Bereichen Versorgung, Freizeit und Erholung zusätzliches Bauland erfordern.[5] Allmählich setzt sich die Auffassung durch, daß Wohnungsnot und Baulandknappheit nicht allein durch Aktivierung der Innenentwicklungspotentiale gelöst werden können.[6] Die Menge des Baulandpotentials in Form von Baulücken in den Innenstädten, die Anfang der achtziger Jahre noch ca. 10 % betrug,[7] hat als Folge der Innenentwicklungsstrategie der achtziger Jahre stark abgenommen.[8]

Da es bei den derzeitigen Ursachen für die große Wohnungs- und Baulandnachfrage bleibt, muß zwangsläufig mit einer Ausweitung der Siedlungsfläche gerechnet werden. Auf neu zu erschließende Baugebiete am Stadtrand kann nicht verzichtet werden. Deshalb stellt sich nicht die Frage, ob man dies will, sondern wie man das Problem des Siedlungsdrucks in vielen Städten bestmöglich und kontrolliert unter Beachtung aller Belange (§ 1 Abs. 5 BauGB) bewältigen kann.

1　Vgl. Krautzberger, Engpässe auf den Baulandmärkten - gesetzgeberische Überlegungen, GuG 1992, S. 249
2　Ebenda
3　Vgl. Dieckmann, Zur Bodenrechtsinitiative des Deutschen Städtetages, GuG 1991, S. 81
4　Vgl. z.B.: Antwort der Bundesregierung vom 10.2.1992 auf die Baulandanfrage im Deutschen Bundestag (BT-Drs. 12/2099, S. 67)
5　Beschluß der Ministerkonferenz der ARGEBAU vom 6.12.1991 mitgeteilt in: Informationsdienst des Volksheimstättenwerks 1991, S. 295
6　Vgl. Krautzberger, Das Maßnahmengesetz zum Baugesetzbuch, GuG 1990, S. 3 (5)
7　Vgl. Dieterich, Baulandpotential und städtischer Lücken-Wohnungsbau, Schriftenreihe des Bundesministers für Raumordnung, Bauwesen und Städtebau, Nr. 03.089, Bonn 1981
8　Vgl. Krautzberger, a.a.O.

2.2 Anwendungsmöglichkeiten[1]

Mit Außenentwicklungsmaßnahmen lassen sich vielfältige Aufgaben für die städtebauliche Entwicklung und Ordnung der Gemeinden bewältigen. Nach der Definition in § 165 Abs. 2 BauGB sind grundsätzlich **alle stadtentwicklungsplanerisch wichtigen Aufschließungsmaßnahmen** geeignet, als städtebauliche Entwicklungsmaßnahmen durchgeführt werden zu können. Allerdings müssen Entwicklungsmaßnahmen den strengen Anforderungen des § 165 Abs. 3 BauGB genügen, insbesondere muß das Allgemeinwohlerfordernis gegeben sein. Daß eine gemeindebedeutsame Entwicklungsmaßnahme auch regional- bzw. landesbedeutsam sein kann, erleichtert möglicherweise den Nachweis des Allgemeinwohlerfordernisses, ersetzt ihn aber nicht. Jedoch hat der Gesetzgeber den Gemeinden eine wichtige Hilfestellung durch die beispielhafte Konkretisierung des Allgemeinwohlerfordernisses in § 165 Abs. 3 Nr. 2 BauGB gegeben: In Zeiten mangelnden, aber dringend benötigten Wohn- und gewerblichen/industriellen Baulands und großer Wohnungsnot dürfte der Nachweis eines erhöhten Bedarfs an Wohn- und Arbeitsstätten nicht schwer fallen. Entwicklungsmaßnahmen lassen sich in diesen Fällen gut rechtfertigen.

Allerdings sind Entwicklungsmaßnahmen nicht nur darauf gerichtet, kurzfristig zur Behebung von Baulandknappheit und Wohnungsnot beizutragen, da es sich nicht um punktuelle, grundstücksbezogene, sondern um gebietsbezogene Maßnahmen mit besonderer Bedeutung handelt. Auch wenn Voruntersuchungen, Bebauungsplanung, Grunderwerb, Grundstücksneuordnung, innere und äußere Erschließung, Grundstücksveräußerung und Bebauung zügig erfolgen, lassen sich mit diesem Instrument nur mittelfristig Erfolge erzielen.

Bei städtebaulichen Entwicklungsmaßnahmen stehen neben den **allokativen** Zweckbestimmungen auch die **distributiven** Zweckbestimmungen im Vordergrund. Hier hat der Gesetzgeber einen deutlichen Akzent zur Anwendung dieses Instruments gesetzt: Neben den städtebaulichen Aspekten und den allokativen Zweckbestimmungen, die in der Zeit nach Beendigung der bodenpolitischen Reformüberlegungen der siebziger Jahre eindeutig im Mittelpunkt bodenrechtlicher Instrumente standen, geht es bei Entwicklungsmaßnahmen auch

- um die Verhinderung von Bodenspekulationen,
- um die Nutzbarmachung maßnahmebedingter Bodenwertsteigerungen für die Allgemeinheit und damit
- um die Finanzierung entwicklungsbedingter Infrastukturmaßnahmen sowie
- um die Mobilisierung von Bauland zur Schaffung von Eigentum für weite Kreise der Bevölkerung.

Die distributiven Zweckbestimmungen ermöglichen häufig erst die Verwirklichung städtebaulicher Ziele.

Entwicklungsmaßnahmen sind daher besonders geeignet, um einen Bodenmarkt mit **stark spekulativer Erwartungshaltung** unter sozialpolitischen Gesichts-

---

[1] Zur Möglichkeit von Entwicklungsmaßnahmen auf Konversionsflächen vgl. Abschnitt 3.2.2

punkten zu beeinflussen.[1] Erst die Grunderwerbspflicht der Gemeinde und die Abschöpfung entwicklungsbedingter Bodenwertsteigerungen schaffen die Voraussetzungen dafür, daß eine von der Gemeinde angestrebte Berücksichtigung weiter Kreise der Bevölkerung als Bauherren oder Mieter stattfinden kann.[2] Entwicklungsmaßnahmen erleichtern so den Zugang zum Bodeneigentum. Sie ermöglichen, daß auch untere und mittlere Einkommensschichten Baugrundstücke zu angemessenen Preisen[3] erwerben können und Wohnungen im sozialen Wohnungsbau mit tragbaren Mieten errichtet werden können.[4] Unter den städtebaurechtlichen Instrumenten sind Entwicklungsmaßnahmen am ehesten geeignet, eine sozialpolitisch breite Streuung des Eigentums zu erzielen und zur Erhöhung der Wohneigentumsquote in den Gemeinden beizutragen.[5]

Im Gegensatz zur städtebaulichen Sanierungsmaßnahme kann die Abschöpfungsregelung für Außenentwicklungsmaßnahmen zum **echten Finanzierungsinstrument** werden. Dabei steht nicht der fiskalische Gesichtspunkt im Vordergrund,[6] sondern die Verwirklichung der mit der Entwicklungsmaßnahme beabsichtigten Ziele und Zwecke. Durch die Abschöpfung "leistungsloser Bodenwertzuwächse" ist die Gemeinde in der Lage, die mit der Ausweisung und Erschließung von Bauland verbundenen Kosten - einschließlich der infrastrukturellen Folgekosten - durch entsprechende Einnahmen im Rahmen der Veräußerung der baureifen Grundstücke zu finanzieren.

Gegenüber früher werden Außenentwicklungsmaßnahmen neuen Rechts in der Praxis vorwiegend gemeindebedeutsame Maßnahmen[7] und in Relation zur Größenordnung der Entwicklungsmaßnahmen alten Rechts für kleinteiligere Bereiche zur Anwendung gelangen. Dabei kommt es nicht auf die Nutzungsbezüge an. Das BauGB hat in § 165 Abs. 2 Satz 2 ausdrücklich alle Nutzungsbezüge aufgeführt (Wohnen, Gewerbe/Industrie, Gemeinbedarfs- und Folgeeinrichtungen).

Entwicklungsmaßnahmen zur Schaffung von Wohnstätten sind nicht darauf beschränkt, hoch verdichtete Bau- und Wohnformen zu realisieren. Hiermit wird zwar der Berücksichtigung weiter Kreise der Bevölkerung besonders Rechnung getragen; es wäre aber falsch, wenn man Entwicklungsmaßnahmen lediglich

---

1 Vgl. Runkel, Städtebauliche Entwicklungsmaßnahmen nach dem Maßnahmengesetz zum Baugesetzbuch, ZfBR 1991, S. 91 (94)

2 Ebenda

3 Das zeigen die untersuchten Entwicklungsmaßnahmen alten Rechts (vgl. Kap. IV).

4 Vgl. Dieterich, Brauchen wir neue staatliche Interventionen auf dem Bodenmarkt?, GuG 1991, S. 16 (21)

5 Im Vergleich mit anderen europäischen Ländern ist die Wohneigentumsquote (selbstgenutztes Wohneigentum) in Deutschland gering, sie liegt bei ca. 40 % (alte Bundesländer), während sie in den Niederlanden 44 %, in Frankreich 54 %, in Italien 69 % und in England 68 % beträgt.

6 Vgl. Ausschuß für Raumordnung, Bauwesen und Städtebau, Bericht zum Entwurf eines InVWoBaulG vom 11.2.1993, BT-Drs. 12/4340, S. 31

7 Vgl. Gaentzsch, Städtebauliche Entwicklungsmaßnahmen nach dem Baugesetzbuch-Maßnahmengesetz, NVwZ 1991, S. 921 (922)

zur Schaffung von verdichteten Wohnformen für zulässig erachtete.[1] Beschränkungen der Anwendbarkeit städtebaulicher Entwicklungsmaßnahmen liegen allein in den Anwendungsvoraussetzungen des § 165 Abs. 3 BauGB. Deshalb sind städtebauliche Entwicklungsmaßnahmen nicht lediglich als Instrument für bestimmte städtebauliche Ideen zu verstehen. Dieses galt schon für Entwicklungsmaßnahmen alten Rechts nicht, obwohl damit häufig die Schaffung von Trabantenstädten verbunden wurde.

Städtebaulich sinnvoll können Entwicklungsmaßnahmen mit aufgelockerten und verdichteten Bau- und Wohnformen sein. Die Entscheidung über den Grad der Verdichtung liegt bei der Gemeinde im Rahmen ihres Planungsermessens. Änderungen können sich durch die Konkretisierung des Entwicklungskonzepts bzw. im Rahmen der Bauleitplanung und der Bürgerbeteiligung ergeben. Direkte Vorgaben übergeordneter Planungsstellen - wie bei Entwicklungsmaßnahmen alten Rechts - sind nach neuem Entwicklungsrecht ausgeschlossen. Allenfalls könnten die Länder dadurch Einfluß ausüben, daß sie in ihren Städtebauförderungsbestimmungen - falls Entwicklungsmaßnahmen überhaupt als Förderungsgegenstand neu aufgenommen bzw. gefördert werden - nur bestimmte Maßnahmen mit verdichteten Bau- und Wohnformen fördern. Dies mag aus landes- bzw. regionalplanerischer Sicht verständlich sein, nicht jedoch aus Sicht derjenigen Gemeinden, die Entwicklungsmaßnahmen auch für eine weniger bzw. maßvoll verdichtete Wohn- und Arbeitsstättenentwicklung einsetzen wollen. Freilich werden an Entwicklungsmaßnahmen, die der Schaffung von Ein- und Zweifamilienhausgebieten dienen, höhere Anforderungen bzgl. des Nachweises der Erforderlichkeit des Instrumentariums und des Allgemeinwohlerfordernisses zu stellen sein. Dennoch sind aufgelockerte Bauformen im Entwicklungsbereich grundsätzlich möglich, da Entwicklungsmaßnahmen gem. § 165 Abs. 1 BauGB in Stadt und Land vorbereitet und durchgeführt werden. Nicht nur in attraktiven Ballungszentren, die unter starkem Siedlungsdruck stehen, wie z.B. die Großräume Frankfurt, Stuttgart und München, sondern auch in ländlichen Räumen außerhalb der Verdichtungsräume, in denen stark verdichtete Bau- und Wohnformen städtebaulich unerwünscht und auf dem Markt nicht durchsetzbar sind, kommen Entwicklungsmaßnahmen in Betracht.

Pauschale Angaben zur Mindestgröße eines Entwicklungsbereichs oder zum Mindestumfang einer Entwicklungsmaßnahme helfen daher nicht weiter und würden der Zielsetzung des Gesetzes nicht gerecht. Deshalb sollte eine Richtzahl von Mindestwohneinheiten, die im Zuge von Entwicklungsmaßnahmen geschaffen werden sollen, vermieden werden. *Kratzenberg*[2] berichtet, daß unter

---

[1] Der Umlandverband Frankfurt, der sich besonders bemüht, die zum Verband gehörenden Gemeinden über städtebauliche Entwicklungsmaßnahmen zu informieren und sich für die Anwendung dieses Instruments einsetzt, rät allerdings von der Anwendung des Entwicklungsrechts für alle Siedlungs- und Bauflächenreserven, die aufgrund ihrer Lage nicht verdichtet bebaut werden können (namentlich Einfamilienhaus-Gebiete), wegen mangelnden Allgemeinwohlerfordernisses ab. (Vgl. Umlandverband Frankfurt (Hrsg.), Leitfaden zur gemeindlichen Anwendung von städtebaulichen Entwicklungsmaßnahmen nach den §§ 6 und 7 BauGB-Maßnahmengesetz, S. 6). Eine solche Einschränkung stellt aber eine unzulässige Einengung der Anwendungsmöglichkeiten städtebaulicher Entwicklungsmaßnahmen dar.

[2] Vgl. Kratzenberg, Städtebauliche Entwicklungsmaßnahmen - Ein bewährtes Instrument im neuen Gewand, BBauBl. 1992, S. 6 (7)

den bis Mitte 1992 bekanntgewordenen Entwicklungsmaßnahmen nach dem BauGB-MaßnahmenG kleinteilige Maßnahmen zur Schaffung von Wohnstätten etwa 400 bis 500 Wohneinheiten zum Ziel haben. Die genannte Anzahl von Wohneinheiten sollte jedoch nicht als Mindestanzahl neu zu schaffender Wohneinheiten im Entwicklungsbereich verstanden werden.[1]

Eine städtebauliche Entwicklungsmaßnahme kann eingesetzt werden, um Wohn- und Arbeitsstätten zu schaffen.[2] Hiermit kann der durch Neuansiedlung oder Umsiedlung von Gewerbebetrieben bedingte zusätzliche Wohnungsbedarf in einer städtebaulichen Maßnahme berücksichtigt werden. Denkbar sind insbesondere Entwicklungsmaßnahmen, die **Mischnutzungen** mit einem verträglichen Nebeneinander von **Wohnen und Arbeiten** zum Ziel haben.

Für Gemeinden, die aus rechtlichen wie tatsächlichen Gründen nur noch über **sehr wenige potentielle Stadterweiterungsflächen** oder möglicherweise nur noch über eine einzige Bauflächenreserve verfügen, bietet sich dieses Instrument besonders an. In diesen Fällen ist gewährleistet, daß eine entsprechend den planerischen Vorstellungen optimale Bodennutzung bodenordnerisch konsequent in dem für die Gemeinde besonders wichtigen Bereich realisiert werden kann. Gründe für die Knappheit von baulichen Erweiterungsflächen können z.B. in topographisch-geologischer Hinsicht bestehen.[3] Auch landes- bzw. regionalplanerische Gründe können zu einer Bauflächenknappheit führen.[4] Darüber hinaus führte in den letzten Jahren die verstärkte Berücksichtigung von Naturschutzbelangen in der Bauleitplanung zu einer Verengung von potentiellen Bauerweiterungsflächen. Vor allem in den attraktiven Ballungszentren haben sich in den letzten Jahren Verknappungstendenzen ergeben.[5] Da aber vor allem dort ein starker Siedlungsdruck besteht, sind diese Zentren auf die wenigen potentiellen Bauerweiterungsflächen besonders angewiesen.

Gerade in den Hochpreisregionen eignen sich Entwicklungsmaßnahmen zur Schaffung von dringend erforderlichen Sozialwohnungen. Durch Koppelung mit kommunalen oder Landeswohnungsbauprogrammen unter maximaler Aus-

---

1   Die erste Entwicklungsmaßnahme nach dem BauGB-MaßnahmenG in Schopfheim/Baden-Württemberg und eine weitere Entwicklungsmaßnahme in dieser Stadt dienen der Schaffung von 350 Wohneinheiten. Quelle: Vortrag Bürgermeister Fleck auf dem 311. Kurs des Instituts für Städtebau der Deutschen Akademie für Städtebau und Landesplanung Berlin vom 26. bis 28. April 1993 in Berlin, Referatesammlung zum 307. und 311. Kurs des Instituts, Berlin 1993, S. 185 (186)

2   Vgl. Entwicklungsmaßnahmen Backnang und Friedrichsdorf (Kap. IV)

3   Vgl. Entwicklungsmaßnahme Rockenhausen (Kap. IV) oder die Situation in der Stadt Schopfheim, die wegen ihrer topographischen Lage nur noch über zwei größere potentielle Bauerweiterungsflächen in der Talenge verfügt, die beide durch städtebauliche Entwicklungsmaßnahmen entwickelt werden.

4   Die Bund-Länder-Kommission zur Bereitstellung von Wohnbauland, die aufgrund der Koalitionsvereinbarung für die 12. Legislaturperiode des Deutschen Bundestages vom Bundesminister für Raumordnung, Bauwesen und Städtebau im Jahr 1991 gebildet wurde, berichtet, daß Gemeinden darüber klagen, daß der gegenüber den achtziger Jahren erhöhte Bedarf an Wohnbauland noch keine genügende Berücksichtigung in den Landes- und Regionalplänen gefunden habe. Außerdem seien Änderungen dieser Pläne sehr zeitaufwendig.

5   Z.B. bereitet die hessische Landeshauptstadt Wiesbaden seit 1992 drei größere Entwicklungsmaßnahmen vor, um zügig Bauland zur Deckung eines Teils des Wohnungsbedarfs bereitstellen zu können.

schöpfung staatlicher Wohnungsbauförderung[1] können sie einen beachtlichen Beitrag zur **Wohnungsversorgung bestimmter Bevölkerungsgruppen** leisten. Entwicklungsmaßnahmen können dazu beitragen, daß kommunale und staatliche Mittel wieder verstärkt für den Bau von Sozialwohnungen und nicht für den Erwerb der dafür erforderlichen Flächen eingesetzt werden.

Neben gemeindebedeutsamen Entwicklungsmaßnahmen kommen auch regional- und landesbedeutsame Maßnahmen in Betracht, die auch immer gemeindebedeutsam sind. Größere Stadterweiterungsflächen können aus landes- und regionalplanerischer Sicht wieder Bedeutung erlangen, um die stetig wachsende Siedlungsentwicklung auf bestimmte Siedlungsräume (Knoten der Verkehrsinfrastruktur)[2] zu konzentrieren. Vor allem im Einzugsbereich des schienengebundenen öffentlichen Nahverkehrs kommen größere, regionalbedeutsame Entwicklungsmaßnahmen in Frage. Aufgrund ihrer Koordinierungsfunktion eignen sie sich auch für solche Bereiche, in denen eine leistungsfähige öffentliche Nahverkehrserschließung geplant ist: Fach- und städtebauliche Planung und deren Realisierung (einschließlich Förderung) können im Rahmen von Entwicklungsmaßnahmen gut aufeinander abgestimmt werden.[3]

Entwicklungsmaßnahmen können zur **Förderung des wirtschaftlichen Wachstums** in den Gemeinden bzw. in strukturschwachen Gebieten zum Ausgleich unterschiedlicher Wirtschaftskraft im Bundesgebiet eingesetzt werden.[4] Da nach dem allgemeinen Städtebaurecht eine Enteignung mit dem Ziel Arbeitsplätze zu schaffen und dadurch die lokale oder regionale Wirtschaftsstruktur zu verbessern, nicht zulässig ist,[5] stellt die Entwicklungsmaßnahme die einzige Möglichkeit im Besonderen Städtebaurecht dar, um die genannten Ziele auch gegen den Willen betroffener Grundstückseigentümer durchsetzen zu können. Das BVerfG hat zu den Entwicklungsmaßnahmen nach dem StBauFG festgestellt, daß sie zur Durchsetzung dieser Ziele zulässig sind.[6] Dies gilt auch für Entwicklungsmaßnahmen neuen Rechts, da nach § 165 Abs. 2 und 3 BauGB die Schaffung von Arbeitsstätten ausdrücklich als Zielbestimmung genannt ist. Das BVerfG hat insoweit klargestellt, daß es keines besonderen Gesetzes nach Art. 14 Abs. 3 GG bedarf, da städtebauliche Entwicklungsmaßnahmen nach dem Besonderen Städtebaurecht zur Arbeitsplatzbeschaffung und Verbesserung der regionalen Wirtschaft eingesetzt werden können und notfalls eine Enteignung rechtfertigen.

---

1 Im Rahmen der Entwicklungsmaßnahme Marl/NRW genießt die Förderung des Neubaus von Miet- und Genossenschaftswohnungen und damit der Einsatz öffentlicher Mittel für den Wohnungsneubau Vorrang vor anderen Gebieten.
2 Vgl. z.B. Pfeiffer, Baulandmangel - Marktversagen oder Politikversagen? GuG 1992 S. 1 (4)
3 Unterstützungspflicht öffentlicher Aufgabenträger bei Entwicklungsmaßnahmen (§ 165 Abs. 4 Satz 6 BauGB i.V.m. § 139 BauGB)!
4 Vgl. Gaentzsch, a.a.O., S. 923; Krautzberger betont in seinem Aufsatz "Notwendigkeit und Strategien der Aufschließung von Gewerbe- und Industrieflächen", WiVerw 1991, S. 117, die besondere Bedeutung der Entwicklungsmaßnahme als Instrument der Bereitstellung von Flächen für Gewerbe und Industrie.
5 Vgl. BVerfG, Urt. vom 24.3.1987 - 1 BvR 1046/85 - BVerfGE 74, S. 264, siehe Kap. III 1
6 Vgl. Kap. III 1

Darüber hinaus kann auch die **Erhaltung von Arbeitsstätten** wichtiges Ziel von Entwicklungsmaßnahmen sein, insbesondere, wenn Arbeitsplätze stark gefährdet sind, die Gemeinde aber erweiterungswilligen ortsansässigen Betrieben kein geeignetes Bauland zur Verfügung stellen kann und eine Abwanderung von Betrieben zu befürchten ist.

Schließlich kommen Entwicklungsmaßnahmen immer dann in Betracht, wenn in Neuerschließungsgebieten ein besonders hoher Anteil an öffentlichen Flächen für Gemeinbedarfs- und Folgeeinrichtungen zur Verbesserung der Infrastrukturausstattung einer Gemeinde oder an Flächen für naturschutzrechtliche Ausgleichs- bzw. Ersatzmaßnahmen[1] enthalten und eine Umlegung nicht möglich ist. Bei Durchführung von Entwicklungsmaßnahmen würden in diesen Fällen alle Grundstückseigentümer gleich behandelt; eine u.U. für solche Flächen notwendige Enteignung nach dem Fünften Teil des BauGB, die einen Teil der Eigentümer belastet und den anderen Teil "begünstigt", würde dadurch vermieden.

2.3 Vergleich mit anderen baulandpolitischen Instrumenten

Das allgemeine Ziel städtebaulicher Bodenpolitik besteht darin, daß der für städtebauliche Zwecke benötigte Grund und Boden am richtigen Ort, zur richtigen Zeit und zu angemessenen Preisen zur Verfügung steht.[2] Hierfür steht den Gemeinden ein weitgefächertes städtebau- und privatrechtliches Instrumentarium zur Verfügung. Dieses läßt sich grob in planungsbezogene[3] (z.B. Flächennutzungsplanung, Bebauungsplanung, Klarstellungs-, Entwicklungs- oder Abrundungssatzung[4]) und realisierungsbezogene Instrumente (z.B. Kauf, Tausch, Umlegung, Grenzregelung, Erschließung oder Enteignung) unterteilen, die wiederum gebiets- oder grundstücksbezogen sind.

Will man Außenentwicklungsmaßnahmen mit anderen einzelnen Instrumenten des Privat- und Städtebaurechts vergleichen, so ist zu berücksichtigen, daß Entwicklungsmaßnahmen Gesamtmaßnahmen sind, die ein in sich abgeschlossenes System von Einzelmaßnahmen der Baulandbereitstellung und -mobilisierung (Vorbereitung, Planung, Grundstücksneuordnung, Erschließung, Bebauung, Finanzierung) darstellen.

Hauptunterschiede zu anderen **gebietsbezogenen** privat- oder städtebaurechtlichen Instrumenten, die für eine Gegenüberstellung mit der Entwicklungsmaßnahme in Frage kommen, bestehen vor allem hinsichtlich des Realisierungsbezugs. Deshalb werden folgende Instrumente städtebaulicher Bodenpolitik mit Außenentwicklungsmaßnahmen verglichen:

- Neuerschließungsumlegung (§§ 45 ff BauGB)

---

[1] Vgl. hierzu Abschnitt 2.4 in diesem Kapitel
[2] Vgl. Bohnsack, Gesellschaft·Raumordnung·Städtebau·Grund und Boden, Sammlung Wichmann Neue Folge, Schriftenreihe Heft 6, 1967, S. 41
[3] Hier sind die Gemeinden aufgrund ihrer Planungshoheit einziger Handlungsträger.
[4] Vgl. § 34 Abs. 4 BauGB

- Grenzregelung (§§ 80 ff BauGB)
- Enteignung (§ 85 Abs. 1 Nr. 1 (2. Alternative) BauGB)
- Städtebauliche Verträge zur Planrealisierung (§ 6 BauGB-MaßnahmenG)
- Vorhaben- und Erschließungsplan (§ 7 BauGB-MaßnahmenG).

2.3.1 *Neuerschließungsumlegung*

Die amtliche Baulandumlegung nach den §§ 45 ff BauGB ist ein Instrument zur Anpassung der Eigentums- und Rechtsverhältnisse des Grund und Bodens an den Bebauungsplan (§ 30 BauGB) bzw. innerhalb der im Zusammenhang bebauten Ortsteile (§ 34 BauGB) an die Eigenart der näheren Umgebung. Das Ziel der Umlegung besteht nach § 45 BauGB darin, unbebaute oder bebaute Grundstücke in der Weise neuzuordnen, daß nach Lage, Form und Größe für die bauliche oder sonstige Nutzung zweckmäßig gestaltete Grundstücke entstehen. Sie kann, wie die Entwicklungsmaßnahme, zur Innenentwicklung (Neuordnungsumlegung)[1] und Außenentwicklung (Neuerschließungsumlegung), die in diesem Abschnitt von Interesse ist, eingesetzt werden.

Ein wichtiges Merkmal der Umlegung ist das **Surrogationsprinzip** (dingliche Surrogation, § 63 BauGB): Das Grundeigentum im Umlegungsgebiet geht grundsätzlich nicht verloren. Die Umlegung bewirkt zwar notwendige Rechtsänderungen, jedoch nicht in der Person des Eigentümers, sondern ausschließlich im Gegenstand des Eigentumsrechts. Sie bedeutet ihrem Wesen nach "eine ungebrochene Fortsetzung des Eigentums an einem verwandelten Grundstück."[2]

Hier besteht ein grundlegender Unterschied zur städtebaulichen Entwicklungsmaßnahme. Umlegungen sind als **Inhalts- und Schrankenbestimmung** des Grundeigentums im Sinne des Art. 14 Abs. 1 Satz 1 GG zu verstehen, nicht als Enteignung[3]. Sie dienen, indem sie eine plangerechte zweckmäßige Nutzung der Grundstücke ermöglichen, nicht nur den Interessen der Allgemeinheit an der Bereitstellung und Erschließung von Baugrundstücken, sondern ebenso den gleichgerichteten Interessen der Eigentümer.[4] Dagegen sind städtebauliche Entwicklungsmaßnahmen grundsätzlich auf den Entzug des Grundeigentums zugunsten fremder Interessen, notfalls durch Enteignung, gerichtet. Allerdings wurde das Prinzip des (zwangsweise durchsetzbaren) Durchgangserwerbs zugunsten von eigentumserhaltenden Maßnahmen (Abwendungsrechte nach § 166 Abs. 3 BauGB) gelockert.

---

1   Zur Neuordnungsumlegung siehe Abschnitt 3.3.1 in diesem Kapitel
2   Vgl. BGH, Urt. vom 21.2.1980 - III ZR 84/78 - NJW 1980, S. 1634
3   Vgl. BGH, a.a.O.; BGH, Urt. vom 13.12.1990 - III ZR 240/89 - NJW 1991, S. 2011; Dieterich, Baulandumlegung, 2. Auflage 1990, Rdnr. 7 ff; Schmidt-Aßmann, Die eigentumsrechtlichen Grundlagen der Umlegung, DVBl. 1982, S. 125; Löhr in: Battis/Krautzberger/Löhr, BauGB, 3. Auflage, Vorbemerkung §§ 45 - 84 BauGB, Rdnr. 9
4   Vgl. BGH, Urt. vom 21.2.1980, a.a.O.

Wegen ihres eigentumserhaltenden Charakters ist die Umlegung im Gegensatz zur Entwicklungsmaßnahme primär nicht darauf gerichtet, Eigentum für weite Kreise der Bevölkerung zu schaffen. Von einer unzulässigen Umschichtung der Vermögensverhältnisse kann jedoch bei Entwicklungsmaßnahmen nicht gesprochen werden. Die Veränderung der Eigentumsstruktur ist städtebaulich begründet und findet ihre Rechtfertigung im Städtebaurecht.[1]

In der Umlegung gilt darüber hinaus der Grundsatz der **wertgleichen Abfindung in Land**[2]: Jeder Grundeigentümer im Umlegungsgebiet hat einen Anspruch auf Zuteilung eines Grundstücks, das mindestens den gleichen Verkehrswert hat wie sein in die Umlegung eingeworfenes Grundstück. Auch hier besteht ein Unterschied zur Entwicklungsmaßnahme: Der Grundeigentümer hat im Rahmen einer Entwicklungsmaßnahme keinen Anspruch auf Übertragung eines neugeordneten Grundstücks, das dem Verkehrswert seines Grundstücks vor der Entwicklungsmaßnahme entspricht. Das Entwicklungsrecht bestimmt aber, daß frühere Grundeigentümer bei der Vergabe der neugeordneten Grundstücke vorrangig zu berücksichtigen sind. Ein Anspruch kann hieraus aber nicht abgeleitet werden.

Der Grundsatz der wertgleichen Abfindung bedeutet weiterhin, daß durch die Umlegung i.d.R. kein Gewinn für die Beteiligten entsteht. In der Umlegung werden Bodenwertsteigerungen, die durch die Umlegung bewirkt werden, abgeschöpft (§ 57 Satz 4 BauGB bzw. § 58 Abs. 1 Satz 1 BauGB).[3] Planungsbedingte Bodenwertsteigerungen dürfen im Rahmen von Umlegungen nicht abgeschöpft werden.[4] In Neuerschließungsumlegungen werden bisher nicht bebaubare Grundstücke als "Rohbauland" bewertet. Die Wertsteigerung bis zur Qualität "Bauland" ist umlegungsbedingt und wird abgeschöpft. Dagegen werden bei Außenentwicklungsmaßnahmen auch planungsbedingte Bodenwertsteigerungen (Bauerwartungswerte) abgeschöpft, soweit sie entwicklungsbedingt sind.

Ein weiteres wichtiges Prinzip in der Umlegung besteht darin, daß die für die Erschließung des Baugebiets notwendigen Flächen, die vorweg der Gemeinde oder dem sonstigen Erschließungsträger zugeteilt werden (§ 55 Abs. 2 BauGB), von den Grundeigentümern entsprechend ihrem Anteil an Grundstücken im Umlegungsgebiet aufgebracht werden müssen; ebenso werden die Eigentümer gem. § 56 BauGB i.V.m. §§ 57 oder 58 BauGB auch verhältnismäßig an den zur Verteilung anstehenden, neugeordneten Baugrundstücken beteiligt (**Grundsatz der Verhältnismäßigkeit und des Lastenausgleichs**).[5] In der Entwicklungsmaßnahme hat die verhältnisgleiche Grundstückszuteilung und Lastenverteilung keine Bedeutung. Da die Gemeinde verpflichtet ist, alle Grundstücke im

---

[1] Vgl. Bielenberg in: Ernst/Zinkahn/Bielenberg, BauGB, § 169 Rdnr. 18
[2] Vgl. BGH, Urt. vom 21.2.1980, a.a.O.
[3] Bei Durchführung einer Flächenumlegung verbleibt den Eigentümern allerdings dann ein vermögensmäßiger Vorteil, wenn der Umlegungsvorteil theoretisch einen höheren Flächenbeitrag als den gesetzlich zulässigen - 30 % in Neuerschließungsfällen - rechtfertigen würde.
[4] Vgl. BGH, Urt. vom 22.6.1978 - III ZR 92/75 - BauR 1979, S. 48
[5] Vgl. BGH, Urt. vom 11.11.1976 - III ZR 114/75 - BRS Bd. 30, Nr. 6; vgl. auch Dieterich, a.a.O., Rdnr. 42

Entwicklungsbereich zu erwerben und die Eigentümer keinen Anspruch auf Rückübereignung (Reprivatisierung) haben, gibt es auch kein Anrecht der Eigentümer auf verhältnisgleiche Rückübereignung von Grundstücken.[1]

Die Baulandumlegung nach dem BauGB, die im Städtebaurecht der meisten anderen europäischen Länder in dieser Form nicht anzutreffen ist,[2] hat in den alten Bundesländern besondere Bedeutung für die Baulandversorgung und Stadtentwicklung erlangen können.[3] Die Akzeptanz der Umlegung bei den Beteiligten ist groß. Sie hat sich "über lange Zeit ausgezeichnet bewährt."[4]

Deshalb stellt sich die Frage, ob die städtebauliche Entwicklungsmaßnahme, die im Gegensatz zur - in der kommunalen Praxis eingeübten - Neuerschließungsumlegung einen größeren Eingriff in das Eigentum bedeutet, erforderlich ist. Oder anders formuliert: Rechtfertigen Gründe die Anwendung der Entwicklungsmaßnahme vor der Umlegung?

Die Prüfung des Allgemeinwohlerfordernisses und der Erforderlichkeit des Entwicklungsrechts als Voraussetzung für die förmliche Einleitung eines Entwicklungsverfahrens und das entwicklungsrechtliche Abwägungsgebot werden sich besonders auf diese Frage konzentrieren müssen. Dabei stehen die mit der Entwicklungsmaßnahme beabsichtigten allokativen und distributiven Ziele und Zwecke im Vordergrund. Sie sind der **Maßstab**, an dem sich die anderen städtebaurechtlichen und privatrechtlichen Realisierungsmöglichkeiten, insbesondere die Umlegung, messen lassen müssen. Beim Vergleich mit der Umlegung sind folgende Gesichtspunkte zu berücksichtigen:

a) Vollzug des Bebauungsplans - Bebauung

Der Erfolg einer städtebaulichen Maßnahme hängt maßgeblich davon ab, ob und wie zügig die vorgesehene Bodennutzungsplanung baulich realisiert wird. Die Erschließungsumlegung als ein Grundstückstauschverfahren schafft zwar die Voraussetzungen dafür, daß Grundstücke erstmals bebaubar werden, sie sichert aber nicht gleichzeitig deren Bebauung. Deshalb wurde auf dem 49. Juristentag 1972 empfohlen, die Umlegung zu einem allgemeinen Instrument des Vollzugs von Bebauungsplänen weiterzuentwickeln.[5] Von *Bielenberg* kam der Vorschlag, das Baugebot in Umlegungsfällen generell Anwendung finden zu lassen und zu ermöglichen, daß dieses Gebot auch im Umlegungsplan und in

---

1 Vgl. Bielenberg in: Ernst/Zinkahn/Bielenberg, BauGB, § 169 Rdnr. 30
2 Vgl. aber z.B. das Umlegungsrecht in der Schweiz, das allerdings keine Abschöpfung umlegungsbedingter Vorteile kennt. Siehe hierzu Alder, Rechtliche Voraussetzungen und Grundsätze der Baulandumlegung, Schriftenreihe zur Orts-, Regional- und Landesplanung der ETH Zürich, Nr. 9, 1972, S. 44
3 Vgl. Dieterich, a.a.O., Rdnr. 23 ff
4 Siehe Seele, Elemente und Probleme der städtischen Bodenpolitik, Verm.techn. 1991, S. 2 (7)
5 Vgl. Dieterich, a.a.O., Rdnr. 307

Vorwegregelungsbeschlüssen (§ 76 BBauG) angeordnet werden könne.[1] Diese Vorschläge fanden im Rahmen der Novellierung des BBauG 1976 Berücksichtigung. Nach § 59 Abs. 7 BauGB kann in allen Umlegungsverfahren, einschließlich Neuerschließungsverfahren, mit der Zuteilung eines Baugrundstücks im Umlegungsplan oder in einer Vorwegregelung nach § 76 BauGB ein städtebauliches Gebot (Baugebot, Modernisierungs- oder Instandsetzungsgebot, Pflanzgebot) angeordnet werden, wenn die Voraussetzungen für den Erlaß der Gebote (§§ 175 - 178 BauGB) erfüllt sind.[2]

Daher müßte, um die (vollständige) und zügige Bebauung in einem Umlegungsgebiet sicherzustellen, für jedes zugeteilte Baugrundstück ein Baugebot nach § 59 Abs. 7 BauGB i.V.m. den §§ 175 und 176 BauGB angeordnet werden. Der Nachweis der Voraussetzungen für den Erlaß von Baugeboten wird zwar durch ein Umlegungsverfahren erleichtert,[3] dennoch dürfte es äußerst schwierig sein, Baugebote flächendeckend in einem Umlegungsgebiet anzuordnen. So berichtet *Dieterich*[4], daß Baugebote in der Umlegungspraxis bisher keine Bedeutung erlangt haben. *Bielenberg*[5] sieht im Baugebot ein für den Einzelfall geeignetes Instrument, z.B. für Baulückenschließungsaktionen oder für ein zum größten Teil schon bebautes Baugebiet, um einzelne noch nicht bebaute Grundstücke einer Bebauung zuzuführen. Auch die Erweiterung des Anwendungsbereichs des Baugebots und die praktikablere Ausgestaltung durch das BauGB 1993[6] werden in der kommunalen Praxis nicht zu einer flächendeckenden Anwendung des Baugebots - weder in Umlegungsgebieten noch in anderen Baugebieten - führen. Außerdem würde die hoheitliche Durchsetzung der einzelnen Baugebote die Verwaltung stark belasten und sehr zeitaufwendig sein.

Darüber hinaus liefe ein solches "flächendeckendes Baugebot" in vielen Fällen auf eine Übernahme nach § 176 Abs. 4 BauGB oder auf eine Enteignung nach § 85 Abs. 1 Nr. 5 BauGB hinaus und würde die Gemeinde vor nicht unerhebliche Finanzierungslasten stellen (Entschädigung zum Baulandwert), es sei denn, eine Weiterveräußerung ist sofort wieder möglich.

Bei Entwicklungsmaßnahmen im Außenbereich stellt sich dieses Problem nicht: Die Gemeinde oder der Entwicklungsträger kaufen die Grundstücke nicht zum Baulandwert, sondern zu einem wesentlich niedrigeren Wert auf und veräußern die neugeordneten und erschlossenen Baugrundstücke an bauwillige Interessenten. In der Entwicklungsmaßnahme wird deshalb nicht nur Bauland geschaffen

---

[1] Vgl. Bielenberg, Empfehlen sich weitere bodenrechtliche Vorschriften im städtebaulichen Bereich?, Gutachten B zum 49. Deutschen Juristentag, 1972, S. 67. Bis 1976 war ein Baugebot nur in Sanierungsgebieten (siehe § 20 StBauFG 1971 bzw. § 59 Abs. 5 BBauG 1960) zulässig.

[2] Vgl. Löhr in: Battis/Krautzberger/Löhr, BauGB, 3. Auflage, § 59 Rdnr. 44; anderer Meinung hinsichtlich der Erfüllung der Voraussetzung nach § 175 Abs. 2 BauGB (Erforderlichkeit der alsbaldigen Durchführung der Maßnahmen nach §§ 176 bis 179 BauGB aus städtebaulichen Gründen): Stemmler/Otte in: Ernst/Zinkahn/Bielenberg, BauGB, § 59 Rdnr. 31

[3] Vgl. Dieterich, a.a.O., Rdnr. 208; Stemmler/Otte, a.a.O., sehen die Voraussetzung nach § 175 Abs. 2 BauGB "in der Umlegung als im Regelfall erfüllt" an.

[4] Vgl. Dieterich, a.a.O.

[5] Vgl. Bielenberg, Baupflichten und Wohnbaulandmobilisierung, Informationsdienst vhw 1992, S. 193

[6] Vgl. auch die beiden Urteile des BVerwG vom 15.2.1990 - 4 C 41.87 - und - 4 C 38.87 - beide in: ZfBR 1990, S. 143 ff

VI. Zur Bedeutung - Außenentwicklungsmaßnahmen

und bereitgestellt, sondern es wird mobilisiert und - ohne Zwangsmittel - einer Bebauung zugeführt. Voraussetzung ist, daß ein entsprechender Bedarf nach Bauland während des Entwicklungsmaßnahmenverfahrens besteht. Dies aber haben die Gemeinden vor Erlaß einer Entwicklungssatzung zu prüfen und nachzuweisen.

Obwohl es in der Praxis der Neuerschließungsumlegungen auch ohne Baugebote zu einer zügigen Bebauung vieler Grundstücke kommt, muß festgestellt werden, daß sie im Vergleich zu Entwicklungsmaßnahmen nicht zu einer vollständigen Bebauung führen. Es bleiben erfahrungsgemäß Baugrundstücke in der Umlegung übrig, die dem Grundstücksmarkt nicht zugeführt bzw. nicht bebaut werden. *Dieterich* berichtet, daß häufig Umlegungsgebiete infolge der Eigentümerstruktur nur zur Hälfte oder zu zwei Dritteln bebaut werden.[1] *Hildebrandt* stellte im Rahmen einer Untersuchung von Neuerschließungsumlegungen in Nürnberg fest, daß ca. 12 % der in der Umlegung zugeteilten Baugrundstücke erst 4 bis 6 Jahre nach Inkrafttreten des Umlegungsplans bebaut werden und weitere ca. 12 % 6 Jahre nach Inkrafttreten des Umlegungsplans noch nicht bebaut sind.[2] *Güttler* kam in einer anderen Untersuchung zu einem ähnlichen Ergebnis.[3]

Das Zurückhalten der Baugrundstücke im allgemeinen und bei Neuerschliessungsumlegungen im besonderen wird durch das geltende Steuer- und Abgabenrecht erleichtert. Weil dies so ist, kann man von den Gemeinden aber nicht verlangen, im Außenbereich mehr Bauland durch Bebauungspläne auszuweisen und durch Umlegungen zu ordnen und zu erschließen, als erforderlich wäre, um ein nachfragegerechtes Baulandangebot zu erzeugen. Diese Bodenpolitik ist aus vielen Gründen - rechtlich wie tatsächlich - nur schwer durchsetzbar. Sie entspräche nicht dem gesetzlichen Auftrag gem. § 1 Abs. 5 Satz 3 BauGB mit Grund und Boden sparsam und schonend umzugehen. Naturschutzrechtliche Bestimmungen stünden häufig einer solchen Vorgehensweise ebenso entgegen wie landes- und regionalplanerische Bindungen. Außerdem trägt diese Bodenpolitik zu einer Siedlungszersplitterung bei und belastet die Gemeinden mit hohen Erschließungs- und Infrastrukturkosten.

---

[1] Vgl. Dieterich, a.a.O., Rdnr. 308. Auch der Baulandbericht 1986, a.a.O., S. 130, kommt zu dem Ergebnis, daß etwa ein Drittel aller Grundstücke im Umlegungsgebiet baulich ungenutzt bleibt.

[2] Vgl. Hildebrandt, Baulandumlegung als gesetzliches Instrumentarium zum Vollzug der Bauleitplanung, ZfV 1984, S. 547 (549). Hildebrandt stellte außerdem fest, daß bei Neuerschließungsumlegungen mit überwiegend natürlichen Personen (Landwirte) als Grundeigentümer etwa 6 Jahre nach Inkrafttreten des Umlegungsplans noch eine Baulandreserve von ca. 15 % vorhanden sei. Nur wenn Bauträger Grundeigentümer in Umlegungsgebieten sind, sei die Bebauung spätestens etwa 4 Jahre nach Inkrafttreten des Umlegungsplans abgeschlossen.

[3] Vgl. Güttler, Die Zuteilungsberechnung in der "erweiterten Umlegung" - Bereitstellung von Wohnbauflächen für bauwillige Dritte, VR 1982, S. 386 (398). Güttler kam zu dem Ergebnis, daß im Mittel etwas mehr als 10 % der in den Umlegungen bereitgestellten Wohnbaugrundstücke länger als 5 Jahre nach Abschluß der Umlegung ungenutzt sind.

b) Maßnahmencharakter - Gesamt- bzw. Teilmaßnahme

Die Schwierigkeit, in der Baulandumlegung zugeteilte Grundstücke einer Bebauung zuzuführen, zeigt deutlich die Grenzen dieses Instruments auf. Im Gegensatz zur Entwicklungsmaßnahme, die als Gesamtmaßnahme ein ganzes Bündel von Einzelmaßnahmen umfaßt, ist die Neuerschließungsumlegung eine **Teilmaßnahme**.

Hier kann eingewendet werden, daß das Umlegungsrecht Raum für besondere Regelungen biete, um mehr als eine bloße Neuordnung der Grundstücksgrenzen zu erreichen. Hierzu hat das BVerwG 1984 ausgeführt:

"Es [das Umlegungsrecht] ist elastisch genug, um für besondere Regelungen Raum zu lassen, indem es nämlich grundsätzlich für einvernehmliche Regelungen auch solcher Art, die einseitig im Umlegungsplan nicht getroffen werden könnten, offen ist. Es läßt vor allem ausdrücklich "mit Einverständnis aller (bzw. der betroffenen) Eigentümer" die Aufteilung der "Verteilungsmasse" nach einem anderen als den gesetzlichen Maßstäben ...und die Abfindung in Geld statt der Zuteilung eines Grundstücks ... zu. Damit sind gerade solche Regeln, die die Umlegung zu einem Instrument der Planverwirklichung machen, das sich im Rahmen zulässiger Eigentumsinhaltsbestimmung hält, zur Disposition der beteiligten Eigentümer gestellt."[1]

Das BVerwG hat jedoch ausdrücklich auf die Freiwilligkeit von planrealisierenden Maßnahmen in der Umlegung abgestellt. Die Herbeiführung besonderer, einvernehmlicher Regelungen des Planvollzugs ist aber oftmals nicht zu erreichen. So scheitert z.B. die vollständige und zügige Bebauung in einem Umlegungsgebiet daran, daß nicht alle Eigentümer dieses Ziel verfolgen.[2]

c) Eigentums- und Grundstücksstruktur

Je mehr Grundeigentümer in einer Neuerschließungsumlegung vorhanden sind, desto größer ist die Wahrscheinlichkeit, daß mit erheblichen Verzögerungen durch einzelne Eigentümer gerechnet werden muß.[3] Handelt es sich darüber hinaus um sehr kleine Grundstücke (z.B. in Realteilungsgebieten), so ist es fast unmöglich, in einem Umlegungsverfahren bebauungsfähige Grundstücke, z.B. für den verdichteten Wohnungsbau, zuzuteilen.[4] Die Möglichkeiten der Abfindung mit Geld oder Grundeigentum außerhalb des Umlegungsgebiets bzw. der Bildung von Miteigentum an einem Grundstück oder die Gewährung von Rechten nach dem Wohnungseigentumsgesetz (§ 59 Abs. 4 Nr. 1 bis 3 BauGB) dürfen nicht überbewertet werden. Das Einverständnis der betroffenen Eigentümer ist hier erforderlich. Außerdem muß im Fall der Abfindung nach § 59 Abs. 4 Nr. 2 BauGB genügend geeignetes Ersatzland vorhanden sein.

---

[1] Vgl. BVerwG, Urt. vom 6.7.1984 - 4 C 24/80 - NJW 1985, S. 989

[2] Zur Einbeziehung von Erschließungsbaukostenvorteilen in der Umlegung nach Flächen (§ 58 BauGB) vgl. Dieterich, a.a.O., Rdnr. 241 f; Lehr, Erschließungsbeiträge - Bestandteil des Umlegungsplanes?, ZfV 1988, S. 21. Auch hier ist das Einverständnis aller Beteiligten erforderlich.

[3] Vgl. Stahr, Wirtschaftliche Fragen zur Umlegung - Eine Auswertung abgeschlossener Erschließungsumlegungen, VR 1985, S. 335 (338)

[4] Vgl. z.B. Dieterich, Die freiwillige Bodenordnung nach dem "Stuttgarter Modell", Württembergische Gemeindezeitung 1972, S. 306 (307)

Doch nicht nur in Umlegungsgebieten mit einer Vielzahl von Grundstückseigentümern gibt es Schwierigkeiten bei der Realisierung. Auch wenige Eigentümer können Verzögerungen beim Vollzug eines Bebauungsplans durch Umlegungen bewirken, so z.B., wenn Eigentümer infolge spekulativer Erwartungshaltung Grundstücke zurückhalten. Das kann dazu führen, daß zusammenhängende große Flächen auf absehbare Zeit nicht zur Verfügung stehen. Hier bieten Entwicklungsmaßnahmen grundsätzlich Vorteile, da die Eigentums- und Grundstücksstruktur kein Hemmnis für eine plangerechte Bodennutzung und zügige Realisierung darstellt.

d) Grundstücke mit besonderen Nutzungszwecken

Besondere Schwierigkeiten können bei Umlegungen dann entstehen, wenn der zugrundeliegende Bebauungsplan einen hohen Anteil von Flächen mit besonderen Nutzungszwecken enthält. Denn Grundeigentümer werden häufig nicht in der Lage oder willens sein, Grundstücke entsprechend den besonderen Nutzungszwecken zu nutzen.

Hierbei kann es sich einmal um - örtliche oder überörtliche - Flächen für Gemeinbedarfs- und Folgeeinrichtungen handeln. Diese können nicht wie die örtlichen Verkehrs-, Grün- und Immissionsschutzflächen in der Umlegung nach § 55 Abs. 2 BauGB vorweg ausgeschieden und der Gemeinde oder dem sonstigen Erschließungsträger, sondern lediglich nach § 55 Abs. 5 BauGB gegen geeignetes Ersatzland zugeteilt werden. Häufig scheitert aber die Einbeziehung solcher notwendigen öffentlichen Flächen in ein Umlegungsverfahren, weil nicht genügend geeignetes Ersatzland zur Verfügung gestellt werden kann. Für solche Flächen müßte u.U. die Enteignung beantragt werden. Dies gilt auch für öffentliche Grünflächen, soweit sie nicht den Bedürfnissen der Bewohner des Umlegungsgebiets dienen.[1]

Die Einbeziehung von im Bebauungsplan festgesetzten Flächen für naturschutzrechtliche Ausgleichs- bzw. Ersatzmaßnahmen in das Umlegungsgebiet stellt die Umlegung vor erhebliche Probleme. Geht man davon aus, daß naturschutzrechtliche Ausgleichs- bzw. Ersatzflächen unter die Regelung des Vorwegabzugs nach § 55 Abs. 2 BauGB fallen, so gelangt die Umlegung schnell an die Grenzen ihrer Möglichkeiten. Eine wertgleiche Zuteilung ist kaum noch möglich, wenn solche Flächen in nennenswertem Umfang erforderlich sind. Die Umlegung würde in diesen Fällen zur Enteignung werden.[2] Werden solche Flächen nicht in die Umlegung einbezogen, so stellt sich das Problem der Verfügbarmachung.[3]

Besondere Probleme ergeben sich bei Umlegungen auch dann, wenn in Umlegungsgebieten Bauland bzw. Mietwohnungen zur Versorgung unterer und

---

[1] Vgl. § 55 Abs. 2 Nr. 2 BauGB
[2] Zu Lösungsmöglichkeiten im Rahmen der Umlegung vgl. Dieterich, Lemmen, Bewältigung der naturschutzrechtlichen Eingriffsregelung durch Umlegungen?, GuG 1991, S. 301
[3] Näheres hierzu in Abschnitt 2.4 in diesem Kapitel

mittlerer Einkommensschichten zur Verfügung gestellt werden sollen, d.h., wenn im zugrundeliegenden Bebauungsplan gem. § 9 Abs. 1 Nr. 7 BauGB Flächen festgesetzt sind, auf denen Wohngebäude, die mit Mitteln des sozialen Wohnungsbaus gefördert werden könnten, errichtet werden sollen. Das Interesse der Grundstückseigentümer an der Erzielung höchstmöglicher Bodenpreise führt jedoch in sehr vielen Fällen dazu, daß dieses Ziel im Zuge einer Umlegung nicht erreicht wird, es sei denn, die öffentliche Hand subventioniert die hohen Bodenpreise, um sozialen Wohnungsbau auf diesen Flächen zu ermöglichen. Das führt dazu, daß der Kommune weniger Geld zum Bau von Sozialwohnungen zur Verfügung steht. *Dieterich* berichtet, daß in Stuttgart im Jahr 1989 mehr Geld von der Stadt zur Subventionierung von Grundstücken für den sozialen Wohnungsbau ausgegeben wurde, als zur Errichtung von Sozialwohnungen auf diesen Grundstücken.[1] Ebenso kann es zu Schwierigkeiten kommen, wenn im Bebauungsplan gem. § 9 Abs. 1 Nr. 8 BauGB Flächen festgesetzt sind, auf denen nur Wohngebäude errichtet werden dürfen, die für Personengruppen mit besonderem Wohnbedarf[2] bestimmt sind.

Probleme ergeben sich auch für Umlegungen in Gewerbe- bzw. Industriegebieten. Die Grundeigentümer sind i.d.R. nicht an einer gewerblichen oder industriellen Nutzung interessiert. In solchen Verfahren hängt alles davon ab, wie zügig die Grundstücke im Umlegungsgebiet von den Eigentümern verkauft werden. Nun kann das Bestreben der Eigentümer nach höchstmöglichen Bodenpreisen dazu führen, daß interessierte Unternehmen, vor allem solche, die aus kommunalpolitischer und stadtentwicklungsplanerischer Sicht erwünscht sind, auf eine Ansiedlung in diesem Gebiet verzichten. Auch ortsansässige erweiterungswillige Unternehmen könnten hier auf der Strecke bleiben. Dagegen entscheidet in einer Entwicklungsmaßnahme die Gemeinde über die Ansiedlung von Unternehmen.

Beim Vergleich von Entwicklungsmaßnahmen und Neuerschließungsumlegungen wurden vor allem die besonderen Schwierigkeiten bei Umlegungen aufgezeigt. Die Bedeutung, die die Umlegung bisher in der Praxis erlangte, soll jedoch nicht geschmälert werden. So lassen sich einige der geschilderten Probleme in der Umlegung (z.B. Verfügbarkeit von Gemeinbedarfsflächen oder Flächen für den sozialen Wohnungsbau im Umlegungsgebiet) durch Anwendung des Flächenmaßstabs teilweise bewältigen.[3] Auch bei Entwicklungsmaßnahmen muß mit Verzögerungen - vor allem in der Grunderwerbsphase - gerechnet werden. Stellt sich aber im Rahmen von Voruntersuchungen heraus, daß die angestrebten Ziele und Zwecke nur über eine Entwicklungsmaßnahme zu erreichen sind, so ist die Anwendung dieses Instrumentariums geboten.

---

[1] Vgl. Dieterich, Brauchen wir neue staatliche Interventionen auf dem Bodenmarkt?, GuG 1990, S. 16

[2] Zu diesen begünstigten Personengruppen zählen z.B. alte Menschen, Ausländer, Studenten, Behinderte oder Aus- und Übersiedler sowie Asylsuchende. Vgl. Löhr, BauGB, 3. Auflage, § 9 Rdnr. 32

[3] Vgl. z.B. von der Heide, Flächenmaßstab und Flächenbeitrag nach § 58 Baugesetzbuch - Vergangenheit, Gegenwart und Zukunft, VR 1988, S. 228

2.3.2 Grenzregelung

Die Grenzregelung ist neben der Umlegung das zweite im Vierten Teil des Ersten Kapitels des BauGB (§§ 80 bis 84 BauGB) geregelte Bodenordnungsverfahren, mit dessen Hilfe eine plangerechte Bodennutzung durch kleinere Grenzänderungen realisiert werden kann. Nach § 80 Abs. 1 BauGB kann die Grenzregelung im Geltungsbereich eines Bebauungsplans oder innerhalb der im Zusammenhang bebauten Ortsteile zum Zweck der Herbeiführung einer ordnungsmäßigen Bebauung einschließlich Erschließung oder zur Beseitigung baurechtswidriger Zustände eingesetzt werden. Möglich sind nach § 80 Abs. 1 BauGB ein zweiseitiger Austausch benachbarter Grundstücksgrenzen, wenn dies dem überwiegenden öffentlichen Interesse dient (Nr. 1) oder eine einseitige Verschiebung benachbarter Grundstücksgrenzen, bei der Splittergrundstücke oder Teile benachbarter Grundstücke einseitig zugeteilt werden, wenn dies im öffentlichen Interesse geboten ist (Nr. 2).

Grenzregelungen sind wie Umlegungen verfassungsrechtlich als Inhaltsbestimmung des Eigentums einzustufen[1] und daher gegenüber Entwicklungsmaßnahmen und auch Umlegungsverfahren[2] ein milderes bodenordnerisches Mittel, das gleichzeitig öffentlichen wie privaten Interessen dient.[3]

Grenzregelungen werden i.d.R. für wenige, manchmal nur zwei Grundstücke durchgeführt.[4] Aus der Definition und Zweckbestimmung in § 80 Abs. 1 BauGB ergibt sich, daß mit Grenzregelungen die Grundstücksform, nicht aber die Lage bzw. die Größe von Grundstücken wesentlich verändert wird. Gebietsbezogene Grenzänderungen zur Schaffung von Bauland lassen sich mit diesem Bodenordnungsverfahren kaum durchführen. Die Anwendungsmöglichkeiten der Grenzregelung zur Herbeiführung einer erstmaligen Bebauung von Grundstücken liegen inhaltlich und größenmäßig weit unterhalb denen der städtebaulichen Entwicklungsmaßnahme. Die Grenzregelung ist - noch mehr als die Umlegung - eine **Teilmaßnahme** im Baulandbereitstellungsprozeß. Deshalb stellt sich die Frage, ob die Grenzregelung zur Realisierung eines Bebauungsplans im Gegensatz zur Entwicklungsmaßnahme als milderes und geeigneteres Mittel anzuwenden sei, überhaupt nicht.

---

[1] Vgl. Ernst, Otte in: Ernst/Zinkahn/Bielenberg, BauGB, § 80 Rdnr. 7; Dieterich, Baulandumlegung, 2. Auflage 1990, Rdnr. 513

[2] Vgl. OLG Köln, Urt. vom 9.12.1965 - 2 U (Baul.) 5/65 - NJW 1966, S. 506. Bei einseitigen Grenzverschiebungen nach § 80 Abs. 1 Satz 1 Nr. 2 BauGB hat eine Grenzregelung jedoch enteignenden Charakter (vgl. Stich in: Berliner Kommentar zum Baugesetzbuch, § 80 Rdnr. 12), deshalb ist in diesen Fällen - wie bei einer Enteignung - zu prüfen, ob das Allgemeinwohlerfordernis, das hier mit dem Gebotensein durch das öffentliche Interesse gleichzusetzen ist, gegeben ist (vgl. Löhr in: Battis/Krautzberger/Löhr, BauGB, 3. Auflage, § 80 Rdnr. 18; Schriever in: Kohlhammer Kommentar, § 80 Rdnr. 36).

[3] Vgl. Dieterich, a.a.O.

[4] Möglich ist aber, daß eine Reihe von Grundstücken in ein Grenzregelungsverfahren einbezogen wird, sofern nur jeweils zwei aneinandergrenzen, sog. "Dominoeffekt" bzw. "Perlenkette". Vgl. Steinbach, Die Grenzregelung in der Praxis, Nachrichtenblatt der Vermessungs- und Katasterverwaltung Rheinland-Pfalz, 1988, S. 49 (51)

Seit der Novellierung des BBauG 1979[1], durch die die Grenzregelung erst an Bedeutung gewonnen, jedoch nicht zu einer wesentlichen Ausweitung in der Praxis geführt hat,[2] wird die Grenzregelung gelegentlich dazu verwendet, Grundstücke nicht nur in ihrer Form zu verändern, sondern auch um wesentliche Lageveränderungen herbeizuführen, so z.b. zur Bauplatzbildung, bei der parallel zu einer Straße liegende Grundstücke um 90 Grad gedreht werden.[3] Doch auch in diesen Fällen handelt es sich - im Vergleich zu einer umfassenden Grundstücksneuordnung in einem Entwicklungsbereich - um punktuelle Maßnahmen in Teilbereichen eines Bebauungsplans.

Zusammenfassend kann festgestellt werden, daß Grenzregelungen zur erstmaligen Bereitstellung von Bauland - rechtlich wie tatsächlich - **keine Alternative** zur städtebaulichen Entwicklungsmaßnahme darstellen.

2.3.3 Enteignung

Die städtebauliche Enteignung im Fünften Teil des Ersten Kapitels des BauGB (§§ 85 ff BauGB) kann als Instrument einer gebietsbezogenen Mobilisierung von Bauland zur Planverwirklichung eingesetzt werden. Diese Möglichkeit bietet das BauGB in § 85 Abs. 1 Nr. 1 (2. Alternative) BauGB. Es handelt sich hier um eine transitorische Enteignung (Durchgangsenteignung) mit anschließender Privatisierung.[4] Nach dieser Vorschrift kann nur enteignet werden, um entsprechend den Festsetzungen des Bebauungsplans eine Nutzung vorzubereiten.[5] Entwicklungsmaßnahmen und der hier angesprochenen transitorischen Enteignung ist gemeinsam, daß die öffentliche Hand die Grundstücke eines größeren Baugebiets erwirbt und später wieder in den Privatrechtsverkehr abgibt, mit Ausnahme der Flächen nach § 89 Abs. 1 Satz 2 BauGB bzw. nach § 169 Abs. 5 BauGB, so z.B. der öffentlichen Verkehrs- und Grünflächen.

Im Gegensatz zur erleichterten Enteignungsmöglichkeit in städtebaulichen Entwicklungsbereichen (Enteignung ohne Bebauungsplan) knüpft § 85 Abs. 1 Nr. 1 (2. Alternative) BauGB an das Vorhandensein eines rechtsverbindlichen Bebauungsplans an.[6] Ein gravierender Unterschied der beiden Maßnahmen er-

---

1 Durch die Novelle zum BBauG 1979 wurde u.a. erstmals der gegenseitige Austausch von Teilen benachbarter Grundstücke und die Neubegründung oder Aufhebung von Dienstbarkeiten ermöglicht. Außerdem wurde in § 80 Abs. 1 BBauG klargestellt, daß der Grenzregelungszweck der Herbeiführung einer ordnungsmäßigen Bebauung auch die Erschließung umfaßt ("einschließlich Erschließung", Satz 1) und Grenzregelungen zu einer erheblichen Werterhöhung der Grundstücke führen dürfen (Satz 2).

2 Vgl. Aderhold, Grenzregelungsverfahren nach dem Bundesbaugesetz, Möglichkeiten und Grenzen, VR 1984, S. 423

3 Vgl. Aderhold, a.a.O., S. 426 ff; Steinbach, a.a.O., S. 54 ff

4 Vgl. Berkemann in: Berliner Kommentar zum BauGB, § 85 Rdnr. 26; Schmidt-Aßmann in: Ernst/Zinkahn/Bielenberg, BauGB, § 85 Rdnr. 21

5 Die Nutzungsvorbereitung betrifft alle rechtlichen und tatsächlichen Maßnahmen, um Grundstücke der planmäßigen Nutzung zuzuführen. Vgl. Berkemann, a.a.O., Rdnr. 29; Schmidt-Aßmann, a.a.O., Rdnr. 24

6 Zur planakzessorischen Enteignung vgl. z.B. Battis in: Battis/Krautzberger/Löhr, BauGB, 3. Auflage, § 85 Rdnr. 2

VI. Zur Bedeutung - Außenentwicklungsmaßnahmen

gibt sich für die zu gewährende Enteignungsentschädigung. Während beim freihändigen Grunderwerb und bei Enteignungen in Entwicklungsbereichen die Reduktionsklausel nach § 169 Abs. 1 Nr. 4 BauGB i.V.m. § 153 Abs. 1 BauGB (Nichtberücksichtigung entwicklungsbedingter Wertsteigerungen) zu beachten ist, gelten für Enteignungen nach § 85 BauGB "lediglich" die entschädigungsrechtlichen Reduktionsklauseln des § 95 Abs. 2 BauGB. Nach § 95 Abs. 2 Nr.2 BauGB können zwar Wertänderungen (Werterhöhungen oder Wertminderungen) einschließlich Qualitätsänderungen[1], die infolge der bevorstehenden Enteignung eingetreten sind, bei der Festsetzung der Entschädigungshöhe unberücksichtigt bleiben;[2] allerdings beruht eine Werterhöhung (Qualitätserhöhung) eines Grundstücks bei erstmaliger Baulandausweisung durch einen Bebauungsplan nicht auf der bevorstehenden Enteignung, sondern auf der Festsetzung als Bauland.[3] Folglich ist bei transitorischer Enteignung zur Nutzungsvorbereitung von Grundstücken in Neuerschließungsgebieten, für die im Bebauungsplan eine bauliche Nutzung festgesetzt ist, mindestens die Entschädigung nach der Qualität Rohbauland zu bemessen. *Krohn*[4] schreibt hierzu:

"Dieses Ergebnis trägt auch dem Grundsatz Rechnung, daß die mit der Bebauungsplanung verbundenen Wertsteigerungen regelmäßig dem Eigentümer verbleiben."

Lediglich für Grundstücke bzw. Grundstücksteile, für die im Bebauungsplan eine Nutzung für öffentliche Zwecke festgesetzt ist (z.B. Verkehrs- oder Grünflächen), greift die Reduktionsklausel nach § 95 Abs. 2 Nr. 2 BauGB[5], so daß eine Entschädigung unterhalb des Baulandwertes zu zahlen ist. Liegt ein Flächennutzungsplan mit einer entsprechenden Ausweisung schon vor, so ist für die Entschädigung auf die Qualität Bauerwartungsland abzustellen. Dagegen werden bei Entwicklungsmaßnahmen durch die Sonderreduktionsklausel nach § 153 Abs. 1 BauGB auch planungsbedingte Bodenwertsteigerungen miterfaßt, soweit diese entwicklungsbedingt sind. Allein aus diesem Umstand ergibt sich, daß die **transitorische Enteignung** nach § 85 Abs. 1 Nr. 1 (2. Alternative) BauGB **keine praktische Bedeutung** erlangen kann.

Im Zusammenhang mit der Frage, ob die transitorische Enteignung zur Nutzungsvorbereitung auch dann zulässig ist, wenn die Vorbereitung mit anderen, weniger einschränkenden Mitteln, z.B. der Umlegung, zu erreichen wäre, bemerkt *Schmidt-Aßmann*[6], daß es vor allem darauf ankommt, ob weniger einschneidende Mittel tatsächlich ein i.w. gleiches Ergebnis garantieren. Er stellt fest:

"Das ist dann der Fall, wenn als Nutzungsvorbereitung nur Maßnahmen in Betracht kommen, die durch die rechtliche Ausgestaltung eines minder stark eingreifenden Instituts (z.B. der Umlegung oder Grenzregelung) vollinhaltlich ermöglicht werden. Fehlt es daran, könnten also die beabsichtigten Maßnahmen erst durch eine komplizierte Kombination mehrerer städtebaulicher

---

1 Vgl. Schmidt-Aßmann in: Ernst/Zinkahn/Bielenberg, BauGB, § 95 Rdnr. 79
2 Sog. "Vorwirkung der Enteignung", vgl. Schmidt-Aßmann, a.a.O.
3 Vgl. BGH, Urt. vom 29.1.1968 - III ZR 2/67 - NJW 1968, S. 892
4 Krohn in: Berliner Kommentar zum Baugesetzbuch, § 95 Rdnr. 9
5 Vgl. Battis in: Battis/Krautzberger/Löhr, BauGB, 3. Auflage, § 95 Rdnr. 5
6 Vgl. Schmidt-Aßmann in: Ernst/Zinkahn/Bielenberg, BauGB, § 85 Rdnr. 24

Instrumente getroffen werden, so ist der Weg der umfassenden enteignungsrechtlichen Lösung nicht versperrt. Bei der Frage, ob die in Betracht kommenden Lösungen gleichwertig sind, ist zu beachten, ob der geringe Eingriff zusammen mit den für ihn kennzeichnenden Mehrbelastungen für die Allgemeinheit zumutbar ist (BGH, Urteil vom 19.12.1966[1] ..."

Die transitorische Enteignung nach § 85 BauGB stellt aber, solange Entwicklungsmaßnahmen durchgeführt werden können, **keine Alternative** hierzu dar. Allenfalls für kleinere Baugebietsausweisungen im Außenbereich käme die transitorische Enteignung in Betracht, für die wegen des mangelnden Raumbezugs (Ortsteile oder andere Teile des Gemeindegebietes) bzw. Planungsbezugs (besondere örtliche Bedeutung) eine Entwicklungsmaßnahme nach dem BauGB nicht zulässig wäre.

Ansonsten sind die Anwendungsmöglichkeiten der städtebaulichen Entwicklungsmaßnahmen gegenüber der transitorischen Enteignung zur Nutzungsvorbereitung weitergefaßt, insbesondere hinsichtlich der Zweckbestimmungen. Das BVerfG[2] hat ausdrücklich klargestellt, daß Enteignungen nach § 85 Abs. 1 Nr. 1 BBauG (heute: § 85 Abs. 1 Nr. 1 BauGB) zur Verbesserung der regionalen Wirtschaftsstruktur und zur Schaffung von Arbeitsplätzen rechtlich unzulässig sind. Dagegen wurden mit dem neuen Entwicklungsrecht städtebauliche Entwicklungsmaßnahmen mit dem Ziel, Arbeitsplätze zu schaffen und damit zur Verbesserung der Wirtschaftsstruktur beizutragen, ausdrücklich zugelassen.[3]

Eine andere Variante der transitorischen Enteignung besteht darin, daß die Gemeinde zur Vorbereitung der baulichen Nutzung eines Neuerschließungsgebiets nicht die gesamte Fläche, sondern nur die Verkehrs-, Versorgungs- und Grünflächen enteignet. Dieses Ziel läßt sich jedoch regelmäßig im Zuge einer Neuerschließungsumlegung realisieren, die als milderes Mittel vorrangig anzuwenden ist. Außerdem treten hinsichtlich des baulichen Planvollzugs die gleichen Probleme wie in der Baulandumlegung auf.

2.3.4 Städtebauliche Verträge zur Planverwirklichung

Neben den städtebaurechtlichen (hoheitlichen) Instrumenten gibt es in der kommunalen Praxis vielfältige vertragliche Gestaltungsformen kooperativen Handelns zur gebiets- bzw. planungsbezogenen Baulandbeschaffung und -bereitstellung im Sinne einer kurz- bis mittelfristig wirkenden Bodenvorratspolitik.[4] Das Städtebaurecht ermöglicht vertragliches Handeln zum einen dadurch, daß nach § 6 BauGB-MaßnahmenG ausdrücklich städtebauliche Verträge zugelassen

---

1 BRS Bd. 19 Nr. 45
2 BVerfG, Urt. vom 24.3.1987 - 1 BvR 1046/85 - a.a.O.
3 Vgl. Abschnitt 2.2 in diesem Kapitel
4 Zur Bodenvorratspolitik vgl. z.B. Baulandbericht 1983, veröffentlicht vom Bundesminister für Raumordnung, Bauwesen und Städtebau, Schriftenreihe "Städtebauliche Forschung", Heft Nr. 03.100, Bonn 1983; Bundesforschungsanstalt für Landeskunde und Raumordnung, Bodenvorratspolitik und Baulandbeschaffung, Schriftenreihe "Informationen zur Raumentwicklung", Heft 10, 1983

VI. Zur Bedeutung - Außenentwicklungsmaßnahmen 117

sind. Mit dem InV-WoBauIG wurde der städtebauliche Vertrag ausführlicher als bisher geregelt.[1] § 6 Abs. 1 BauGB-MaßnahmenG hebt nun hervor, daß Gegenstand eines städtebaulichen Vertrags u.a. die privatrechtliche Neuordnung der Grundstücksverhältnisse sein kann. Zum anderen ergeben sich aus einer Reihe anderer Vorschriften des BauGB, daß außer einseitig-hoheitlichem Handeln auch kooperatives Verwaltungshandeln durch Verträge erwünscht oder sogar gefordert ist.[2]

Im folgenden sollen Modelle gemeindlicher Bodenpolitik (Baulandbeschaffungsmodelle) mit städtebaulichen Entwicklungsmaßnahmen verglichen werden. Es lassen sich i.w. drei verschiedene Vertragsgrundtypen bei den Baulandbeschaffungsmodellen unterscheiden:

a) Vertragliche Zwischenerwerbsmodelle

Alle Grundstücke eines geplanten Baugebiets werden i.d.R. vor Aufstellung eines Bebauungsplans von der Gemeinde erworben.[3] Nach Neuordnung und Erschließung des gesamten Gebiets - entsprechend dem Bebauungsplan - erfolgt die Privatisierung häufig nach kommunalpolitischen Vorgaben und unter Berücksichtigung sozialer Aspekte. Diese Vorgehensweise des gemeindlichen Zwischen- bzw. Durchgangserwerbs entspricht der bei Entwicklungsmaßnahmen.

Das Zwischenerwerbsmodell eignet sich hauptsächlich für **kleinere Baugebiete**.[4] Die Gemeinde kann in diesen Fällen mit einer kleinen überschaubaren Anzahl von Eigentümern Grunderwerbsverhandlungen aufnehmen. In Gebieten mit stark zersplittertem Grundeigentum und vielen Eigentümern ergeben sich jedoch größere Schwierigkeiten beim Grunderwerb. Wenn nur wenige ihr Grundeigentum aufgeben wollen, wird der kommunale Zwischenerwerb i.d.R. scheitern. Allenfalls könnte durch gemeindliche Zusicherung zur Rückübereignung einiger Baugrundstücke an die Alteigentümer (Reprivatisierungszusicherung) oder durch Ersatzlandangebot die Verkaufsbereitschaft gefördert werden. Nicht verkaufswillige Eigentümer können in diesen Fällen nicht zur Veräußerung ihrer Grundstücke gezwungen werden. Eine transitorische Enteignung gem. § 85 Abs. 1 (2. Alternative) BauGB widerspräche nicht nur einem

---

[1] § 6 BauGB-MaßnahmenG tritt an die Stelle von § 124 Abs. 2 BauGB 1987 für die alten Bundesländer bzw. § 246 a Abs. 1 Satz 1 Nr. 11 BauGB 1987 i.V.m. § 54 BauZVO für die neuen Bundesländer.

[2] Z.B. Reprivatisierungsfälle nach § 89 Abs. 1 BauGB, Enteignungsverträge nach §§ 110 f BauGB, Verträge nach § 27 BauGB zur Abwendung eines Vorkaufsrechts der Gemeinde; eine umfassende Darstellung bieten Schmidt-Aßmann und Krebs, Rechtsfragen städtebaulicher Verträge - Vertragstypen und Vertragsrechtslehren, Schriftenreihe "Forschung" des Bundesministers für Raumordnung, Bauwesen und Städtebau, Heft Nr. 460, 1988.

[3] Möglich ist auch der Aufkauf aller Grundstücke durch einen (größeren) Grundstückseigentümer oder durch einen Träger (z.B. Wohnungsbaugesellschaft).

[4] Siehe z.B. das Zwischenerwerbsmodell der Stadt Freigericht im Main-Kinzig Kreis, dargestellt im Baulandbericht 1983, a.a.O. Im Baulandbericht 1986 des Bundesministers für Raumordnung, Bauwesen und Städtebau, Schriftenreihe "Städtebauliche Forschung", Heft Nr. 03.116, Bonn 1986, wird erwähnt, daß im Großraum Hannover bei 2/3 der durchgeführten vertraglichen Zwischenerwerbsmodelle die Baugebiete eine Fläche von 1 ha bis 5 ha aufwiesen.

auf Kooperation angelegten sensiblen Verfahren[1], sondern wäre auch unzulässig, weil bei diesem Modell der Bebauungsplan - als Voraussetzung für eine Enteignung - erst Rechtsverbindlichkeit erlangt, nachdem alle Grundstücke freihändig erworben worden sind.[2]

Beim vertraglichen Zwischenerwerbsmodell sind bei Verkaufsunwilligkeit der Grundstückseigentümer die Grenzen für die Entwicklung eines ganz bestimmten Bereichs erreicht: Die Bereitschaft von Eigentümern, mit den Gemeinden vertragliche Vereinbarungen zu treffen, ist gering, wenn den Gemeinden nicht als letzte Möglichkeit das Zwangsinstrument der Enteignung zur Durchsetzung ihrer Vorstellungen zur Verfügung steht. Die Entwicklungsmaßnahme bietet hier gegenüber dem vertraglichen Zwischenerwerbsmodell den Vorteil, daß eine Gemeinde die Enteignung von Grundstücken verkaufsunwilliger Eigentümer schon dann betreiben kann, wenn der Bebauungsplan noch nicht rechtsverbindlich ist. Häufig wird die Androhung einer Enteignung genügen, um in diesen Fällen den Grunderwerb tätigen zu können.

Dennoch ist die **Enteignung** im Zuge einer Entwicklungsmaßnahme das **allerletzte Mittel des Grunderwerbs**. Der freihändige Grunderwerb steht bei Entwicklungsmaßnahmen eindeutig im Vordergrund. Auch wenn bei Erlaß einer Entwicklungssatzung die Enteignungsvoraussetzungen pauschal für alle Grundstücke zu überprüfen sind, erfolgt der Grunderwerb regelmäßig - wie beim vertraglichen Zwischenerwerbsmodell - durch Kauf oder Tausch. Als Voraussetzung im konkreten Enteignungsverfahren wird der freihändige Erwerb des Grundstücks zu angemessenen Bedingungen ausdrücklich in § 169 Abs. 3 Satz 2 BauGB gefordert. Die Grunderwerbspflicht gem. § 166 Abs. 3 BauGB ist als Ermächtigung für den freihändigen - gesetzlich gewünschten - Grunderwerb zu verstehen.[3]

Darüber hinaus weist die Entwicklungsmaßnahme weitere Ähnlichkeiten mit dem vertraglichen Zwischenerwerbsmodell auf: Viele Vorschriften des Entwicklungsrechts weisen den Weg für **kooperatives** Handeln bzw. Vertragslösungen mit den Eigentümern. Hierzu zählen:

- die allgemeine Mitwirkungsklausel des § 137 BauGB,

- die Vorschriften über den Sozialplan (§ 180 BauGB),

- die Übertragung von Ordnungsmaßnahmen auf den Eigentümer (§ 169 Abs. 1 Nr. 2 BauGB i.V.m. § 147 Abs. 2 BauGB),

---

[1] Vgl. Krautzberger, Güttler, Bodenvorratspolitik der Gemeinden, Städte- und Gemeindebund 1983, S. 7 (14)

[2] Darüber hinaus würde sich eine Enteignung nach Rechtsverbindlichkeit des Bebauungsplans bodenwirtschaftlich nachteilig auswirken, da für Enteignungsentschädigungen mindestens die Qualität Rohbauland zugrundegelegt werden müßte. Vgl. Abschnitt 2.3.3

[3] In § 169 Abs. 5 BauGB heißt es ausdrücklich, daß die Gemeinde verpflichtet ist, Grundstücke, die sie zur Durchführung der Entwicklungsmaßnahme **freihändig** oder nach den Vorschriften des BauGB (also z.B. durch Ausübung des Vorkaufsrechts oder durch Enteignung) erworben hat, wieder zu veräußern.

VI. Zur Bedeutung - Außenentwicklungsmaßnahmen

- die Vorschriften über die Erhebung von Ausgleichsbeträgen (§ 166 Abs. 3 BauGB und § 170 BauGB i.V.m. den §§ 154 f BauGB), die eine vertragliche Absprache nicht ausschließen[1] sowie
- die Vorschrift über die Ausnahmen von der Grunderwerbspflicht (§ 166 Abs. 3 Nr. 1 und insbesondere Nr. 2 BauGB), die gegenüber dem StBauFG/ BauGB 1987 wesentlich ausgeweitet wurde.

Gerade die letztgenannte Vorschrift gibt der Gemeinde nicht nur die Möglichkeit zum kooperativen Handeln, sondern schreibt dies ausdrücklich vor (Soll-Vorschrift). Bei Außenentwicklungsmaßnahmen kommt ein solches Absehen von der Erwerbspflicht für Grundstücke oder Teile davon z.b. dann in Betracht, wenn ein Privateigentümer oder eine Wohnungsbaugesellschaft[2] größere, zusammenhängende Flächen im Entwicklungsbereich besitzen.

Das vertragliche Zwischenerwerbsmodell führt nur dann zum Erfolg, wenn genügend (kleinere) **Bauerwartungslandreserven** im Flächennutzungsplan dargestellt sind und die Gemeinde einen gewissen Bestand an Grundbesitz hat.[3] Dadurch erhält die Gemeinde erst einen Spielraum für die Standortfestlegung von Baugebieten und kann bei Nichtverkaufsbereitschaft einzelner Eigentümer oder bei Verengung des Grundstücksmarkts mit Preissteigerungen in einem Gebiet auf einen alternativen Standort mit preisgünstigeren Ankaufsmöglichkeiten und verkaufsbereiten Grundstückseigentümern wechseln. Diese Möglichkeiten sind aber in der städtebaulichen Praxis vieler Gemeinden nicht mehr gegeben. Entwicklungsmaßnahmen sind im Vergleich hierzu besser geeignet, wenn die Baulandreserven einer Gemeinde knapp sind und die Bodenpreise spekulativ in die Höhe treiben.

Da bei vertraglichen Zwischenerwerbsmodellen die von der Gemeinde zu erwerbenden Grundstücke i.d.R. nach der Qualität Bauerwartungsland (u.U. Rohbauland) zu bemessen sind, eignen sich diese Modelle eher in **ländlichen Gebieten mit einem niedrigen Bodenpreisniveau**. Für Gebiete mit einem höheren Bauerwartungspreisniveau können nicht unerhebliche Finanzierungsprobleme entstehen. Die Entwicklungsmaßnahme bietet dann einen Vorteil, wenn Bauerwartungslandpreise als entwicklungsbedingt ausgeklammert werden können.

In der Praxis sind Zwischenerwerbsmodelle auch nur in kleineren Gemeinden bekannt geworden. *Krautzberger* und *Güttler* führten dies Anfang der achtziger Jahre u.a. darauf zurück, daß den größeren Städten häufig die erforderlichen Verfügungsflächen für eine aktive Baulandpolitik fehlen.[4] Dies hat sich bis heute nicht geändert. Außerdem mangele es vor allem in Großstädten - ange-

---

1 Vgl. Schmidt-Aßmann, a.a.O. Solche vertraglichen Regelungen können Ablösungsvereinbarungen nach § 154 Abs. 3 Satz 2 BauGB oder sonstige vertragliche Übereinkünfte sein, vgl. auch Stich in: Berliner Kommentar zum Baugesetzbuch, § 154 Rdnr. 26
2 Vgl. Runkel, Städtebauliche Entwicklungsmaßnahmen nach dem Maßnahmengesetz zum Baugesetzbuch, ZfBR 1991, S. 91 (97)
3 Vgl. Baulandbericht 1983, a.a.O., S. 74 f
4 Krautzberger, Güttler, Bodenvorratspolitik der Gemeinden, Städte- und Gemeindebund 1983, S. 7 (14)

sichts der hohen Sensibilität, die von allen Beteiligten bei vertraglichen Baulandmodellen verlangt wird - an der Bereitschaft für einvernehmliche Regelungen.[1] Wenn aber notwendige Stadterweiterungsmaßnahmen nicht durch kooperative Zwischenerwerbsmodelle verwirklicht werden können, bleiben den Gemeinden nur noch hoheitliche Instrumente. Da der amtlichen Umlegung in Bezug auf die Verwirklichung ganz bestimmter Ziele und Zwecke einer Maßnahme Grenzen gesetzt sind, kommt häufig nur noch eine Entwicklungsmaßnahme in Betracht, die auch nach Erlaß einer Entwicklungssatzung **für vertragliche Lösungen offen** ist.

In der Praxis kommen auch vertragliche Zwischenerwerbsmodelle zur Anwendung, bei denen der Ankaufspreis den Eigentümern nicht sofort gezahlt, sondern erst später mit der Rückübereignung einiger Baugrundstücke "verrechnet" wird.[2] Hierdurch können Zwischenerwerbskosten zumindest in der Grunderwerbsphase vermieden werden.[3] Die Bereitschaft der Eigentümer eine solche Regelung zu treffen, wird aber nur dann vorliegen, wenn die Baulandmaßnahme sehr zügig durchgeführt werden kann, d.h. Bebauungsplanung und Erschließung innerhalb kurzer Zeit erfolgen. Freilich sind diese vertraglichen Regelungen auch bei Entwicklungsmaßnahmen denkbar.

Daß bei Entwicklungsmaßnahmen besondere Kriterien für die Grundstücksvergabe - wie bei den vertraglichen Zwischenerwerbsmodellen - berücksichtigt werden können, belegen die Beispiele aus der Untersuchung städtebaulicher Entwicklungsmaßnahmen alten Rechts.[4] Sie zeigen auch, daß - entsprechend der Praxis bei den vertraglichen Zwischenerwerbsmodellen - Baulandpreise unterhalb des Marktniveaus sowie bestimmte vertragliche Bindungen, wie z.B. eine Bauverpflichtung des Erwerbers, üblich sind.[5]

b) Modelle zur Sicherung von Baulandflächen unter Vermeidung des Zwischenerwerbs

Ein weiteres Vertragsmodell in der kommunalen Praxis zeichnet sich dadurch aus, daß es den gemeindlichen Zwischenerwerb i.d.R. vermeidet, aber die Sicherung bzw. Mobilisierung des Baulands - häufig zugunsten bestimmter Personenkreise (z.B. Einheimische) - zum Ziel hat. Das Modell sieht eine Kaufoption für die Gemeinde vor; es müssen sich alle Grundstückseigentümer eines von der Gemeinde in Aussicht gestellten Bebauungsplangebiets bereit erklären, ein - durch Auflassungsvormerkung dinglich gesichertes - befristetes

---

[1] Ebenda
[2] Vgl. Krautzberger, Die "erweiterte Umlegung": Gesetzentwurf, Reformansatz und bodenpolitische Praxis, VR 1982, S. 374 (382)
[3] Eine Verrechnung kann aber bei Verkauf der Baugrundstücke an die Alteigentümer erfolgen, wenn diese den Kaufpreis für ihre früheren Grundstücke der Gemeinde nicht "stunden" wollen.
[4] Vgl. Kap. IV und Anhang
[5] Bauverpflichtungen werden bei Zwischenerwerbsmodellen nicht immer vereinbart werden können, wenn Alteigentümer den Rückkauf mehrerer Baugrundstücke, die nicht alle sofort bebaut werden sollen, anstreben. Lehnt die Gemeinde dies ab, so käme der Vertrag nicht zustande.

Kaufangebot (z.B. auf 10 Jahre) abzugeben.[1] Statt eines Ankaufsrechts kann der Gemeinde auch ein Vorkaufsrecht für den Fall der Veräußerung eingeräumt werden.[2] Darüber hinaus werden im Vorfeld der Planung schon vertragliche Regelungen über die maximale Höhe des späteren Baulandpreises und über Bauverpflichtungen getroffen. Ankaufs- bzw. Vorkaufsrecht werden von der Gemeinde nur ausgeübt, wenn das Ziel der Maßnahme, nämlich die Baulandbereitstellung und -mobilisierung (für bestimmte Personenkreise) zu angemessenen Preisen, nicht anders zu erreichen ist. Auch bei diesen Modellen plant und erschließt die Gemeinde nur, wenn die Eigentümer Verkaufsbereitschaft zeigen und mit dem Vertragswerk einverstanden sind. Wo dies nicht möglich ist, weicht die Gemeinde auf ein anderes potentielles Baugebiet aus. Auf die Schwierigkeiten dieser Vorgehensweise wurde schon im vorangegangenen Abschnitt hingewiesen.[3]

Diese Modelle eignen sich für umfassende, städtebaulich integrierte Gesamtmaßnahmen weniger oder gar nicht. Die Sicherung sämtlicher Bauflächen im Vorfeld der Planung wird nicht möglich sein, wenn die konkreten Ziele und Zwecke einer Maßnahme noch nicht bekannt sind. Deshalb eignet sich dieses Modell nur, wenn von vornherein die Nutzungsfestsetzungen i.w. feststehen, so wie das bei den o.g. Einheimischenmodellen der Fall ist. Bei größeren Baugebieten bzw. Gebieten mit stark zersplittertem Grundeigentum kann ohnehin nicht auf bodenordnerische Maßnahmen (z.B. amtliche oder freiwillige Umlegung) oder kommunalen Zwischenerwerb verzichtet werden.

Auch diese Modelle wurden in der kommunalen Praxis nur vereinzelt und in kleineren Gemeinden am Rande von Großstädten und in Fremdenverkehrsgebieten - i.w. im bayerischen Raum zur Sicherung von Wohnbauland für Einheimische - angewandt.[4] Außerdem hat deren praktische Bedeutung in der letzten Zeit abgenommen, da Gemeinden, die vertragliche Lösungen zur Baulandbeschaffung suchen, den Zwischenerwerb aller Grundstücke eines geplanten Baugebiets anstreben.[5]

---

1 Vgl. z.B. das Weilheimer Modell, dargestellt in Glück: Mehr Bauland ist möglich, München 1981, S. 72 ff und im Baulandbericht 1983, a.a.O., S. 76 f
2 Vgl. z.B. das Traunsteiner Modell, dargestellt in: Glück, a.a.O., S. 77 ff. Beim Traunsteiner- wie beim Weilheimer Modell wird mit der Gemeinde ein Zustimmungsvorbehalt bei Verpflichtungs- und Verfügungsgeschäften vereinbart - ähnlich der Genehmigungspflicht nach § 169 Abs. 1 Nr. 1 BauGB i.V.m. §§ 144, 145 BauGB.
3 Zu anderen Varianten dieses Vertragsmodells vgl. z.B. Krautzberger, Güttler, a.a.O., S. 11 f; Baulandbericht 1983, a.a.O., S. 76 f
4 Vgl. Baulandbericht 1983, a.a.O., S. 76 f
5 Vgl. Jahn, Einheimischenmodelle in Bayern - Rechtsfragen kommunaler Bau- und Bodenpolitik, Bay.Vbl. 1991, S. 33

c) Freiwillige Umlegungen

Unzulänglichkeiten der amtlichen Umlegung nach den §§ 45 ff BauGB, so z.B. die als zu lang empfundene Dauer des Umlegungsverfahrens, führten in der Praxis dazu, daß Gemeinden und Grundeigentümer vertragliche Vereinbarungen zur Bodenordnung und weiteren Planrealisierung getroffen haben (sog. freiwillige Umlegung).[1] Solche freiwilligen Umlegungen weisen Ähnlichkeiten mit der amtlichen Umlegung auf: Sämtliche Grundstücke eines geplanten Baugebiets werden zu einem Grundstück vereinigt.[2] Eigentümer des neugebildeten Grundstücks ist entweder eine Gesellschaft bürgerlichen Rechts, deren Gesellschafter sich aus den Eigentümern zusammensetzen oder eine andere private Gesellschaft[3], die als treuhänderischer Träger das freiwillige Umlegungsverfahren durchführt.

Kennzeichnend für freiwillige Umlegungsverfahren ist der Anspruch der Eigentümer auf Rückübertragung der neu gebildeten Grundstücke. Häufig wird in Umlegungsverträgen die sinngemäße Anwendung der Vorschriften des BauGB über die amtliche Umlegung vereinbart. Darüber hinaus werden aber zusätzliche, vom BauGB abweichende Regelungen getroffen. Oft werden höhere Flächenbeiträge vereinbart als dies bei amtlichen Flächenumlegungen nach § 58 BauGB möglich wäre. Die höheren Flächenbeiträge sollen vor allem notwendige Flächen für Gemeinbedarfs- und Folgeeinrichtungen sowie für den sozialen Wohnungsbau sichern; es zeigt sich nämlich in der Praxis, daß der maximal zulässige Flächenbeitrag nach § 58 BauGB von 30 % nicht immer ausreicht, um diese Flächen im Wege der Umlegung zu erhalten.[4] Deshalb wird seit einiger Zeit gefordert, den maximal zulässigen Flächenbeitrag in Neuerschließungsgebieten auf 50 % heraufzusetzen.[5]

Über den zusätzlichen Flächenbeitrag hinaus wurden bei freiwilligen Umlegungen in der Praxis weitere planrealisierende Maßnahmen zur Verwirklichung eines Bebauungsplans getroffen. Das Einverständnis der Beteiligten vorausgesetzt, können Regelungen über die Erschließung und die Erschließungsbeiträge vereinbart werden.[6] Auch die Einsetzung einer städtebaulichen Oberleitung zur Überwachung der einzelnen Bauvorhaben ist denkbar sowie Vereinbarungen

---

1 Vor allem in Baden-Württemberg wurden in der Vergangenheit freiwillige Umlegungsverfahren verstärkt durchgeführt, vgl. hierzu: Steger, Freiwillige Bauland-Umlegungen in Baden-Württemberg, Rechtsfragen - Ergebnisse einer Umfrage, BWGZ 1982, S. 661

2 Allerdings werden in der amtlichen Umlegung nach den §§ 45 ff BauGB die einzelnen Grundstücke nicht im rechtlichen, sondern nur im rechnerischen Sinn zu einem Grundstück zusammengefaßt.

3 Z.B. Siedlungsentwicklungsgesellschaft. Vgl. hierzu auch Dieterich, Baulandumlegung, 2. Auflage 1990, Rdnr. 483 ff

4 In Stuttgart ging man in den siebziger Jahren dazu über, Bebauungspläne, in denen überwiegend Flächen für den sozialen Wohnungsbau festgesetzt wurden, über freiwillige Umlegungen mit einem gegenüber dem amtlichen Verfahren zusätzlichen Flächenbeitrag von 20 % für den sozialen Wohnungsbau zu realisieren (Sozialbeitrag). Allerdings wurde auch die Hälfte des Mehrbedarf an Verkehrs- und Grünflächen übersteigenden Umlegungsvorteils an die Stadt abgetreten. Bei einem 15 %igen Verkehrs- und Grünflächenanteil ergab sich damit ein maximal möglicher Flächenabzug von 42,5 %. Zum "Stuttgarter Modell" vgl. Tesmer, Das Stuttgarter Modell, ZfV 1971, S. 161; Dieterich, Baulandumlegung, a.a.O., Rdnr. 494 mit weiteren Hinweisen.

5 Vgl. z.B. Bund-Länder-Kommission "Wohnbauland", Bericht 1991, S. 48

6 Auch kombinierte Umlegungs- und Erschließungsverträge sind denkbar.

über nachbarrechtliches Verhalten der einzelnen Beteiligten untereinander im Baugenehmigungsverfahren.[1]

Freiwillige Umlegungsverfahren stoßen schnell an ihre Grenzen: Läßt sich manches möglicherweise zwangsweise im amtlichen Umlegungsverfahren regeln (z.B. Abfindung in Geld bei einem Kleinstückeigentümer), so scheitern freiwillige Umlegungen schon dann, wenn nur ein einziger Eigentümer bestimmte Vereinbarungen nicht akzeptiert.[2] Die besonders starke Stellung jedes einzelnen Eigentümers darf bei freiwilligen Umlegungen nicht übersehen werden. Außerdem sind bei Neuerschließungsumlegungen häufig die gleichen Eigentümer (Landwirte) betroffen, die schon an anderer Stelle im Gemeindegebiet durch Planung und Bodenordnung Baugrundstücke erhalten haben. Diese sind möglicherweise zurückhaltend gegenüber weiteren Baulandaufschließungen,[3] wenn man zusätzlich bedenkt, daß die Veräußerungsgewinne aus Landverkäufen, die nicht in einen landwirtschaftlichen Betrieb reinvestiert werden, der Einkommensbesteuerung unterliegen.

Um eine zügige Durchführung der Umlegung zu erreichen, wurden im finanziellen Interesse der Eigentümer freiwillige Umlegungsverträge geschlossen, um einen geringeren als den gesetzlich möglichen Vorteilsausgleich bei amtlichen Umlegungen zu vereinbaren.[4] Angesichts der heutigen Bodenmarktsituation mit hohen, schnell steigenden Bodenpreisen und der begrenzten finanziellen Möglichkeiten der Gemeinden sollte von dieser Art der Subventionierung einzelner Grundstückseigentümer zu Lasten der gemeindlichen Haushalte und damit der Allgemeinheit abgesehen werden.

Freiwillige Umlegungsverfahren mit zusätzlichen Flächenbeiträgen für Gemeinbedarfs- und Folgeeinrichtungen, sozialen Wohnungsbau und naturschutzrechtliche Ausgleichs- und Ersatzmaßnahmen werden, je höher ihr Anteil an der Gesamtfläche ist, immer weniger zustandekommen, vor allem dann, wenn eine amtliche Umlegung mehr Vorteile für die Eigentümer brächte. Außerdem stellt sich in rechtlicher Hinsicht die Frage, ob in diesen Fällen nicht die städtebauliche Entwicklungsmaßnahme der richtige Weg ist, da die erhöhten Flächenabzüge sich wie eine enteignende Maßnahme darstellen.[5]

Bebauungspläne, die ausschließlich eine gewerbliche Nutzung vorsehen und i.d.R. eine Umverteilung des gesamten Grundeigentums zur Realisierung voraussetzen, sind noch schwieriger durch freiwillige Umlegungsverfahren zu verwirklichen; jedenfalls ist eine zügige Realisierung des Bebauungsplans nicht mehr gewährleistet, wenn die Eigentümer sich nur zögernd zum Verkauf von Grundstücken entschließen.

---

1   Vgl. Tesmer, a.a.O., S. 165
2   Vgl. Dieterich, a.a.O., Rdnr. 476
3   Dies gilt auch für die schon besprochenen anderen Vertragsmodelle.
4   Vgl. Dieterich, a.a.O., Rdnr. 466
5   Vgl. auch Krautzberger, a.a.O., S. 385

Die freiwillige Umlegung hat - wie das Vertragsmodell zur Vermeidung eines gemeindlichen Zwischenerwerbs - in der Praxis an Bedeutung verloren.[1] Außerdem hat der Wegfall der Grunderwerbsteuerbefreiung für freiwillige Verfahren durch das GrEStG 1983 zu einem Ausweichen auf das amtliche Verfahren geführt. Ob der erhöhte Bedarf an Flächen für den sozialen Wohnungsbau wieder zu einem verstärkten Einsatz der freiwilligen Umlegung mit erhöhten Flächenabzügen führen wird, muß bezweifelt werden. Die städtebauliche Entwicklungsmaßnahme ist in diesen Fällen das geeignetere Instrument, weil sie zulässigerweise distributive Zweckbestimmungen (hier insbesondere die Berücksichtigung weiter Kreise der Bevölkerung) verfolgt.

Aus der Vielzahl unterschiedlicher städtebaulicher Verträge zur Baulandbereitstellung und -mobilisierung könnte geschlossen werden, daß hoheitliche Maßnahmen bzw. Instrumente im Städtebau nicht erforderlich seien. Kooperative Vertragsmodelle können aber öffentlich-rechtliche Instrumente zur Durchsetzung kommunaler Bodenpolitik häufig nur schwer ersetzen. Denn städtebauliche Verträge beruhen auf dem **Prinzip der Freiwilligkeit**. Es bedarf immer des Einverständnisses aller Beteiligten. Ausschließlich kooperative Vertragsmodelle versagen aber dort, wo allokative und distributive Ziele und Zwecke, die zulässigerweise im Rahmen von städtebaulichen Entwicklungsmaßnahmen verfolgt werden dürfen, nicht oder nur unzureichend erreicht werden. Auch der Gesamtmaßnahmencharakter einer städtebaulichen Entwicklungsmaßnahme kann nicht immer durch kooperative Vertragsmodelle ersetzt werden. Weiterhin erscheint wichtig, daß die Gemeinde ein Zwangsinstrument wie die Enteignung benötigt, um eine vom Allgemeinwohl geforderte städtebauliche Maßnahme auch gegen den Willen der betroffenen Eigentümer durchsetzen zu können.

Dennoch gebietet der rechtsstaatliche Grundsatz des Übermaßverbots, vertragliche Mittel (und auch weniger einschneidende öffentlich-rechtliche Mittel) nicht von vornherein auszuschließen. Allerdings kann von den Gemeinden nicht gefordert werden, alle nur erdenklichen vertraglichen Modelle zur Baulandbereitstellung und -mobilisierung in Erwägung zu ziehen und mit den Eigentümern versuchen zu wollen. Dies würde in vielen Fällen dazu führen, daß Maßnahmen im Sinne von städtebaulichen Entwicklungsmaßnahmen nicht zur Durchführung gelangten.

Städtebauliche Verträge zwischen der Gemeinde als Verfahrensträgerin und den Grundstückseigentümern zur Abwendung von städtebaulichen Entwicklungsmaßnahmen sind als öffentlich-rechtliche Verträge im Sinne des § 54 VwVfG des Bundes oder der Länder einzustufen, da Gegenstand und Zweck des Vertrags ein Sachverhalt ist, der öffentlich-rechtlich (durch das BauGB) geregelt ist.[2] Hieraus ergeben sich weitergehende Schutzvorkehrungen zugunsten des privaten Vertragspartners, als dies bei privatrechtlichen Verträgen der Fall ist.

---

1   Vgl. Dieterich, a.a.O., S. V und von der Heide, Entwicklung der Bodenordnung in Stuttgart, VR 1989, S. 267

2   Zur allgemeinen Problematik der Rechtsnatur städtebaulicher Verträge (öffentlich- oder privatrechtlich) siehe z.B. Schmidt-Aßmann, Krebs, a.a.O.

Da man weiterhin davon auszugehen hat, daß es sich hierbei um sog. Austauschverträge im Sinne des § 56 VwVfG handelt,[1] gelten für solche Verträge die Grundsätze der Angemessenheit und des Koppelungsverbots (§ 56 Abs. 1 Satz 2 VwVfG).[2] Die Gegenleistung des privaten Vertragspartners der Behörde muß den gesamten Umständen nach angemessen sein und im sachlichen Zusammenhang mit der vertraglichen Leistung der Behörde stehen. Dies kann bei **Verträgen zur Abwendung einer Entwicklungsmaßnahme** dann nicht in Zweifel gezogen werden, wenn mit ihnen nichts anderes geregelt wird, als das, was den Zielen und Zwecken einer städtebaulichen Entwicklungsmaßnahme entspricht. Abwendungsverträge, durch die sich die privaten Eigentümer zum Verkauf ihrer Grundstücke zum "entwicklungsunbeeinflußten Wert", der im Rahmen einer städtebaulichen Entwicklungsmaßnahme zulässig wäre, verpflichten, sind nicht zu beanstanden, da es vertraglich zu keinerlei Abweichungen vom gesetzlichen Entwicklungsmodell kommt.[3]

2.3.5 Vorhaben- und Erschließungsplan

Es stellt sich heute die Frage, ob nicht anstelle einer Entwicklungsmaßnahme ein Vorhaben- und Erschließungsplan gem. § 7 BauGB-MaßnahmenG, der erstmals in der ehemaligen DDR durch die BauZVO von 1990 eingeführt wurde, aufgestellt werden kann. Denn der Vorhaben- und Erschließungsplan kann wie Entwicklungsmaßnahmen zum Ziel haben, Arbeitsplätze zu schaffen bzw. zu sichern, den Wohnbedarf der Bevölkerung zu decken oder erforderliche Infrastrukturmaßnahmen bereitzustellen.[4] Er ist ein Mittel, mit dem schneller und einfacher als mit einem Bebauungsplan die planungsrechtliche Grundlage für Investitionen geschaffen[5] und auf dessen Grundlage relativ kurzfristig das beabsichtigte Vorhaben einschließlich Erschließung realisiert werden kann. Der Vorhaben- und Erschließungsplan ist ein gesetzlich verankertes Instrument für public private partnerships zwischen Investor und Gemeinde (und Ge-

---

[1] So hat der Bay. VGH in seinem Urteil vom 11.4.1990 - 1 B 85 A.1480 - Bay. Vbl. 1991, S. 47, festgestellt, daß für alle Verträge eines Privaten mit einer Behörde auf einem Gebiet auf dem ein Über- und Untergeordnetenverhältnis besteht (sog. subordinationsrechtliche Verträge), Art. 56 Abs. 1 Bay. VwVfG (entspricht § 56 Abs. 1 VwVfG des Bundes und der anderen Länder) gilt, daß es sich also um Austauschverträge handelt.

[2] Vgl. z.B. Stelkens/Bonk/Leonhardt, Verwaltungsverfahrensgesetz, Kommentar, 3. Auflage, 1990, § 56 Rdnr. 40 ff. Doch auch ein von der Gemeinde privatrechtlich abgeschlossener städtebaulicher Vertrag darf hinter den rechtsstaatlichen Schutzstandards des öffentlich-rechtlichen Vertrages nicht zurückbleiben, vgl. Krebs, Konsensuales Verwaltungshandeln im Städtebaurecht, DÖV 1989, S. 969 (975)

[3] Denkbar wären auch Verträge mit einem höheren Wert, der aber immer noch unter dem entwicklungsunbeeinflußten Wert liegt. Vgl. hierzu auch Krautzberger, Ziele und Voraussetzungen städtebaulicher Entwicklungsmaßnahmen, WiVerw 1993, S. 85 (103), der von städtebaulichen Verträgen "unterhalb der Schwelle der expliziten Anwendung des städtebaulichen Entwicklungsrechts ... aber 'im Geiste' dieses Instruments" spricht.

[4] Dies war ausdrücklich für die neuen Bundesländer in § 246 a Abs. 1 Satz 1 Nr. 6 BauGB 1987 i.V.m. § 55 Abs. 1 Nr. 2 BauZVO geregelt. Mit der Neufassung der Vorschriften über den Vorhaben- und Erschließungsplan durch das InV-WoBaulG vom 22.4.1993 kann der Vorhaben- und Erschließungsplan ganz allgemein zur Regelung der Zulässigkeit von Vorhaben eingesetzt werden (§ 7 BauGB-MaßnahmenG).

[5] Vgl. Hauth, Der Vorhaben- und Erschließungsplan, LKV 1991, S. 363

nehmigungsbehörde in den neuen Bundesländern[1]). Er bietet sich überall dort an, wo ein Vorhabenträger ein oder mehrere konkrete Vorhaben nach § 29 BauGB innerhalb einer bestimmten Frist baldmöglichst durchführen will.

Dieses Instrument ist aber **weniger für umfassende städtebauliche Maßnahmen** wie die städtebauliche Entwicklungsmaßnahme geeignet. Hinsichtlich des Raumbezugs sind städtebauliche Entwicklungsbereiche regelmäßig größer als Flächen, für die ein Vorhaben- und Erschließungsplan aufgestellt wird. Dagegen ist eine städtebauliche Entwicklungsmaßnahme eine Gesamtmaßnahme, die alle beabsichtigten Vorhaben und Erschließungsmaßnahmen erfaßt und damit - im Vergleich zum Vorhaben- und Erschließungsplan - eine bessere Koordinierung aller Maßnahmen gewährleistet.

Im Gegensatz zum Vorhaben- und Erschließungsplan werden zu Beginn einer Entwicklungsmaßnahme nicht sämtliche Vorhabenträger bekannt bzw. in der Lage sein, ihr jeweiliges Vorhaben baldmöglichst zu realisieren. Vorhaben- und Erschließungspläne sind aber nicht zulässig, wenn der Investor (noch) nicht konkret feststeht.[2] Auch ist im Unterschied zur Entwicklungsmaßnahme ein Vorhaben- und Erschließungsplan nicht zulässig, wenn ein Träger lediglich die Erschließung eines Baugebiets, nicht aber die Durchführung der konkreten Vorhaben (zur Schaffung von Wohn- und/oder Arbeitsplätzen) im Rahmen eines Durchführungsvertrages (städtebaulicher Vertrag i.S.d. § 6 BauGB-MaßnahmenG) übernehmen will.[3] Hinsichtlich des Zeitbezugs kommen Vorhaben- und Erschließungspläne eher bei kurzfristig (1 bis 2 Jahre), städtebauliche Entwicklungsmaßnahmen bei mittelfristig angelegten Maßnahmen in Betracht.

Des weiteren müssen bei Vorhaben- und Erschließungsplänen in den neuen Bundesländern die Eigentumsverhältnisse geklärt sein, damit der Investor die Flächen erwerben kann, auf denen er sein Vorhaben ausführen möchte. Bei städtebaulichen Entwicklungsmaßnahmen genügt es, wenn die Eigentumsverhältnisse während des Verfahrens geklärt werden.

2.4   *Städtebauliche Entwicklungsmaßnahmen - Natur- und Landschaftsschutz*

2.4.1   *Allgemeines*

Es könnte der Verdacht aufkommen, daß städtebauliche Entwicklungsmaßnahmen ein Instrument der ungehemmten Außenentwicklung seien, bei denen die Belange des Umwelt- und Naturschutzes und der Landschaftspflege keine oder nur wenig Berücksichtigung finden.[4] Diese Annahme ist unbegründet. Da

---

1   § 246 a Abs. 1 Nr. 4 BauGB
2   Vgl. Söfker in: Bielenberg, Krautzberger, Söfker, Städtebaurecht in den neuen Ländern, 2. Auflage, Teil B Rdnr. 47
3   Ebenda
4   Vgl. z.B. die Stellungnahmen vom Bund für Umwelt und Naturschutz Deutschland e.V. (BUND) oder vom Deutschen Naturschutzring, Bundesverband für Umweltschutz (DNR) e.V. zur öffentlichen Anhörung von Sachverständigen zum Entwurf eines WoBauErlG, Stenographisches Protokoll der 62. Sitzung des Ausschusses für Raumordnung, Bauwesen und Städtebau vom 17.1.1990, S. 259 ff

VI. Zur Bedeutung - Außenentwicklungsmaßnahmen

für den gesamten Entwicklungsbereich Bebauungspläne aufzustellen sind, gelten hier selbstverständlich die materiellen Vorschriften über die Aufstellung von Bauleitplänen, insbesondere § 1 Abs. 5 und 6 BauGB. So wird in § 1 Abs. 5 Satz 1 BauGB der Schutz und die Entwicklung der natürlichen Lebensgrundlagen und in § 1 Abs. 5 Satz 3 BauGB der sparsame und schonende Umgang mit Grund und Boden (Bodenschutzklausel) gefordert. Landwirtschaftlich und als Wald genutzte Flächen sollen nur im notwendigen Umfang für andere Nutzungszwecke vorgesehen werden (§ 1 Abs. 5 Satz 4 BauGB). Bei der Aufstellung von Bauleitplänen sind die Belange des Umweltschutzes, des Naturschutzes und der Landschaftspflege (§ 1 Abs. 5 Satz 2 Nr. 7 BauGB) zu berücksichtigen und in die Abwägung nach § 1 Abs. 6 BauGB einzubeziehen. Diese Belange ergeben sich im einzelnen aus den verschiedenen Fachgesetzen, so z.B. dem Bundesnaturschutzgesetz (BNatSchG), dem Bundeswaldgesetz, den landesrechtlichen Naturschutz- und Waldgesetzen bzw. -verordnungen, dem Abfallgesetz oder dem Bundesimmissionsschutzgesetz.[1]

Die verschiedenen Belange sind bei Entwicklungsmaßnahmen bereits im Rahmen der Aufstellung der Ziele und Zwecke der Maßnahme vor förmlicher Festlegung eines Entwicklungsbereichs, d.h. schon vor Aufstellung eines Bebauungsplans, zu berücksichtigen, soweit dies zu diesem Zeitpunkt sachlich möglich ist. Das ergibt sich aus dem entwicklungsrechtlichen Abwägungsgebot nach § 165 Abs. 3 Satz 2 BauGB. Außerdem sind bei Entwicklungsmaßnahmen die Träger öffentlicher Belange und hier insbesondere die Naturschutzbehörden gem. § 165 Abs. 4 Satz 6 BauGB i.V.m. § 139 BauGB noch frühzeitiger als in der Bauleitplanung zu beteiligen.

Entwicklungsmaßnahmen ermöglichen einen **schonenden Umgang mit Grund und Boden**, da sie i.d.R. zu einer vollständigen Bebauung von Baugebieten führen. Es bleiben keine Baugrundstücke als Baulücken zurück, wie z.B. nach durchgeführten Umlegungsverfahren, da die Gemeinde die Grundstücke nur an bauwillige Interessenten veräußert. Die untersuchten Entwicklungsmaßnahmen alten Rechts belegen, daß eine vollständige Bebauung im Entwicklungsbereich erreicht werden kann. Dadurch können Baulandausweisungen in anderen Teilbereichen der Gemeinde und damit eine weitere Flächeninanspruchnahme und eine Landschaftszersiedelung vermieden werden.

Schonender Umgang mit Grund und Boden ist bei Entwicklungsmaßnahmen auch deshalb möglich, weil die Gemeinde als Zwischeneigentümerin mehr Einfluß auf die Bebauungsplanung besitzt. So kann sie z.B. das mit einer Entwicklungsmaßnahme verfolgte Ziel eines flächensparenden Bauens im Zuge der Grundstücksneuordnung besser verwirklichen. Der Baulandbereitstellungsprozeß in den Niederlanden, der generell im Wege des kommunalen Zwischenerwerbs durchgeführt wird,[2] belegt dies eindrucksvoll. Dort beträgt die Siedlungsfläche etwa 320 m² pro Einwohner, während sie in den alten Bundesländern bei 580 m² liegt.[3]

---

[1] Vgl. Krautzberger in: Battis/Krautzberger/Löhr, BauGB, 3. Auflage, § 1 Rdnr. 76 f
[2] Vgl. Abschnitt 2.5 in diesem Kapitel
[3] Bezogen auf das Jahr 1985; vgl. Dransfeld, Voß, Funktionsweise städtischer Bodenmärkte in Mitgliedstaaten der europäischen Gemeinschaft - Ein Systemvergleich, Diss., Dortmund 1993, S. 198

2.4.2 Bauleitplanung, Naturschutzrecht und städtebauliche Entwicklungsmaßnahmen

Der Bebauungsplan ist zwar i.S.d. naturschutzrechtlichen Eingriffsregelung nicht als Eingriff in Natur und Landschaft (§ 8 BNatSchG)[1] zu werten; da er aber die Voraussetzungen für einen Eingriff schafft, nämlich dem einzelnen Baurecht zur Durchführung eines Bauvorhabens einräumt, hat die Prüfung der naturschutzrechtlichen Eingriffsregelung auf der Ebene der Bauleitplanung im Rahmen des Abwägungsprozesses nach § 1 Abs. 6 BauGB zu erfolgen. Dies wurde mit der Novellierung des BNatSchG durch das InV-WoBauLG in § 8 a Abs. 1 BNatSchG klargestellt. Zusätzliche naturschutzrechtliche Anforderungen können nicht mehr auf der Baugenehmigungsebene gestellt werden.[2]

Ergibt die planerische Abwägung, daß Eingriffe nicht vermeidbar sind (§ 8 Abs. 2 Satz 1 (2. Alternative) BNatSchG), so ist über notwendige Ausgleichsmaßnahmen und bei nicht ausgleichbaren oder vorrangigen, aber zulässigen Eingriffen über Ersatzmaßnahmen (§ 8 Abs. 9 BNatSchG)[3] und die dafür erforderlichen Flächen zu entscheiden.

Bei Neuerschließungsgebieten im Außenbereich sollten grundsätzlich, soweit dies möglich ist, Ausgleichs- bzw. Ersatzflächen i.S.d. Naturschutzrechts im Bebauungsplanbereich vorgesehen werden (§ 8 a Abs. 1 Satz 2 BNatSchG). Als Festsetzungsmöglichkeiten hierfür kommen § 9 Abs. 1 Nr. 10, 15, 16, 18 b, 23, 24, 25 und insbesondere Nr. 20 BauGB in Frage,[4] wonach neben den Flächen für die Maßnahmen zum Schutz, zur Pflege und zur Entwicklung von Natur und Landschaft auch die Maßnahmen selbst festgesetzt werden können, die sich als naturschutzrechtliche Ausgleichs- und Ersatzmaßnahmen darstellen.

Die Schwierigkeit zur Verwirklichung solcher Festsetzungen, wenn sie nicht innerhalb der Bauflächen getroffen werden, besteht im besonderen darin, daß häufig weder die Gemeinden noch die für Ausgleichs- und Ersatzmaßnahmen zuständigen Behörden noch die späteren Eingriffsverursacher Eigentümer

---

[1] Nach der Eingriffsregelung in § 8 Abs. 1 BNatSchG sind Eingriffe in Natur und Landschaft Veränderungen der Gestalt oder Nutzung von Grundflächen, die die Leistungsfähigkeit des Naturhaushalts oder das Landschaftsbild erheblich oder nachhaltig beeinträchtigen können. Vermeidbare Beeinträchtigungen von Natur und Landschaft sind zu unterlassen, unvermeidbare Beeinträchtigungen sind durch Maßnahmen des Naturschutzes und der Landschaftspflege auszugleichen (§ 8 Abs. 2 BNatSchG). Ein Eingriff ist nach § 8 Abs. 3 BNatSchG zu untersagen, wenn die Beeinträchtigungen nicht zu vermeiden oder nicht im erforderlichen Maße auszugleichen sind und bei der Abwägung die Naturschutzbelange vorgehen.

[2] Anforderungen naturschutzrechtlicher Art ergeben sich ausschließlich aus dem Bebauungsplan i.V.m. einer kommunalen Satzung (§ 8 a Abs. 5 BNatSchG).

[3] Da Eingriffe infolge der Herstellung von baulichen - und Erschließungsanlagen aufgrund eines Bebauungsplans am Eingriffsort nicht voll auszugleichen sind, kommen regelmäßig naturschutzrechtliche Ersatzmaßnahmen in Betracht.

[4] So auch Gaentzsch in: Berliner Kommentar zum Baugesetzbuch, § 9 Rdnr. 47 f; derselbe, Bauleitplanung und Baugenehmigungspraxis unter den Anforderungen des Naturschutzes und der Umweltverträglichkeit, NuR 1990, S. 1 (6); Stahr, Wohnungsbauplanung und Naturschutz in Nordrhein-Westfalen, VR 1992, S. 207 (209); ablehnend: Stich, Naturschutzrechtliche Eingriffs- und Ausgleichsregelungen und ihre Auswirkungen auf die gemeindliche Bauleitplanung und die Umlegung in Bebauungsplangebieten, GuG 1992, S. 301 (307 f), der allenfalls die Möglichkeit, nach § 9 Abs. 1 Nr. 20 BauGB Flächen für künftige Schutzmaßnahmen der Naturschutzbehörden freizuhalten, für zulässig hält. Durch die Novellierung des BNatSchG durch das InV-WoBauLG wurden die Bedenken Stichs entkräftet (§ 8 a Abs. 1 Satz 2 BNatSchG).

VI. Zur Bedeutung - Außenentwicklungsmaßnahmen

dieser Flächen sind. Festsetzungen im Bebauungsplan, z.B. nach § 9 Abs. 1 Nr. 20 BauGB, reichen daher im allgemeinen nicht aus, um die Verwirklichung der naturschutzrechtlichen Ersatzmaßnahmen zu gewährleisten.

Hier sind Entwicklungsmaßnahmen als städtebauliche Gesamtmaßnahmen besonders geeignet, die Belange des Naturschutzes und der Landschaftspflege vollständig im Rahmen des städtebaurechtlichen, d.h. entwicklungs- und bauleitplanrechtlichen Abwägungsprozesses zu berücksichtigen und zum Ausgleich zu bringen. Sie bieten praktikable Lösungsmöglichkeiten, um den Vollzug der Eingriffsregelung nach §§ 8 und 8 a BNatSchG zu gewährleisten. Bei Entwicklungsmaßnahmen kann noch früher als in der anschließenden Bebauungsplanung das Erfordernis von Ausgleichs- und Ersatzmaßnahmen berücksichtigt werden und zwar im Rahmen der Voruntersuchungen zur Entwicklungsbereichsabgrenzung. Die **Einbeziehung von Ausgleichs- und Ersatzflächen in den Entwicklungsbereich** ermöglicht eine sinnvolle Koordinierung der Naturschutzmaßnahmen im späteren Bebauungsplanverfahren. Die Entwicklung eines Neuerschließungsgebiets kann damit zweckmäßiger durchgeführt werden.

Durch § 165 Abs. 5 Satz 1 BauGB wird die Möglichkeit zur Einbeziehung von Ausgleichs- und Ersatzflächen in den Entwicklungsbereich geschaffen. Dem Entwicklungsrecht kann nicht entnommen werden, daß solche Flächen nicht in den Entwicklungsbereich einbezogen werden dürfen. Obwohl Ausgleichs- bzw. Ersatzmaßnahmen in § 165 Abs. 2 Satz 2 BauGB nicht explizit als zulässiger Zweck von Entwicklungsmaßnahmen genannt werden,[1] sind sie heute in aller Regel erforderlich, um eine bauliche Nutzung, insbesondere im bisherigen Außenbereich, zu ermöglichen. Insofern können Ausgleichs- bzw. Ersatzmaßnahmen mit Erschließungsmaßnahmen nach § 123 BauGB verglichen werden, die zur Baureifmachung von Grundstücken erforderlich sind.

Einer Einbeziehung von naturschutzrechtlichen Ausgleichs- bzw. Ersatzflächen in den Entwicklungsbereich könnte entgegengehalten werden, daß dies aus städtebaulicher Sicht nicht erforderlich sei. Jedoch müssen sich der Städtebau im allgemeinen und städtebauliche Entwicklungsmaßnahmen im besonderen nach dem Prinzip der Vorsorge und Vermeidung von Umweltbeeinträchtigungen richten, um divergierende Nutzungsinteressen auszugleichen. Da nach § 169 Abs. 6 Satz 4 BauGB im Entwicklungsbereich land- oder forstwirtschaftlich zu nutzende Grundstücke festgesetzt werden können, um Landwirten Ersatzland innerhalb des Entwicklungsbereichs anbieten zu können, was aus städtebaulicher Sicht ebenfalls nicht erforderlich ist, läßt sich der Standpunkt, Ausgleichs- bzw. Ersatzflächen dürften nicht in den Entwicklungsbereich hineingenommen werden, nicht weiter vertreten.

Da die von Naturschutzbehörden gestellten Anforderungen zur Berücksichtigung der Naturschutzbelange zu Verzögerungen in der Bauleitplanung führen können, kann durch die Einbeziehung von Flächen für Ausgleichs- und Ersatzmaßnahmen in den Entwicklungsbereich und damit in die später aufzustellenden

---

[1] Bei weiter Auslegung des Begriffs der Folgeeinrichtungen in § 165 Abs. 2 Satz 2 BauGB könnten auch Ausgleichs- und Ersatzmaßnahmen hierzu gezählt werden.

Bebauungspläne die zügige Vorbereitung einer Entwicklungsmaßnahme eher gewährleistet werden.

Allerdings wird im Zeitpunkt der Entwicklungsbereichsabgrenzung und ebenfalls im Zeitpunkt der Aufstellung eines Bebauungsplans eine genaue Bestimmung des erforderlichen Umfangs der Ausgleichs- bzw. Ersatzmaßnahmen und der hierfür erforderlichen Flächen nicht immer möglich sein, vor allem dann, wenn es für die Beurteilung des Eingriffs und des erforderlichen Ausgleichs bzw. Ersatzes auf die zukünftige tatsächliche Nutzung, insbesondere Art und Maß der baulichen Nutzung, ankommt. Hieraus kann aber nicht geschlossen werden, daß generell Ausgleichs- und Ersatzflächen nicht in Entwicklungsbzw. Bebauungsplanbereiche einbezogen werden dürfen.[1] Auch zu Beginn einer Entwicklungsmaßnahme läßt sich anhand des Entwicklungskonzepts der Mindestumfang von naturschutzrechtlichen Maßnahmen abschätzen und bei der Entwicklungsbereichsabgrenzung berücksichtigen. Ergibt sich im weiteren Verlauf der Entwicklungsmaßnahme, daß zusätzliche Flächen im Anschluß an den bisherigen Entwicklungsbereich erforderlich sind, so käme eine Erweiterung des Entwicklungsbereichs in Betracht.

Durch die Einbeziehung von Flächen, die für den naturschutzrechtlichen Ausgleich oder Ersatz für mehrere bauliche Vorhaben bestimmt sind und deren Bebauungsplan-Festsetzungen den entsprechenden Baugrundstücksflächen zugeordnet (§ 8 a Abs. 1 Satz 4 BNatSchG) und auf Kosten der Vorhabenträger oder der Eigentümer dieser Grundstücke durchgeführt werden sollen (§ 8 a Abs. 3 Satz 2 BNatSchG)[2], ist die Vollzugsfrage i.w. geklärt. Da sich die Grunderwerbspflicht der Gemeinde auch auf diese Flächen erstreckt, kann die Durchführung der jeweiligen Naturschutzmaßnahmen sichergestellt werden: Grundstückszuordnungen nach § 8 a Abs. 1 Satz 4 BNatSchG lassen sich nun durch privatrechtliche Regelungen im Rahmen der Veräußerung der Baugrundstücke umsetzen. Notwendige Naturschutzmaßnahmen können nun zügig durchgeführt werden. Größere Verzögerungen oder gar ein Scheitern infolge der Schwierigkeiten bei der Durchsetzung solcher Maßnahmen können damit ausgeschlossen werden.

2.5 Vergleich mit dem Baulandbereitstellungsprozeß in den Niederlanden

Städtebauliche Entwicklungsmaßnahmen oder vertragliche Zwischenerwerbsmodelle zur Entwicklung neuer Baugebiete sind in der kommunalen Praxis in Deutschland bisher die Ausnahme. Dagegen wird der Baulandbereitstellungsprozeß in den Niederlanden vom kommunalen Zwischenerwerb aller Flächen in einem geplanten Baugebiet bestimmt. Deshalb soll im folgenden die Vorgehensweise der niederländischen Gemeinden zur Baulandversorgung dargestellt und mit städtebaulichen Entwicklungsmaßnahmen verglichen werden.

---

[1] So aber Stich, a.a.O., S. 305; durch die Novellierung des BNatSchG wurden diese Einwände entkräftet.
[2] Nähere Regelungen enthält § 8 a Abs. 4 und 5 BNatSchG.

VI. Zur Bedeutung - Außenentwicklungsmaßnahmen

Das niederländische Planungssystem beruht auf dem Raumordnungsgesetz von 1965. Es gibt drei verschiedene Planungsebenen, und zwar die nationale, die regionale und die kommunale Ebene. Auf der kommunalen Ebene ist der für jedermann rechtsverbindliche "Bestemmingsplan" das zentrale Institut der Planung. Dieser muß für den gesamten Außenbereich einer Gemeinde, i.w. zum Schutz der Landschaft oder der landwirtschaftlichen Nutzung, aufgestellt werden.[1] Für die bebauten Ortsteile und für geplante Baugebiete stellen die Gemeinden ebenfalls Bestemmingspläne auf, die mit einem Bebauungsplan nach deutschem Recht gut verglichen werden können. Bestemmingspläne können detaillierte Aussagen treffen. Möglich sind auch globale Bestemmingspläne, deren genauere Planausgestaltung durch den Magistrat erfolgt.[2]

Dem Bestemmingsplan kann ein "structuurplan" (Gemeindeentwicklungsplan) vorgeschaltet sein, der weder bürgerverbindlich ist, noch Auswirkungen auf die rechtlichen Bedingungen beim Grunderwerb entfaltet.[3]

Auf der Grundlage des Bestemmingsplans erfolgt **regelmäßig der freihändige Zwischenerwerb** der zur Bebauung anstehenden Flächen durch die Gemeinden oder durch gemeindeeigene Gesellschaften ("kommunale Bodenbetriebe") sowie die Erschließung des Gebiets und die anschließende Veräußerung der Baugrundstücke ("Holland-Modell"). Betrachtet man die hohe Regelungsdichte im deutschen Städtebaurecht im allgemeinen und bei städtebaulichen Entwicklungsmaßnahmen im besonderen, so ist es erstaunlich, daß der kommunale Zwischenerwerb der niederländischen Gemeinden ohne besondere gesetzliche Regelungen auskommt. Die aktive Bodenpolitik der niederländischen Gemeinden ist darauf zurückzuführen, daß sie die Baulandbereitstellung - angesichts der Flächenknappheit in diesem am dichtesten besiedelten Flächenstaat Europas - seit jeher als Aufgabe der Daseinsvorsorge für ihre Bürger verstanden haben.

Die Baulandversorgung für Wohnungs- und gewerbliche bzw. industrielle Zwecke nimmt einen hohen Stellenwert ein. Es besteht in der niederländischen Gesellschaft in hohem Maße Konsens darüber, daß Bauland für die Bevölkerung wie für die Wirtschaft unentbehrlich ist. Deshalb findet in den Niederlanden eine **nachfragegerechte Baulandausweisung und -bereitstellung** statt. Baulandknappheit gibt es dort nicht. Dagegen führen in der Bundesrepublik Deutschland die vielen miteinander konkurrierenden Flächennutzungsansprüche und insbesondere die ungenügende Baulandausweisung und -mobilisierung häufig zu Baulandknappheit im Innen- wie Außenbereich der Städte. Auf der politischen Ebene hat der Gesetzgeber aber mit dem BauGB-MaßnahmenG zu erkennen gegeben, daß zumindest der Wohnversorgung ein besonderer Stellenwert in der Bauleitplanung einzuräumen ist (§ 1 Abs. 1 BauGB-MaßnahmenG 1993, Optimierungsgebot).

---

[1] Vgl. Meiners, Bodenvorratspolitik und Baulandbeschaffung in den Niederlanden, in: Informationen zur Raumentwicklung, Bundesforschungsanstalt für Landeskunde und Raumordnung, S. 869 (871); Jans, Elferink, Die Fortentwicklung des Planungs- und Bodenrechts in den Niederlanden, in: AfK (Archiv für Kommunalwissenschaften) I, 1985, S. 82 (83)

[2] Vgl. Meiners, a.a.O.

[3] Ebenda

In den Niederlanden bedarf es eines solchen gesetzlich festgeschriebenen Gebots nicht. Dort, wo eine Nachfrage nach Wohnbau- oder gewerblichen bzw. industriellen Grundstücken besteht, reagieren die Gemeinden durch Baulandausweisungen in den Bestemmingsplänen sowie durch ihre aktive Rolle beim Baulandbereitstellungsprozeß. Eine wichtige Rolle spielt dabei die stärkere **Koppelung zwischen Planung und Planungsvollzug.** In den Niederlanden steht mit dem Abschluß eines umfangreichen Planungsprozesses mit intensiver Bürgerbeteiligung[1] fest, daß die Verwirklichung eines geplanten Baugebiets im allgemeinen Interesse erforderlich ist und eine Enteignung generell rechtfertigt, wenn die Gemeinde ein Grundstück nicht freihändig erwerben kann.[2] Deshalb ist durch den niederländischen Bestemmingsplan - im Gegensatz zum deutschen Bebauungsplan - der Planungsvollzug besser gewährleistet.

Dagegen wird das dem "Holland-Modell" ähnliche, aber gesetzlich geregelte Instrument der städtebaulichen Entwicklungsmaßnahme nur unter strengen Voraussetzungen für anwendbar erklärt. Die Verwirklichung einer nachfragegerechten Baulandausweisung und -bereitstellung durch städtebauliche Entwicklungsmaßnahmen ist durch die Regelung im BauGB kaum bzw. gar nicht möglich. Dies würde von deutschen Gerichten, die den Begriff des Allgemeinwohls eng auslegen, wohl kaum anerkannt werden, wenn nicht noch andere Umstände das Allgemeinwohlerfordernis begründen.

In den Niederlanden gibt es ein sehr weitgehendes Enteignungsrecht zur zwangsweisen Durchsetzung des gemeindlichen Zwischenerwerbs. Nach Art. 77 des niederländischen Enteignungsgesetzes von 1981 ist eine Enteignung zulässig, d.h., sie gilt als im allgemeinen Interesse liegend, wenn sie dazu dient, die in einem (detaillierten oder globalen) Bestemmingsplan dargestellten Nutzungen zu verwirklichen oder zu schützen. Gegenüber den in der kommunalen Praxis in Deutschland vorkommenden Enteignungsfällen können in den Niederlanden nicht nur Flächen für öffentliche Zwecke enteignet werden, sondern - wenn erforderlich - auch solche, für die im Bestemmingsplan eine Wohn- oder gewerbliche bzw. industrielle oder andere bauliche Nutzung dargestellt ist. Diese transitorische Enteignung, die in Deutschland gem. § 85 Abs. 1 Nr. 1 (2. Alternative) BauGB rechtlich möglich ist, aber praktisch nicht zur Anwendung kommt,[3] ist in den Niederlanden ein wirksames und praktiziertes Instrument im Rahmen des Baulandbereitstellungsprozesses. Allerdings müssen die Gemeinden nicht oft von dieser Enteignungsmöglichkeit Gebrauch machen. Nur in sehr wenigen Fällen ist in der Praxis eine Enteignung tatsächlich erforderlich.[4] Dennoch spielt dieses Instrument als Druckmittel eine bedeutende Rolle für den freihändigen Erwerb. Darüber hinaus haben die Gerichte in den Niederlanden eine andere Rechtsauffassung bzgl. des Begriffs des Allgemeinwohlerfordernisses als die deutschen Gerichte. Von den niederländischen Gerichten wird

---

[1] Vgl. Jans, Elferink, a.a.O., S. 84 f. Eine Normenkontrollklage bei Bestemmingsplänen - wie bei Bebauungsplänen nach deutschem Recht - gibt es nicht.
[2] Vgl. Needham, The Netherlands in: Land and Housing Policies in Europe and The USA, (Hrsg.: Hallett), London 1990, S. 60 ff
[3] Vgl. Abschnitt 2.3.3 in diesem Kapitel
[4] Vgl. Needham, a.a.O., S. 63; Meiners, a.a.O., S. 873

grundsätzlich unterstellt, daß die fristgerechte und unverzügliche Realisierung der im Bestemmingsplan dargestellten Nutzungen im allgemeinen Interesse liegt und somit eine Enteignung rechtfertigt.

Gemeinsam sind dem "Holland-Modell" und der städtebaulichen Entwicklungsmaßnahme die distributiven Zweckbestimmungen. Bodenspekulation in Neuerschließungsgebieten wird in den Niederlanden weitgehend ausgeschlossen. Dies wird aber nicht wie bei den Entwicklungsmaßnahmen durch spezielle Regelungen über den Ausschluß maßnahmebedingter Wertsteigerungen erreicht, sondern dadurch, daß gem. Art. 40 des niederländischen Enteignungsgesetzes allgemein **planungsbedingte Wertsteigerungen bei Enteignungen nicht berücksichtigt werden**. Daher werden bei der Enteignungsentschädigung Bodenwertsteigerungen aufgrund Darstellungen in Bestemmingsplänen ausgeklammert. Da die niederländischen Gemeinden grundsätzlich alle Grundstücke in einem geplanten Baugebiet erwerben, wirkt sich diese Entschädigungsbestimmung auf den freihändigen Erwerb aus. Der Entschädigungswert ist i.d.R. auch der Ankaufspreis. Die niederländischen Gemeinden zahlen etwa 10 Gulden für die im Bestemmingsplan dargestellten Flächen.[1] Diese Preise liegen etwa um 7 Gulden über dem Wert für reines Agrarland. Auch bei städtebaulichen Entwicklungsmaßnahmen können solche niedrigen Werte maßgebend sein, jedoch nur dann, wenn Planung und Realisierung neuer Baugebiete von vornherein im Zuge von Entwicklungsmaßnahmen angegangen werden.

Durch die fast vollständige Ausschaltung planungsbedingter Bodenwertsteigerungen ist es den niederländischen Gemeinden regelmäßig möglich, ihre Baulandmaßnahmen zu finanzieren. Bei der Grundstücksveräußerung werden die Kosten der primären Erschließung (Straßen, Wege, Plätze und Grünflächen) auf die baureifen Grundstücke umgelegt. Die Ermittlung des Verkaufspreises erfolgt - im Gegensatz zur verkehrswertorientierten Wertermittlung bei Entwicklungsmaßnahmen - kostenorientiert. Außerdem werden in den Niederlanden für Grundstücke, die als Büroflächen bzw. als Flächen für den freifinanzierten Wohnungsbau im Bestemmingsplan dargestellt sind, wesentlich höhere Verkaufspreise von den Gemeinden verlangt (Marktpreise) als für Grundstücke, die als Flächen für den sozialen Wohnungsbau bzw. für gewerbliche bzw. industrielle Zwecke vorgesehen sind. Deshalb legen niederländische Gemeinden auf eine Nutzungsmischung Wert, um eine kostendeckende Erschließung des Baugebiets zu gewährleisten.

Beim "Holland-Modell" tragen die Gemeinden - wie bei städtebaulichen Entwicklungsmaßnahmen - das finanzielle Risiko der Maßnahme. Allerdings ist das finanzielle Risiko der niederländischen Gemeinden noch größer: Da die Baulandbereitstellung sich an der Nachfrage auf dem Baulandmarkt orientiert, diese aber nicht exakt vorhersehbar ist, kann es vorkommen, daß Gemeinden Baugrundstücke länger vorhalten müssen als ursprünglich geplant war. Das

---

[1] Vgl. Needham, a.a.O., S. 52

führt zu höheren Zinsbelastungen, die aber nur schwer auf den Erwerber übertragen werden können.[1]

Außerdem ergeben sich beim "Holland-Modell" aufgrund der kostenorientierten Ermittlung der Bauland-Verkaufspreise i.d.R. keine Überschüsse, um z.b. die Kosten für die Herstellung der sozialen Infrastruktur ganz oder teilweise decken zu können. Das ist aber bei städtebaulichen Entwicklungsmaßnahmen möglich und zulässig. Daher kann hier die Finanzierungsfunktion eine größere Bedeutung erlangen als beim "Holland-Modell".

Zusammenfassung:

1. Niederländische Gemeinden nehmen auf dem Bodenmarkt traditionell eine starke Position ein. Stadtentwicklungsmaßnahmen werden dort regelmäßig und mit Erfolg im Wege des kommunalen Zwischenerwerbs durchgeführt.

2. In den Niederlanden steht zur Unterstützung des kommunalen Zwischenerwerbs das Instrument der Zonenenteignung in weiterem Rahmen als in Deutschland zur Verfügung. Das Instrument der Umlegung ist im niederländischen Baurecht unbekannt.

3. Kommunaler Zwischenerwerb und nachfragegerechte Baulandausweisung und -bereitstellung in den Niederlanden führen zu ausreichend vorhandenem Bauland. Baugrundstücke für den sozialen Wohnungsbau und für gewerbliche und industrielle Zwecke werden preisgünstig zur Verfügung gestellt. Allerdings kann bei nicht vorhersehbaren Entwicklungen auf dem Bodenmarkt eine "Bauland-Überproduktion" nicht immer vermieden werden.

4. Die Abschöpfung planungsbedingter Wertsteigerungen bereitet - rechtlich wie tatsächlich - weniger Schwierigkeiten als bei städtebaulichen Entwicklungsmaßnahmen, bei denen es auf einen strengen Nachweis der Kausalität zwischen Maßnahme und Wertsteigerungen ankommt. Die Grundstücksankaufspreise liegen im allgemeinen nur wenig über dem Preis für reines Agrarland.

---

[1] Vgl. Meiners, a.a.O., S. 878

3. Innenentwicklungsmaßnahmen

3.1 Zur Innenentwicklung[1]

Die Innenentwicklung, d.h. "Stadt- und Dorferneuerung, Schließung von Baulücken, Aktivierung und Um- oder Wiedernutzung von Brachflächen, Lösung von Nutzungskonflikten im Innenbereich, flächensparendes und bodenschonendes Bauen und insgesamt eine bestandsorientierte Stadtentwicklung",[2] bleibt weiterhin eine der wichtigsten städtebaulichen Aufgabenstellungen in den neunziger Jahren. Eine bessere Ausnutzung innerstädtischer Flächen reduziert die Inanspruchnahme von Flächen im Außenbereich, trägt also zum sparsamen und schonenden Umgang mit Grund und Boden und zum Schutz von Natur und Landschaft bei. Auch wenn in vielen Regionen Deutschlands die Ausweisung neuer Baugebiete am Stadtrand unvermeidbar ist, darf die Innenentwicklung, die allerdings rechtlich und tatsächlich ein schwieriges, oft mühsames Geschäft ist, nicht vernachlässigt werden. Zur Unterstützung bestimmter Innenentwicklungsvorhaben hat der Gesetzgeber den Gemeinden das Instrument der Innenentwicklungsmaßnahme an die Hand gegeben.

3.2 Anwendungsmöglichkeiten

3.2.1 Brachflächen

Einer der Hauptgründe für die Wiedereinführung der städtebaulichen Entwicklungsmaßnahme war, dieses Instrument zur Bewältigung der Brachflächenproblematik nutzbar zu machen. Um "größere innerstädtische Brachflächen einer Nutzung für Wohn- und Arbeitsstätten wieder zuführen zu können"[3], hielt der Gesetzgeber dieses besondere Instrumentarium für erforderlich. Noch wenige Jahre zuvor hielt man das städtebauliche Sanierungsrecht zur Lösung der Brachflächenproblematik für ausreichend.[4]

Die Wieder- oder Umnutzung von brachliegenden, häufig zentral gelegenen Gewerbe-, Industrie- und Verkehrsflächen hat häufig nur dann Erfolg, wenn diese Flächen vorübergehend im Eigentum der Gemeinde sind. Städtebauliche Gebote zur Mobilisierung von Brachflächen sind nur selten geeignet. Auch Konzepte, die allein auf "weichen Maßnahmen", d.h. Information und Beratung von Eigentümern und Nachfragern, Planung und Förderung, aufbauen, können allzu leicht ihren Zweck verfehlen.[5] Mit Innenentwicklungsmaßnahmen besitzen die Gemeinden nun ein Instrument, mit dem sie - notfalls auch gegen den Eigentümer - Brachflächen reaktivieren können.

---

1 Zur Innenentwicklung vgl. auch Abschnitt 2.1
2 Vgl. Bundesminister für Raumordnung, Städtebau und Bauwesen, Baulandbericht 1986, Schriftenreihe "Städtebauliche Forschung", Heft Nr. 03.116, Bonn 1986, S. 15 f
3 Vgl. Begründung zum Entwurf eines WoBauErlG, BT-Drs. 11/5972, S. 11 bzw. BT-Drs. 11/6508, S. 12
4 Vgl. Kap. V 1 (Entstehungsgeschichte)
5 Vgl. Dieterich, Dieterich-Buchwald, Endlich Innenentwicklungsbereiche!, ZfBR 1990, S. 61 (63)

Innenentwicklungsmaßnahmen sind besonders in **wirtschaftlich schwach strukturierten** bzw. altindustrialisierten Regionen, wie z.B. dem Ruhrgebiet, geeignet, Brachflächen zu mobilisieren. Denn eine Mobilisierung über den "normalen Bodenmarkt" gelingt dort häufig nicht. Selbst in Regionen mit hohen Bodenpreisen kommt es immer wieder zu Verzögerungen bei der Wieder- bzw. Umnutzung einer Brachfläche, da Uneinigkeit über den Kaufpreis besteht.[1]

Probleme der Wieder- oder Umnutzung von Brachflächen, die sich aus fehlender Verkaufsbereitschaft, überhöhten Kaufpreisforderungen bzw. abweichenden Vorstellungen der Brachflächeneigentümer von den städtebaulichen Entwicklungsvorstellungen der Gemeinde ergeben, können nun durch Anwendung des Entwicklungsrechts besser gelöst werden. Als Zwischeneigentümerin steht die Gemeinde bei der Erarbeitung einer Entwicklungskonzeption für eine Brachfläche nicht mehr unter dem Druck der Grundstückseigentümer.[2]

Entwicklungsmaßnahmen kommen besonders für solche innerstädtischen Brachflächen in Betracht, für die Ordnungsmaßnahmen erforderlich sind, die aber wegen ihres erheblichen Umfangs nicht rentierlich sind, weil der Bodenwert "neu", der sich durch die Wiedernutzung der Brachfläche ergibt, den Bodenwert "alt" zuzüglich der Aufbereitungskosten nicht erreicht. Es handelt sich hier um Brachflächentypen, für die Förderungsbedarf hinsichtlich der Baureifmachung, insbesondere für Altlastenuntersuchung und -beseitigung sowie Beseitigung von baulichen Anlagen und Erschließung, besteht. Eigentümer solcher Flächen zeigen häufig keine Verkaufsbereitschaft, und falls doch, dann werden i.d.R. überzogene Kaufpreisforderungen gestellt, die ein interessierter Investor oder die Gemeinde nicht akzeptieren können.

Aber auch mit Hilfe des Entwicklungsrechts ist die Reaktivierung von Brachflächen kein leichtes Geschäft. Neben der schon angesprochenen Altlastenproblematik gilt es Hemmnisse, die sich aus den Anforderungen des Immissionsschutz-, Naturschutz- und Denkmalschutzrechts ergeben, zu überwinden.[3] Außerdem kann nicht jede Brachflächenreaktivierung durch eine städtebauliche Entwicklungsmaßnahme erfolgen. Wie bei Außenentwicklungsmaßnahmen muß der erforderliche Raum- und Planungsbezug vorliegen. Daraus läßt sich aber nicht folgern, daß in einer Gemeinde Innenentwicklungsmaßnahmen die gleiche Größe und den gleichen Umfang haben müßten wie Außenentwicklungsmaßnahmen. Hier ist auf die besondere Bedeutung für die städtebauliche Entwicklung und Ordnung der Brachfläche abzustellen.

Besonders wichtig ist, daß gemäß § 165 Abs. 3 Nr. 2 BauGB "die Wiedernutzung brachliegender Flächen" eine eigenständige Konkretisierung des Allgemeinwohlerfordernisses darstellt. Deshalb kommt es bei Innenentwicklungsmaßnahmen für Brachflächen nicht primär auf den Nachweis eines erhöhten Bedarfs an Wohn- und Arbeitsstätten an. Der Gesetzgeber hat hier einen deut-

---

[1] Vgl. Dieterich, Wertermittlung bei Industriebrachen (1.Teil), Der Sachverständige 1987, S. 237
[2] Vgl. Stich, Wiedernutzung brachliegender Gewerbe-, Industrie- und Verkehrsflächen, UPR 1989, S. 401 (406)
[3] Ebenda, S. 402 ff

lichen Akzent gesetzt: Brachflächenwieder- bzw. -umnutzung als städtebauliche Aufgabenstellung ist durch ein besonderes, qualifiziertes öffentliches Interesse gekennzeichnet, für das regelmäßig ein Allgemeinwohlerfordernis anzunehmen ist. Denn Brachflächenreaktivierungen reduzieren nicht nur Außenentwicklungsmaßnahmen mit i.d.R. größeren Beeinträchtigungen für Natur und Landschaft, sondern dienen darüber hinaus der Beseitigung eines innerstädtischen Schandflecks, der Verbesserung der Wohn- und Arbeitsumwelt sowie der Aufwertung des Images einer ganzen Stadt.[1] Das Allgemeinwohlerfordernis kann auch deshalb angenommen werden, weil die Eigentümer der Brache meist über viele Jahre gezeigt haben, daß sie selbst für diese Fläche keine sinnvolle Verwendung mehr haben. Durch den Zwischenerwerb der Gemeinde würde dem Eigentümer nichts weggenommen, auf das er angewiesen wäre.[2]

Durch Entwicklungsmaßnahmen können Brachflächen insgesamt entwickelt werden. Dadurch wird vermieden, daß nur Teile der Brache, so z.B. Flächen mit geringen Aufbereitungsmaßnahmen, einer neuen Entwicklung zugeführt werden, während andere Teile der Brache aber weiterhin ungenutzt liegen bleiben. Hier zeigt sich die Bedeutung des Gesamtmaßnahmencharakters. Entwicklungsmaßnahmen ermöglichen der Gemeinde, ein einheitliches Konzept für die Wieder- oder Umnutzung der gesamten Brachfläche zu erarbeiten und durchzusetzen.

3.2.2 Ehemals militärisch genutzte Flächen

Tiefgreifende politische Veränderungen in Europa haben in den letzten Jahren zu einem umfangreichen Entspannungs-, Abrüstungs- und Konversionsprozeß geführt. Durch die Reduzierung von Streitkräften der Bundeswehr und von Einheiten der alliierten Truppen sowie den Abzug der sowjetischen Truppen aus den fünf neuen Bundesländern werden zahlreiche, bisher militärisch genutzte, bebaute und unbebaute Flächen in Innenstadt- oder Randlagen und im Außenbereich der Städte frei. Hier liegt ein großes stadtentwicklungsplanerisches Potential. Die Umnutzung dieser Flächen kann als wichtige städtebauliche Aufgabenstellung der neunziger Jahre bezeichnet werden,[3] insbesondere im Rahmen der Innenentwicklung. Ziel der Stadtentwicklungsplanung sollte deshalb sein, Chancen, die sich aus dem Freiwerden von Militärflächen ergeben, frühzeitig zu erkennen und entsprechende städtebauliche Planungen und Maßnahmen zur Errichtung von Wohnungen, zur Ansiedlung von Gewerbe und zur Schaffung von Infrastruktureinrichtungen einzuleiten und durchzuführen. Die Umnutzung von Militärflächen kann als Unterfall der Brachflächenwieder- oder umnutzung aufgefaßt werden, auch wenn man von Brachflächen erst sprechen sollte, wenn sie über längere Zeit liegen bleiben. Zweifellos besteht aber für viele freiwer-

---

[1] Vgl. Dieterich, a.a.O.
[2] Vgl. Dieterich, u.a., Umwidmung brachliegender Gewerbe- und Verkehrsflächen, Schriftenreihe "Städtebauliche Forschung" des Bundesministers für Raumordnung, Bauwesen und Städtebau, Nr. 03.112, Bonn 1985, S. 237
[3] Vgl. Steinebach, Umwidmung militärischer Einrichtungen - Städtebauliche Möglichkeiten, BBaubl. 1992, S. 220

dende Militärflächen ein Handlungsbedarf, der ein wichtiges Kennzeichen der Brachflächen ist.[1]

Grundsätzlich kommen **Entwicklungsmaßnahmen auch für ehemals militärisch genutzte Flächen** in Betracht. In der von der ARGEBAU Fachkommission "Städtebauliche Erneuerung" herausgegebenen "Arbeitshilfe für städtebauliche Entwicklungsmaßnahmen nach dem BauGB-Maßnahmengesetz" heißt es: "Möglicher Gegenstand einer entsprechenden Maßnahme [städtebauliche Entwicklungsmaßnahme] kann z.b. auch die Umnutzung freigewordener Militärflächen sein."[2] *Gaentzsch* meint ebenfalls, daß Entwicklungsmaßnahmen als Instrument für Konversionsflächen in Betracht kommen.[3] Der für Entwicklungsmaßnahmen erforderliche Raum- und Planungsbezug kann für ehemals militärisch genutzte Flächen i.d.R. bejaht werden: Es handelt sich hier meistens um Areale, die hinsichtlich ihrer Größe und ihres Standortes von besonderer örtlicher oder überörtlicher Bedeutung sind.

Im Vergleich zu Entwicklungsmaßnahmen auf Brachflächen ergeben sich bei Konversionsflächen infolge der (noch) öffentlich-rechtlichen Widmung und der Rechtsstellung des Eigentümers weitere Fragen, die einer besonderen Klärung bedürfen:[4]

a) Anwendung der städtebaulichen Bebauungsplanung und des Entwicklungsrechts auf Konversionsflächen

Es geht hier zunächst um die Frage, unter welchen Voraussetzungen die Gemeinden für Konversionsflächen rechtsverbindliche Festsetzungen durch Bebauungsplan[5] treffen können. Diese Frage ist von allgemeiner Bedeutung, da davon auszugehen ist, daß die Umnutzung ehemals militärischer Flächen i.d.R. umfangreiche städtebauliche Planungen erfordert, was nur im Rahmen einer Bebauungsplanung geleistet werden kann.[6] Sie stellt sich im besonderen auch für städtebauliche Entwicklungsmaßnahmen, da nach förmlicher Festlegung des Entwicklungsbereichs ohne Verzug Bebauungspläne aufzustellen sind.

Zu dieser Problematik kann eine Entscheidung des BVerwG aus dem Jahr 1988 zu § 38 BauGB über bauliche Maßnahmen aufgrund von anderen Gesetzen (hier: Bundesbahngesetz) herangezogen werden.[7] § 38 BauGB bedeutet, daß die Vorschriften des Dritten Teils des Ersten Kapitels des BauGB (§§ 29 ff BauGB) für solche Vorhaben keine Anwendung finden, über deren Zulässigkeit im

---

[1] Vgl. Dieterich, u.a., a.a.O., S. 42
[2] Fachkommission "Städtebauliche Erneuerung" der ARGEBAU, Arbeitshilfe für städtebauliche Entwicklungsmaßnahmen nach dem BauGB-Maßnahmengesetz, Stand: Juli 1992, S. 8
[3] Vgl. Gaentzsch, Städtebauliche Entwicklungsmaßnahmen nach dem Baugesetzbuch-Maßnahmengesetz, NVwZ 1991, S. 921 (924)
[4] Diese Fragen tauchen auch bei Entwicklungsmaßnahmen auf brachliegenden Bahnflächen auf.
[5] Möglich ist auch Vorhaben- und Erschließungsplan.
[6] Angesichts der Größe der in Betracht kommenden Flächen kann regelmäßig die Anwendung des § 34 BauGB für eine umfassende Umnutzung ausgeschlossen werden.
[7] Vgl. BVerwG, Urt. vom 16.12.1988 - 4 C 48.86 - ZfBR 1988, S. 123

Rahmen eines besonderen bundesrechtlichen Planfeststellungsverfahrens[1] (z.B. nach dem Bundesfernstraßengesetz) zu entscheiden ist. Der Ausschluß der Anwendbarkeit der Vorschriften über die Zulässigkeit von Vorhaben gilt aber nur solange, wie es sich dabei um Anlagen nach den in § 38 BauGB genannten Gesetzen handelt.[2] Die Durchführung von Vorhaben auf solchen Flächen, für die bislang § 38 BauGB maßgebend war, für andere, nicht fachplanungsspezifische Zwecke, erfordert nach Auffassung des BVerwG wegen der gebotenen Rechtssicherheit und Rechtsklarheit eine "Entwidmung" dieser Flächen. Dies muß nach Auffassung von *Stich*[3] auch für bisher militärisch genutzte Flächen gefordert werden. Erst durch die Entwidmung militärischer Flächen kann eine Gemeinde über die Zulässigkeit von Vorhaben für zivile Nutzungen entscheiden. Die Entwidmung einer militärischen Fläche ist damit Voraussetzung, um einen rechtsverbindlichen Bebauungsplan aufstellen zu können. Das BVerwG hat in der angesprochenen Entscheidung folgendes ausgeführt:

> "Vielmehr kann sie [die Gemeinde], wenn mit hinreichender Sicherheit die Aufhebung der besonderen bahnrechtlichen Zweckbestimmung einer Fläche bevorsteht, die für diesen Fall zu erwartenden Nutzungswünsche von vornherein in die von ihr bauplanungsrechtlich für angemessen und erforderlich erachtete Richtung lenken."[4]

Das Gericht hält es daher für möglich, daß die Gemeinde eine Bauleitplanung einleitet mit der Folge, daß eine Veränderungssperre nach § 14 BauGB erlassen oder § 15 BauGB (Zurückstellung von Baugesuchen) angewendet werden kann. Dies muß auch für bisher militärisch genutzte Flächen gelten, für die eine Entwidmung konkret beabsichtigt ist. Darüber hinaus kommt vor Einleitung eines Bebauungsplanverfahrens und vor Entwidmung der Fläche die Vorbereitung eines Entwicklungsverfahrens nach dem BauGB in Betracht. Dies hat insbesondere bodenwirtschaftliche Bedeutung, denn auch hier gilt, wie schon an anderen Stellen dargelegt, daß planungsbedingte Bodenwertsteigerungen - die zweifellos mit dem Bebauungsplanaufstellungsbeschluß eintreten - später ausgeschlossen werden können, weil sie durch die Aussicht auf die Entwicklungsmaßnahme eingetreten sind.

Hier stellt sich zusätzlich die Frage, ob ehemals militärisch genutzte Flächen förmlich schon dann als städtebaulicher Entwicklungsbereich festgelegt werden können, wenn noch keine förmliche Freigabe durch Entwidmung erfolgt ist. In den Entwicklungsbereich dürfen aber Grundstücke, die von einem öffentlichen Bedarfsträger für Zwecke der Landesverteidigung genutzt werden, nur mit Zustimmung des Bedarfsträgers, hier also mit Zustimmung des Bundesministers der Verteidigung, in den Entwicklungsbereich einbezogen werden.[5] *Gaentzsch*[6] betont in diesem Zusammenhang, daß ein Bedarfsträger seine Zustimmung zur

---

[1] § 38 BauGB gilt ebenfalls bei landesrechtlichen Planfeststellungsverfahren für bestimmte überörtliche Planungen, wenn die Gemeinde beteiligt worden ist (§ 38 Satz 2 BauGB).
[2] Vgl. Schlichter in: Berliner Kommentar zum Baugesetzbuch, § 38 Rdnr. 15
[3] Vgl. Stich, Bisher militärisch genutzte Flächen im Bundeseigentum als städtebauliche Entwicklungsmaßnahme im Sinne der §§ 6, 7 BauGB-MaßnahmenG, ZfBR 1992, S. 256 (257)
[4] Vgl. BVerwG, a.a.O., S. 125
[5] Vgl. Kap. V 3.2
[6] Gaentzsch, a.a.O., S. 924

Einbeziehung seiner Flächen in den Entwicklungsbereich erteilen muß, wenn bei Berücksichtigung seiner Aufgaben ein überwiegendes öffentliches Interesse an der Durchführung der städtebaulichen Entwicklungsmaßnahme besteht.

Steht nun mit hinreichender Sicherheit die Entwidmung einer militärisch genutzten Fläche bevor und ist lediglich der Tag der Freigabe noch nicht bekannt, so steht insofern der förmlichen Einleitung eines Entwicklungsverfahrens nichts entgegen.[1] Im Rahmen der Mitwirkungspflicht öffentlicher Aufgabenträger gem. § 165 Abs. 4 Satz 6 BauGB i.V.m. § 139 BauGB könnte sodann eine zügigere Durchführung des Freigabeverfahrens erreicht werden. Außerdem würde hierdurch der von *Stich*[2] in Anlehnung an das zuvor genannte Urteil des BVerwG erhobene Anspruch der Gemeinden auf eine entsprechende Willenserklärung bezüglich der Freigabe von militärischen Flächen durch die zuständige Behörde untermauert. Allerdings besteht das Problem darin, daß die Gemeinden nicht genügend Informationen über das Freiwerden militärischer Liegenschaften erhalten und deshalb eine förmliche Einleitung vor Entwidmung der Fläche häufig nicht möglich ist.[3]

b) Allgemeinwohlerfordernis und Erforderlichkeit des Instrumentariums der städtebaulichen Entwicklungsmaßnahme bei Konversionsflächen

Eine zweite wichtige Frage bedarf der besonderen Klärung: Erfordert das Allgemeinwohl die Durchführung einer Entwicklungsmaßnahme auf bundeseigenen Flächen bzw. ist das Instrumentarium der Entwicklungsmaßnahme überhaupt erforderlich, wenn die Flächen nur einem Eigentümer, nämlich dem Bund, gehören? Die Behörden der Bundesfinanzverwaltung (Bundesvermögensverwaltung), die nach erfolgter Übergabevereinbarung ehemals militärisch genutzter Flächen zwischen dem Bundesminister der Verteidigung und dem Bundesminister der Finanzen die aufgegebenen Flächen verwalten, halten diese Voraussetzungen für nicht erfüllt. Sie sehen in der Entwicklungsmaßnahme ein Hemmnis in der freien Verfügung über ihre Grundstücke. Das hat schon in einem Fall dazu geführt, daß eine Oberfinanzdirektion einen Normenkontrollantrag zur Überprüfung einer Entwicklungssatzung gestellt hat.[4]

Diese Auffassung trifft auf Unverständnis bei den betroffenen Gemeinden, da der Bundesgesetzgeber ausdrücklich die Mitwirkung öffentlicher Aufgabenträ-

---

[1] Wird von einem anderen Ressort des Bundes oder vom jeweiligen Bundesland Bedarf an militärisch genutzten Flächen angemeldet, so hat die Gemeinde dies in die (entwicklungsrechtliche) Interessenabwägung gem. § 165 Abs. 3 Satz 2 BauGB einzustellen.

[2] Stich, a.a.O., S. 257

[3] Vgl. Dieckmann, abgedruckt in: Ist zivile Nutzung möglich? DV-Gespräch über Wohnen in (ehemaligen) Militärgebäuden, Die Wohnungswirtschaft 1991, S. 98. Die Bauminister der Länder haben deshalb den Bund aufgefordert, seine Behörden anzuweisen, den Ländern umgehend Einzelheiten über freie und freiwerdende Bundesliegenschaften mitzuteilen, damit sie zusammen mit den Gemeinden rasch sinnvolle Nachfolgenutzungen prüfen und einleiten können (Beschluß der Ministerkonferenz der ARGEBAU vom 6.12.1991, mitgeteilt in: Informationsdienst des vhw 1991, S. 295).

[4] Es handelt sich um eine Entwicklungsmaßnahme in Kleinmachnow/Brandenburg. Der Normenkontrollantrag wurde mittlerweile wieder zurückgenommen.

ger bei Entwicklungsmaßnahmen, namentlich des Bundes, auch schon in der Voruntersuchungsphase vorschreibt.

Auch bei bundeseigenen Flächen kann das Allgemeinwohl die Entwicklung eines Gebietes im Rahmen einer städtebaulichen Entwicklungsmaßnahme erfordern. Auf die Eigentumsverhältnisse kommt es insofern nicht an.[1] Darüber hinaus kann die Erforderlichkeit des Entwicklungsmaßnahmen-Instrumentariums, insbesondere die Grunderwerbspflicht und die erleichterte Enteignungsmöglichkeit, gegeben sein, so z.b. wenn der Bund nicht verkaufsbereit ist oder zwar verkaufsbereit ist, aber Uneinigkeit über den Kaufpreis besteht[2] oder andere, von der Gemeinde abweichende Vorstellungen zur zivilen Nutzung des Geländes entwickelt hat. *Stich* stellt fest,

"daß das Eigentum des Bundes an einer bisher militärisch genutzten Fläche nicht der rechtlichen Möglichkeit entgegensteht, diese Fläche, wenn für sie die gesetzlichen Voraussetzungen für die Einleitung und Durchführung einer städtebaulichen Entwicklungsmaßnahme zu bejahen sind, durch Gemeindesatzung förmlich als städtebaulichen Entwicklungsbereich festzulegen."[3]

3.2.3 Mindergenutzte Flächen

In der Begründung zum Gesetzentwurf des WoBauErlG[4] werden neben Brachflächen auch Flächen mit Mindernutzungen als möglicher Gegenstand städtebaulicher Entwicklungsmaßnahmen genannt. Denkbar sind hier innerstädtische oder in Stadtrandlage liegende Wohn- aber auch Gewerbegebiete, die nur locker bebaut sind und größere Freiflächen aufweisen, die sich aber für eine bauliche Verdichtung aus städtebaulicher und stadtentwicklungsplanerischer Sicht eignen, oder auch größere innerstädtische Flächen, die keine Bebauung aufweisen, also weder minder- noch fehlgenutzt, sondern ungenutzt sind. Hier könnte das Instrument der städtebaulichen Entwicklungsmaßnahme zum Einsatz kommen, um die Schwierigkeiten, die sich bei einer Vielzahl von Eigentümern in einem solchen Gebiet ergeben, zu überwinden.

Abbildung 8 zeigt eine mindergenutzte Fläche, für die eine Entwicklungsmaßnahme in Betracht kommt. Es handelt sich um eine geringfügig - i.w. in den Randbereichen - bebaute Fläche, die i.d.R. nur über eine Bebauungsplanung im Sinne einer geordneten städtebaulichen Entwicklung als Bauland aktiviert werden kann. Aus planerischer Sicht wäre möglicherweise eine Auffüllung des Gebiets auf der Grundlage des § 34 BauGB denkbar.[5] Soll aber städtebaulich etwas anderes erreicht werden, kommt nur eine Bebauungsplanung in Frage, die im Rahmen einer städtebaulichen Entwicklungsmaßnahme realisiert werden könnte.

---

[1] Auf mögliche Ansprüche von Gemeinden auf Rückübertragung soll hier nicht näher eingegangen werden. Vgl. hierzu Velten, Steinfort, Gehören Militärflächen den Städten?, Der Städtetag 1992, S. 375
[2] Vgl. Entwicklungsmaßnahme Rödental (Kap. IV 3.3 und Anhang)
[3] Vgl. Stich, a.a.O., S. 260
[4] A.a.O.
[5] Bei größeren Bereichen handelt es sich aber um sog. "Außenbereiche im Innenbereich".

Abb. 8 Innenentwicklungsmaßnahme auf einer mindergenutzten Fläche

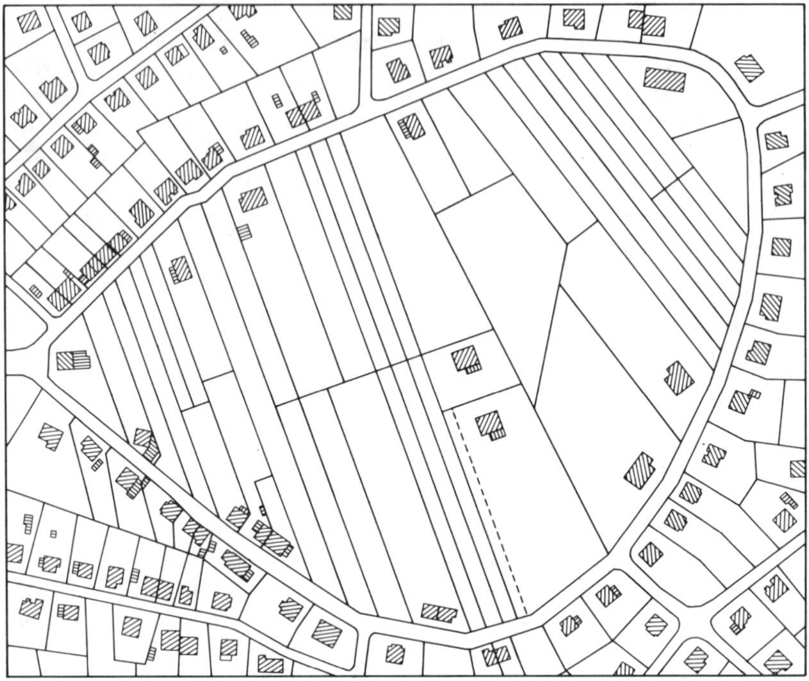

Innenentwicklungsmaßnahmen kommen nicht für solche mindergenutzten Flächen in Betracht, die bereits in einem Bebauungsplangebiet oder in einem im Zusammenhang bebauten Ortsteil nach § 34 BauGB liegen und für die die Herbeiführung einer zügigen, plangerechten Bebauung angestrebt wird. Hiermit würde nicht eine neue Entwicklung im Rahmen einer städtebaulichen Neuordnung (§ 165 Abs. 2 Satz 1 BauGB), sondern die Durchsetzung einer schon eingeleiteten städtebaulichen Entwicklung für ein Gebiet angestrebt. Dies ist aber kein zulässiger Gegenstand einer städtebaulichen Entwicklungsmaßnahme. Hier käme möglicherweise die Anwendung des Baugebots in Frage.

3.3 Vergleich mit anderen baulandpolitischen Instrumenten

Folgende gebietsbezogene Instrumente der Innenentwicklung kommen für einen Vergleich mit Innenentwicklungsmaßnahmen in Betracht:

- Neuordnungsumlegung, Ergänzungsumlegung (§§ 45 ff BauGB)
- Grenzregelung (§§ 80 ff BauGB)
- Enteignung (§ 85 Abs. 1 Nr. 1 (2. Alternative) BauGB)
- Städtebauliche Sanierungsmaßnahmen (§ 136 ff BauGB)
- Städtebauliche Verträge zur Planrealisierung (§ 6 BauGB-MaßnahmenG)
- Vorhaben- und Erschließungsplan (§ 7 BauGB-MaßnahmenG)[1].

3.3.1 Neuordnungsumlegung, Ergänzungsumlegung

Neuordnungsumlegungen in Innenstädten dienen nicht der erstmaligen Erschließung eines Baugebiets, sondern finden in (überwiegend) bebauten Gebieten statt. Sie werden heute i.w. im Rahmen der erhaltenden Stadterneuerung - häufig in förmlich festgelegten Sanierungsgebieten[2] - zur Verbesserung der Grundstückszuschnitte, zur Regelung von Rechtsverhältnissen (z.B. Gemeinschaftsrechtsverhältnisse an Grünflächen in Blockinnenbereichen), zur Auslagerung von störenden Gewerbebetrieben u.ä. auf der Grundlage eines Bebauungsplans eingesetzt; dabei geht es weniger um eine neue Entwicklung durch umfassende Umnutzungen wie im Rahmen von Innenentwicklungsmaßnahmen. Eine Neuordnungsumlegung stellt insofern **keine Alternative** zur Innenentwicklungsmaßnahme dar. Sie ist es auch deshalb nicht, da i.d.R. in der zugrundeliegenden Planung nicht Neubau, sondern Instandsetzung, Modernisierung und Verbesserung des Wohn- und Arbeitsumfelds im Vordergrund stehen. Innenentwicklungsmaßnahmen sollen aber vorrangig der Schaffung neuer Wohn- und Arbeitsstätten dienen.

Sollen minder- bzw. ungenutzte innerstädtische Flächen entwickelt werden, können sich Überschneidungen ergeben. Hier sind sog. Ergänzungsumlegungen, die als Unterfall einer Neuerschließungsumlegung innerhalb des bebauten Stadtgebiets aufgefaßt werden können,[3] möglich. Gegen eine Entwicklungsmaßnahme kann möglicherweise das **hohe Bodenpreis-Ausgangsniveau** sprechen. Besonders wenn mindergenutzte Flächen bereits einen im Zusammenhang bebauten Ortsteil (§ 34 BauGB) darstellen, ist für die Ermittlung des entwicklungsunbeeinflußten Grundstückswerts von der Qualität Bauland auszugehen. Gegenüber Außenentwicklungsmaßnahmen treten demnach wesentlich höhere finanzielle Anfangsbelastungen auf. Außerdem kann nicht mit entsprechend hohen Entwicklungsgewinnen zur Refinanzierung der Maßnahme gerechnet werden. Solche Nachteile können allerdings durch Abwendungsverein-

---

[1] Vgl. hierzu die Ausführungen in Abschnitt 2.3.5 in diesem Kapitel.
[2] Vgl. Abschnitt 3.3.4
[3] Vgl. Dieterich, Baulandumlegung, 2. Auflage, München 1990, Rdnr. 32

barungen mit mitwirkungsbereiten Eigentümern teilweise ausgeglichen werden. Da entwicklungsbedingte bzw. umlegungsbedingte Bodenwertsteigerungen annähernd gleich hoch sind, gibt es hinsichtlich der Abschöpfung von Bodenwertsteigerungen kaum Unterschiede. Demgegenüber müssen bei Durchführung von Ergänzungsumlegungen die schon im Abschnitt 2.3.1 erwähnten Nachteile dieses Bodenordnungsverfahrens in Kauf genommen werden.

3.3.2 Grenzregelung

Überschneidungen des Anwendungsbereichs von Grenzregelungen und Innenentwicklungsmaßnahmen gibt es weder in räumlicher noch sachlicher Hinsicht. Hier kann auf die Ausführungen in Abschnitt 2.3.2 verwiesen werden. Grenzregelungen stellen auch im Innenbereich **keine Alternative** zur städtebaulichen Entwicklungsmaßnahme dar.

3.3.3 Enteignung

Für städtebauliche Maßnahmen im Innenbereich kommt bei Vorliegen der Voraussetzungen gemäß § 85 Abs. 1 Nr. 1 (2. Alternative) BauGB und § 87 BauGB - wie für Maßnahmen im Außenbereich - die Möglichkeit der transitorischen Enteignung in Betracht. Doch auch hier kann festgestellt werden, daß bei Vorliegen der - gegenüber der transitorischen Enteignung zusätzlichen - Anwendungsvoraussetzungen (insbesondere Raum- und Planungsbezug) **Entwicklungsmaßnahmen geeigneter sind**, um Brachflächen zu reaktivieren oder minder- bzw. ungenutzte Flächen zu entwickeln.[1]

Enteignungen nach dem Fünften Teil des Ersten Kapitels des BauGB kommen allenfalls für solche Grundstücke im Innenbereich in Betracht, für die Entwicklungsmaßnahmen wegen des mangelnden Raum- und Planungsbezugs nicht zulässig wären. Neben Enteignungen nach § 85 Abs. 1 Nr. 1 (2. Alternative) BauGB sind hier solche nach § 85 Abs. 1 Nr. 2 (2. Alternative) BauGB (in Gebieten nach § 34 BauGB) und nach § 85 Abs. 1 Nr. 5 BauGB (bei Nichterfüllung eines Baugebots nach § 176 BauGB) zu nennen.

3.3.4 Städtebauliche Sanierungsmaßnahmen

Durch die Öffnung des Entwicklungsrechts für den städtebaulichen Innenbereich (Entwicklungsbezug) ergeben sich zwangsläufig Überschneidungen mit dem anderen wichtigen Instrument des Besonderen Städtebaurechts, der städtebaulichen Sanierungsmaßnahme (§§ 136 ff BauGB). Sie kommt insbesondere in der Form der **Funktionsschwächesanierung**[2] und für folgende städtebaulichen

---

1 Vgl. Abschnitt 2.3.3
2 Vgl. § 136 Abs. 2 Satz 2 Nr. 2 und Abs. 3 Nr. 2 BauGB

VI. Zur Bedeutung - Innenentwicklungsmaßnahmen

Aufgaben, die im Rahmen des Gesetzgebungsverfahrens zum BauGB umrissen wurden,[1] **als Alternative** zur Entwicklungsmaßnahme in Betracht:

- Umnutzung von Flächen aus Gründen einer städtebaulichen Umstrukturierung (z.B. Aufbereitung brachliegender Gewerbeflächen);
- Sanierungsaufgaben bei Maßnahmen des Bodenschutzes, vor allem bei der Wiederaufbereitung alter Industrie- und Gewerbegebiete (Altlasten);
- bauliche Verdichtung in bisher aufgelockert bebauten Siedlungsgebieten zum Zwecke der Baulandversorgung.

Entwicklungsmaßnahmen und Sanierungsmaßnahmen, unter Einschluß aller sanierungsrechtlichen Vorschriften, weisen viele Gemeinsamkeiten auf.[2] Im Gegensatz zur Sanierungsmaßnahme gilt aber bei Entwicklungsmaßnahmen die Grunderwerbspflicht und die erleichterte Enteignungsmöglichkeit.

Kommt eine Gemeinde im Rahmen einer Prognoseentscheidung zu dem Ergebnis, daß "ein über den Normalfall deutlich hinausgehendes Erfordernis für den Grunderwerb in dem in Aussicht genommenen Entwicklungsbereich besteht",[3] so kann sie das weitergehende Entwicklungsrecht anwenden. Der Gemeinde ist hier ein Beurteilungsspielraum zuzugestehen.[4] Entwicklungsmaßnahmen sind gegenüber Funktionsschwächesanierungen in folgenden Fällen geeigneter:

- wenn sich im Rahmen von Voruntersuchungen ergibt, daß der/die Eigentümer weder Interesse an der Entwicklung einer Brach- oder mindergenutzten Fläche hat/haben noch verkaufsbereit ist/sind.

Hier kommt der erleichterten Enteignungsmöglichkeit besondere Bedeutung zu. Durch den frühzeitigen Erwerb können bereits in der Planaufstellungsphase wichtige Ordnungsmaßnahmen (bei Brachflächen insbesondere Abbruch baulicher Anlagen und Altlastenbeseitigung) durchgeführt werden. Damit ist gegenüber einer Sanierungsmaßnahme eine zügigere Durchführung gewährleistet. Zwar kann eine Enteignung im Rahmen einer Sanierungsmaßnahme schon vor Rechtsverbindlichkeit des Bebauungsplans eingeleitet werden, doch letztlich gelangt die Gemeinde erst dann in den Besitz der Flächen, wenn der Bebauungsplan rechtsverbindlich ist. Flächensanierungen, die von vornherein auf den (zwangsweisen) Grunderwerb aller oder jedenfalls der meisten Grundstücke abzielen, sind deshalb als Entwicklungsmaßnahmen durchzuführen;

- wenn ein Funktionswechsel durch umfassende Umnutzungen oder bauliche Verdichtungen, die insgesamt nur im Wege des Durchgangserwerbs realisiert werden können, im Vordergrund steht.

Einer Sanierungsmaßnahme ist der Vorzug zu geben, wenn

---

1   Vgl. Beschlußempfehlung und Bericht des Ausschusses für Raumordnung, Bauwesen und Städtebau zum Entwurf eines Baugesetzbuches, BT-Drs. 10/6166, S. 146
2   Vgl. Kap. II 2
3   Vgl. Krautzberger, Das Maßnahmengesetz zum Baugesetzbuch, GuG 1990, S. 3 (15)
4   Vgl. Neuhausen, Die reaktivierte Entwicklungsmaßnahme, DÖV 1991, S. 146 (148)

- sich im Rahmen der Voruntersuchungen herausstellt, daß zur Planrealisierung der Durchgangserwerb der Grundstücke nicht erforderlich ist, weil die Eigentümer z.b. verkaufsbereit sind oder selbst die erforderlichen Bau- bzw. Ordnungsmaßnahmen durchführen wollen,

- bei bebauten Gebieten weniger ein Funktionswechsel durch umfassende bauliche Verdichtung als vielmehr eine Funktionserneuerung ohne umfassende Umnutzungen beabsichtigt ist oder

- die Bodenwerte so hoch sind, daß eine Entwicklungsmaßnahme nicht finanzierbar ist.

3.3.5 Städtebauliche Verträge zur Planverwirklichung

Verträge zwischen Gemeinde und Privateigentümern zur Umsetzung städtebaulicher Planungen im Innenbereich der Städte sind - neben hoheitlichen Instrumenten - wichtige Mittel. Sie werden dort aber vor allem als grundstücksbezogene Einzelmaßnahmen in Betracht kommen, so z.b. bei der Genehmigung einzelner Bauvorhaben oder bei kleineren Erschließungsmaßnahmen in Blockinnenbereichen. Solche Verträge stellen im Vergleich zu Entwicklungsmaßnahmen keine Alternative dar. Gebietsbezogene vertragliche Maßnahmen der Baulandbereitstellung, wie z.B. die in Abschnitt 2.3.4 behandelten Baulandmodelle, kommen allenfalls für minder- bzw. ungenutzte Flächen in Betracht. Für diese Fälle gilt das in Abschnitt 2.3.4 Gesagte entsprechend.

Bei Brachflächen wird häufig der Fall auftreten, daß nur ein (Großgrund-) Eigentümer vorhanden ist[1] - bei Konversionsflächen ohnehin. Hier sind allgemein die Chancen größer, daß ein kommunaler Zwischenerwerb zustande kommt. Eine Verkaufsbereitschaft des Eigentümers kann sich auch im Rahmen von Voruntersuchungen für eine Entwicklungsmaßnahme ergeben. Stimmen Kaufpreisforderung und der entwicklungsunbeeinflußte Wert überein, so ist die Erforderlichkeit des Instrumentariums nicht mehr gegeben. Als wichtig erweist sich in solchen Fällen aber, daß die Gemeinde die Möglichkeit besitzt, dieses Instrument einzusetzen, um Druck auf nicht kooperationswillige Eigentümer auszuüben. Im Vergleich zu Voruntersuchungen für Entwicklungsmaßnahmen im Außenbereich können solche im Innenbereich noch häufiger im Ergebnis zu **vertraglichen Lösungen** führen.

Auch bei Konversionsflächen kann auf Entwicklungsmaßnahmen verzichtet werden, wenn sich der Bund zum Verkauf seiner Flächen an die Gemeinde (oder z.B. an ein großes Wohnungsunternehmen) entschließt und dabei den entwicklungsunbeeinflußten Wert, der sich in Anwendung des Entwicklungsrechts ergäbe, als Kaufpreis akzeptiert. Dies ist seit dem Verbilligungskonzept der Bundesregierung, welches am 9.10.1991 vom Haushaltsausschuß des Deutschen Bundestages gebilligt worden ist, und der Bekanntmachung des Bundesministers der Finanzen bezüglich der Grundsätze für die verbilligte Ver-

---

1 Z.B. ein Großunternehmen der Altindustrie

äußerung bundeseigener Grundstücke vom 17.3.1992 (**Verbilligungsgrundsätze - VerbGs**)[1] möglich.[2] In Nr. 6 dieser VerbGs heißt es:

"Nach § 63 Absatz 3 BHO [Bundeshaushaltsordnung] wird in Einzelfällen zugelassen, daß bundeseigene Grundstücke in Gebieten, die die Voraussetzungen für die Durchführung von Sanierungsmaßnahmen im Sinne der §§ 136 bis 164 des Baugesetzbuches oder von Entwicklungsmaßnahmen im Sinne der §§ 6 und 7 des BauGB-Maßnahmengesetzes in Verbindung mit den §§ 105 bis 171 des Baugesetzbuches erfüllen, auch ohne eine entsprechende förmliche Festlegung des Gebiets oder Förderung der Maßnahme zum sanierungs- oder entwicklungsunbeeinflußten Grundstückswert an die Gemeinde veräußert werden, ..."

Ob allerdings ein Verkauf nach den VerbGs des Bundesfinanzministers eine vorrangig zu ergreifende Alternative darstellt, die die Anwendung von Entwicklungsmaßnahmen grundsätzlich ausschließt, ist fraglich.[3] Denn in den VerbGs werden eine Reihe von Bedingungen aufgestellt, u.a.:

- Das jeweilige Land muß entsprechende Vermerke im Haushaltsplan vorsehen bzw. es muß eine entsprechende verbindliche Erklärung des zuständigen Landesministers geben.
- Die Wertermittlung erfolgt durch die Oberfinanzdirektion.
- Die Gemeinde ist verpflichtet, für das nach den VerbGs erworbene Gebiet einen rechtsverbindlichen Bebauungsplan oder einen Vorhaben- und Erschliessungsplan spätestens nach Ablauf von fünf Jahren, gerechnet ab dem Zeitpunkt des Eigentumsübergangs am Grundstück, vorzulegen.
- Das Grundstück ist nach spätestens sieben Jahren zu erschließen und an einen Erwerber weiterzuveräußern.
- Die Gemeinde bleibt dem Bund gegenüber verantwortlich. Für den Fall, daß die eingegangenen Verpflichtungen nicht erfüllt werden, ist die Gemeinde zu verpflichten, dem Bund den Differenzbetrag zwischen gezahltem Kaufpreis und Verkehrswert des Kaufgrundstücks zum Zeitpunkt des Entstehens der Nachzahlungsverpflichtung mit Zinsen in Höhe von 2 % über dem jeweiligen Diskontsatz der Deutschen Bundesbank nachzuentrichten.

Diese Bedingungen müssen bei Anwendung einer städtebaulichen Entwicklungsmaßnahme nicht erfüllt werden. Auch hieraus kann sich die Erforderlichkeit des Entwicklungsmaßnahmen-Instrumentariums ergeben.

3.3.6 Grundstücksfonds zur Reaktivierung von Brachflächen

Im Jahr 1980 wurde der Grundstücksfonds Ruhr in Nordrhein-Westfalen gegründet.[4] Es handelt sich hier um eine Finanzhilfe des Landes für die Strukturverbesserung in den altindustrialisierten Regionen Nordrhein-Westfalens zur

---

[1] Siehe BAnz Nr. 72 vom 11.4.1992
[2] Zur Veräußerungspraxis in der Zeit davor siehe Erlaß des Bundesfinanzministers der Finanzen vom 18.12.1991 (VI C1 - VV 2400 - 199/91) "Zur Veräußerung durch Truppenreduzierungen frei werdender bundeseigener Grundstücke" - Veräußerung erst, wenn ein - den Wert mitbestimmender - Bebauungsplan vorliegt, d.h. zu einem Preis, der sich nach der Qualität Bauland bemißt.
[3] Zur Erforderlichkeit des Instrumentariums und zum Allgemeinwohlerfordernis vgl. bereits Abschnitt 3.2.2
[4] 1984 kam der Grundstücksfonds Nordrhein-Westfalen hinzu.

Mobilisierung und Reaktivierung von Brachflächen durch Ankauf, Freilegung, Wiederaufbereitung und Weiterveräußerung. Mit der Bewirtschaftung der vom Lande gewährten Finanzmittel[1] wurde die Landesentwicklungsgesellschaft NRW (LEG) beauftragt. Der Grundstücksfonds ist nicht darauf angelegt, sich selbst zu tragen, da die Kosten für den Grunderwerb, die Freilegung und Wiederaufbereitung sowie die Baureifmachung weit höher als die Veräußerungserlöse sind.

Der Grundstücksfonds kann in seiner bisherigen Tätigkeit Erfolge bei der Reaktivierung von Brachflächen verbuchen. Obwohl die kommunale Planungshoheit gewahrt bleibt und die Gemeinde für die aufzukaufenden Brachflächen ein Benennungsrecht hat, ist die landespolitische Einflußnahme groß.[2] Denn das Land bestimmt die zu erwerbenden Brachgrundstücke, entscheidet über den An- und Wiederverkaufspreis und letztlich darüber, ob die von der Gemeinde beabsichtigte Nutzung realisiert wird.

Nicht immer ist beim Erwerb der Brachflächen als Kaufpreis der Verkehrswert i.S.d. § 194 BauGB gewährleistet. Die Gefahr, daß höhere Ankaufspreise gezahlt werden, ist z.B. dann gegeben, wenn der Grundstücksfonds unter Erfolgszwang kauft.[3] Außerdem kommt der Eigentümer nicht voll für die Aufbereitungskosten der Brachfläche (Abbruch, Freilegung und insbesondere Dekontamination bei Altlastenflächen) auf. Nach den Bewertungsvorgaben des Grundstücksfonds werden nur 50 % dieser Kosten vom "unbelasteten" Grundstückswert abgezogen.[4] Innenentwicklungsmaßnahmen ermöglichen dagegen zum echten Verkehrswert in das Eigentum der Flächen zu gelangen.

Zweckmäßig wäre es, die Instrumente des Grundstücksfonds und der Entwicklungsmaßnahme zu kombinieren, um einerseits das know-how des Grundstücksfonds, der als Entwicklungsträger eingesetzt werden könnte, beim Brachflächenmanagement zu nutzen und andererseits das notwendige bodenrechtliche Instrumentarium zur Verfügung zu haben. Was i.w. bliebe, wäre die landespolitische Einflußnahme über die zu gewährenden Förderungsmittel auf die Reaktivierung von Brachflächen.

---

[1] Von 1980 bis 1991 wurden im Landeshaushalt 768,219 Mio. DM angesetzt und 150 Brachflächen mit einer Gesamtfläche von knapp 1.900 ha erworben. Vgl. Minister für Stadtentwicklung und Verkehr des Landes NRW (Hrsg.), Rechenschaftsbericht Grundstücksfonds, Stand: 31.12.1991, S. 14 u. 34

[2] Vgl. Estermann, Industriebrachen: Grundstücksfonds u. Development Corporation, Karlsruhe 1986, S. 212

[3] Vgl. Lange in: Bundesminister für Raumordnung, Bauwesen und Städtebau, Schriftenreihe "Städtebauliche Forschung", Bodenpreise, Bodenmarkt und Bodenpolitik, Heft Nr. 03.088, Bonn 1981, S. 81

[4] Vgl. Minister für Stadtentwicklung, Wohnen und Verkehr des Landes NRW, Rechenschaftsbericht zum Grundstücksfonds Ruhr und zum Grundstücksfonds Nordrhein-Westfalen, Stand 31.12.1988, S. 32

4. Städtebauliche Entwicklungsmaßnahmen in den neuen Bundesländern

Durch den Einigungsvertrag vom 31. August 1990 ist das BauGB in den fünf neuen Bundesländern mit der Maßgabe, daß ein neuer § 246 a BauGB eingefügt wird, in Kraft getreten. Nach § 246 a Abs. 1 Nr. 13 BauGB in der bis zum 30.4.1993 geltenden Fassung wurde den Gemeinden in den neuen Bundesländern die Möglichkeit eröffnet, vom Instrument der städtebaulichen Entwicklungsmaßnahme nach den §§ 6,7 BauGB-MaßnahmenG 1990 Gebrauch zu machen. Die Vorschriften des BauGB-MaßnahmenG 1990 über das Entwicklungsrecht galten jedoch - abweichend von Art. 1 WoBauErlG - in den neuen Bundesländern nicht bis zum 31.5.1995 wie in den alten Bundesländern, sondern bis zum 31.12.1997. Der Gesetzgeber hatte damit seine Einschätzung zu erkennen gegeben, daß die Baulandprobleme in den neuen Bundesländern länger anhalten werden und daher eine längere Geltungsdauer der Anwendungsmöglichkeit städtebaulicher Entwicklungsmaßnahmen erforderten. Mit der Übernahme der städtebaulichen Entwicklungsmaßnahme in das Vollrecht des BauGB gilt nun das Entwicklungsrecht uneingeschränkt und ohne Befristung für die alten und neuen Länder.

Die bisherigen Ausführungen zu den städtebaulichen Entwicklungsmaßnahmen gelten selbstverständlich auch für die neuen Bundesländer. *Gaentzsch* ist der Auffassung, daß sich dort die Anwendung dieses Instruments "geradezu aufdrängt".[1] In den neuen Bundesländern besteht gegenüber den alten Ländern ein noch größerer Bedarf an Außen- wie Innenentwicklungsmaßnahmen.[2] Auch *Bielenberg* hält Entwicklungsmaßnahmen in den neuen Bundesländern für "ein taugliches Instrument zur Bewältigung der städtebaulichen Probleme".[3] Für die in der Umstrukturierung befindlichen Gemeinden ist es besonders wichtig über ein Instrument wie die Entwicklungsmaßnahme zu verfügen.

Entwicklungsmaßnahmen in den neuen Bundesländern sind besonders geeignet, zu einem **Ausgleich der unterschiedlichen Wirtschaftskraft im Bundesgebiet** beizutragen.[4] Die Gemeinden besitzen damit ein bedeutendes bodenrechtliches Instrument zur Unterstützung der klassischen Wirtschaftsförderungsaufgabe, nämlich der Bereitstellung von gewerblichem bzw. industriellem Bauland. Sie sind dadurch in der Lage, ansiedlungswilligen Gewerbe- bzw. Industriebetrieben mehr Rechtssicherheit für eine Ansiedlung bzw. eine Ansiedlungszusage zu geben. Andererseits können die Gemeinden bei Entwicklungsmaßnahmen entsprechend den stadtentwicklungsplanerischen Zielen darüber entscheiden, welches Unternehmen ein Baugrundstück erhält.

Weiterhin kommen in den neuen Bundesländern in absehbarer Zeit Entwicklungsmaßnahmen im Zuge **kommunaler Neugliederungen**, die dringend erfor-

---

[1] Vgl. Gaentzsch, Städtebauliche Entwicklungsmaßnahmen nach dem Baugesetzbuch-Maßnahmengesetz, NVwZ 1991, S. 921 (922)
[2] Ebenda
[3] Vgl. Bielenberg, Das städtebauliche Planungs-, Bau- und Bodenrecht der ehemaligen DDR nach dem Einigungsvertrag, GuG 1990, S. 121 (127)
[4] Hier kommt vor allem eine Förderung von Entwicklungsmaßnahmen im Rahmen der Gemeinschaftsaufgabe "Verbesserung der regionalen Wirtschaftsstruktur" in den neuen Ländern und Berlin (Ost) in Frage.

derlich sind, in Betracht, um den durch Kommunalgebietsreform vereinigten Gemeinden möglichst zügig zu einer angemessenen Infrastruktur - wie z.B. in Rödental[1] - zu verhelfen.

Darüber hinaus sind Entwicklungsmaßnahmen auch vor Zusammenlegung von kleineren Gemeinden möglich und zweckmäßig, so z.b., wenn ein zu entwickelndes Baugebiet auf der Gemarkung von zwei oder möglicherweise drei Gemeinden liegt, das sich aber aus städtebaulicher Sicht besonders gut für eine bauliche Gesamtentwicklung dieser Gemeinden anbietet. Der Anstoß zur Durchführung einer Entwicklungsmaßnahme könnte hier - außer von den einzelnen Gemeinden - auch vom jeweiligen Landkreis ausgehen. Für diese Fälle kommt z.b. der Zusammenschluß der Gemeinden zu einem **Planungsverband** in Betracht, der die Vorbereitung und Durchführung der Entwicklungsmaßnahme übernehmen kann.

In den neuen Bundesländern gibt es viele innerstädtische Quartiere, die hinsichtlich der Wohn- und Arbeitsverhältnisse in äußerst schlechtem Zustand bzw. unbewohnbar sind. Hier wird sich u.U. die Durchführung einer Innenentwicklungsmaßnahme anbieten, insbesondere dann, wenn eine Flächensanierung nicht ausreicht, um eine Neubebauung einschließlich einer erforderlichen Neuordnung des Grund und Bodens zügig und mit Erfolg zu realisieren.

Darüber hinaus ist in den neuen Bundesländern der Wunsch, privates Grund- oder Wohneigentum zu erwerben, weit ausgeprägter als in den alten Bundesländern.[2] Die Eigentumsquote liegt in den neuen Bundesländern nur bei etwa 25 %, während die in den alten Bundesländern bei etwa 40 % liegt; außerdem wird sich zusätzlicher Wohnungsbedarf aus der abzusehenden Erhöhung der Wohnfläche auf westdeutsche Standards ergeben. Entwicklungsmaßnahmen können hier einen wichtigen Beitrag zur Baulandversorgung, insbesondere der ortsansässigen Bevölkerung, leisten. Durch Bereitstellung von Bauland oder Mietwohnungen in einem Entwicklungsbereich zu angemessenen Preisen kann verhindert werden, daß die ortsansässige Bevölkerung wegen Restitutionsansprüchen (Rückübertragungsansprüche nach dem Vermögensgesetz) aus den Gemeinden verdrängt wird. Das Erfordernis des Entwicklungsrechts und das Allgemeinwohlerfordernis für eine Entwicklungsmaßnahme lassen sich hinsichtlich dieser Zielsetzung gut begründen.[3]

In den neuen Bundesländern können allerdings **ungeklärte Eigentumsverhältnisse** an Grundstücken zu einem hemmenden Faktor in der Entwicklungsmaßnahme werden. Solche Fälle wird es dort noch auf längere Sicht geben. Ist der Eigentümer eines oder mehrerer Grundstücke im Entwicklungsbereich (noch) nicht bekannt, weil z.B. mehrere Personen über ihre Berechtigung streiten, so ergeben sich nicht unerhebliche Verzögerungen in der Grunderwerbsphase. Besteht in absehbarer Zeit keine Aussicht auf Klärung der Eigentumsverhältnisse,

---

[1] Vgl. Kap. IV und Anhang
[2] Vgl. GEWOS Analyse des Wohnungs- und Immobilienmarktes 1991, mitgeteilt in: Informationsdienst des Volksheimstättenwerks 1991, S. 185
[3] Die Gemeinde Kleinmachnow/Brandenburg führt beispielsweise eine Entwicklungsmaßnahme u.a. mit dieser Zielsetzung durch.

so bleibt der Gemeinde nur der Weg über die Enteignung, die zu einer weiteren Verzögerung im Ablauf der Entwicklungsmaßnahme führt.

Im Enteignungsverfahren[1] hat das Vormundschaftsgericht auf Ersuchen der Enteignungsbehörde einen rechts- und fachkundigen Vertreter zu bestellen (§ 207 BauGB). Für diesen gilt aber die praktische Beschränkung der Vertretungsmacht durch die §§ 1821 f BGB:[2] Zu einer Einigung im Enteignungsverfahren im Sinne des § 110 BauGB bedarf es der Genehmigung durch das Vormundschaftsgericht.[3] Dieser Genehmigungsvorbehalt und die Tatsache, daß nach § 1833 BGB der Vertreter dem Beteiligten (Eigentümer) bei Pflichtverletzung haftet, wirken sich negativ auf eine mögliche Einigung nach § 110 BauGB aus, so daß es im Regelfall bei ungeklärten Eigentumsverhältnissen auf eine Enteignung durch Beschluß nach § 113 BauGB hinausläuft.

Gaentzsch ist freilich der Auffassung, daß die sich aus den Eigentumsverhältnissen ergebenden Schwierigkeiten für Investitionen in den neuen Bundesländern durch städtebauliche Entwicklungsmaßnahmen schneller überwunden werden können.[4] Das setzt allerdings voraus, daß Enteignungsverfahren zu einem schnelleren Ergebnis als die Klärung der Eigentumsfrage einschließlich des anschließenden Grunderwerbs vom Berechtigten führen. Dies könnte dann angenommen werden, wenn die an der Klärung der Eigentumsverhältnisse beteiligten Behörden ihre Mitwirkungspflicht bei städtebaulichen Entwicklungsmaßnahmen (§ 165 Abs. 4 Satz 6 BauGB i.V.m. § 139 BauGB) ernst nähmen.[5]

---

[1] Durch das InV-WoBaul vom 22.4.1993 wurde klargestellt, daß Restitutionsansprüche nach dem Vermögensgesetz als Rechte nach § 86 Abs. 1 Nr. 3 BauGB gelten, d.h. Gegenstand eines Enteignungsverfahrens sein können (§ 246 a Abs. 1 Nr. 10 BauGB).

[2] Vgl. Kalb in: Ernst/Zinkahn/Bielenberg, BauGB, § 207 Rdnr. 36

[3] Vgl. BGH, Urt. vom 31.5.1974 - V ZR 14/73 - NJW 1974, S. 1374: Die Vertretungsmacht des Vertreters im Enteignungsverfahren erstreckt sich zwar auf eine nach § 110 BauGB zustandegekommene Einigung, nicht jedoch auf den privatrechtlichen Verkauf des Grundstücks außerhalb des Enteignungsverfahrens, auch wenn dadurch die Enteignung abgewendet werden soll.

[4] Gaentzsch, a.a.O.

[5] Weniger Probleme dürften sich dagegen in Umlegungsverfahren nach dem BauGB ergeben, da die Umlegung wegen des Surrogationsprinzips nicht zu einem originären Rechtserwerb wie in der Entwicklungsmaßnahme führt, das heißt nichts an der materiellen Rechtsinhaberschaft ändert (vgl. Hinweise zur Durchführung von Umlegungs- und Grenzregelungsverfahren in: Bundesminister für Raumordnung, Bauwesen und Städtebau, Materialband zum Gemeinsamen Einführungserlaß der neuen Länder zum Baugesetzbuch, S. 144). Erschwernisse in der Umlegung gibt es freilich dann, wenn die Mitwirkung betroffener Rechtsinhaber erforderlich ist (z.B. bei einer Abfindung mit Geld nach § 59 Abs. 5 BauGB oder einer Vorwegregelung nach § 76 BauGB). Hier besteht die Möglichkeit der Bestellung eines Verteters nach § 207 BauGB. Größere Probleme tauchen aber dann auf, wenn eine Vielzahl ungeklärter Eigentumsverhältnisse im Umlegungsgebiet vorliegt, so daß nicht nur die Durchführung des Umlegungsverfahrens, sondern auch die plangemäße Bebauung erhebliche Verzögerungen erleiden.

5. Zusammenfassung und abschließende Bewertung

Die aufgezeigten Anwendungsmöglichkeiten zeigen, daß städtebauliche Entwicklungsmaßnahmen einen beachtlichen Beitrag für die Stadtentwicklung leisten können. Im Verhältnis zu anderen privat- und öffentlich-rechtlichen Instrumenten der Baulandbeschaffung konnten die Vorzüge von Entwicklungsmaßnahmen dargestellt werden. Sie sind ein geeignetes Instrument, welches den Gemeinden an die Hand gegeben wurde. Allerdings dürfen einige Probleme, die es zu überwinden gilt, nicht übersehen werden:

5.1 "Doppeltes Bodenrecht"

Mit der Wiedereinführung der städtebaulichen Entwicklungsmaßnahme in das Dauerrecht des BauGB existiert hinsichtlich des Baulandbereitstellungsprozesses "**doppeltes Bodenrecht**". Auf der einen Seite können die Gemeinden von privat- und öffentlich-rechtlichen Instrumenten Gebrauch machen, die grundsätzlich dem Eigentümer die Verfügungsrechte über seine Grundstücke, einschließlich der Bodenwertsteigerungen, belassen; auf der anderen Seite steht mit dem Entwicklungsrecht ein eher "**unpopuläres**" Instrumentarium zur Verfügung, welches den Grunderwerb und die Abschöpfung entwicklungsbedingter Wertsteigerungen vorschreibt. Liegen die Voraussetzungen des § 165 Abs. 3 BauGB vor, so obliegt es nun den Gemeinden zu entscheiden, welchen Weg sie gehen wollen. Diese Problematik stellt sich in aller Schärfe erst mit dem neuen Entwicklungsrecht, da städtebauliche Entwicklungsmaßnahmen nach dem StBauFG/BauGB 1987 - gemessen an der Vielzahl anderer städtebaulicher Maßnahmen - eine völlig untergeordnete Rolle spielten und in weiten Teilen des Landes sogar unbekannt waren.

Besonders, wenn mit Entwicklungsmaßnahmen kleinteiliger gearbeitet wird, stellt sich zunehmend die Frage nach der **Gleichbehandlung** der Grundstückseigentümer. Eine Gemeinde, die einmal über eine Baulandumlegung und ein anderes Mal durch eine Entwicklungsmaßnahme neues Bauland schafft, gerät nicht nur in erheblichen **Begründungszwang**, sondern wird auf erhebliche Proteste der Grundstückseigentümer stoßen. Gemessen an diesem Umstand wird in vielen Kommunalparlamenten wenig Bereitschaft bestehen, eine Entwicklungsmaßnahme durchzuführen, auch wenn allgemein Konsens bei Politikern und in der Bevölkerung über die Bereitstellung dringend benötigten Baulands zur Schaffung von Wohn- und Arbeitsstätten besteht. Darüber hinaus muß in nicht wenigen Fällen mit dem Zusammenschluß von Grundstückseigentümern zu Interessengemeinschaften gerechnet werden, die gegen eine Entwicklungsmaßnahme im Wege eines Normenkontrollverfahrens vorgehen.

Aufgrund der positiven Erfahrungen mit Entwicklungsmaßnahmen nach dem StBauFG/BauGB 1987[1] und mit dem Zwischenerwerbsmodell in den Niederlanden[2] wird daher empfohlen, städtebauliche Entwicklungsmaßnahmen als

---

1 Vgl. die Ergebnisse der Untersuchung in Kap. IV
2 Zum "Holland-Modell" vgl. Abschnitt 2.5 in diesem Kapitel

VI. Zur Bedeutung - Zusammenfassung und abschließende Bewertung

Regelinstrument für die Entwicklung neuer Baugebiete - und nicht nur für spezielle städtebauliche Projekte, wie z.B. Großsiedlungen - einzusetzen.[1] Dadurch kann eine Ungleichbehandlung der Grundstückseigentümer vermieden werden. Die Tatsache, daß hohe Bodenpreise notwendige städtebauliche Planungen - nicht nur für den sozialen Wohnungsbau - verhindern, wird zwangsläufig zu einer vermehrten Anwendung des Entwicklungs-Instrumentariums in "Hochpreisregionen" führen. Die bisherige Praxis bestätigt dies, da viele Maßnahmen in den Verdichtungsräumen Berlin, Rhein-Main, München und Stuttgart vorbereitet bzw. durchgeführt werden.

Eine Gemeinde, die städtebauliche Entwicklungsmaßnahmen als Regelinstrument zur Baulandbeschaffung und -bereitstellung einsetzt, erreicht nach einer gewissen Zeit, daß sich alle Beteiligten auf diese Praxis einstellen. Die von der Gemeinde zu zahlenden entwicklungsunbeeinflußten Grundstückswerte, die i.d.R. über den Verkehrswerten für reines Agrarland liegen, würden von den Eigentümern - wie in den Niederlanden - akzeptiert. Darüber hinaus könnte mit einer Bodenpreisbeeinflussung im gesamten Gemeindegebiet gerechnet werden, da die Bereitstellung von Baugrundstücken generell von den Gemeinden ausgeht, die den Baulandpreis festlegen. Im Gegensatz zu Baulandmodellen für bestimmte Zwecke, z.B. Einheimischenmodelle[2], würde nicht nur ein Sondermarkt geschaffen, der u.U. zur Baulandpreissteigerung in anderen Bereichen des Gemeindegebiets führt, sondern ein einheitlicher Markt für unbebautes Bauland.

Gemeinden in den alten Bundesländern, die erfolgreich Entwicklungsmaßnahmen nach dem StBauFG/BauGB 1987 eingesetzt haben, wissen um deren Vorzüge. Daher ist es nicht erstaunlich, daß viele dieser Gemeinden auch heute wieder nach diesem Instrument greifen, so z.B. die Städte Augsburg, Bonn, Bochum, Bremen, Erlangen, Kassel, Mannheim, Rödental und Völklingen. Dagegen sind Gemeinden, die keine Erfahrungen sammeln konnten - und das sind die meisten - aufgefordert, sich mit diesem Instrument näher auseinanderzusetzen.

Moench[3] kann nicht zugestimmt werden, der die Bedeutung der städtebaulichen Entwicklungsmaßnahmen wegen geringer praktischer Erfahrung in Frage stellt. Die Praxis widerlegt dies, denn Ende 1992 waren etwa 200 Entwicklungsmaßnahmen in der Voruntersuchungs- bzw. Durchführungsphase.[4] Als Gegenbeispiel können auch städtebauliche Sanierungsmaßnahmen angeführt werden: Ob-

---

1   Gaentzsch spricht von der Entwicklungsmaßnahme im überwiegend unbebauten Bereich als "einem normalen städtebaulichen Handlungsinstrument in der Hand der Gemeinde", vgl. Gaentzsch, Städtebauliche Entwicklungsmaßnahmen nach dem Baugesetzbuch-Maßnahmengesetz, NVwZ 1991, S. 927. Auch Dieterich fordert für neue Baugebiete die indirekte Abschöpfung maßnahmenbedingter Bodenwertsteigerungen durch Entwicklungsmaßnahmen (vgl. Dieterich, Brauchen wir neue staatliche Interventionen auf dem Bodenmarkt?, GuG 1990, S. 21), obwohl er in seinem Buch Baulandumlegung - Recht und Praxis (München 1990, Rdnr. 11) die Baulandumlegung als Regelinstrument zur Bereitstellung von Bauland bezeichnet. Andererseits ist er aber der Meinung, daß "Rechtsordnungen, die die Zonenenteignung kennen, auf die Umlegung verzichten können." (a.a.O., Rdnr. 10)
2   Vgl. Abschnitt 2.3.4 in diesem Kapitel
3   Moench, Das Maßnahmengesetz zum Baugesetzbuch, NVwZ 1990, S. 918 (923)
4   Vgl. Abschnitt 1 in diesem Kapitel

wohl die Gemeinden nach dem Inkrafttreten des StBauFG im Jahr 1971 noch keine Erfahrungen mit diesem Instrument besaßen, wurden schon in den ersten drei Jahren nach dem Inkrafttreten ca. 400 Maßnahmen eingeleitet und in das Bundesprogramm der Städtebauförderung aufgenommen.[1] Dies zeigt auch, wie groß die Bedeutung der Städtebauförderung für Maßnahmen des Besonderen Städtebaurechts ist. Daher sind geringe Erfahrungen kein Grund, um von diesem Instrument abzusehen - ebensowenig angeblich offene Rechtsfragen,[2] denn hier können die meisten der von den Gerichten geklärten Fragen zu Entwicklungsmaßnahmen nach dem StBauFG/BauGB 1987 auf die neuen Maßnahmen übertragen werden.

In den neuen Bundesländern ist das Städtebaurecht der alten Bundesländer erst seit kurzer Zeit eingeführt. Entwicklungsmaßnahmen sind hier ein völlig neuartiges Instrument, das hinsichtlich der (erleichterten) Enteignungsmöglichkeit nicht ganz unproblematisch ist, wenn man die Enteignungspraxis in der ehemaligen DDR berücksichtigt. Hier muß mit einer verstärkten **Sensibilität** der Bürger bei Entwicklungsmaßnahmen gerechnet werden. Die Gemeinden sind hier besonders gehalten, die Bürger über Ziele und Zwecke einer Entwicklungsmaßnahme zu informieren. Auf das Problem der ungeklärten Eigentumsverhältnisse als hemmender Faktor wurde bereits im vorangegangenen Abschnitt hingewiesen.

Um das Problem des "doppelten Bodenrechts" zu entschärfen, ist weiterhin wichtig, daß die Gemeinden nicht gegen, sondern mit den Grundstückseigentümern Entwicklungsmaßnahmen durchführen. Vertragliche, kooperative Regelungen sind stets mit den Eigentümern anzustreben. Entwicklungsmaßnahmen führen nicht zwangsläufig zu Enteignungen. Dies belegen die untersuchten Fallbeispiele.

5.2 *Strenge Anwendungs- und Festlegungsvoraussetzungen*

Städtebauliche Entwicklungsmaßnahmen im Innen- wie im Außenbereich stehen nicht in jedem Fall als Alternative zu anderen städtebaulichen Instrumenten zur Verfügung. Der verfassungsrechtliche Grundsatz der Eigentumsgewährleistung in Art. 14 Abs. 1 GG sowie die materiell-rechtlichen Voraussetzungen in § 165 Abs. 3 BauGB erlauben, daß Entwicklungsmaßnahmen nur **subsidiär** eingesetzt werden dürfen. Beabsichtigt eine Gemeinde eine Entwicklungsmaßnahme durchzuführen, können deren Ziele und Zwecke aber z.B. durch einen städtebaulichen Vertrag realisiert werden, ohne das Entwicklungsrecht anwenden zu müssen, so muß diesem Weg der Vorzug gegeben werden. Denn eine Entwicklungsmaßnahme wäre hier ein unverhältnismäßig starker Eingriff in die Grundrechte der Eigentümer. Allerdings trägt in diesen Fällen die Möglichkeit, Entwicklungsmaßnahmen durchführen zu können, zur Lösung des Problems bei.

---

1 Vgl. Broschüre des Bundesministeriums für Raumordnung und Bauwesen, Städtebauförderung 1988-1990
6 Milliarden DM für die Stadt- und Dorferneuerung, Bonn 1988

2 Moench, a.a.O.

Darüber hinaus kommt wegen des erforderlichen Raum- und Planungsbezugs nicht jedes neue Baugebiet und nicht jede innerstädtische Fläche als Gegenstand einer Entwicklungsmaßnahme in Betracht.

Deshalb stellt sich die Frage, ob eine Gemeinde überhaupt eine aktive und vorausschauende Bodenpolitik planerisch und bodenordnerisch durch Entwicklungsmaßnahmen betreiben kann. Läßt sich in Zeiten mangelnden Baulands und großer Wohnungsnot der Nachweis des Allgemeinwohlerfordernisses noch leicht erbringen, so wird es umso schwieriger, je stärker Beruhigung auf diesen Märkten eintritt. Scheinbar hängt bei Entwicklungsmaßnahmen neuen Rechts alles vom Nachweis des erhöhten Bedarfs an Wohn- und Arbeitsstätten ab. Dieser Weg führt aber in eine Sackgasse, an deren Ende möglicherweise wieder die Herausnahme der städtebaulichen Entwicklungsmaßnahme aus der Städtebaurechtsordnung wegen praktischer Bedeutungslosigkeit stünde. Im übrigen darf nicht vergessen werden, daß bei Entwicklungsmaßnahmen alten Rechts ein erhöhter Bedarf an Wohn- und Arbeitsstätten nur ein Gesichtspunkt war, der für den Nachweis des Allgemeinwohlerfordernisses eine Rolle spielte; daneben wurden von den Landesregierungen andere Gesichtspunkte angeführt.[1] Daran sollten sich Gemeinden, Genehmigungsbehörden und Gerichte erinnern.

5.3 Entwicklungsmaßnahmenspezifische Probleme

Nicht nur rechtliche, sondern auch tatsächliche Probleme - vor allem **finanzielle** -, gilt es zu überwinden. So entstehen im Vergleich zu anderen städtebaulichen Instrumenten der Planverwirklichung am Anfang sehr hohe Kosten, i.w. für den Grunderwerb und später für die Erschließung. Erst nach Abschluß von Bebauungsplanung, Grunderwerb und Erschließung können Erlöse aus der Veräußerung von Baugrundstücken zur Refinanzierung der unrentierlichen Kosten eingesetzt werden. Je länger die unrentierliche Phase dauert, desto höher sind Vor- und Zwischenfinanzierungskosten, desto geringer fällt der Entwicklungsgewinn zur Finanzierung der Entwicklungsmaßnahme aus. Hier zeigt sich, wie wichtig die zügige Durchführung zur Refinanzierung einer Entwicklungsmaßnahme - nicht nur aus wohnungs- und wirtschaftspolitischen Gründen - ist. Gelingt es nicht, die notwendigen Finanzierungsmittel über den gemeindlichen Haushalt bzw. über Kredite bereitzustellen, so darf eine Entwicklungsmaßnahme nicht durchgeführt werden. In vielen Fällen könnte hier eine **staatliche Förderung** das Problem lösen. Wie wichtig die Städtebauförderung bei Entwicklungsmaßnahmen alten Rechts war, belegen die untersuchten Fallbeispiele. Die Maßnahme in Friedrichsdorf hat aber gezeigt, daß Städtebauförderungsmittel zur Vorfinanzierung des Grunderwerbs und der Erschließung genügen und später zurückgezahlt werden können!

Dennoch sollten Gemeinden die Durchführung von Entwicklungsmaßnahmen nicht von der Zuwendung staatlicher Fördermittel abhängig machen. Auch ohne staatliche Förderung sind solche Maßnahmen finanzierbar. Das beweist die

---

1   Vgl. z.B. das Urt. des Bay. VGH vom 30.7.1984 - Nr. 14 N 83 A.857 -, zitiert in Kap. III 2.1.3

Praxis niederländischer Gemeinden, das zeigen aber auch viele Außenentwicklungsmaßnahmen neuen Rechts, die ohne staatliche Förderung eingeleitet wurden.

Problematischer sind allerdings Innenentwicklungsmaßnahmen, insbesondere solche, bei denen die zu erwerbenden Grundstücke ein hohes Ausgangspreisniveau erreicht haben. Hier ist ein besonderes **finanzielles Engagement der Gemeinden** erforderlich.[1] Die Problematik solcher Innenentwicklungsbereiche liegt weniger in den rechtlichen Schwierigkeiten, als vielmehr im wirtschaftlichen Risiko, welches die Gemeinden mit solchen Maßnahmen eingehen.[2] Die Finanzierung dieser Maßnahmen über die Verkaufserlöse der wiederaufbereiteten Flächen ist in den meisten Fällen nicht möglich, vor allem dann, wenn Altlasten vorhanden und zu beseitigen sind. Hier kommt es besonders auf staatliche Förderung an (z.B. Städtebauförderung, Strukturhilfeprogramm, landeseigene Förderprogramme).[3]

Ein weiteres Problem ergibt sich aus der hohen finanziellen Anfangsbelastung von Entwicklungsmaßnahmen: Sie führen zu einer **finanziellen Schwerpunktbildung** in einem Teilbereich der Gemeinde, möglicherweise unter Vernachlässigung anderer Teilbereiche der Gemeinde. Je zügiger aber die unrentierliche Phase einer Entwicklungsmaßnahme durchlaufen wird, desto geringer wirkt sich die finanzielle Konzentration auf andere Bereiche der Gemeinde aus.

Vor überzogenen Erwartungen hinsichtlich der zügigen Durchführung einer Entwicklungsmaßnahme muß freilich gewarnt werden. Das zeigen die untersuchten Entwicklungsmaßnahmen alten Rechts. Das besondere Bodenrecht schafft zwar die Voraussetzungen für eine zügige Durchführung, dennoch können Verzögerungen eintreten durch mangelnde Mitwirkungsbereitschaft der Träger öffentlicher Belange, geringe Verkaufsbereitschaft bzw. überhöhte Kaufpreisforderungen von Grundstückseigentümern. Hier ist **konsequentes Handeln der Gemeinde** erforderlich, um Nachteile für die Allgemeinheit so gering wie möglich zu halten. Sind auch vorrangig vertragliche Lösungen anzustreben, so muß eine Gemeinde sich darüber im klaren sein, daß Entwicklungsmaßnahmen notfalls Enteignungen erfordern. In diesen Fällen - wie in Normenkontrollverfahren - kommt es darüber hinaus auf eine zügige Bearbeitung durch die zuständigen Gerichte an.

Trotz der beschriebenen Schwierigkeiten haben die Gemeinden bei der Abwägung, welches Instrument sie anwenden wollen, die besonderen **Vorteile** von Entwicklungsmaßnahmen für die Allgemeinheit zu berücksichtigen. Es sind dies i.w.:

---

[1] Vgl. Kratzenberg, Baulandbereitstellung mit der städtebaulichen Entwicklungsmaßnahme, Mitteilungen der Landesentwicklungsgesellschaften und Heimstätten, 1992, S. 13 (29); derselbe, Städtebauliche Entwicklungsmaßnahmen - Ein bewährtes Instrument im neuen Gewand, BBaubl. 1992, S. 478 (482)

[2] Vgl. Runkel, Städtebauliche Entwicklungsmaßnahmen nach dem Maßnahmengesetz zum Baugesetzbuch, ZfBR 1992, S. 91 (93) und Krupinski, Städtebauliche Entwicklungsmaßnahmen, Informationsdienst des Volksheimstättenwerks 1993, S. 90

[3] Vgl. Kratzenberg, a.a.O., S. 482; Krautzberger, Die städtebauliche Entwicklungsmaßnahme - ein wichtiges baulandpolitisches Instrument der Gemeinden, LKV 1992, S. 84 (85); Krupinski, a.a.O.

VI. Zur Bedeutung - Zusammenfassung und abschließende Bewertung 157

- Gute Steuerungsmöglichkeit wichtiger Wohn- und Gewerbe-/Industrie- bzw. Infrastrukturansiedlungen; Möglichkeit, aktiv Wohnungs- und Wirtschaftspolitik zu betreiben;

- Bessere Einflußnahme auf städtebaulich qualitätsvolleres Bauen;

- Optimale Berücksichtigung von Natur- und Landschaftsschutz durch Bereitstellung von naturschutzrechtlichen Ersatzflächen bei Außenentwicklungsmaßnahmen und Reduzierung (Vermeidung) der Inanspruchnahme von Freiflächen durch Innenentwicklungsmaßnahmen;

- Keine Bodenspekulation im Entwicklungsbereich; Abschöpfung leistungsloser Gewinne zur Finanzierung der Maßnahme; kein Horten von Bauland mehr möglich, Baugrundstücke sind verfügbar, bleiben nicht als Kapitalanlage brach liegen; Baulücken werden vermieden; innerstädtische Flächen können mobilisiert werden;

- Vielfältige vertragliche Möglichkeiten beim Grundstücksverkauf; Sanktionen bei Nichterfüllung von Pflichten (z.b. Baupflichten), keine langwierigen hoheitlichen Verfahren (z.B. Baugebote);

- Verkauf von Grundstücken zu angemessenen Preisen; Realisierung von Wohnungen im sozialen Wohnungsbau; Berücksichtigung weiter Kreise der Bevölkerung bei der Grundstücksvergabe;

- Konzentration der Verwaltungsarbeit einer Gemeinde.

Fazit: Städtebauliche Entwicklungsmaßnahmen sind keine Patentlösung für alle Vorhaben der Stadtentwicklung. Gemeinden, die sich für eine sozialgerechte Bodennutzung und Bodenordnung einsetzen, müssen aber den ihnen gebotenen Handlungsspielraum konsequent nutzen. Deshalb haben städtebauliche Entwicklungsmaßnahmen **Zukunft**. Allerdings: Sie erfordern kommunalpolitischen Mut und Rückhalt.

VII. Vorschläge und Hinweise zur Anwendung städtebaulicher Entwicklungsmaßnahmen

In der Praxis gibt es noch einige Unsicherheiten bzgl. der Anwendung des Entwicklungsrechts, da viele Städte, die Entwicklungsmaßnahmen durchführen (wollen), bisher noch keine Erfahrungen sammeln konnten. Deshalb sollen in diesem Kapitel Hinweise zu wichtigen Fragen des Entwicklungsrechts und Vorschläge zur Anwendung gegeben werden.[1] Um einen besseren Überblick des Ablaufs einer Entwicklungsmaßnahme zu haben, wurde ein Ablaufschema erstellt (siehe Faltblatt/3. Umschlagseite).

1. Grobanalyse, Voruntersuchungen

1.1 Grobanalyse

Verwaltungsinterne Untersuchung zur Durchführung von Entwicklungsmaßnahmen; "Grundsatzbeschluß" des Gemeinderats

Grundsätzlich sollte jede beabsichtigte gebietsbezogene Maßnahme zur Baulandbereitstellung verwaltungsintern in einer **Grobanalyse** daraufhin untersucht werden, ob für sie die Anwendung des Entwicklungsrechts möglich ist. Es kann zweckmäßig sein, vom Gemeinderat beschließen zu lassen, daß künftig bei allen städtebaulichen Maßnahmen die Möglichkeit der Anwendung des Entwicklungsrechts in Erwägung gezogen wird. Dieser **"Grundsatzbeschluß"** kann einen entsprechenden Auftrag an die Verwaltung enthalten, die erforderlichen Überprüfungen (Grobanalysen) durchzuführen. Aufwendige Voruntersuchungen sind zu vermeiden. Es sollten grob die Voraussetzungen für den Erlaß einer Entwicklungssatzung überprüft werden. Hierzu gehört auch eine Abschätzung der voraussichtlich maßgebenden Eingangs- und Neuordnungswerte. Überlegungen dieser Art sollten immer dann angestellt werden, wenn

- der Flächennutzungsplan insgesamt oder in Teilbereichen zur Überarbeitung ansteht,
- eine im Flächennutzungsplan dargestellte Fläche (oder ein im Bebauungsplan festgesetztes Gebiet)[2] entwickelt werden soll,
- innerstädtische Brachflächen oder andere mindergenutzte Flächen wieder- oder umgenutzt werden sollen,
- Anzeichen vorliegen, daß eine militärisch genutzte Fläche aufgegeben wird,
- überregionale Maßnahmen geplant sind.

---

[1] Vgl. auch die Arbeitshilfe für städtebauliche Entwicklungsmaßnahmen nach dem BauGB-Maßnahmengesetz der Fachkommission "Städtebauliche Erneuerung" der ARGEBAU, Stand Juli 1992 und Schäfer, Ergebnisse eines Planspiels zur städtebaulichen Entwicklungsmaßnahme mit Vertretern bayerischer Städte und Gemeinden in: Referatesammlung zum 307. und 311. Kurs des Instituts für Städtebau Berlin der Deutschen Akademie für Städtebau und Landesplanung, Berlin 1993, S. 19

[2] Größtes Hemmnis für Entwicklungsmaßnahmen in Bereichen mit bestehenden Bebauungsplänen sind aber die schon vorhandenen hohen Bodenwerte.

VII. Vorschläge und Hinweise

1.2 Voruntersuchungen

1.2.1 "Entwicklungsbeschluß"

"Entwicklungsbeschluß" zur Einleitung von Voruntersuchungen und Veröffentlichung in der örtlichen Presse

Ergibt die Grobanalyse die grundsätzliche Eignung zur Anwendung der städtebaulichen Entwicklungsmaßnahme für einen bestimmten Bereich und ist die Gemeinde willens, dieses Instrument anzuwenden, sollten weitere detailliertere Voruntersuchungen (s.u.) erfolgen, im Rahmen derer die Notwendigkeit einer Entwicklungsmaßnahme gründlich untersucht und endgültig beurteilt wird, ob eine Entwicklungssatzung erlassen werden kann (§ 165 Abs. 4 Satz 1 BauGB).

Die Öffentlichkeit sollte über den Beginn der Voruntersuchungen und über die Absicht der Gemeinde, eine Entwicklungsmaßnahme durchführen zu wollen, unterrichtet werden. Dies erfolgt durch den **Beschluß über den Beginn der Voruntersuchungen** ("**Entwicklungsbeschluß**") des zuständigen Gemeindeorgans (i.d.R. der Gemeinderat) gem. § 165 Abs. 4 Satz 3 BauGB, mit dem gleichzeitig die Verwaltung oder andere geeignete Stellen - möglich wäre auch ein Entwicklungsträger - zur Durchführung der erforderlichen Untersuchungen beauftragt werden. Der Beschluß sollte nicht nur im Amtsblatt der Gemeinde, sondern auch in der **örtlichen Presse** veröffentlicht werden. In der Veröffentlichung sollte der Untersuchungsbereich ("Entwicklungs-Verdachtsbereich") nicht nur textlich beschrieben, sondern außerdem zeichnerisch dargestellt werden. Er kann größer als der später förmlich festgelegte Bereich sein. Außerdem sollten die Bürger - soweit es zu diesem frühen Zeitpunkt möglich erscheint - über die beabsichtigten Ziele und Zwecke der Entwicklungsmaßnahme informiert werden. Die Bekanntgabe dieses Beschlusses kann als Beginn einer Erörterung mit den von der beabsichtigten Entwicklungsmaßnahme Betroffenen i.S.d. § 137 BauGB gewertet werden.

Jedes Gemeinderatsmitglied sollte, bevor eine Entscheidung getroffen wird, ausreichend über die allgemeinen Ziele und Zwecke einer städtebaulichen Entwicklungsmaßnahme informiert werden. Dabei sollten nicht nur Vorteile, sondern auch mögliche Probleme angesprochen werden. Schließlich ist eine **breite Zustimmung im Gemeinderat anzustreben**, um so den notwendigen kommunalpolitischen Rückhalt schon in der Voruntersuchungsphase zu schaffen.

1.2.2 Gegenstand von Voruntersuchungen

Neben den sonst erforderlichen Voruntersuchungen zur Entwicklung eines Baugebiets (z.B. technische Untersuchungen, wozu auch Altlastenuntersuchungen[1] zählen) sind im Vorfeld geplanter Entwicklungsmaßnahmen weitere Fragen zu klären, so z.B.:

---

[1] Nach § 165 Abs. 4 BauGB i.V.m. § 138 BauGB begründet der "Entwicklungsbeschluß" eine Auskunftspflicht, um z.B. Informationen über Altlasten in Untersuchungsbereichen zu erhalten (vgl. Kap. V 3.5.3).

- Handelt es sich um eine Entwicklungsmaßnahme nach § 165 BauGB (insbesondere Raum- und Planungsbezug)?
- Welche Gründe rechtfertigen die Anwendung dieses Instruments? Ist das Allgemeinwohlerfordernis gegeben? Ist das besondere Bodenrecht der Entwicklungsmaßnahme als Ganzes erforderlich?[1]
- Welche Ziele und Zwecke sollen mit der Entwicklungsmaßnahme verfolgt werden?
- Wie soll der Entwicklungsbereich abgegrenzt werden? Kommen Anpassungsgebiete in Betracht?
- Welche Eigentumsverhältnisse liegen vor?
- Besteht möglicherweise Mitwirkungs- bzw. Veräußerungsbereitschaft der Betroffenen?
- Welche Grundstückswerte sind maßgebend?
- Welche Kosten werden insgesamt entstehen? Wie werden sie finanziert (Kosten- und Finanzierungsübersicht)?
- Wie zügig kann die Maßnahme realisiert werden?

Welche Angaben mit welcher Genauigkeit benötigt werden, muß für jede Entwicklungsmaßnahme neu entschieden werden.

In der derzeitigen Ausgestaltung des Entwicklungsrechts müssen die Gemeinden das rechtliche Risiko einkalkulieren, insbesondere in den ersten Jahren der Wiederanwendbarkeit dieses Instruments. Obwohl etwaige Verzögerungen durch Normenkontrollverfahren auf die zum Zeitpunkt des Erlasses der Entwicklungssatzung notwendige Beurteilung der Zügigkeit einer Entwicklungsmaßnahme keinen Einfluß haben, wirken sie sich negativ auf die Finanzierung der Maßnahme aus, weil Veräußerungserlöse erst später erzielt werden und sich die Zwischenfinanzierung verteuert. Es empfiehlt sich, bei der Überprüfung der Finanzierbarkeit bzw. bei der Aufstellung einer ersten Kosten- und Finanzierungsübersicht verschieden lange Verfahrensdauern zu berücksichtigen. Darüber hinaus kommt der Ansatz unterschiedlich hoher Erschließungskosten in Betracht, um auch hier abschätzen zu können, wie sich eine mögliche Verteuerung der Erschließung auf die Finanzierung auswirkt. Auch ein Vergleich zu den Kosten und Einnahmen in einem Umlegungsverfahren kommt in Betracht.

1.2.3 *Vorbereitende Untersuchungen*

Vorbereitende Untersuchungen i.S.d. § 141 BauGB bei Entwicklungsmaßnahmen in bebauten (und bewohnten) Gebieten

Bei Entwicklungsmaßnahmen auf unbebauten Außenbereichsflächen bzw. auf i.w. unbewohnten Innenbereichsflächen sollte auf vorbereitende Untersuchun-

---

[1] Vgl. hierzu Kap. III, V und VI

gen i.S.d. § 141 BauGB verzichtet werden. Eine gesetzliche Verpflichtung besteht - mit Ausnahme von Anpassungsgebieten - ohnehin nicht.[1] Vorbereitende Untersuchungen i.S.d. § 141 BauGB kommen allerdings für Entwicklungsmaßnahmen in bebauten (und bewohnten) Gebieten in Betracht. Dies gilt z.B. für Innenentwicklungsmaßnahmen in den neuen Bundesländern. In diesen Fällen sind vorbereitende Untersuchungen mit ihrem vorwiegend **sozialen Ansatz** geeignet, um nachteilige Auswirkungen auf die im Entwicklungsbereich wohnenden und arbeitenden Menschen festzustellen.

1.2.4 Beteiligung und Mitwirkung der Betroffenen

Keine förmliche Beteiligung aller Eigentümer und Nutzungsberechtigten etwa nach dem Vorbild der Bauleitplanung

Aus der entsprechenden Anwendbarkeit des § 137 BauGB ab dem "Entwicklungsbeschluß" zur Einleitung von Voruntersuchungen gem. § 165 Abs. 4 BauGB kann keine förmliche Beteiligung aller Eigentümer und Nutzungsberechtigten etwa nach dem Vorbild der Bauleitplanung gefordert werden.[2] Das würde häufig zu erheblichen Verzögerungen in der Vorbereitungsphase einer Entwicklungsmaßnahme führen. Deshalb sollte die Gemeinde genau prüfen, in welcher Form sie die Mitwirkungsbereitschaft und die Auswirkungen der Maßnahme auf die Betroffenen ermittelt. Ob "regelmäßig eine Anhörung der Eigentümer und Nutzungsberechtigten der im künftigen Entwicklungsbereich gelegenen Grundstücke"[3] erforderlich ist, ist fraglich. Es sollte ausreichen, wenn in der Vorbereitungsphase

- die von der Entwicklungsmaßnahme Betroffenen allgemein auf die Absicht der Gemeinde, eine Entwicklungsmaßnahme durchführen zu wollen ("Entwicklungsbeschluß"), hingewiesen werden,

- die Eigentümer (und Nutzungsberechtigten) vorab schriftlich informiert werden und ihnen die Möglichkeit zu einer Stellungnahme gegeben wird (Fragebogenversendung)[4] und

- eine Bürgerversammlung durchgeführt wird, in der die Ziele und Zwecke der Entwicklungsmaßnahme erläutert werden.

Sind jedoch nur wenige Eigentümer und Nutzungsberechtigte (bei Brachflächen möglicherweise nur ein Eigentümer) vorhanden, so sollten alle angehört werden. Kann aber von vornherein aufgrund der Struktur des beabsichtigten Entwicklungsbereichs (Vielzahl von Eigentümern, zersplitterter Grundbesitz) und der Ziele und Zwecke der Entwicklungsmaßnahme davon ausgegangen werden, daß eine echte Mitwirkungsbereitschaft aller Eigentümer nicht zu er-

---

[1] Vgl. Kap. V 3.4
[2] Vgl. die Rechtsprechung zu den Entwicklungsmaßnahmen alten Rechts in Kap. III 2.1; vgl. auch Bielenberg in: Ernst/Zinkahn/Bielenberg, BauGB, § 165 Rdnr. 28
[3] Vgl. Muster-Einführungserlaß der Fachkommission "Städtebauliche Erneuerung" der ARGEBAU vom 7.6.1990
[4] Vgl. z.B. Entwicklungsmaßnahme Backnang, Bericht im Anhang

zielen ist, stellt sich die Frage nach Sinn und Zweck einer umfassenden Anhörung aller Beteiligten. Werden in diesen Fällen nicht alle Eigentümer und Nutzungsberechtigten angehört, so bedeutet dies keine **unzulässige** Einengung ihrer Rechte. Denn mit der förmlichen Festlegung des Entwicklungsbereichs sind noch keine planerischen Entscheidungen getroffen; die Beteiligung im Bauleitplanverfahren bleibt davon unberührt. Der Eigentümer kann sich auch weiterhin gegen einzelne Maßnahmen wenden, insbesondere gegen eine Enteignung. Außerdem kann er ein Normenkontrollverfahren zwecks Überprüfung der Gültigkeit der Entwicklungssatzung beantragen.

1.2.5 Abgrenzung des Entwicklungsbereichs

Für die zweckmäßige Abgrenzung eines Entwicklungsbereichs gilt folgendes:

- die Abgrenzung des Entwicklungsbereichs liegt allein im planerischen Ermessen der Gemeinde;[1]

- eine Übereinstimmung des Entwicklungsbereichs mit den planerischen Darstellungen eines Flächennutzungsplans ist nicht erforderlich;

- eine räumliche Trennung des Entwicklungsbereichs ist möglich;

- ein Entwicklungsbereich kann größer gewählt werden als für die rein städtebauliche Entwicklung nötig ist, so z.B. um gem. § 169 Abs. 6 Satz 4 BauGB Landwirten landwirtschaftliches Ersatzland anbieten oder um naturschutzrechtliche Ersatzflächen bereitstellen zu können;

- bei Innenentwicklungsmaßnahmen empfiehlt sich eine städtebauliche Rahmenplanung, in der auch die Umgebung in das Konzept eingebunden und abgeklärt wird, für welche Nutzungen die Anschlußbereiche vorzusehen sind. Dabei sollte die Möglichkeit geprüft werden, Anpassungsgebiete festzulegen. Hier sind aber die Probleme hinsichtlich des Nachweises der entwicklungsbedingten Bodenwerterhöhung gem. §§ 153, 154 BauGB zu beachten, wie sie häufig in der Praxis der städtebaulichen Sanierungsmaßnahmen vorkommen;

- Innenentwicklungsmaßnahmen, z.B. auf Brachflächen, können wegen ihrer besonderen Bedeutung kleinteiliger als Außenentwicklungsmaßnahmen sein.

2. *Vorbereitender Grunderwerb, Grunderwerb*

2.1 Vorbereitender Grunderwerb

Grunderwerb schon im Vorfeld der Entwicklungsmaßnahme

Zur Abkürzung der Dauer der Grunderwerbsphase während des förmlichen Verfahrens ist es ratsam, schon im Vorfeld der Entwicklungsmaßnahme Grundstücke im geplanten Entwicklungsbereich zu erwerben, wenn mit dem Erlaß der Entwicklungssatzung fest zu rechnen ist (**vorbereitender Grunderwerb**).

---

[1] Vgl. Kap. III 2.4

Dabei sollte die Gemeinde oder ein schon beauftragter Entwicklungsträger vorrangig die Grundstücke erwerben, die nach dem Stand der vorbereitenden Planungen zuerst entwickelt werden sollen.[1] Als Kaufpreis sollte der später maßgebende entwicklungsunbeeinflußte Grundstückswert (Eingangswert) gezahlt werden, auch wenn dieser erst mit Erlaß der Entwicklungssatzung bindend ist. Ein erhöhter Kaufpreis könnte zwar zu einem schnelleren Kaufvertragsabschluß führen, doch sollten aus Gleichbehandlungsgründen keine unterschiedlichen Preise unmittelbar vor bzw. nach förmlicher Einleitung gezahlt werden.

Zur Unterstützung des vorbereitenden Grunderwerbs kommt auch das **besondere Vorkaufsrecht** nach § 25 Abs. 1 Satz 1 Nr. 2 BauGB in Frage. Die gem. § 25 Abs. 1 Satz 2 BauGB ortsübliche Bekanntmachung dieser Vorkaufssatzung kann darüber hinaus als Kriterium für die Bestimmung des Zeitpunkts des beginnenden Entwicklungseinflusses von Bedeutung sein. Möglich wäre auch, den "Entwicklungsbeschluß" der Gemeinde zur Einleitung der Voruntersuchungen gem. § 165 Abs. 4 BauGB mit dem Beschluß über die Vorkaufssatzung zu verbinden. Zu beachten ist aber, daß eine Preislimitierung nach § 28 Abs. 3 BauGB, d.h. eine Reduzierung des Kaufpreises auf den Entschädigungswert (Verkehrswert), praktisch nicht möglich ist, da grundsätzlich der vereinbarte Kaufpreis maßgebend ist und die ausnahmsweise zulässige Preislimitierung in Fällen des § 24 Abs. 1 Nr. 1 BauGB (Flächen öffentlicher Nutzung) einen Bebauungsplan voraussetzt, der regelmäßig im Vorfeld von Entwicklungsmaßnahmen nicht vorhanden ist. Nur in den neuen Bundesländern und auch im früheren West-Berlin kann dieses Vorkaufsrecht zum Verkehrswert ausgeübt werden (§ 246 a Abs. 1 Nr. 7 BauGB und § 247 Abs. 6 Satz 1 BauGB i.V.m. § 3 Abs. 3 BauGB-MaßnahmenG).[2] Bei Verkaufsfällen mit einem über dem später im Entwicklungsbereich maßgebenden Grundstückswert sollte bei Nichtausübung des Vorkaufsrechts zum **Schutz** der Vertragspartner, insbesondere des Käufers, darauf hingewiesen werden, daß nach förmlicher Einleitung der Entwicklungsmaßnahme von der Gemeinde nur noch der niedrigere entwicklungsunbeeinflußte Grundstückswert gezahlt wird.

Eine weitere Möglichkeit zur Unterstützung des vorbereitenden Grunderwerbs, allerdings nur bei Entwicklungsmaßnahmen zur Schaffung von Wohnstätten, ist das allgemeine Vorkaufsrecht für unbebaute Grundstücke nach § 3 BauGB-MaßnahmenG. Es setzt voraus, daß es sich um Flächen handelt, für die nach dem Flächennutzungsplan eine Nutzung als Wohnbaufläche oder Wohngebiet dargestellt ist oder die nach den §§ 30, 33 oder 34 des BauGB vorwiegend mit Wohngebäuden bebaut werden können. Dieses Vorkaufsrecht kann auch ausgeübt werden, wenn die Gemeinde die Aufstellung, Änderung oder Ergänzung des Flächennutzungsplans beschlossen hat und nach dem Stand der Planungsarbeiten anzunehmen ist, daß der künftige Flächennutzungsplan eine solche Nutzung darstellen wird. Nach § 3 Abs. 3 BauGB-MaßnahmenG wird dieses Vor-

---

[1] Vorbereitender Grunderwerb bei städtebaulichen Sanierungs- und Entwicklungsmaßnahmen ist grundsätzlich nach den Städtebauförderungs-Verwaltungsvorschriften der Länder förderungsfähig (vgl. die verschiedenen Vorschriften der Länder abgedruckt in: Bielenberg/Koopmann/Krautzberger, Städtebauförderungsrecht, Bd. II C Förderungsrecht der Länder).

[2] Bis zum 31.12.1997

kaufsrecht zum **Verkehrswert** ausgeübt. Eine Reduzierung des Kaufpreises auf den später maßgebenden entwicklungsunbeeinflußten Grundstückswert, der vom aktuellen Verkehrswert abweichen kann, ist aber **unzulässig**.

Liegt der Verkehrswert zum Zeitpunkt des Verkaufsfalls über dem später maßgebenden entwicklungsunbeeinflußten Grundstückswert, z.B. wenn der beginnende Entwicklungseinfluß noch vor der Flächennutzungsplan-Änderung einsetzte, so sollte bei größeren Preisunterschieden das Vorkaufsrecht nicht ausgeübt werden. Die Vertragspartner sollten auch hier wieder auf die bodenrechtlichen Besonderheiten ab Erlaß der Entwicklungssatzung hingewiesen werden.

2.2 Grunderwerb

Abschnittsweiser Grunderwerb

Der Grunderwerb im Entwicklungsbereich sollte abschnittsweise erfolgen. Dabei ist von der Gemeinde anzustreben, den Zeitraum zwischen dem hierfür entstehenden Aufwand (Grunderwerbs- und Zwischenfinanzierungskosten) und den zu erzielenden Erträgen (Grundstücksverkaufserlöse) so kurz wie möglich zu halten, um die Wirtschaftlichkeit der Entwicklungsmaßnahme zu gewährleisten. Gegen einen abschnittsweisen Grunderwerb bestehen rechtlich keine Bedenken, denn die gemeindliche Grunderwerbspflicht bedeutet nicht, daß sämtliche Grundstücke auf einmal erworben werden müssen. Dies kann der Gemeinde finanziell nicht zugemutet werden. Auch der Übernahmeanspruch eines Eigentümers gem. § 168 BauGB stellt hinsichtlich eines abschnittsweisen Vorgehens beim Grunderwerb keine größeren Probleme dar. Denn ein Übernahmeanspruch wegen wirtschaftlicher Unzumutbarkeit, ein Grundstück zu behalten oder es in der bisherigen oder einer anderen zulässigen Art zu nutzen, wird nur in Einzelfällen Aussicht auf Erfolg haben. Bei Außenentwicklungsmaßnahmen auf bisher landwirtschaftlich genutzten Flächen wird es einem Eigentümer/Landwirt grundsätzlich zuzumuten sein, seine Grundstücke so lange zu behalten bzw. zu nutzen, bis aufgrund des Fortschritts der Entwicklungsmaßnahme auch seine Flächen von der Gemeinde gekauft werden. Hat ein Landwirt allerdings schon so viele Grundstücke veräußert, daß seine restlichen Flächen - innerhalb und außerhalb des Entwicklungsbereichs - nicht mehr zur Aufrechterhaltung seines landwirtschaftlichen Betriebes ausreichen oder kann er landwirtschaftliches Ersatzland außerhalb des Entwicklungsbereichs erwerben, so ist dem Übernahmeverlangen stattzugeben.

2.2.1 Maßnahmen zur Erleichterung des Grunderwerbs

Bei Außenentwicklungsmaßnahmen: Bereitstellung von landwirtschaftlichem Ersatzland;
vertragliche Einräumung eines Rückkaufsrechts

Zur Vermeidung von Existenzgefährdungen landwirtschaftlicher Betriebe bei Außenentwicklungsmaßnahmen sollten die Gemeinden sich bemühen, den be-

VII. Vorschläge und Hinweise

troffenen Landwirten geeignetes Ersatz- bzw. Pachtland zur Verfügung zu stellen. Nur so kann in diesen Fällen Verkaufsbereitschaft erzielt werden, es sei denn, der Landwirt beabsichtigt ohnehin die Aufgabe seines Betriebes. Da eine Gemeinde nicht immer landwirtschaftliches Tauschland in ausreichendem Umfang besitzt, sollte sie sich - wie in Backnang oder Friedrichsdorf[1] - im Vorfeld der Entwicklungsmaßnahme oder während der förmlich eingeleiteten Maßnahme um den Erwerb geeigneter Flächen bemühen. Die Bereitstellung von landwirtschaftlichem Ersatzland wirkt sich nicht nur positiv auf den Nachweis des Allgemeinwohlerfordernisses aus, sondern führt zu einer höheren **Akzeptanz** der Entwicklungsmaßnahme bei Landwirten, da steuerpflichtige landwirtschaftliche Betriebe die durch Grundstücksveräußerung aufgedeckten stillen Reserven in diesen Fällen steuerlich neutral in den Betrieb reinvestieren können.[2]

Die Verkaufsbereitschaft von Grundstückseigentümern kann weiterhin durch vertragliche Einräumung eines Rückkaufsrechts erhöht werden (**Optionsverträge**)[3]. Da auf Rückübertragung neugeordneter Grundstücke kein Anspruch besteht, kann auch hiermit die Akzeptanz der Maßnahme insgesamt verbessert werden. Voraussetzung hierfür ist, daß konkrete Aussagen über die zukünftige Grundstücksnutzung aufgrund vorbereitender Planungen im Entwicklungsbereich vorliegen. Allerdings dürfen durch Optionsverträge nicht die Ziele und Zwecke der Entwicklungsmaßnahme beeinträchtigt werden.

Zur Unterstützung des Grunderwerbs im förmlich festgelegten Entwicklungsbereich steht der Gemeinde das **allgemeine Vorkaufsrecht** nach § 24 Abs. 1 Nr. 3 BauGB zur Verfügung. Allerdings besteht nur in den neuen Bundesländern und im früheren West-Berlin die Möglichkeit, bei überhöhten Kaufpreisen das Vorkaufsrecht zum Verkehrswert, der im förmlich festgelegten Entwicklungsbereich dem entwicklungsunbeeinflußten Grundstückswert entspricht, auszuüben (§ 246 a Abs. 1 Nr. 7 BauGB und § 247 Abs. 6 Satz 1 BauGB i.V.m. § 3 Abs. 3 BauGB-MaßnahmenG).[4] Zu beachten ist aber, daß die Ausübung des Vorkaufsrechts nur möglich ist, wenn zuvor eine Entwicklungsgenehmigung von der Gemeinde nach § 169 Abs. 1 Nr. 1 BauGB i.V.m. § 145 BauGB erteilt wurde, durch die der Kaufvertrag erst rechtswirksam wird. Die Genehmigung darf aber nicht erteilt werden, wenn der Kaufpreis über dem entwicklungsunbeeinflußten Wert liegt. Außerdem wird häufig in einem förmlich festgelegten Entwicklungsbereich (und auch in der Voruntersuchungsphase) kein Grundstücksverkehr mehr stattfinden. Daher sind die Möglichkeiten des Vorkaufsrechts im Entwicklungsbereich - wie im Vorfeld einer Entwicklungsmaßnahme - **begrenzt**.

---

[1] Vgl. Kap. IV und Anhang; zur Einbeziehung landwirtschaftlicher Flächen in den Entwicklungsbereich vgl. die Rechtsprechung zu den Entwicklungsmaßnahmen alten Rechts, Kap. III 2.1 c; zur Einbeziehung landwirtschaftlicher Flächen, die nach Durchführung der Entwicklungsmaßnahme weiter landwirtschaftlich genutzt werden sollen, vgl. Abschnitt 1.2.5 in diesem Kapitel.

[2] Zur Beurteilung der Bodengewinnbesteuerung bei steuerpflichtigen landwirtschaftlichen Betrieben und zur Notwendigkeit steuerrechtlicher Änderungen vgl. Kap. VIII 2

[3] Vgl. Entwicklungsmaßnahme Friedrichsdorf (Kap. IV und Anhang)

[4] Bis zum 31.12.1997

2.2.2 Abwendungsvereinbarungen

Möglichkeiten, Abwendungsvereinbarungen in Verbindung mit Ablösungsvereinbarungen oder Vorauszahlungen zu treffen, ausschöpfen

Vom Abwendungsrecht nach § 166 Abs. 3 BauGB (insbesondere nach der neuen Nr. 2) sollte, soweit dies möglich ist und von den Eigentümern im Rahmen der Grunderwerbsverhandlungen gewünscht wird, Gebrauch gemacht werden. Durch diese **eigentumserhaltenden** Einzelmaßnahmen kann die Akzeptanz der gesamten Maßnahme erhöht werden.[1] Diese Abwendungsmöglichkeit bietet sich insbesondere bei Eigentümern von größeren zusammenhängenden Flächen an. Außerdem wäre denkbar, daß ein Träger einer Wohnungs- oder Gewerbemaßnahme eine größere Teilfläche des Entwicklungsbereichs erwirbt und diese Fläche selbst entsprechend den Zielen und Zwecken der Entwicklungsmaßnahme erschließt und bebaut (§ 169 Abs. 1 Nr. 2 BauGB i.V.m. § 147 Abs. 2 BauGB). Voraussetzung ist, daß der Träger die Grundstücke zum entwicklungsunbeeinflußten Grundstückswert von den Alteigentümern erwirbt, die Gemeinde die Entwicklungsgenehmigung gem. § 145 BauGB erteilt und das ihr zustehende gesetzliche Vorkaufsrecht nicht ausübt.

Allerdings setzt die gegenüber dem Entwicklungsrecht des StBauFG/BauGB 1987 verbesserte Abwendungsmöglichkeit eines Eigentümers im Entwicklungsbereich voraus, daß die Verwendung seines Grundstücks nach den Zielen und Zwecken der Entwicklungsmaßnahme bestimmt oder mit ausreichender Sicherheit bestimmbar ist. Neben einem rechtsverbindlichen Bebauungsplan kann in diesen Fällen auch die **Planreife** eines Bebauungsplans nach § 33 BauGB oder ein vom Gemeinderat beschlossener **informeller Rahmenplan** zur Beurteilung des "Abwendungsbegehrens" des Eigentümers dienen.[2] Der Eigentümer kann das Eigentum an bestimmten Flächen behalten und andere Flächen, die z.B. für öffentliche Zwecke vorgesehen sind oder die er nicht bebauen will, an die Gemeinde veräußern.

Die Auffassung, daß das Abwendungsrecht des Eigentümers regelmäßig ausscheidet, wenn der Eigentümer bereit ist, nur einen Teil seines Grundstücks zu bebauen oder wenn die Grundstücke zuerst von der Gemeinde neugeordnet werden müssen,[3] wird nicht geteilt. Das Abwendungsrecht würde unter diesen Voraussetzungen keine praktische Bedeutung erlangen können. So wird z.B. bei einer Außenentwicklungsmaßnahme ein Landwirt, der eine größere Fläche besitzt, nicht immer (finanziell) in der Lage sein, sein gesamtes Grundstück entsprechend den Zielen und Zwecken der Entwicklungsmaßnahme zu bebauen. Da die Grundstücksgrenzen nicht auf den neuen Bebauungsplan ausgerichtet sind, müssen häufig Teile des Grundstücks, die als Erschließungsflächen vorge-

---

[1] Einzelne Abwendungsvereinbarungen stellen nicht die gesamte Maßnahme im Hinblick auf die Erforderlichkeit der Anwendung des Entwicklungsrechts in Frage, sonst hätte der Gesetzgeber solche Abwendungsvereinbarungen nicht ermöglicht.

[2] Vgl. auch Runkel, Städtebauliche Entwicklungsmaßnahmen nach dem Maßnahmengesetz zum Baugesetzbuch, ZfBR 1991, S. 91 (97)

[3] Vgl. Kratzenberg, Baulandbereitstellung mit der städtebaulichen Entwicklungsmaßnahme, in: Mitteilungen der Landesentwicklungsgesellschaften und Heimstätten, 1992, S. 13 (28)

sehen sind, der Gemeinde übereignet werden. Eine Bebauung des gesamten Grundstücks durch einen Eigentümer scheidet daher regelmäßig aus. Abwendungsvereinbarungen müssen daher auch für Teile eines Grundstücks möglich sein.

Darüber hinaus haben Abwendungsvereinbarungen den Vorteil, daß ein Teil der sonst anfallenden Grunderwerbskosten eingespart werden kann, was besonders für Innenentwicklungsmaßnahmen wegen des hohen Ausgangspreisniveaus wichtig sein kann. Die Gemeinden sollten bei Abwendungsvereinbarungen verstärkt das Instrument der **Ablösungsvereinbarung** einsetzen (§ 166 Abs. 3 BauGB i.V.m. § 154 Abs. 3 Satz 2 BauGB), um den Entwicklungsgewinn für die von der Vereinbarung betroffenen Grundstücke vor Abschluß der Entwicklungsmaßnahme zu deren Refinanzierung einsetzen zu können;[1] in Betracht kommen auch **Vorauszahlungen** (§ 166 Abs. 3 BauGB i.V.m. § 154 Abs. 6 BauGB). Von diesen Möglichkeiten sollten die Gemeinden auch in Anpassungsgebieten Gebrauch machen.

2.2.3 *Enteignungen*

Bei Enteignungen von den Möglichkeiten vorzeitiger Besitzeinweisungen und Teileinigungen Gebrauch machen

Sind Enteignungen zur zügigen Durchführung nicht vermeidbar, so sollte das Instrument der vorzeitigen Besitzeinweisung gem. § 116 BauGB angewendet werden, insbesondere hinsichtlich der Flächen für Erschließungs-, Gemeinbedarfs- und Folgeeinrichtungen. Hängt die Erschließung eines (Teil-) Bereichs nur noch von der Verfügbarkeit der Gemeinde über diese Flächen ab, so kann die materielle Voraussetzung der vorzeitigen Besitzeinweisung gem. § 116 Abs. 1 Satz 1 BauGB als erfüllt betrachtet werden, weil

a) mit hoher Wahrscheinlichkeit zu erwarten ist, daß dem Enteignungsantrag entsprochen wird (wegen Prüfung der Enteignungsvoraussetzung zum Zeitpunkt des Erlasses der Entwicklungssatzung) und

b) die Dringlichkeit der sofortigen Ausführung der Erschließungsmaßnahme als gegeben betrachtet werden kann, da insbesondere bei Entwicklungsmaßnahmen nur durch die vorzeitige Besitzeinweisung von der Allgemeinheit wesentliche Nachteile wegen empfindlichen Zeitverlustes und erheblicher Mehrkosten abgewendet werden können.[2]

Hinsichtlich der sonstigen zur Bebauung anstehenden Flächen sollten im Rahmen von Enteignungsverfahren Teileinigungen gem. § 111 BauGB ange-

---

1 In der ersten nach dem BauGB-MaßnahmenG förmlich eingeleiteten Entwicklungsmaßnahme in Schopfheim wird vornehmlich mit Abwendungsvereinbarungen in Kombination mit Ablösungsvereinbarungen gearbeitet. Quelle: Vortrag Bürgermeister Fleck auf dem 311. Kurs des Instituts für Städtebau der Deutschen Akademie für Städtebau und Landesplanung Berlin vom 26. bis 28. April 1993 in Berlin, Referatesammlung zum 307. und 311. Kurs des Instituts, Berlin 1993, S. 185 (198)

2 Vgl. Battis in: Battis/Krautzberger/Löhr, BauGB, 3. Auflage, § 116 Rdnr. 4 mit weiteren Nachweisen

strebt werden, wenn über den Übergang des Eigentums an dem zu enteignenden Grundstück Einigung besteht und nur über die Höhe der Entschädigung gestritten wird. Zu beachten ist aber, daß anhängige Enteignungsverfahren bei parallel laufenden Normenkontrollverfahren von der Baulandkammer so lange zurückgestellt werden, bis über die Gültigkeit der Entwicklungssatzung entschieden ist.[1]

2.2.4 Erhöhung der Ankaufspreise?

Zahlung höherer Ankaufspreise, wenn sie deutlich unter dem entwicklungsbeeinflußten Wert bleiben und die Finanzierung der Entwicklungsmaßnahme gesichert ist

Nach Erlaß der Entwicklungssatzung stellt sich für manche Gemeinde die Frage nach der Zweckmäßigkeit und Zulässigkeit der Heraufsetzung des nach § 153 Abs. 3 BauGB i.V.m. § 153 Abs. 1 BauGB maßgeblichen Ankaufspreises, um Grundstücksverhandlungen zügiger abzuschließen.[2] Zu denken wäre hier an Außenentwicklungsmaßnahmen mit sehr niedrigen entwicklungsunbeeinflußten Grundstückswerten (z.b. für begünstigtes Agrarland i.S.d. § 4 Abs. 1 Nr. 2 WertV oder u.U. für reines Agrarland i.S.d. § 4 Abs. 1 Nr. 1 WertV), bei denen Bauerwartungen als entwicklungsbedingt einzustufen sind oder an Innenentwicklungsmaßnahmen, bei denen die Wertermittlung ergeben hat, daß das Grundstück wegen Altlasten wertlos ist. Gegen die Zulässigkeit spricht zunächst der insoweit klare Wortlaut des § 153 Abs. 3 BauGB. Kann die Gemeinde oder der Entwicklungsträger aber im Einzelfall nachweisen, daß auch bei einem höheren Ankaufspreis, der immer noch deutlich unter dem entwicklungsbeeinflußten Wert liegen sollte, die **Finanzierung** der Entwicklungsmaßnahme **gesichert** ist (ansonsten könnte sie eine Erhöhung des Kaufpreises nicht in Erwägung ziehen) und sind die Eigentümer zum sofortigen Vertragsabschluß bereit, sollte von dieser Möglichkeit Gebrauch gemacht werden können.[3] Dadurch können Zwischenfinanzierungskosten eingespart werden, die sonst durch eine längere Grunderwerbsphase entstünden. Höhere Grunderwerbskosten können somit z.T. wieder kompensiert werden.

Vereinbart die Gemeinde (oder der Entwicklungsträger im Einvernehmen mit der Gemeinde) höhere Ankaufspreise, so hat ein Abweichen von den Vorschriften des § 153 Abs. 3 BauGB nicht die Unwirksamkeit des Rechtsvorgangs zur

---

[1] Das Landgericht Darmstadt setzte in der Entwicklungsmaßnahme Dietzenbach alle Enteignungsverfahren so lange aus, bis der VGH Hessen über einen Normenkontrollantrag entschieden hatte; vgl. auch die Erfahrungen in Backnang (Kap. IV bzw. Anhang).

[2] Coordes vertrat zu den (Außen-) Entwicklungsmaßnahmen alten Rechts die Auffassung, daß der entwicklungsunbeeinflußte Grundstückswert als Ankaufspreis politisch nicht durchsetzbar sei. Er meinte weiter, daß der Ankaufspreis von der Mehrheit der Landbesitzer akzeptiert werden müßte. Deshalb sei ihnen zum entwicklungsunbeeinflußten Grundstückswert ein "Bonus" im Sinne eines politischen Kompromisses zuzugestehen. Vgl. Coordes, Neue Städte nach dem Städtebauförderungsgesetz, Stadtbauwelt 1972, S. 286 (289)

[3] Vgl. die Stadt Backnang, die einen Beschleunigungszuschlag zwecks zügiger Durchführung der Grunderwerbsverhandlungen zahlte. Hier zeigte sich aber, daß eine Verkaufsbereitschaft nicht zu erreichen war. Die Erhöhung des Ankaufspreises sollte deshalb sorgfältig geprüft werden.

Folge.[1] Zu beachten wären allenfalls **förderungsrechtliche Konsequenzen** mit der Folge, daß u.U. nur die Grunderwerbskosten i.S.d. § 153 Abs. 1 BauGB förderungsfähig sind. Da aber die öffentliche Förderung kein Wesensmerkmal der Entwicklungsmaßnahme mehr ist und für viele Außenentwicklungsmaßnahmen eine öffentliche Förderung nicht in Aussicht steht, stellt sich dieses Problem nicht; bei öffentlicher Förderung müßten die Gemeinden die o.g. förderungsrechtlichen Konsequenzen - im Hinblick auf die Abrechnung bei Abschluß der Maßnahme - in der Kosten- und Finanzierungsübersicht berücksichtigen.

Bei Innenentwicklungsmaßnahmen sollten die Gemeinden von der Zahlung höherer Kaufpreise Abstand nehmen, wenn eine Refinanzierbarkeit der Maßnahme unmöglich ist, was regelmäßig bei diesem Typ anzunehmen ist.

Bei **heterogenen Wertverhältnissen** im Entwicklungsbereich, so z.B. in einem Außenentwicklungsbereich, der Flächen mit mehreren Entwicklungszuständen nach § 4 WertV enthält, ergeben sich besondere Schwierigkeiten hinsichtlich der Akzeptanz der unterschiedlichen entwicklungsunbeeinflußten Grundstückswerte. Hier kommt es besonders auf ein überzeugendes Wertgutachten an. Den Grundstückseigentümern muß verständlich dargelegt werden, weshalb unterschiedliche Werte maßgebend sind. Wird in solchen Bereichen die Zahlung eines Preiszuschlags von der Gemeinde in Erwägung gezogen, so muß auf die Gleichbehandlung der Eigentümer geachtet werden. Da das Entwicklungsrecht nicht rückwirkend alle planungsbedingten Werterhöhungen erfaßt, müssen Preisanhebungen allen Eigentümern gleichmäßig zugute kommen, auch wenn der einzelne keinen Anspruch darauf hat; die Relationen zwischen den einzelnen Ankaufspreisen müssen gewahrt bleiben. Deshalb kommt eine Anhebung aller Preise auf ein einheitliches Niveau nicht in Frage.[2]

2.2.5 Naturschutzrechtliche Ersatzflächen

Bei Außenentwicklungsmaßnahmen: Neben Grunderwerb andere vertragliche Regelungen im Sinne von Abwendungsvereinbarungen möglich

Die Grunderwerbspflicht der Gemeinde erstreckt sich nicht nur auf baulich zu nutzende Grundstücke und auf Erschließungsflächen, sondern bei Außenentwicklungsmaßnahmen auch auf naturschutzrechtliche Ausgleichs- und Ersatzflächen, wenn diese in den Entwicklungsbereich einbezogen werden.[3] Neben Grunderwerb und Überlassung der Ausgleichs- und Ersatzflächen im öffent-

---

[1] Vgl. Löhr in: Battis/Krautzberger/Löhr, BauGB, 3. Auflage, § 153 Rdnr. 16; Stich in: Schlichter/Stich/Krautzberger, Städtebauförderungsgesetz, § 15 Rdnr. 64

[2] In einem Umlegungsverfahren nach dem Flächenmaßstab hat das OLG Karlsruhe entschieden, daß eine Gemeinde, die für ein Grundstück einen niedrigeren als den gesetzlich zulässigen Flächenbeitrag erhebt, einen entsprechenden Abschlag für alle Grundstücke vorzunehmen hat. Vgl. OLG Karlsruhe, Urt. vom 13.6.1979 - U3/72 (Baul.), angegeben in: Innenministerium Baden-Württemberg (Hrsg.), Umlegung und Grenzregelung nach dem BBauG - Anleitung zur Durchführung mit Beispielen S. 28, Stand 1980. Dieser Gedanke läßt sich auf die Erhöhung der Ankaufspreise in Entwicklungsbereichen übertragen.

[3] Zur Frage der Zulässigkeit vgl. Kap. VI 2.4

lichen Eigentum läßt das Entwicklungsrecht vielfältige vertragliche Regelungen im Sinne von Abwendungsvereinbarungen zu. Damit lassen sich möglicherweise größere Finanzierungsprobleme vermeiden, wenn man bedenkt, daß in manchen Regionen Deutschlands das bis zu dreifache der Wohnungsbauflächen als naturschutzrechtliche Ersatzflächen verlangt wird.[1] So könnte sich z.b. ein Landwirt bei entsprechender Entschädigung dazu verpflichten, eine bisher intensiv genutzte landwirtschaftliche Fläche extensiv zu nutzen.[2]

3. Wertermittlung

Zuverlässige und fundierte Wertermittlung vor Erlaß einer Entwicklungssatzung

Für Entwicklungsmaßnahmen muß rechtzeitig eine Grundstückswertermittlung durchgeführt werden, und zwar schon vor Erlaß der Entwicklungssatzung. Zunächst sind die für den Grunderwerb entwicklungsunbeeinflußten Grundstückswerte zu ermitteln. Die Kenntnis dieser Werte ist unabdingbare Voraussetzung für die Einleitung einer Entwicklungsmaßnahme, um Aussagen über die anfallenden Grunderwerbskosten und damit über einen **Hauptkostenfaktor** treffen zu können. Darüber hinaus sind die voraussichtlichen Neuordnungswerte überschlägig zu ermitteln, da sie eine **Haupteinnahmequelle** in der Entwicklungsmaßnahme darstellen. Die entwicklungsunbeeinflußten Grundstückswerte und die Neuordnungswerte gehen in die aufzustellende Kosten- und Finanzierungsübersicht ein, die eine der wichtigsten Beurteilungsgrundlagen für die Finanzierbarkeit und damit für die Durchführbarkeit ist.

Für die Wertermittlung kann die städtische Bewertungsstelle (wenn vorhanden), der zuständige Gutachterausschuß oder ein qualifizierter Wertermittlungs-Sachverständiger beauftragt werden. Wichtig ist, daß der Gutachter die Wertermittlung unter Beachtung der besonderen bodenrechtlichen Regelungen, insbesondere § 153 Abs. 1 BauGB, durchführt, auch wenn im Vorfeld einer Entwicklungsmaßnahme nur fiktive Werte ermittelt werden können, die ihre "Gültigkeit" erst mit Erlaß der Entwicklungssatzung erlangen. Nicht unbedingt erforderlich ist eine grundstücksbezogene Wertermittlung; es genügt - entsprechend der Umlegungspraxis - wenn entwicklungsunbeeinflußte Bodenwerte für Zonen gleichen Grundstückszustands und gleicher Flächennutzung bestimmt werden.[3] Bei Außenentwicklungsmaßnahmen auf bisher unbebauten Flächen kann zunächst eine überschlägige Bodenwertermittlung genügen. Grundsätzlich wird aber eine zuverlässige und fundierte Wertermittlung schon vor Erlaß der Entwicklungssatzung empfohlen. Das gilt besonders für Innenentwicklungsmaßnahmen, vor allem dann, wenn neben Bodenwerten noch Werte für bauliche

---

[1] Vgl. Krautzberger, Engpässe auf den Baulandmärkten - gesetzgeberische Überlegungen, GuG 1992, S. 249 (251)

[2] Zu anderen Möglichkeiten des "Vertragsnaturschutzes" vgl. z.B. Gellermann, Middeke, Der Vertragsnaturschutz, NuR 1991, S. 457

[3] In Frage kommt auch die Ermittlung besonderer Bodenrichtwerte für den Entwicklungsbereich nach Erlaß der Entwicklungssatzung durch den Gutachterausschuß gem. § 196 Abs. 1 Satz 5 BauGB.

VII. Vorschläge und Hinweise

Abb. 9 Zeitpunkt des beginnenden Entwicklungseinflusses, Wertermittlungsstichtage und -fälle

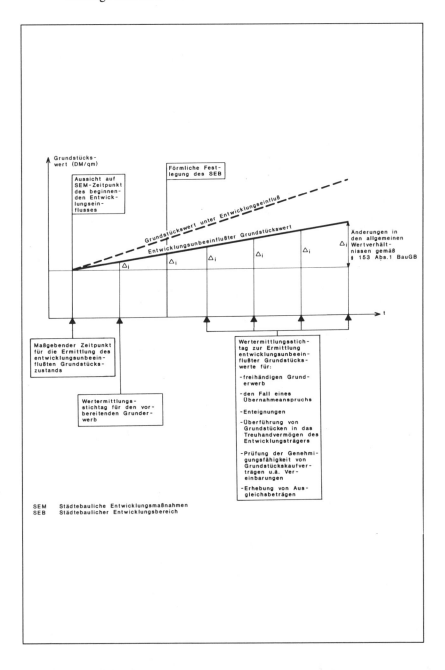

Anlagen zu ermitteln bzw. wertbeeinflussende Altlasten vorhanden sind. Nach Erlaß der Entwicklungssatzung ist eine kontinuierliche Wertermittlung notwendig (siehe hierzu die in Abb. 9 genannten Fälle).

3.1 Allgemeines zur Ermittlung des entwicklungsunbeeinflußten Grundstückswerts

Zunächst Bestimmung des Zeitpunkts des beginnenden Entwicklungseinflusses

Zur Ermittlung des entwicklungsunbeeinflußten Grundstückswerts sind nach § 26 WertV Vergleichsgrundstücke und Ertragsverhältnisse (letztere bei bebauten Grundstücken) i.d.R. aus Gebieten außerhalb des Entwicklungsbereichs heranzuziehen, die hinsichtlich ihrer allgemeinen wertbeeinflussenden Umstände (insbesondere Entwicklungszustand gem. § 4 WertV) mit dem förmlich festgelegten Entwicklungsbereich vergleichbar sind, für die jedoch in absehbarer Zeit eine Entwicklung nicht erwartet wird.

Das Wertermittlungsproblem besteht in der Auswahl geeigneter Vergleichsgrundstücke. Hierzu müssen zuerst die allgemeinen wertbeeinflussenden Umstände der im Entwicklungsbereich gelegenen Grundstücke unter Beachtung von § 153 Abs. 1 BauGB bestimmt werden. Da aber - entgegen der sonst üblichen Wertermittlungspraxis - der Wertermittlungsstichtag und der für die Bestimmung des Grundstückszustands maßgebliche Zeitpunkt auseinanderfallen,[1] muß zunächst der Zeitpunkt des beginnenden Entwicklungseinflusses (Stichtag ohne Entwicklungserwartungen) gem. § 153 Abs. 1 BauGB bestimmt werden.[2] Anschließend lassen sich alle wertbeeinflussenden Umstände der im Entwicklungsbereich gelegenen Grundstücke daraufhin prüfen, ob sie vor oder nach diesem Stichtag eingetreten und damit zu berücksichtigen sind oder nicht. Allerdings sind Werterhöhungen, die der Eigentümer durch eigene Aufwendungen zulässigerweise bewirkt hat, zu berücksichtigen. Darüber hinaus müssen die Änderungen in den allgemeinen Wertverhältnissen berücksichtigt werden. Mit dem Stichtag des beginnenden Entwicklungseinflusses werden also

---

[1] Vgl. § 3 Abs. 1 Satz 2 WertV. Ein weiterer Ausnahmefall, bei dem Wertermittlungsstichtag und der für die Qualifizierung des Grundstückszustands maßgebliche Stichtag auseinanderfallen, ist bei der Ermittlung von Enteignungsentschädigungen gegeben. Durch die Vorwirkung der Enteignung kommt es zu einem Ausschluß von der qualitätsmäßigen Weiterentwicklung des zu enteignenden Grundstücks.

[2] Das BauGB schreibt die Ermittlung dieses Stichtags nicht zwingend vor. Vgl. Kleiber in: Kleiber, Simon, Weyers, Recht und Praxis der Verkehrswertermittlung von Grundstücken, Köln 1991, Rdnr. 1265

VII. Vorschläge und Hinweise

nicht die Bodenpreise "eingefroren", was gelegentlich zu hören ist,[1] sondern der Grundstückszustand wird festgeschrieben.[2]

3.2 Zur Ermittlung des Zeitpunkts des beginnenden Entwicklungseinflusses (Stichtag ohne Entwicklungserwartungen)[3]

Die Öffentlichkeit frühzeitig über eine beabsichtigte Entwicklungsmaßnahme informieren

Zunächst sollen kursorisch die wichtigsten Aussagen der Rechtsprechung zur Ermittlung dieses Stichtags wiederholt werden:[4]

- Die Nichtberücksichtigung entwicklungsbedingter Werterhöhungen gem. § 153 Abs. 1 BauGB kann bis in die Zeit vor Inkrafttreten einer Entwicklungssatzung (früher: Entwicklungsverordnung) zurückreichen (Rückwirkung).

Voraussetzungen hierfür sind:[5]

- Das Instrument muß seinerzeit überhaupt bekannt gewesen sein.

- Die vorbereitenden Planungen müssen im Hinblick auf eine spätere Enteignung ursächlich sein, eine hinreichende Bestimmtheit haben und die förmliche Festlegung zum Entwicklungsbereich mit Sicherheit erwarten lassen.

Dies gilt auch für Entwicklungsmaßnahmen neuen Rechts. Auf die Bestimmung dieses Stichtags ist **besondere Sorgfalt** zu legen. Dabei kommt es grundsätzlich nicht auf formale Verfahrensakte an. Es genügt eine begründete Wahrscheinlichkeit für das Einsetzen entwicklungsbedingter Wertsteigerungen. Hierbei ist der der gesamten Rechtsordnung zugrundeliegende Grundsatz von Treu und Glauben (§ 242 BGB) in der Ausprägung des **Vertrauensschutzprinzips** zu beachten: Alle am Grundstücksmarkt teilnehmenden Akteure (natürliche wie juristische Personen) sollen im berechtigten Vertrauen auf bestehende rechtliche

---

[1] Vgl. z.B. Stich, Die Aufgaben der Gemeinden zur Durchführung förmlicher städtebaulicher Entwicklungsmaßnahmen, WiVerw 1993, S. 104 (108)

[2] Von einem Einfrieren der Preise kann möglicherweise dann gesprochen werden, wenn die Gemeinde einem Eigentümer ein angemessenes Kaufangebot (zum entwicklungsunbeeinflußten Wert) unterbreitet (vgl. § 169 Abs. 3 Satz 2 BauGB), dieser aber das Angebot ablehnt und es zu einem Enteignungsverfahren kommt. Obwohl § 153 Abs. 1 Satz 2 BauGB die Berücksichtigung der allgemeinen Wertverhältnisse auf dem Grundstücksmarkt vorschreibt, gelten auch § 1 dieser Bestimmung auch die Vorschriften über Ausgleichs- und Entschädigungsleistungen des BauGB, insbesondere die entschädigungsrechtlichen Reduktionsklauseln in § 95 Abs. 2 BauGB. Nach § 95 Abs. 2 Nr. 3 BauGB bleiben bei der Entschädigungsbemessung Werterhöhungen, die nach dem Zeitpunkt eingetreten sind, in dem der Eigentümer zur Vermeidung der Enteignung ein Kauf- oder Tauschangebot mit angemessenen Bedingungen hätte annehmen können, unberücksichtigt. Dies kann Auswirkungen auf die Ankaufsstrategie der Gemeinde haben.

[3] Vgl. Dieterich, Ermittlung von Grundstückswerten in städtebaulichen Entwicklungsbereichen, WiVerw 1993, S. 122; Lemmen, Grundstückswertermittlung in städtebaulichen Entwicklungsbereichen, Vortrag auf dem 311. Kurs des Instituts für Städtebau der Deutschen Akademie für Städtebau und Landesplanung Berlin vom 26. bis 28. April 1993 in Berlin, Referatesammlung zum 307. und 311. Kurs des Instituts, Berlin 1993, S. 71

[4] Vgl. Kap. III 2.2

[5] Zur Voraussetzung der Verwendung öffentlicher Mittel vgl. Kap. V 3.5.14

oder tatsächliche Verhältnisse bei ihren geschäftlichen Dispositionen geschützt sein. Deshalb muß für die Ermittlung des Stichtags ohne Entwicklungserwartungen nach gesicherten Kriterien gesucht werden, aus denen sich zweifelsfrei ergibt, daß ein Vertrauensschutz nicht mehr besteht. Dies kann dann angenommen werden, wenn sich aus amtlichen, der Öffentlichkeit ausreichend deutlich gemachten Erklärungen oder Handlungen der Gemeinde oder einer anderen beteiligten Körperschaft (z.B. Planungsverband) ergibt, daß Entwicklungsmaßnahmen nach dem BauGB durchgeführt werden sollen.[1] In diesem Fall versagt die Berufung auf den Schutz des Vertrauens in die (noch) bestehende Rechtslage.

Deshalb wird - wie bereits in Abschnitt 1.2.1 - empfohlen, daß die Gemeinden möglichst frühzeitig die Öffentlichkeit über die Absicht, eine Entwicklungsmaßnahme in einem bestimmten Bereich durchführen zu wollen, informieren. Dies kann z.B. durch den "Entwicklungsbeschluß" des Gemeinderates gem. § 165 Abs. 4 BauGB zur Einleitung erforderlicher Voruntersuchungen erfolgen, der durch Presseerklärungen und Zeitungsberichte der Öffentlichkeit ausreichend bekanntgemacht werden sollte. Auch ein anderes nach der jeweiligen Kommunalverfassung zuständiges Gemeindeorgan könnte zur Erreichung der entwicklungsrechtlichen Vorwirkung einen entsprechenden Beschluß fassen, z.B. in Hessen der Magistrat. Dieser Beschluß erleichtert die Bestimmung des Stichtags ohne Entwicklungserwartungen wesentlich. Mit der Veröffentlichung des "Entwicklungsbeschlusses" dürfte ein Stichtag vorhanden sein, an dem **spätestens** mit entwicklungsbedingten Bodenwerterhöhungen zu rechnen ist.[2]

Eine offensive Vorgehensweise der Gemeinde hinsichtlich der Durchführung von Entwicklungsmaßnahmen ist aus **bodenwirtschaftlicher Sicht** äußerst wichtig. Bei Außenentwicklungsmaßnahmen in Bereichen, die bisher im Flächennutzungsplan als Fläche für die Landwirtschaft (oder als Wald) dargestellt sind, sollte - soweit dies möglich ist - mit der Flächennutzungsplanung bis zu dieser Absichtserklärung gewartet werden. Eine Bauerwartung, die sich in diesem Fall "auf ein entsprechendes Verhalten der Gemeinde" gem. § 4 Abs. 2 Satz 2 WertV gründet, ist dann als entwicklungsbedingt einzustufen. Damit können solche planungsbedingten Bodenwertsteigerungen abgeschöpft und der Allgemeinheit zugeführt werden, was besonders in Hochpreisregionen von großer Bedeutung ist. (Zur Bodenwertabschöpfung bei verschiedenen Ausgangs-Entwicklungszuständen vgl. Abb. 10 und den nächsten Abschnitt 3.3.1.) Bei Innenentwicklungsmaßnahmen sollte die Öffentlichkeit in jedem Fall vor Aufstellung oder Änderung eines Bebauungsplans über die beabsichtigte Durchführung informiert werden, um auch hier planungsbedingte Bodenwertsteigerungen so frühzeitig wie möglich auszuklammern.

Problematisch ist allerdings die Auffassung, daß ein allgemeiner Beschluß des Gemeinderates zur Durchführung von Entwicklungsmaßnahmen (Grundsatzbe-

---

1   Vgl. bereits Bielenberg, Städtebauförderungsgesetz, Einl. B Rdnr. 168
2   Vgl. Dieterich, a.a.O., S. 134 f

schluß)[1] genüge, um das Einsetzen von Entwicklungserwartungen und damit den Ausschluß von weiteren Bodenwertsteigerungen zu begründen. In diesen Fällen kann nicht ohne weiteres davon ausgegangen werden, daß zu diesem Zeitpunkt die vorbereitenden Planungen die förmliche Festlegung zum Entwicklungsbereich mit Sicherheit erwarten lassen.

3.3 Zur Ermittlung entwicklungsunbeeinflußter Grundstückswerte[2]

3.3.1 Unbebaute Grundstücke

Ist der Stichtag des beginnenden Entwicklungseinflusses festgestellt worden, so sollte zur Ermittlung der entwicklungsunbeeinflußten Grundstückswerte eine **Bodenpreisanalyse und -auswertung** durchgeführt werden, deren Arbeitsschritte folgendermaßen aussehen können:

1. Feststellung des **Zustands** (§ 3 WertV) der im Entwicklungsbereich gelegenen Grundstücke zum Zeitpunkt des beginnenden Entwicklungseinflusses unter Beachtung von § 169 Abs. 4 BauGB (Qualitätsbestimmung). Hierzu muß - insbesondere zur Bestimmung des Entwicklungszustands (§ 4 WertV)[3] - die "Planungsgeschichte" der im Entwicklungsbereich gelegenen Grundstücke gründlich erforscht werden.

2. Auswahl geeigneter aktueller und älterer **Vergleichspreise**[4] für die unter 1.) festgestellten Grundstückszustände (für die Vergleichspreise ist der Grundstückszustand zum Zeitpunkt des Verkaufsfalls maßgebend) aus der Kaufpreissammlung des Gutachterausschusses oder aus anderen Unterlagen (z.B. gemeindeeigene Kaufpreissammlungen) sowie Heranziehung geeigneter Bodenrichtwerte des Gutachterausschusses. Die Vergleichspreise sollten i.d.R. aus Gebieten außerhalb des Entwicklungsbereichs stammen; liegen Vergleichspreise aus dem Entwicklungsbereich vor, insbesondere aus der Zeit vor Erlaß der Entwicklungssatzung, so sollte eine getrennte Auswertung durchgeführt werden, um festzustellen, ob entwicklungsbedingte Einflüsse sich in den Bodenpreisen niedergeschlagen haben, die - wenn vorhanden - gem. § 26 WertV zu erfassen wären.[5]

3. Erfassung der Änderungen in den allgemeinen Wertverhältnissen für die verschiedenen Grundstückszustände durch Ermittlung geeigneter **Bodenpreisindexreihen** (§ 9 WertV, i.d.R. jährlicher Index) aus dem Jahresmittel von

---

[1] Vgl. Abschnitt 1.1
[2] Vgl. Dieterich, a.a.O.; Lemmen, a.a.O.
[3] Flächen der Land- und Forstwirtschaft (reines Agrar- bzw. Forstland, begünstigtes Agrar- bzw. Forstland), Bauerwartungsland, Rohbauland, baureifes Land
[4] In einem Wertermittlungsgutachten dürfen auf keinen Fall tatsächlich gezahlte Kaufpreise für vergleichbare Grundstücke in der unmittelbaren Umgebung des zu bewertenden Grundstücks außer Betracht gelassen werden (indem z.B. nur Bodenrichtwerte herangezogen werden), da es sonst lückenhaft und deswegen grundsätzlich offenbar unrichtig ist. Vgl. BGH, Urt. vom 17.5.1991 - V ZR 104/90 - VR 1991, S. 433
[5] Liegen keine Vergleichspreise für die ermittelten Grundstückszustände Bauerwartungs- bzw. Rohbauland vor, so besteht allgemein die Möglichkeit, den Wert aus dem Baulandwert abzuleiten. Vgl. hierzu Dieterich, a.a.O., S. 141 f

Bodenpreisen mit gleichem Grundstückszustand, einschließlich Preisen aus benachbarten Gemeinden, um die allgemeinen Wertverhältnisse auf dem Grundstücksmarkt zu erfassen, und aus Bodenrichtwerten, soweit vorhanden.[1]

4. Bestimmung des **entwicklungsunbeeinflußten Grundstückswerts** für die unter 1.) festgestellten Grundstückszustände zum **Stichtag des beginnenden Entwicklungseinflusses** durch Umrechnung der Jahresmittelwerte der aus früheren Jahren stammenden Bodenpreise mittels Bodenpreisindexreihe (siehe 3.). Bei wenigen Vergleichspreisen aus der Zeit vor Eintreten einer Entwicklungserwartung können auch Preise aus den Jahren danach herangezogen werden.

5. Ermittlung der maßgebenden **entwicklungsunbeeinflußten Grundstückswerte** für die unter 1.) festgestellten Grundstückszustände zum **aktuellen Wertermittlungsstichtag** durch Umrechnung der zum Stichtag des beginnenden Entwicklungseinflusses unter 4.) ermittelten Bodenwerte mittels Bodenpreisindices.

Der entwicklungsunbeeinflußte Wert muß immer zum aktuellen Wertermittlungsstichtag bestimmt werden, um die allgemeinen Wertverhältnisse auf dem Grundstücksmarkt zu berücksichtigen. Daher ist die **Fortschreibung** der Sammlung geeigneter Vergleichspreise erforderlich, bei der darauf zu achten ist, daß der maßgebende Grundstückszustand bei Grundstücken außerhalb des Entwicklungsbereichs im Zeitpunkt des Vertragsabschlusses und bei Grundstücken innerhalb des Entwicklungsbereichs im Zeitpunkt des beginnenden Entwicklungseinflusses sofort erfaßt wird, um später notwendig werdende Recherchen zu vermeiden. Als hilfreich erweist sich die Erstellung einer **Bodenpreiskarte**, die die zur Beurteilung des Grundstückszustands wichtigen planungsrechtlichen Bestimmungen, die gezahlten Kaufpreise sowie die entwicklungsunbeeinflußten Werte enthalten sollte.

§ 26 Abs. 2 Satz 2 WertV, der noch nicht an den neuen Wortlaut des § 169 Abs. 4 BauGB angepaßt wurde, bestimmt, daß in Gebieten, in denen sich kein vom Verkehrswert für reines Agrarland (§ 4 Abs. 1 Nr. 1 WertV) abweichender Verkehrswert gebildet hat, der Verkehrswert aus Gebieten maßgebend ist, die insbesondere hinsichtlich der Siedlungs- und Wirtschaftsstruktur sowie der Landschaft und der Verkehrslage mit dem städtebaulichen Entwicklungsbereich vergleichbar sind, in denen jedoch keine Entwicklungsmaßnahmen vorgesehen sind. Diese Bestimmung regelt die Wertermittlung nach § 169 Abs. 4 BauGB alter Fassung (BauGB 1987). Danach war auf land- oder forstwirtschaftlich genutzte Grundstücke im Entwicklungsbereich die Bestimmung des § 153 Abs. 1 BauGB mit der Maßgabe entsprechend anzuwenden, daß in den Gebieten, in denen sich kein von dem innerlandwirtschaftlichen Verkehrswert (der mit dem

---

[1] Bodenpreisindexreihen abgeleitet aus Durchschnittspreisen, wie sie vom Statistischen Bundesamt oder den Statistischen Landesämtern angegeben werden, sind i.d.R. nicht geeignet, um die Preisentwicklung auf dem Grundstücksmarkt in einer bestimmten Gemeinde wiederzugeben. Sie können allenfalls unterstützend herangezogen werden. Änderungen in den allgemeinen Wertverhältnissen können auch durch eine Regressionsanalyse ermittelt werden, bei der die Abhängigkeit der Preise von der Zeit berechnet wird.

VII. Vorschläge und Hinweise

Wert für Flächen der Land- und Forstwirtschaft nach § 4 Abs. 1 Nr. 1 WertV gleichzusetzen ist[1]) abweichender Verkehrswert gebildet hatte, der Wert maßgebend ist, der in vergleichbaren Fällen im gewöhnlichen Geschäftsverkehr auf dem allgemeinen Grundstücksmarkt dort zu erzielen wäre, wo keine Entwicklungsmaßnahmen vorgesehen sind.[2] Diese Vorschrift regelte aber einen Ausnahmefall, da sich häufig in den für Entwicklungsmaßnahmen in Betracht kommenden Bereichen schon vor Einleitung einer Entwicklungsmaßnahme regelmäßig ein höherer Verkehrswert im gewöhnlichen Geschäftsverkehr gebildet hatte.[3] In diesen Fällen mußte nicht nach vergleichbaren Gebieten ohne Aussicht auf Entwicklungsmaßnahmen gesucht werden.

Die jetzige Fassung des § 169 Abs. 4 BauGB bestimmt allgemein, daß für land- oder forstwirtschaftlich genutzte Grundstücke der Wert maßgebend ist, der in vergleichbaren Fällen im gewöhnlichen Geschäftsverkehr auf dem allgemeinen Grundstücksmarkt dort zu erzielen wäre, wo keine Entwicklungsmaßnahmen vorgesehen sind. Die frühere Maßgabe, daß dies nur gelten solle, wenn sich kein vom innerlandwirtschaftlichen Verkehrswert abweichender Wert gebildet hatte, wurde mit der Novellierung des § 169 Abs. 4 BauGB aufgegeben. Der Ausschuß für Raumordnung, Bauwesen und Städtebau des Deutschen Bundestages hält es nun für möglich, daß sich der entwicklungsunbeeinflußte Bodenwert nach allen in § 4 WertV genannten Entwicklungsstufen bestimmt, also auch nach der Stufe des reinen Agrarlands, dies jedoch nur in Ausnahmefällen.[4]

Dort, wo weder Bebauung noch Planung vorhanden waren und deshalb keine Bauerwartung bestand, wird zwar häufig nicht reines Agrarland anzutreffen sein, da es sich hier um Bereiche handelt, in denen sich die Preise nicht mehr am Ertragswert orientieren; außerlandwirtschaftliche Nutzungsmöglichkeiten haben in solchen "Entwicklungs-Verdachtsbereichen" die Höhe des Bodenpreises bereits beeinflußt. Andererseits kann nicht davon ausgegangen werden, daß regelmäßig Preise für Bauerwartungsland eine untere Grenze bilden.[5] Das belegen die untersuchten Entwicklungsmaßnahmen nach dem StBauFG/BauGB 1987. Ein Gebiet ohne Bauerwartung kann bzw. darf nach dem Wortlaut des § 169 Abs. 4 BauGB nicht ohne weiteres mit Gebieten mit Bauerwartung verglichen werden. Deshalb wird in diesen Fällen häufig vom Wert für den in § 4 Abs. 1 Nr. 2 WertV definierten Entwicklungszustand (besondere Flächen der

---

[1]   Vgl. Kleiber a.a.O., Rdnr. 1279
[2]   Vgl. Bielenberg in: Bielenberg/Koopmann/Krautzberger, Städtebauförderungsrecht, Bd. I, C § 169 BauGB Rdnr. 14, der im Fall des § 169 Abs. 4 BauGB a.F. Vergleichsgebiete mit einer Bauerwartung ausschloß und Kleiber, ebenda, D 2 § 4 WertV Rdnr. 27. Zur Entstehungsgeschichte dieser Sondervorschrift und zu der Auffassung, es handele sich bei den Vergleichsgebieten um Gebiete mit einer Bauerwartung, vgl. Kleiber, a.a.O., Rdnr. 21 ff mit weiteren Nachweisen.
[3]   Vgl. Kleiber, a.a.O., Rdnr. 22
[4]   Vgl. Bericht zum InV-WoBaulG, BT-Drs. 12/4340 (zu Drs. 12/4317) zu Art. 1 Nr. 10 zu § 169, S. 55 f
[5]   So aber: Ausschuß für Raumordnung, Bauwesen und Städtebau, a.a.O.

Abb. 10 Schematische Darstellung der Bodenwertentwicklung und -abschöpfung bei Außenentwicklungsmaßnahmen

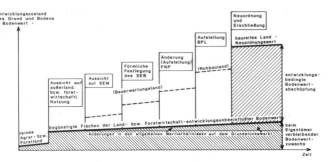

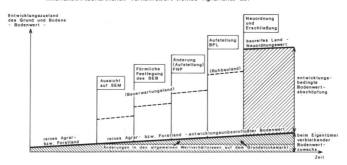

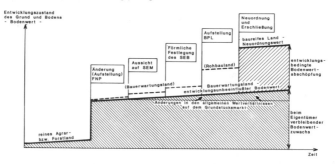

VII. Vorschläge und Hinweise 179

Land- und Forstwirtschaft)[1], der früher gelegentlich als begünstigtes Agrarland bezeichnet wurde, auszugehen sein. Darstellungen in regionalen Raumordnungsplänen, die eine städtebauliche Nutzung vorsehen, jedoch ohne entsprechende Ausweisung im Flächennutzungsplan, können möglicherweise einen höheren Wert (Bauerwartungsland) begründen. Doch ist zu berücksichtigen, daß nach der Definition von Bauerwartungsland in § 4 Abs. 1 Nr. 2 WertV eine bauliche Nutzung in absehbarer Zeit zu erwarten bzw. in "greifbarer" Nähe sein muß.

3.3.2 Bebaute Grundstücke

Für Anpassungsgebiete und für bebaute Grundstücke, die nicht erworben werden sollen, kommen die für städtebauliche Sanierungsmaßnahmen entwickelten Verfahren (Bodenrichtwertverfahren, Ertragswertmethoden bzw. Komponentenlösungen) in Betracht,[2] auf die hier nicht näher eingegangen werden soll. Diese Verfahren werden i.d.R. auf Grundstücken des Entwicklungszustands "baureifes Land" angewandt und dienen der Ermittlung des Ausgleichsbetrags gem. § 154 BauGB. Sollen bebaute Grundstücke von der Gemeinde erworben werden, so sind das Vergleichswert- und insbesondere das **Sachwert- und Ertragswertverfahren** (§§ 13 bis 25 WertV) anzuwenden.

3.3.3 Brachflächen

Ertragswertverfahren für bebaute Grundstücke auf Brachflächen

Die Bodenwertermittlung für Industrie- und Gewerbebrachen gestaltet sich häufig schwierig, da vor allem in wirtschaftlich schwach strukturierten Regionen eine Nachfrage für solche Flächen kaum besteht und deshalb Vergleichspreise für ähnlich gelagerte Fälle so gut wie nicht vorhanden sind. Besondere Schwierigkeiten bereitet die Wertermittlung bei Altlastengrundstücken.[3]

Wichtig ist, daß die Gemeinde möglichst frühzeitig zu erkennen gibt, daß eine Wieder- bzw. Umnutzung im Rahmen einer Entwicklungsmaßnahme erfolgen soll. Nur so lassen sich Erwartungsmomente hinsichtlich der zukünftigen Nutzungsmöglichkeiten bei der Ermittlung des entwicklungsunbeeinflußten Werts ausklammern. Anders als bei der Umnutzung von Konversionsflächen (s.u.) kann die Initiative bei Gewerbe- oder Industriebrachen allein von der Gemeinde ausgehen. Diesen Vorteil sollten die Gemeinden nutzen. Konkrete Planungen

---

[1] Nach § 4 Abs. 1 Nr. 2 WertV handelt es sich hier um Flächen der Land- und Forstwirtschaft, die sich insbesondere durch ihre landschaftliche oder verkehrliche Lage, durch ihre Funktion oder durch ihre Nähe zu Siedlungsgebieten geprägt, auch für außerlandwirtschaftliche oder außerforstwirtschaftliche Nutzungen eignen, sofern im gewöhnlichen Geschäftsverkehr eine dahingehende Nachfrage besteht und auf absehbare Zeit keine Entwicklung zu einer Bauerwartung bevorsteht.

[2] Vgl. z.B. Schindhelm, Wilde, Die Abschöpfung des Sanierungsmehrwerts, Osnabrücker rechtswissenschaftliche Abhandlungen, 1991; Kleiber in: Kleiber, Simon, Weyers, Recht und Praxis der Verkehrswertermittlung von Grundstücken, Köln 1991, Rdnr. 1345 ff m.w.H.

[3] Zur Wertermittlung von Gewerbe- bzw. Industriebrachen, auf die hier nicht näher eingegangen werden kann, vgl. z.B. Dieterich, Wertermittlung bei Industriebrachen, DS 1987, S. 237 ff u. S. 271 ff; Kleiber, a.a.O., Rdnr. 480 ff (Wertermittlung bei Belastungen mit Ablagerungen)

(insbesondere Bebauungsplanung) zur Wieder- bzw. Umnutzung von Brachflächen sollten deshalb vor Einleitung einer Entwicklungsmaßnahme unterbleiben.

Der Verkehrswert einer Brachfläche kann, insbesondere bei Altlastengrundstücken, Null DM betragen, wenn die Kosten für die Dekontaminierung über dem Bodenwert und dem Wert der baulichen Anlagen liegen.[1] Das Entwicklungsrecht bietet in diesen Fällen die Möglichkeit, die Grundstücke entschädigungslos (oder zu einem Anerkennungspreis) zu erwerben. So wurde bereits in einem Zwangsversteigerungsverfahren in Hannover der Verkehrswert eines Erbbaurechts wegen Bodenverunreinigungen mit Null festgesetzt.[2] Anders als nach den Bewertungsvorgaben des Grundstücksfonds Ruhr[3] sind bei der Verkehrswertermittlung die Kosten für die Altlastenbeseitigung voll anzusetzen.

Ein Wertansatz für bauliche Anlagen auf Brachgrundstücken kommt nur dann in Betracht, wenn die alte Bausubstanz zulässigerweise noch wirtschaftlich nutzbar ist oder wieder nutzbar gemacht wird. Zur Ermittlung des Werts der baulichen Anlagen sollte vorrangig das Ertragswertverfahren angewendet werden, da hiermit die im Zeitpunkt des beginnenden Entwicklungseinflusses zukünftig nachhaltigen und zulässigen Nutzungsmöglichkeiten am besten berücksichtigt werden. Bei Anwendung des Sachwertverfahrens, welches i.d.R. bei bebauten Gewerbe- und Industriegrundstücken angewendet wird, muß neben der Wertminderung wegen Alters, Baumängeln und Bauschäden vor allem die **wirtschaftliche Wertminderung** i.S.d. § 25 WertV berücksichtigt werden.[4] Die Wertminderung kann bei baulichen Anlagen, die wirtschaftlich nicht mehr sinnvoll genutzt werden können, sogar so groß sein, daß sich als entwicklungsunbeeinflußter Grundstückswert nur noch der um die Abbruchkosten verminderte Bodenwert ergibt.[5]

3.3.4 *Ehemals militärisch genutzte Flächen*

Auch für die Wertermittlung von Konversionsflächen[6] kommt es zunächst besonders auf die Bestimmung des Stichtags des beginnenden Entwicklungseinflusses an. Diese Frage stellt sich auch, wenn keine Entwicklungsmaßnahme durchgeführt wird und eine Veräußerung aufgrund der Verbilligungsgrundsätze

---

1 Vgl. z.B. Dieterich, a.a.O., S. 238; Kleiber, a.a.O., der für bestimmte Fälle sogar von einem negativen Bodenwert (Unwert) ausgeht; vgl. auch Rössler/Langner/Simon/Kleiber, Schätzung und Ermittlung von Grundstückswerten, 6. Auflage 1990, S. 147 ff
2 AG Hannover, Beschl. vom 21.3.1986 - 731 K 114/85 - mitgeteilt in Dieterich, a.a.O., S. 239
3 Vgl. Kap. VI 3.3.6
4 Vgl. Kleiber in: Bielenberg/Koopmann/Krautzberger, § 7 WertV Rdnr. 42; in Frage käme auch der Ansatz einer verkürzten Restnutzungsdauer.
5 BGH, Urt. vom 25.6.1964 - III ZR 111/61 - BRS Bd. 19 Nr. 127
6 Vgl. Tiemann, Konversion militärischer Liegenschaften, BBauBl. 1992, S. 811, der ausführlich auf die Probleme bei der Qualitätsbestimmung und Wertermittlung - auch im Rahmen von Entwicklungsmaßnahmen - eingeht.

des Bundesfinanzministers vom 17.3.1992[1] erfolgt. Hier kommen i.w. drei Fälle in Betracht:

a) Der Stichtag des beginnenden Entwicklungseinflusses stimmt zeitlich mit den ersten Überlegungen für eine Freigabe der militärischen Fläche überein.

Ein solcher Stichtag kommt - wenn überhaupt - nur sehr selten in Betracht, weil die Gemeinden i.d.R. nicht an den Überlegungen für eine Aufgabe von militärischen Flächen beteiligt werden und deshalb noch keine Absichtserklärungen zur Umnutzung dieser Flächen im Rahmen einer Entwicklungsmaßnahme abgeben können. Zu bewerten ist in diesen Fällen eine Gemeinbedarfsfläche im Eigentum des Bundes, die auf absehbare Zeit einer militärischen Zweckbindung vorbehalten bliebe. Denn jegliche Werte, die sich in Erwartung auf die Entwicklung der Flächen und die damit verbundenen privatwirtschaftlichen Nutzungsmöglichkeiten bilden würden, wären entwicklungsbedingt und könnten somit ausgeklammert werden. Solche Flächen haben keinen Verkehrswert, da sie im gewöhnlichen Geschäftsverkehr nicht gehandelt werden.[2] Ein direkter Preisvergleich scheidet daher aus. *Kleiber* stellt fest, daß die Bestimmung des Werts einer solchen Fläche keine Aufgabe der Verkehrswertermittlung darstelle; es gehe vielmehr um die Ermittlung eines "gerechten" Preises.[3] Er schlägt in diesen Fällen vor, nach den Grundsätzen der Billigkeit als Preis die Kosten anzusetzen, die der Verkäufer unter vernünftiger Mitwirkung aufbringen müßte, um die bisher ausgeübte Nutzung an anderer Stelle fortzusetzen.[4]

b) Der Stichtag des beginnenden Entwicklungseinflusses liegt nach dem Zeitpunkt des Bekanntwerdens über die beabsichtigte Freigabe der militärischen Fläche, aber noch vor der förmlichen Entwidmung dieser Flächen und der Aufstellung eines Bebauungsplans.

Zu bewerten ist, wie im Fall a), eine Gemeinbedarfsfläche im Eigentum des Bundes, deren militärische Zweckwidmung aber in absehbarer Zeit aufgegeben wird. Durch das Bekanntwerden der Freigabeabsichten öffnen sich diese Flächen wieder dem gewöhnlichen Geschäftsverkehr. Noch vor der förmlichen Entwidmung stellt sich für diese Flächen ein am künftigen Verkehrswert sich orientierender Wert ein.[5] Als entwicklungsbedingt auszuschließen ist aber ein Wert unter Berücksichtigung von Art und Maß der baulichen Nutzung aufgrund des neuen Bebauungsplans. Folgende Grundstücksqualitäten kommen aber als Orientierungsrahmen in Betracht:

---

[1] Siehe BAnz Nr. 72 vom 11.4.1992
[2] Vgl. Kleiber in: Ernst/Zinkahn/Bielenberg, BauGB, § 4 WertV Rdnr. 99 mit weiteren Hinweisen zur Rechtsprechung
[3] Vgl. Kleiber in: Kleiber, Simon, Weyers, Recht und Praxis der Verkehrswertermittlung von Grundstücken, Köln 1991, Rdnr. 423; vgl. auch Nr. 6.3.3.1 WertR 91
[4] Vgl. Kleiber, a.a.O., Rdnr. 428; vgl. auch Tiemann, a.a.O., S. 823: "Für solche Fälle (Flächen des öffentlichen Bedarfs) bietet sich die Methode der Wertbeurteilung nach der "abstrakten Wiederbeschaffung" an, die auch in die Wertermittlungsrichtlinien Eingang gefunden hat."
[5] Vgl. Kleiber, a.a.O., Rdnr. 431

ba) Bei Konversionsflächen, deren bauliche Anlagen in einem engeren räumlichen Zusammenhang stehen, kann es sich um einen im Zusammenhang bebauten Ortsteil i.S.d. § 34 BauGB handeln. (Dies kann auch für innerstädtische Brachflächen in Betracht kommen.) In diesen Fällen kann eine Beurteilung als **Bauland nach § 34 BauGB** in Frage kommen, so z.B. wenn eine hauptsächlich mit Mannschaftsunterkünften belegte Kaserne von einer Wohnbebauung umschlossen ist. Als Orientierungswert wäre der Baulandwert für die Umgebungsnutzung heranzuziehen. Solche Fälle sind durchaus denkbar, wenngleich *Tiemann* sie als ganz besondere Ausnahmen einstuft.[1] Auch für kleinere unbebaute militärische Flächen im Sinne von größeren Baulücken kann ein an der Baulandqualität i.S.d. § 34 BauGB sich orientierender Wert angenommen werden. Doch kommt für solche Flächen wegen des mangelnden Raum- und Planungsbezugs u.U. eine förmliche Festlegung als Entwicklungsbereich nicht in Frage.

bb) Auf dem Grundstücksmarkt werden bisher militärisch genutzte Flächen oft als Gebiete nach § 35 BauGB (Außenbereich) zu klassifizieren sein. Sie sind deshalb nicht von vornherein nach förmlicher Entwidmung als Bauland einzustufen. Vorhaben sind nach § 35 Abs. 2 BauGB (nicht privilegierte Bauten im Außenbereich) zu bewerten. Konversionsflächen, die früher im Außenbereich der Städte lagen, nun aber weitgehend umbaut sind, werden u.U. als sog. "Außenbereich im Innenbereich" zu qualifizieren sein. Teilflächen im Außenbereich können Baulandeigenschaft mit entsprechend höheren Bodenwerten haben, wenn gem. § 35 Abs. 2 BauGB ein Anspruch auf Genehmigung eines Vorhabens (nach förmlicher Entwidmung) bestünde. Für die restlichen Flächen kommt aber eine Bewertung nach der Qualität Agrarland oder begünstigtes Agrarland nicht in Frage, da sich Erwartungsmomente aufgrund der bevorstehenden förmlichen Entwidmung gebildet haben. Hier müßte von der Qualität **Bauerwartungsland** ausgegangen werden.

bc) Hinsichtlich des **Bestandsschutzes** bisher militärisch genutzter Baulichkeiten können die entsprechenden Teilflächen als **"faktisches Bauland"**[2] nach förmlicher Entwidmung qualifiziert werden. Auch dies wird der Grundstücksmarkt schon vor förmlicher Aufgabe der Flächen berücksichtigen. Bei faktischem Bauland ist aber vorauszusetzen, daß die Gebäude mit Bestandsschutz mit Sicherheit einer rechtlich zulässigen und wirtschaftlich sinnvollen privatnützigen Verwendung zugeführt werden können. Hier kommt es auf die gesetzliche Begrenzung nach Art und Umfang der zulässigen Nutzung (§ 35 Abs. 2 BauGB)[3] wie auch auf die zeitliche Begrenzung an.

---

1 Vgl. Tiemann, a.a.O., S. 819
2 Ebenda
3 Auch eine Umnutzung ist ein Vorhaben gem. § 29 BauGB und unterliegt damit der Beurteilung von § 35 Abs. 2 BauGB.

VII. Vorschläge und Hinweise   183

Für die aus Vergleichspreisen für o.g. Grundstücksqualitäten abzuleitenden Werte sind noch Abschläge anzubringen, für

- die voraussichtliche Dauer für den Vollzug der erforderlichen rechtlichen (insbesondere förmliche Entwidmung, Bebauungsplanung) und tatsächlichen (z.b. zulässiger Umbau, Freilegung) Maßnahmen und
- das hierfür bestehende Wagnis[1].

Liegt der Stichtag des beginnenden Entwicklungseinflusses nach dem Zeitpunkt der förmlichen Entwidmung, ergeben sich für die maßgebenden Bodenwerte geringere Abschläge, weil die vormals militärisch genutzten Flächen nun dem Grundstücksmarkt zugänglich sind.

c) Der Stichtag des beginnenden Entwicklungseinflusses liegt nach dem Zeitpunkt der förmlichen Entwidmung der militärischen Flächen und nach Aufstellung eines Bebauungsplans

Für die Bemessung des entwicklungsunbeeinflußten Grundstückswerts sind i.w. die zukünftigen Nutzungsmöglichkeiten aufgrund des Bebauungsplans maßgebend. In der Planaufstellungsphase kommt möglicherweise schon § 33 BauGB zur Anwendung, mindestens handelt es sich bei den Flächen aber um **Rohbauland**.

Nach dem Vorhergesagten empfiehlt es sich, die Einleitung von Voruntersuchungen zur Vorbereitung einer Entwicklungsmaßnahme auf Konversionsflächen vor Aufstellung eines Bebauungsplans vorzunehmen. Möglichst sollte die Gemeinde versuchen, den "Entwicklungsbeschluß" gem. § 165 Abs. 4 BauGB vor der förmlichen Entwidmung der Konversionsfläche zu fassen.[2]

3.4 Zur Ermittlung der Neuordnungswerte

Berücksichtigung der Erschließungskosten beim Vergleichswertverfahren mit Preisen für erschließungsbeitragspflichtiges Bauland

Zur Ermittlung des Neuordnungswerts ist der Zustand des Gebiets nach Abschluß der Entwicklungsmaßnahme unter Berücksichtigung sämtlicher Wertverbesserungen, vor allem infolge der Aussicht auf die Entwicklungsmaßnahme, durch ihre Vorbereitung (insbesondere Bauleitplanung) und ihre Durchführung (insbesondere Grundstücksneuordnung und Erschließung) zugrundezulegen. Für die Ermittlung des Neuordnungswerts kommt, wie für die Ermittlung des entwicklungsunbeeinflußten Grundstückswerts, in erster Linie das Vergleichswertverfahren in Frage. Das Vergleichswertverfahren dürfte in aller Regel wenig Schwierigkeiten bereiten, da vergleichbare Grundstücke in der Gemeinde selbst oder in benachbarten Gemeinden vorhanden sind.

---

1   Vgl. Kleiber, a.a.O.
2   Vgl. hierzu auch Kap. VI 3.2.2

Nach § 27 Abs. 2 WertV muß regelmäßig die Wartezeit bis zum Abschluß der vorgesehenen Maßnahmen im Entwicklungsbereich berücksichtigt werden. Ein Unterschied zum Neuordnungswert unter Einschluß der vorgesehenen Maßnahmen im Entwicklungsbereich dürfte aber nur noch wenig ins Gewicht fallen, wenn die erforderlichen Infrastrukturmaßnahmen (Erschließung, Gemeinbedarfseinrichtungen) in Teilbereichen abgeschlossen sind.

Da im Entwicklungsbereich keine Erschließungsbeiträge i.S.d. Bundesbaurechts (§ 127 ff BauGB) erhoben werden, ist für die Ermittlung des Neuordnungswerts ein erschließungsbeitragsfreier Grundstückszustand maßgebend. Werden Vergleichspreise für erschließungsbeitragspflichtige Grundstücke herangezogen, so sind hilfsweise die durchschnittlichen **Erschließungskosten** unter Berücksichtigung der örtlichen und individuellen Gegebenheiten hinzuzurechnen.[1] Diese Methode ist nicht zu beanstanden, solange Erschließungskosten wertbestimmend sind. Probleme ergeben sich nur dann, wenn die so ermittelten Neuordnungswerte wegen der Höhe der Erschließungskosten auf dem Grundstücksmarkt nicht zu erzielen wären. In diesen Fällen sind u.U. Abschläge erforderlich.

Die einmal ermittelten Neuordnungswerte sind selbstverständlich **fortzuschreiben**, um jeweils die zum aktuellen Wertermittlungsstichtag maßgebenden Werte zu erhalten. Auch hier sind geeignete Bodenpreisindexreihen zu bilden bzw. aktuelle Vergleichspreise heranzuziehen.

Bei Innenentwicklungsmaßnahmen auf Brachflächen mit Altlasten muß berücksichtigt werden, daß bei der Grundstücksveräußerung häufig nicht vom vollen Neuordnungswert im unbelasteten Zustand ausgegangen werden kann. Der **merkantile Minderwert** solcher Flächen kann 10 % bis 30 % vom Wert einer unbelasteten Fläche gleichen Grundstückszustands betragen.[2]

4. *Planung*

4.1 *Bauleitplanung*

Abschnittsweise Bebauungsplanung

Wie der Grunderwerb, kann auch die Bebauungsplanung in zeitlich aufeinanderfolgenden Abschnitten erfolgen. § 166 Abs. 1 Satz 2 BauGB ist so zu verstehen, daß jeweils für die nach dem Entwicklungskonzept zu entwickelnden Teilbereiche ohne Verzug Bebauungspläne aufzustellen sind.[3] Je nach Größe und Umfang der Entwicklungsmaßnahme kommen mehrere Bebauungspläne in Betracht, insbesondere bei größeren Außenentwicklungsmaßnahmen; andererseits kann auch schon ein Bebauungsplan genügen, so z.B. bei Innenentwicklungsmaßnahmen zur Wiedernutzung von Brachflächen.

---

[1] Vgl. Kleiber a.a.O., Rdnr. 1359 u. 1368
[2] Vgl. z.B. Halcour, Die Altlastenproblematik aus technischer, planerischer und ökonomischer Sicht, GuG 1991, S. 263 (268)
[3] Vgl. die untersuchten Entwicklungsmaßnahmen im Anhang

VII. Vorschläge und Hinweise 185

Der Flächennutzungsplan sollte allerdings direkt im Anschluß an den Erlaß der Entwicklungssatzung für den gesamten Entwicklungsbereich geändert werden, falls dies noch nicht geschehen ist.[1] Denkbar wäre aber bei Entwicklungsmaßnahmen zur Schaffung von Wohnstätten, daß für einen ersten zur Entwicklung anstehenden Teilbereich ein Bebauungsplan, der zur Deckung eines dringenden Wohnbedarfs dienen soll, nach § 1 Abs. 2 BauGB-MaßnahmenG aufgestellt wird, also vor Änderung des Flächennutzungsplans.[2]

Im Hinblick auf städtebaulich qualitätsvolles Bauen und wegen des Raum- und Planungsbezugs von Entwicklungsmaßnahmen sollten die Möglichkeiten informeller Planungen (insbesondere Rahmenplanung) genutzt und städtebauliche Wettbewerbe durchgeführt werden. Hierdurch werden die Vorzüge des Planens in städtebaulichen Entwicklungsbereichen ausgeschöpft.

4.2 Vorhaben- und Erschließungsplan

Vorhaben- und Erschließungsplan im Entwicklungsbereich unter bestimmten Voraussetzungen möglich

Es stellt sich die Frage nach der Zulässigkeit und Zweckmäßigkeit von Vorhaben- und Erschließungsplänen gem. § 7 BauGB-MaßnahmenG in städtebaulichen Entwicklungsbereichen. Obwohl im städtebaulichen Entwicklungsbereich eine Bebauungsplanpflicht besteht, ist es in einzelnen Fällen denkbar, von dieser Vorschrift für Teilabschnitte des Entwicklungsbereichs zunächst abzusehen und anstelle eines Bebauungsplans einen Vorhaben- und Erschließungsplan aufzustellen, wenn dies mit den Zielen und Zwecken der Entwicklungsmaßnahme vereinbar ist. Die Voraussetzung, daß ein Vorhaben- und Erschliessungsplan nur zulässig ist, wenn die geplanten Vorhaben ohne Aufstellung eines Bebauungsplans nicht zugelassen werden können (§ 7 Abs. 1 Satz 1 Nr. 1 BauGB-MaßnahmenG), ist in städtebaulichen Entwicklungsbereichen wegen der Bebauungsplanpflicht erfüllt.

Befinden sich für einen konkret zur Entwicklung anstehenden Teilabschnitt des Entwicklungsbereichs die Grundstücke bereits im Eigentum der Gemeinde bzw. im Treuhandeigentum und ist ein Investor bereit, für ein oder mehrere Vorhaben einen Vorhaben- und Erschließungsplan entsprechend den Entwicklungszielen aufzustellen, so könnten ihm die Grundstücke zur Realisierung der Vorhaben einschließlich Erschließung veräußert werden. Durch diese Vorgehensweise kann besonders das Gebot der zügigen Durchführung von Entwicklungsmaßnahmen eingehalten werden. Das Gebiet, für das ein Vorhaben- und Erschließungsplan aufgestellt worden ist, kann später in das allgemeine Planungs-

---

1 Für die neuen Bundesländer kommt auch die Möglichkeit eines Teil-Flächennutzungsplanes nach § 246 a Abs. 1 Nr. 1 BauGB in Betracht, wenn die Ausarbeitung des Flächennutzungsplans für das gesamte Gemeindegebiet nicht abgewartet werden kann. Diese Möglichkeit besteht bis zum 31.12.1997.
2 Möglich wäre auch ein vorzeitiger Bebauungsplan bei Vorliegen dringender Gründe nach § 8 Abs. 4 BauGB; in den neuen Bundesländern auch ohne Vorliegen dringender Gründe (§ 246 a Abs. 4 BauGB).

system des BauGB überführt werden, womit der Bebauungsplanpflicht im Entwicklungsbereich entsprochen wird.

Als weiterer Vorteil eines Vorhaben- und Erschließungsplans in Verbindung mit einem Durchführungsvertrag gem. § 7 Abs. 1 Satz 1 Nr. 2 BauGB-MaßnahmenG ist die Übernahme der Kosten für Planung und Erschließung[1] durch den Investor zu nennen. Außerdem hat der Investor den Neuordnungswert für die Flächen des Vorhaben- und Erschließungsplans (ohne Erschliessungsflächen) zu zahlen, so daß zu einem relativ frühen Zeitpunkt Einnahmen aus der Grundstücksveräußerung erzielt werden, die zur Finanzierung des weiteren Grunderwerbs oder anderer Vorbereitungs- und Durchführungsmaßnahmen im Entwicklungsbereich eingesetzt werden können.

5. Grundstücksveräußerung

5.1 Veräußerung unterhalb des Neuordnungswerts?

Preisnachlässe entsprechend den Zielen und Zwecken der städtebaulichen Entwicklungsmaßnahme möglich

Eine für Entwicklungsmaßnahmen besonders wichtige Frage ist es, ob neugeordnete und erschlossene Grundstücke zu einem Preis unterhalb des Neuordnungswerts veräußert werden dürfen. Die Untersuchung der Entwicklungsmaßnahmen alten Rechts hat gezeigt, daß von dieser Möglichkeit mehr oder weniger stark Gebrauch gemacht worden ist. Das von *Schäfer* 1992 durchgeführte Planspiel zur städtebaulichen Entwicklungsmaßnahme mit Vertretern bayerischer Städte und Gemeinden kam zu dem Ergebnis, daß die Möglichkeit zur Herabsetzung des Neuordnungswerts für viele Gemeinden ausschlaggebend sei für die Bereitschaft, überhaupt eine Entwicklungsmaßnahme durchzuführen.[2] Es kann hinzugefügt werden, daß die Akzeptanz von Entwicklungsmaßnahmen in der Öffentlichkeit - insbesondere in Hochpreisregionen - kaum zu erreichen ist, wollte die Gemeinde grundsätzlich alle Baugrundstücke zum vollen Marktpreis veräußern.

In diesem Zusammenhang wird diskutiert, ob Abschläge auf den Neuordnungswert bei Grundstücken, auf denen nach den Festsetzungen eines Bebauungsplans ganz oder teilweise nur Wohngebäude errichtet werden dürfen, die mit Mitteln des sozialen Wohnungsbaus gefördert werden könnten (§ 9 Abs. 1 Nr. 7 BauGB), vorgenommen werden können. Dies ist aber eine Frage der Wertermittlung. Allein die Festsetzung nach § 9 Abs. 1 Nr. 7 BauGB hat aber auf die Höhe des Neuordnungswerts nur wenig Einfluß.[3] Werden Belegungsbindungen beim Grundstücksverkauf vertraglich festgelegt, so kann eine gewisse Wertmin-

---

[1] Die Gemeinde kann die Planungs- und Erschließungskosten vertraglich vollständig auf den Träger übertragen (§ 7 Abs. 1 Satz 1 Nr. 2 BauGB-MaßnahmenG).

[2] Vgl. Schäfer, Ergebnisse eines Planspiels zur städtebaulichen Entwicklungsmaßnahme mit Vertretern bayerischer Städte und Gemeinden, Vortrag auf dem 311. Kurs des Instituts für Städtebau der Deutschen Akademie für Städtebau und Landesplanung Berlin vom 26. bis 28. April 1993 in Berlin, Referatesammlung zum 307. und 311. Kurs des Instituts, Berlin 1993, S. 19 (31)

[3] Vgl. z.B. Kleiber, a.a.O., Rdnr. 1322

derung angenommen werden. Für Grundstücke, für die der Bebauungsplan eine Festsetzung nach § 9 Abs. 1 Nr. 8 BauGB (Wohngebäude für Personengruppen mit besonderem Wohnbedarf) getroffen hat, kommt möglicherweise ebenfalls eine gewisse Wertminderung in Betracht.

Für die ersten zu verkaufenden Grundstücke in einem Entwicklungsbereich alten Rechts (Bonn-Hardtberg) wurde ein sog. **"Pionierabschlag"** vorgenommen. Dieser Abschlag auf den Neuordnungswert wurde mit dem für die Durchführung aller im Entwicklungsbereich vorzunehmenden Einzelmaßnahmen (Ordnungs- und Baumaßnahmen) bestehenden Wagnis begründet.[1] Solche Wagnisabschläge sind heute gem. § 27 Abs. 2 WertV bei der Abschätzung der Wartezeit bis zum Abschluß der Entwicklungsmaßnahme (Abzinsung) zu berücksichtigen. Dies gilt auch für Ablösungsvereinbarungen in Verbindung mit Abwendungsvereinbarungen.[2]

Die vorgenannten Möglichkeiten der Berücksichtigung von Abschlägen auf den Neuordnungswert lassen sich von der Wertermittlung her begründen und stehen damit im Einklang mit § 169 Abs. 8 BauGB. Echte **Preisnachlässe** auf den Neuordnungswert gehören aber nicht in den Bereich der Wertermittlung; dennoch sind sie möglich.[3] Neben § 169 Abs. 8 BauGB hat die Gemeinde nach § 169 Abs. 6 Satz 1 BauGB die Grundstücke

- unter Berücksichtigung weiter Kreise der Bevölkerung und
- unter Beachtung der Ziele und Zwecke der Entwicklungsmaßnahme zu veräußern.

Die zuerst genannte übergeordnete (distributive) Zweckbestimmung verlangt die Berücksichtigung **sozialpolitischer Gesichtspunkte**. Deshalb ist *Bielenberg* der Meinung, daß die Gemeinde nicht gehalten ist, strikt nach dem Neuordnungswert Grundstücke zu verkaufen, um z.B. sozial schwächeren Bevölkerungskreisen den Grunderwerb zu ermöglichen.[4] Hier kann zusätzlich § 89 Abs. 1 II. WoBauG herangezogen werden, wonach vor allem die Gemeinden ihnen gehörende Wohnbaulandgrundstücke zu **angemessenen Preisen** möglichen Bauherren zu Eigentum oder in Erbbaurecht zu überlassen haben. Um weite Kreise der Bevölkerung bei der Grundstücksvergabe zu berücksichtigen, muß ein angemessener Preis häufig unter dem Verkehrswert[5] bzw. Neuordnungswert liegen. Nur so läßt sich vermeiden, daß Grundstückserwerber im Entwicklungsbereich ausschließlich den höheren Einkommensschichten angehören.

---

[1] Weitere Erläuterungen hierzu in Kleiber, a.a.O., Rdnr. 1296 ff; derselbe in: Ernst/Zinkahn/Bielenberg, BauGB, § 27 WertV Rdnr. 18
[2] Vgl. Löhr in: Battis/Krautzberger/Löhr, BauGB, 3. Auflage, § 154 Rdnr. 16
[3] In der Literatur wird allerdings mehrheitlich die gegenteilige Auffassung vertreten; vgl. aber Dieterich, Brauchen wir neue staatliche Interventionen auf dem Bodenmarkt?, GuG 1990, S. 16 (19), der es für möglich hält, im Entwicklungsbereich "Bauland billiger als sonst zur Verfügung zu stellen".
[4] Vgl. Bielenberg, StBauFG, § 59 Rdnr. 20
[5] Vgl. Steger, Bauland von der Gemeinde, BWGZ 1981, S. 875 (886); ablehnend: OVG Münster, Urt. vom 5.8.1982 - 15A 1634/81 - NJW 1983, S. 2517

Darüber hinaus sind die der Entwicklungsmaßnahme zugrundeliegenden konkreten Entwicklungsziele zu beachten. Als zulässiges Ziel kommt z.b. die Versorgung der (einheimischen Bevölkerung) mit preiswerten Grundstücken in Betracht.[1] Die Veräußerung von Grundstücken unterhalb des vollen Werts (i.d.R. der Verkehrswert) stellt zwar grundsätzlich ein Abweichen vom geltenden Haushaltsrecht nach den jeweiligen Gemeindeordnungen der Länder dar, doch lassen sie Ausnahmefälle zu, wenn ein besonderes öffentliches Interesse gegeben ist.[2] Auch wenn hier ein strenger Maßstab anzulegen ist, kann bei Entwicklungsmaßnahmen davon ausgegangen werden, daß entsprechend dem Entwicklungsziel der Gemeinde ein besonderes öffentliches Interesse an der Abgabe preiswerter Grundstücke - zumindest für bestimmte Bevölkerungsschichten - gegeben ist.

Einen wichtigen Gesichtspunkt für Preisnachlässe stellt die Finanzierbarkeit einer Entwicklungsmaßnahme dar: Gegen eine Veräußerung unterhalb des Neuordnungswertes dürfte insbesondere dann nichts einzuwenden sein, wenn die eingehenden Veräußerungserlöse zur Finanzierung einer Entwicklungsmaßnahme ausreichen.[3] Eine Verletzung der haushaltsrechtlichen Grundsätze der Sparsamkeit und Wirtschaftlichkeit kann in diesen Fällen nicht angenommen werden.[4]

Geht man davon aus, daß (einzelne) Preisnachlässe bei der Grundstücksveräußerung aufgrund der Ziele und Zwecke einer Entwicklungsmaßnahme möglich sind, so ergibt sich noch ein Problem hinsichtlich solcher Grundstücke im Entwicklungsbereich, die nicht von der Gemeinde erworben werden und für die später ein Ausgleichsbetrag zu erheben ist. Dieser Ausgleichsbetrag ist in den Fällen des § 170 Satz 4 BauGB bzw. § 166 Abs. 3 Satz 4 BauGB durch ent-

---

[1] In den Richtlinien des brandenburgischen Ministeriums für Stadtentwicklung, Wohnen und Verkehr (MSWV) zur Förderung städtebaulicher Entwicklungsmaßnahmen vom 2.4.1993 heißt es: "Grundstücke können in Abstimmung mit dem MSWV zu einem geringeren Preis [als zum Neuordnungswert] veräußert werden, wenn dies aus siedlungsstrukturellen, wohnungswirtschaftlichen oder sozialpolitischen Erwägungen heraus sinnvoll ist (insbesondere Eigentumsbildung Brandenburger Bürger)." Siehe Gemeinsames Ministerialblatt für das Land Brandenburg, Nr. 35, S. 666

[2] Vgl. BGH, Urt. vom 30.1.1967 - III ZR 35/66 - NJW 1967, S. 726; OVG Münster, a.a.O.

[3] Der Finanzierungsaspekt wurde in § 169 Abs. 8 Satz 1 BauGB neuer Fassung ausdrücklich aufgenommen.

[4] Zur verbilligten Abgabe von Grundstücken durch den Bund, die Länder und die Gemeinden vgl. Bielenberg/Koopmann/Krautzberger, Städtebauförderungsrecht, Bd. II, Teil I Nr. 18; vgl. auch die Verbilligungsgrundsätze des Bundesfinanzministers vom 17.3.1992, a.a.O. Eine für Entwicklungsmaßnahmen interessante Bestimmung kann der Bekanntmachung des Bayerischen Staatsministeriums des Innern vom 15.11.1988 - Nr. I B 3-3036-29/4 (87) - All. MBl 1988, S. 895 (Kommunal-Wohnungswesen; Veräußerungen und Vermietungen unter Wert durch Kommunen und kommunale Wohnungsunternehmen) entnommen werden. In Punkt 2.3 heißt es dort: "Bei einem Zwischenerwerb von Grundstücken sind die Gemeinden bei der Festlegung des Verkaufspreises **freier** als im Regelfall. Zwischenerwerb liegt vor, wenn Gemeinden Grundstücke erwerben, um diese zur Erfüllung gemeindlicher Aufgaben und in einem zeitlichen Zusammenhang mit dem Erwerb weiterzuveräußern. Steigt in diesem Zeitraum zwischen Erwerb und Veräußerung der Verkehrswert eines Grundstücks, etwa nach Aufstellung eines Bebauungsplans, dann ist zwar ein Verkauf unter Wert anzunehmen, wenn die Gemeinde das Grundstück nicht zu dem im Verkehrswert im Zeitpunkt des Verpflichtungs- und Verfügungsgeschäfts veräußert (§ 1 Abs. 2 Verordnung über die Veräußerung kommunaler Vermögensgegenstände). Nach dem Zweck des Art. 75 GO [Veräußerung von Gemeindevermögen] ist ein **Nachlaß bis zu einem Preis in Höhe der Gestehungskosten aber nicht zu beanstanden**, soweit die Gemeinde damit ihre Aufgaben erfüllt."

VII. Vorschläge und Hinweise

sprechende Anwendung der §§ 154 und 155 BauGB zu ermitteln. Er bemißt sich gem. § 154 Abs. 2 BauGB aus dem Unterschied zwischen dem Bodenwert, der sich für das Grundstück ergeben würde, wenn eine Entwicklung weder beabsichtigt noch durchgeführt worden wäre (Anfangswert), und dem Bodenwert, der sich für das Grundstück durch die rechtliche und tatsächliche Neuordnung des förmlich festgelegten Entwicklungsbereichs ergibt (Endwert). Bei der Ausgleichsbetragsermittlung stellt das Gesetz also allein auf die Bodenwerte vor und nach der Entwicklungsmaßnahme ab. Eine Herabsetzung des Ausgleichsbetrags unter Berücksichtigung der Ziele und Zwecke einer Entwicklungsmaßnahme gem. § 169 Abs. 6 Satz 1 BauGB erscheint zunächst nicht möglich. Die Gleichbehandlung aller Eigentümer im Entwicklungsbereich legt es aber nahe, die entsprechende Geltung der §§ 154 und 155 BauGB, insbesondere § 154 Abs. 2 BauGB, weit zu verstehen und die Bestimmung des § 169 Abs. 6 Satz 1 BauGB auch auf die Ausgleichsbetragserhebung anzuwenden, so daß einzelne Preisnachlässe nicht nur auf den Neuordnungswert, sondern auch auf den Endwert möglich sind.

5.2 *Vertragliche Bindungen, Auswahl von Bewerbern*

Das Entwicklungsrecht schafft eine zuverlässige Rechtsgrundlage für vielfältige vertragliche Bindungen zur Sicherung der Ziele und Zwecke einer Entwicklungsmaßnahme.

Bei der Grundstücksveräußerung bzw. bei Abwendungsvereinbarungen sollten die Ziele und Zwecke der Entwicklungsmaßnahme nicht nur durch Eintragung einer Baulast, sondern zusätzlich durch vertragliche Regelungen[1] gesichert werden.

a) Als Mindestbindung ist dem Erwerber eine **Baupflicht** innerhalb einer angemessenen Frist aufzuerlegen. Hiermit kommt ein wesentlicher Vorteil, z.B. gegenüber der Umlegung, zum Tragen. Baugebote nach § 176 BauGB, die erheblich schwieriger anzuordnen und durchzusetzen sind, sind deshalb nicht notwendig.

b) Weiterhin sollte zur Sicherung der Entwicklungsziele ein Wiederkaufsrecht der Gemeinde in den Fällen eingeräumt werden, in denen das Grundstück vertragswidrig genutzt werden soll, insbesondere für den Fall, daß der

---

[1] Zu vertraglichen Regelungen vgl. Steger, a.a.O., S. 887 ff; Schmidt-Aßmann, Krebs, Rechtsfragen städtebaulicher Verträge - Vertragstypen und Vertragsrechtslehren - in: Schriftenreihe "Forschung" des Bundesministers für Raumordnung, Bauwesen und Städtebau, Heft Nr. 460, 1988, S. 17

Eigentümer seiner Bauverpflichtung nicht nachkommt.[1] Darüber hinaus sollte ein Wiederkaufsrecht mit einem Wiederkaufpreis in Höhe des ursprünglichen Vertragspreises für den Fall vereinbart werden, daß der Eigentümer sein Grundstück frühzeitig mit Gewinn weiterveräußern will.[2] Zur dinglichen Sicherung des Wiederkaufsrechts sollte im Grundbuch eine **Rückauflassungsvormerkung** eingetragen werden.

c) Bei verbilligten Grundstücksverkäufen zum Bau von freifinanzierten Mietwohnungen mit angemessenen Mietsätzen bzw. von Mietwohnungen mit Sozialbindung (sozialer Wohnungsbau) ist der Käufer zu verpflichten, die von der Gemeinde festgelegten **Belegungs- und Mietpreisbindungen** einzuhalten, damit der Preisnachlaß den künftigen Mietern zugute kommt.

Für die Grundstücksvergabe sollte die Gemeinde auf jeden Fall **Vergabekriterien und -richtlinien** aufstellen. Hierdurch wird eine nachvollziehbare und plausible Auswahl von Grundstücksbewerbern entsprechend dem gesetzlichen Auftrag der Berücksichtigung weiter Kreise der Bevölkerung und der Beachtung der Ziele und Zwecke der Entwicklungsmaßnahme gewährleistet.

Die bevorzugte Abgabe von Baugrundstücken an ortsansässige Bürger[3] ("Einheimische") dürfte im Rahmen von Entwicklungsmaßnahmen nicht zu beanstanden sein, wenn dies den Entwicklungszielen entspricht, so z.B. um die wirtschaftliche und soziale Schwäche der einheimischen Bevölkerung auf dem Bodenmarkt auszugleichen.[4] Dieses Ziel verstößt nicht gegen den Gleichbehandlungsgrundsatz gem. Art. 3 Abs. 1 und 3 GG und das Gebot, weite Kreise der Bevölkerung bei der Grundstücksvergabe in Entwicklungsbereichen zu berücksichtigen.[5] Vorsicht ist allerdings geboten, wenn im Rahmen der gemeindlichen Baulandbereitstellungspraxis innerhalb und außerhalb des Entwicklungsbereichs ausschließlich ortsansässige Bürger berücksichtigt werden sollen, da dies gegen das mit dem Recht auf Freizügigkeit (Art. 11 GG) gewährleistete Recht auf freien Zugang und das Gleichbehandlungsgebot (Art. 3 GG) verstößt.[6]

---

1   Zu Wiederkaufsbedingungen einer Gemeinde für Baugrundstücke hat das OLG Karlsruhe (Urt. vom 14.3.1991 - 9U 260/89 - NJW 1992, S. 516) entschieden, daß die von einer Gemeinde beim Verkauf von Baugrundstücken regelmäßig verwendeten Bedingungen über ein Wiederkaufsrecht mit einem Wiederkaufpreis in Höhe des ursprünglichen Vertragspreises der Inhaltskontrolle gem. § 9 AGB-Gesetz unterliegen, obwohl dies der gesetzlichen Regelung in § 497 Abs. 2 BGB entspricht. Das OLG stellte aber fest, daß die Verpflichtung des Käufers, das Baugrundstück innerhalb von drei Jahren ab Erklärung der Auflassung mit einem Gebäude im Rahmen der bestehenden Bebauungsvorschriften zu bebauen mit der Möglichkeit, auf begründeten Antrag diese Frist angemessen zu verlängern, und die Einräumung eines Wiederkaufsrechts zum ursprünglichen Kaufpreis ohne Verzinsung und ohne Ausgleich für zwischenzeitlich eingetretene Wertsteigerungen den Käufer **nicht unangemessen i.S.d. § 9 AGB-Gesetz benachteiligen.**

2   Zur Absicherung gegen solche spekulativen Vorgehensweisen kommen auch Pflichten zur Eigennutzung des Wohnraums in Frage.

3   Vgl. die untersuchten Entwicklungsmaßnahmen (Kap. IV bzw. Anhang)

4   Dies hat der Bayerische VGH als zulässiges Ziel der sogenannten "Einheimischenmodelle" anerkannt. Siehe Urt. vom 11.4.1990 - 1 B 85 A 1480 - Bay. VBl. 1991, S. 47 (49 f); vgl. auch Kap. VI 2.3.4.

5   Vgl. allgemein zur bevorzugten Grundstücksvergabe an ortsansässige Bürger: Schmidt-Aßmann, Krebs, a.a.O., S. 22 (offen); Steger, a.a.O., S. 880 ff (befürwortend)

6   Vgl. hierzu das Urt. des Bayerischen VGH, a.a.O.

VII. Vorschläge und Hinweise

Als weitere Vertragsklauseln[1] kommen in Betracht:

- Einräumung eines gemeindlichen Vorschlags- und Benennungsrechts für Mieter und Pächter bei Verkauf von Mietwohngrundstücken;
- Anschluß- und Benutzungsklauseln z.b. für Fernheizungen oder Gemeinschaftsantennenanlagen;
- Festsetzung von Energiekennzahl-Obergrenzen zum energiesparenden Bauen;[2]
- Vereinbarung einer "städtebaulichen Oberleitung".

Grenzen für Vertragsklauseln folgen aus anderen gesetzlichen Bestimmungen, aus dem Willkürverbot und dem Übermaßverbot.[3] § 169 Abs. 7 BauGB stellt jedoch eine zuverlässige Rechtsgrundlage für **vielfältige vertragliche Bindungen** des Erwerbers dar.[4]

Bei Grundstücksverkäufen hat die Gemeinde oder der Entwicklungsträger das in Art. 10 § 3 Mietrechtsverbesserungsgesetz enthaltene **Koppelungsverbot** zu beachten: Danach sind Vereinbarungen, durch die der Erwerber eines Grundstücks im Zusammenhang mit dem Erwerb verpflichtet ist, bei der Planung oder Ausführung eines Bauwerks auf dem Grundstück die Leistungen eines bestimmten Ingenieurs oder Architekten in Anspruch zu nehmen ("Architektenbindung"), unwirksam. Allerdings hat der Hessische VGH in der Entwicklungsmaßnahme Dietzenbach 1983 entschieden, daß diese Vorschrift nach Sinn und Zweck dahin auszulegen ist,

> "daß eine Beschränkung der Auswahlmöglichkeit für die Grundstückserwerber hinsichtlich des Kreises der Anbieter von Architektenleistungen durch eine fachliche leistungsbezogene Vorauswahl kompensiert werden kann, insbesondere wenn dieses Vorgehen einer Stadt der öffentlich-rechtlichen Zielsetzung einer Entwicklungsmaßnahme nach dem StBauFG dient."[5]

Diese Feststellung kann ohne Einschränkungen auf Entwicklungsmaßnahmen neuen Rechts übertragen werden.

5.3 *Grundstücksveräußerung in Verbindung mit naturschutzrechtlichen Ersatzflächen*

Veräußerung von naturschutzrechtlichen Ersatzflächen an bauwillige Erwerber

Für in den Entwicklungsbereich einbezogene Flächen für naturschutzrechtliche Ausgleichs- und Ersatzmaßnahmen kommt neben der Festsetzung gem. § 9

---

[1] Vgl. die Vertragspraxis der vier Untersuchungsgemeinden (Anhang)
[2] Entwicklungsmaßnahme Schopfheim. Quelle: Vortrag Bürgermeister Fleck auf dem 311. Kurs des Instituts für Städtebau der Deutschen Akademie für Städtebau und Landesplanung Berlin vom 26. bis 28. April 1993 in Berlin, Referatesammlung zum 307. und 311. Kurs des Instituts, Berlin 1993, S. 185 (198)
[3] Vgl. Schmidt-Aßmann, Krebs, a.a.O., S. 21; Steger, a.a.O., S. 886
[4] Vgl. Stich, Bisher militärisch genutzte Flächen im Bundeseigentum als städtebaulicher Entwicklungsbereich im Sinne der §§ 6, 7 BauGB-MaßnahmenG, ZfBR 1992, S. 256 (260)
[5] Beschl. vom 1.7.1983 - 4 TG 35/83 - BBaubl. 1985, S. 609

Abs. 1 Nr. 20 BauGB im Bebauungsplan auch die Festsetzung als private Gemeinschaftsanlagen i.S.d. § 9 Abs. 1 Nr. 22 BauGB in Betracht.[1] Bei der Grundstücksveräußerung erhalten die neuen Eigentümer Miteigentum an den zugeordneten naturschutzrechtlichen Ersatzflächen. Dieser Miteigentumsanteil sollte den Baugrundstücken zugeschrieben werden, um eine dauerhafte Bindung der gemeinschaftlichen Ersatzfläche an das jeweilige Grundstück zu erzielen. Im Kaufvertrag sollten - soweit erforderlich - Herstellungs-, Unterhaltungs- und Haftpflichtfragen geregelt und eine Benutzungsordnung nach dem BGB getroffen werden.[2] Diese Vorgehensweise hat den Vorteil, daß die Erwerber eines Baugrundstücks schon mit dem Kauf ihren Beitrag zur Finanzierung der erforderlichen naturschutzrechtlichen Ersatzmaßnahmen leisten. Die nach § 8 a Abs. 3 Satz 2 BNatSchG später durchzuführende Kostenerstattung könnte dadurch entfallen.

---

[1] So Gaentzsch in: Berliner Kommentar zum Baugesetzbuch, § 9 Rdnr. 51 f, ablehnend: Stich, a.a.O., S. 308 ff; als Hauptargument führt er unter Berufung auf *Gierke* (Kohlhammer-Kommentar zum BauGB, § 9 Rdnr. 337) an, daß es nicht möglich sei, verbindliche Zuordnungen von Flächen, auf denen ein Eingriff in Betracht kommt, zu Flächen, auf denen Ausgleichs- und Ersatzmaßnahmen ergriffen werden sollen, festzusetzen und auf § 9 Abs. 1 Nr. 22 BauGB zu stützen. Dies wird aber von Gaentzsch bejaht. Siehe nun § 8 a Abs. 1 Satz 4 BNatSchG, der diese Zuordnung vorsieht.

[2] Vgl. hierzu auch Dieterich, Lemmen, Bewältigung der naturschutzrechtlichen Eingriffsregelung durch Umlegungen?, GuG 1991, S. 301 (304)

VIII. Weiterer Regelungsbedarf?

Mit der Wiedereinführung der städtebaulichen Entwicklungsmaßnahme in das Vollrecht des BauGB wurden gegenüber dem Entwicklungsrecht des BauGB-MaßnahmenG 1990 noch einige Änderungen vorgenommen.[1] Dennoch sollte geprüft werden, ob nicht in einigen Punkten weiterer Regelungsbedarf besteht. Die nachfolgenden Anregungen könnten im Zusammenhang mit den vor Ablauf der Geltungsdauer des BauGB-MaßnahmenG 1993 (31.12.1997) anzustellenden Überlegungen zur Überführung der in diesem Gesetz geregelten Vorschriften in das BauGB[2] erörtert werden:

1. Entwicklungsrecht

a) Zum Gegenstand von städtebaulichen Entwicklungsmaßnahmen

Zu überprüfen wäre der Raum- und Planungsbezug (Ortsteile und andere Teile des Gemeindegebiets, besondere örtliche bzw. überörtliche Bedeutung), wie er in § 165 Abs. 2 BauGB formuliert ist. Würde man geringere Anforderungen an den Raum- und Planungsbezug stellen (bei transitorischen Enteignungen nach § 85 Abs. 1 Nr. 1 (2. Alternative) BauGB kommt es nicht auf eine bestimmte Größenordnung der für die Nutzungsvorbereitung zu enteignenden Fläche an), so könnte dieses Instrument in der Praxis noch mehr Bedeutung erlangen. Denn es ist nicht einsichtig, warum in einer Mittelstadt eine Entwicklungsmaßnahme rechtlich zulässig sein kann, während ein ähnliches Vorhaben in einer Großstadt wegen mangelnder Bedeutung, weil z.B. in quantitativer Hinsicht zu wenige Wohn- oder Arbeitsstätten geschaffen werden sollen, scheitern müßte. Hinsichtlich der betroffenen Eigentümer ist auch der Gleichbehandlungsgrundsatz (Art. 3 GG) in Frage gestellt. Eine Änderung würde außerdem die Gemeinden hinsichtlich des Nachweises des erforderlichen Raum- und Planungsbezugs entlasten. Jedenfalls besäße die Gemeinde damit ein Instrument, um bestimmte im Allgemeinwohl liegende Entwicklungen in Gang zu bringen, ohne daß es tatsächlich zur Anwendung dieses Instruments kommen muß.

Vorschlag: § 165 Abs. 2 BauGB könnte lauten:

"Mit städtebaulichen Entwicklungsmaßnahmen nach Absatz 1 sollen *Teile des Gemeindegebiets entsprechend der städtebaulichen Entwicklung und Ordnung der Gemeinde oder entsprechend der angestrebten Entwicklung des Landesgebiets oder der Region* erstmalig entwickelt oder im Rahmen einer städtebaulichen Neuordnung einer neuen Entwicklung zugeführt werden. Die Maßnahmen sollen der Errichtung von Wohn- und Arbeitsstätten sowie von Gemeinbedarfs- und Folgeeinrichtungen dienen."

---

1 Vgl. Kap. V
2 Vgl. BT-Drs. 12/3944, S. 66

b) Zur Festlegungsvoraussetzung des Allgemeinwohlerfordernisses

Es wäre zu überlegen, ob die Voraussetzung des Allgemeinwohlerfordernisses klarer als bisher geregelt werden könnte, um den Gemeinden mit Entwicklungsmaßnahmen ein "normales" Handlungsinstrument zur Verfügung zu stellen. Hier kann insbesondere auf den niederländischen Baulandbereitstellungsprozeß und die dortige Regelung zum Allgemeinwohlerfordernis verwiesen werden. Die bisherige Regelung in § 165 Abs. 2 Nr. 2 BauGB mit der Konkretisierung des Allgemeinwohlerfordernisses, insbesondere "Deckung eines erhöhten Bedarfs an Wohn- und Arbeitsstätten", engt den Anwendungsbereich mehr oder weniger auf diesen Fall ein, auch wenn der Gesetzgeber damit nur ein Beispiel geben wollte. Daher sollte geprüft werden, ob generell das Allgemeinwohl die Deckung eines "Bedarfs an Wohn- und Arbeitsstätten" durch Entwicklungsmaßnahmen fordert. Ein Verzicht auf das Wort "erhöhten" würde keinesfalls als "Freibrief" der Gemeinden für Entwicklungsmaßnahmen zu verstehen sein, da auch weiterhin das Erfordernis der einheitlichen Vorbereitung und zügigen Durchführung und des besonderen bodenrechtlichen Instrumentariums gegeben sowie die zügige Durchführung innerhalb eines absehbaren Zeitraums gewährleistet sein muß.

Vorschlag: § 165 Abs. 3 Nr. 2 BauGB könnte lauten:

"2. das Wohl der Allgemeinheit die Durchführung der städtebaulichen Entwicklungsmaßnahme erfordert, insbesondere zur *Deckung des Bedarfs an Wohn- und Arbeitsstätten* oder zur Wiedernutzung brachliegender Flächen."

c) Zu den Möglichkeiten von den maßgebenden Werten beim Grunderwerb, bei der Veräußerung und bei der Ausgleichsbetragserhebung abzuweichen

Zur Verbesserung der Akzeptanz und zur Förderung der Erreichung der Ziele und Zwecke einer städtebaulichen Entwicklungsmaßnahme sollte geprüft werden, ob Regelungen zur Abweichung von den Sondervorschriften über die Nichtberücksichtigung entwicklungsbedingter Wertsteigerungen beim Grunderwerb bzw. über die Bemessung des Neuordnungswerts bei der der Veräußerung und über die Ausgleichsbetragserhebung explizit im Gesetz aufgenommen werden können. § 169 Abs. 1 Nr. 4 BauGB könnte durch folgenden Satz ergänzt werden:

"Beim Grunderwerb kann von den Vorschriften des § 153 Abs. 1 bis 3 BauGB abgewichen werden, wenn die Finanzierung der Maßnahme gewährleistet ist und dies der zügigen Durchführung des Grunderwerbs dient; die §§ 154, 155 sind entsprechend anzuwenden."

§ 169 Abs. 8 BauGB könnte um folgenden Satz erweitert werden, der schon in ähnlicher Form im Entwurf eines Gesetzes zur Erleichterung der Bereitstellung von Bauland von 1981 in § 79 c BBauG (Grundstückswert bei der

Zuteilung an Dritte und Geldausgleich) zur damals vorgesehenen "erweiterten Umlegung" Eingang ins Gesetz finden sollte[1]:

"Von diesem Wert kann abgewichen werden, wenn es die Ziele und Zwecke der Entwicklungsmaßnahme rechtfertigen, insbesondere zugunsten besonderer Personengruppen; die §§ 154, 155 sind entsprechend anzuwenden."

Bestehen Bedenken, ob der Bund zu einer solchen Regelung zur verbilligten Grundstücksabgabe kompetenzrechtlich zuständig ist, könnte auch an eine Länderabweichungsklausel gedacht werden. Allerdings ist in diesem Fall eine Rechtszersplitterung im Bundesgebiet zu befürchten.

d) Umlegung und Grenzregelung im Entwicklungsbereich?

Das Bestreben der Gemeinden nach einvernehmlichen Lösungen mit den Eigentümern und das gegenüber dem Entwicklungsrecht des StBauFG/BauGB 1987 verbesserte Abwendungsrecht der Eigentümer beim Grunderwerb lassen die Frage nach den Mitteln der Grundstücksneuordnung im Entwicklungsbereich aufkommen. Deshalb sollte die Möglichkeit des Einsatzes der Umlegung und Grenzregelung im Entwicklungsbereich überprüft werden.[2] Umlegung und Grenzregelung können besonders dann von Vorteil sein, wenn verstärkt vom Abwendungsrecht Gebrauch gemacht wird oder in Innenentwicklungsbereichen, wenn bebaute und unbebaute Grundstücke einbezogen werden.[3] In der "Entwicklungsumlegung" würde die Bewertung der Einwurfsgrundstücke auf der Grundlage des entwicklungsunbeeinflußten Werts und der Zuteilungsgrundstücke auf der Grundlage des Neuordnungswerts erfolgen. Allerdings ergeben sich Schwierigkeiten hinsichtlich der Ermittlung der Verteilungsmasse. Denkbar bei Außenentwicklungsmaßnahmen wäre z.B. eine Flächenumlegung nach § 58 BauGB ohne Begrenzung des Flächenbeitrags.

Kleinere Grenzkorrekturen im Rahmen von Grenzregelungen könnten im Fall von Abwendungsvereinbarungen oder nach Neuordnung und Veräußerung der Baugrundstücke im Entwicklungsbereich, wenn die Erschließung erst danach abgeschlossen wird, nützlich sein.

e) Zur Trägerschaft von städtebaulichen Entwicklungsmaßnahmen

Es sollte überprüft werden, ob für Entwicklungsmaßnahmen neben dem Treuhänder auch der Unternehmensträger - wie im Sanierungsrecht (vgl. § 159 Abs. 1 BauGB) - Vorbereitungs- und Durchführungsaufgaben über-

---

[1] Vgl. BT.-Drs. 9/746, S. 9
[2] Ebenda, S. 10 f
[3] Vgl. Kap. VI 3.3.1

nehmen kann.[1] Dies hätte den Vorteil, daß der Entwicklungsträger nicht nur die Bewirtschaftung der Mittel, sondern die Finanzierung der Entwicklungsmaßnahme (teilweise oder voll) übernimmt und so die Gemeinde finanziell entlastet.

f) (Städtebau-)Förderung

Besonders in der Anfangsphase erfordern Entwicklungsmaßnahmen ein starkes finanzielles Engagement der Gemeinden. Deshalb sollten die Möglichkeiten staatlicher Förderung - trotz angespannter Haushaltslagen öffentlicher Kassen - neu geprüft werden. Da viele Entwicklungsmaßnahmen sich selbst tragen, könnten Förderungsmittel unter dem Vorbehalt einer späteren Rückzahlung gewährt und so revolvierend zur Förderung anderer Maßnahmen eingesetzt werden. Gerade bei Entwicklungsmaßnahmen gilt es zu bedenken, daß der Einsatz staatlicher Fördermittel hohe Investitionen im privaten Bereich (Baumaßnahmen) bewirkt.

Die Förderung von Entwicklungsmaßnahmen könnte im Rahmen der Bund-Länder-Städtebauförderung oder im Rahmen des Strukturhilfegesetzes erfolgen.[2] Möglich wäre auch, das Gemeindeprogramm der Kreditanstalt für Wiederaufbau für Entwicklungsmaßnahmen zu erweitern.

2. Steuerrecht

Außerdem sollten einige steuerrechtliche Vorschriften überprüft werden:

a) Zur Grunderwerbsteuer

Mit der Novellierung des GrEStG im Jahre 1983 entfiel die Grunderwerbsteuerbefreiung für Ankäufe im Entwicklungsbereich. Damit verteuern sich Entwicklungsmaßnahmen, da erhebliche Steuersummen anfallen. Bei Einschaltung eines Entwicklungsträgers fällt zudem doppelte Grunderwerbsteuer an, weil der Erwerb des Grundstücks durch den Träger der Grunderwerbsteuer unterliegt und weil gleichzeitig ein Steuertatbestand darin besteht, daß die Gemeinde als Treugeber an dem Grundstück die Verwertungsmacht im Sinne des § 1 Abs. 2 GrEStG erhält. Auch die Überführung gemeindeeigener Grundstücke in das Treuhandvermögen ist grunderwerbsteuerpflichtig. Ein weiteres Mal muß Grunderwerbsteuer beim Verkauf der neugeordneten Grundstücke gezahlt werden. Um Entwicklungsmaßnahmen durch die Grunderwerbsteuer nicht zusätzlich zu belasten[3], sollte eine Steuerbefrei-

---

1 Vgl. Döhne, Walter, Stadterneuerung in Public Private Partnership - Modeformel oder neuer Weg?, Mitteilungen der Landesentwicklungsgesellschaften und Heimstätten, 1/1992, S. 3 (6)
2 Vgl. die Forderung des Bundesrates im Rahmen des Gesetzgebungsverfahrens für das WoBauErlG auf Aufstockung der Städtebauförderungsmittel für Entwicklungsmaßnahmen; vgl. auch Kap. V 1
3 Zum Hemmnis der Grunderwerbsteuererhebung für bestimmte Fälle in der Umlegung nach dem BauGB vgl. Lemmen, Grunderwerbsteuer im amtlichen Umlegungsverfahren?, ZfV 1993, S. 1

b) Zur Einkommenbesteuerung landwirtschaftlicher Betriebe

Bei Außenentwicklungsmaßnahmen müssen häufig landwirtschaftlich genutzte Flächen erworben werden. Nach § 6 b EStG können steuerpflichtige Betriebe den Erlös aus dem Bodenverkauf (Aufdeckung stiller Reserven) steuerlich neutral in den Betrieb reinvestieren. Da nicht immer genügend landwirtschaftliches Ersatzland vorhanden ist, sind die Möglichkeiten einer steuerlich neutralen Reinvestition begrenzt. In diesen Fällen muß der Landwirt den Veräußerungserlös wie ein Gewerbetreibender versteuern. Dies dämpft die Veräußerungswilligkeit von Landwirten im allgemeinen und führt zu mangelnder Mitwirkungsbereitschaft und Akzeptanz bei Entwicklungsmaßnahmen im besonderen. Hilfreich wäre hier die Möglichkeit einer steuerlich neutralen Reinvestition in den Wohnungsbau, was zur Mobilisierung von Bauland beiträgt und zu zusätzlichen Investitionen im Wohnungssektor führt.

3. Bodenrecht

Ob mit den vorhandenen städtebaurechtlichen Instrumenten und insbesondere den städtebaulichen Entwicklungsmaßnahmen allein das Bodenproblem bewältigt werden kann oder ob darüber hinaus weitere Maßnahmen, beispielsweise eine allgemeine Bodenwertabschöpfung durch eine Bodenwertsteuer, erforderlich sind, soll hier nicht weiter vertieft werden. Da die Gemeinden aber immer häufiger vom Instrument der Entwicklungsmaßnahme Gebrauch machen, tritt das Problem des doppelten Bodenrechts mehr als bisher in den Vordergrund der Kritik.[1] Deshalb bleibt der Gesetzgeber aufgerufen, die Problematik der Mobilisierung von Bauland, der Behandlung von Bodenwerten und Bodenwerterhöhungen umfassender als bisher zu lösen.

---

[1] Vgl. Kap. VI 5

ANHANG

Entwicklungsmaßnahme Backnang

BACKNANG

Die württembergische Stadt Backnang liegt 30 km nordöstlich von Stuttgart an der Bundesstraße 14 (zwischen Schwäbisch-Hall und Stuttgart) und 15 km entfernt von der Autobahnanschlußstelle Mundelsheim der A 81. 1938 wurde Backnang zur Kreisstadt für den neu geschaffenen Kreis Backnang. Seit 1956 ist Backnang Große Kreisstadt. Im Zuge der Kreisreform im Jahr 1973 ging der überwiegende Teil des Kreises Backnang im neu gebildeten Rems-Murr-Kreis auf; Backnang verlor seinen Kreissitz an Waiblingen.

Mit acht Umlandgemeinden besteht seit 1975 eine vereinbarte Verwaltungsgemeinschaft. Seit 1981 verfügen Backnang und Maubach über eine S-Bahn-Haltestelle mit Anschluß an Stuttgart. Backnang hat heute rund 30.000 Einwohner.

1. Vorgeschichte

Backnang war bis Anfang der siebziger Jahre ein bedeutender Wirtschaftsstandort für Maschinenbaufirmen und besonders für Unternehmen der Leder-, Textil- und Bekleidungsindustrie; sie war als "süddeutsche Gerberstadt" weit über die Landesgrenzen hinaus bekannt. Anfang der siebziger Jahre verschlechterte sich die wirtschaftliche Entwicklung Backnangs zunehmend. Einschneidende Strukturveränderungen in diesen traditionellen Industriebranchen durch neue Technologien und Werkstoffe sowie durch die Auslandskonkurrenz vor allem aus "Billiglohnländern" führten zu einem Abbau von Arbeitsplätzen. Von 1970 bis 1977 nahm die Beschäftigtenanzahl um 24 % ab. Diesem Abbau von Arbeitsplätzen konnte nur unzureichend durch Schaffung neuer Arbeitsplätze in Unternehmen der High-Tech-Industrie und des Dienstleistungsbereichs entgegengewirkt werden. Der Arbeitsplatzverlust konnte vor allem wegen des fehlenden Angebots an erschlossenen und verfügbaren gewerblichen Bauflächen nicht mehr ausgeglichen werden. Parallel zur negativen Entwicklung auf dem Arbeitsmarkt verlief die Bevölkerungsentwicklung in der Stadt: Anfang der siebziger Jahre gab es erstmals in Backnang eine rückläufige Bevölkerungsentwicklung.

Die sich aus dieser Problemlage ergebende stadtentwicklungsplanerische Hauptaufgabe bestand nun darin, ansiedlungs- oder erweiterungswilligen Betrieben neue Gewerbe- und Industrieflächen anbieten zu können. Darüber hinaus sollten neue Wohngebiete ausgewiesen werden, um Backnang als Wohnstandort attraktiver zu gestalten, insbesondere um neuen Arbeitskräften den Zuzug nach Backnang zu ermöglichen.

Diese Entwicklungsziele wurden 1971 landesplanerisch abgesichert. Nach dem Landesentwicklungsplan war Backnang als auszubauendes Mittelzentrum und als Entlastungsort für den Kernbereich Mittlerer Neckar (Verdichtungsraum Stuttgart) vorgesehen, um dort schwerpunktmäßig das wirtschaftliche Wachstum und die Bevölkerungszunahme zu fördern. Dazu wurde von Landesseite auch finanzielle Förderung in Aussicht gestellt. Die Funktionsfähigkeit und Attraktivität von Backnang sollte aus landesplanerischer Sicht durch bessere Verbindungen auf Schiene und Straße zum Kern des Verdichtungsraumes gefördert werden: Vorgesehen waren der Ausbau der Bundesstraße 14 zwischen Stuttgart und Backnang und der Anschluß Backnangs an das S-Bahn-Netz.

2. Vorbereitung

Das mit dem StBauFG 1971 neu eingeführte Instrument der städtebaulichen Entwicklungsmaßnahme und die landesplanerische Zielsetzung für Backnang weckten Anfang der siebziger Jahre Vorstellungen in der Stadt, dieses Instrument zur Bewältigung ihrer Probleme einzusetzen. Diese Idee verdichtete sich in der folgenden Zeit bis Konsens darüber bestand, jeweils ein größeres Gewerbe- und Wohngebiet südlich der Stadt im (Außen-) Bereich der Stadtteile Maubach, Heiningen und Waldrems zu entwickeln. Man versprach sich davon eine besonders zügige Baulandbereitstellung und -mobilisierung und die Förderung mit Städtebauförderungsmitteln.

Im Jahre 1972 stellte die Stadt den Entwurf eines Flächennutzungsplans auf. Der Entwurf enthielt großzügige Bauflächenausweisungen für Wohnen und Gewerbe/Industrie. Der erst 10 Jahre später förmlich festgelegte Entwicklungsbereich war nach diesem Entwurf Teil der im südlichen Bereich von Backnang vorgesehenen Entwicklung. Nach ihm sollte u.a. der Stadtteil Maubach mit der Stadt Backnang baulich zusammenwachsen.[1]

Im Juni 1973 stellte die Stadt einen Antrag an das Innenministerium von Baden-Württemberg auf Förderung mit Städtebauförderungsmitteln. Das Ministerium befürwortete eine Entwicklungsmaßnahme aus landesplanerischer Sicht. 1974 wurde die Entwicklungsmaßnahme in das Städtebauförderungsprogramm zur Förderung der Vorbereitung aufgenommen. Die Vorbereitung dieser Entwicklungsmaßnahme wurde in den darauffolgenden Jahren von der Stadt mit Priorität behandelt.

Aufgrund der Bedeutung dieser Entwicklungsmaßnahme für die Stadtentwicklung beschloß der Gemeinderat die Durchführung von vorbereitenden Untersuchungen entsprechend denen bei Sanierungsmaßnahmen. Im März 1975 wurde die Kommunalentwicklung Baden-Württemberg (KEBW)[2] beauftragt, Entscheidungsgrundlagen und Standortalternativen zu erarbeiten und die Voraussetzung für den Erlaß einer Entwicklungsverordnung zu prüfen. Eine Projektgruppe aus dem Gemeinderat wurde gebildet, welche die vorbereitenden Untersuchungen begleiten und als Verbindungsstelle zwischen Gemeinderat und der KEBW fungieren sollte. Die vorbereitenden Untersuchungen erstreckten sich auf einen Untersuchungsbereich von ca. 180 ha Größe.

Die KEBW führte die vorbereitenden Untersuchungen in Abstimmung mit dem Gemeinderat (über die Projektgruppe), der Stadtverwaltung, dem Innenministerium und dem Regierungspräsidium Stuttgart durch. Eine Bürgerbeteiligung fand ebenfalls statt; dies hatte der Gemeinderat beschlossen. In einer ersten Informationsveranstaltung im Juni 1975 wurden die Bürger über die geplante Entwicklungsmaßnahme informiert. Etwa 50 Bürger erklärten sich zur Mitwirkung bereit. Anläßlich einer zweiten Informationsveranstaltung bildeten sich drei Arbeitskreise, die zur Stadtentwicklung von Backnang im allgemeinen und zur geplanten Entwicklungsmaßnahme im besonderen Stellung nahmen.

Ende 1975 lagen die Stellungnahmen dieser Arbeitskreise vor. Die geplante Entwicklungsmaßnahme wurde zum Teil, was die gewerbliche Entwicklungsabsicht betraf, befürwortet, im wesentlichen jedoch abgelehnt. Die Träger öffentlicher Belange wurden ebenfalls im Rahmen der vorbereitenden Untersuchungen beteiligt. Bedenken gegen die geplante Entwicklungsmaßnahme wurden - wegen der Inanspruchnahme größerer landwirtschaftlicher Flächen - nur vom Landwirtschaftsamt Backnang geäußert; das Amt sah keinen Bedarf für die Ausweisung größerer Wohn- und Gewerbegebiete auf landwirtschaftlich genutzten Flächen.

---

[1] Der Flächennutzungsplan wurde 1977 rechtswirksam, jedoch mit einer gegenüber dem Entwurf von 1972 geringeren Bauflächenausweisung.

[2] Die Kommunalentwicklung Baden-Württemberg GmbH (KEBW) ist ein im Jahr 1972 gegründetes Dienstleistungsunternehmen für Städte, Gemeinden und Landkreise des Landes Baden-Württemberg mit einem Angebot in Planung, Sanierung, Entwicklung und Finanzierung.

Im Mai 1976 lag der Bericht der KEBW zu den vorbereitenden Untersuchungen vor. Als Konzept für die weitere Entwicklung Backnangs wurden ein Standort für das geplante Gewerbegebiet sowie drei Standortalternativen für das geplante Wohngebiet vorgeschlagen. Sämtliche Standorte lagen in Bereichen landwirtschaftlicher Nutzung mit guten Böden. Der geplante Standort für das Gewerbegebiet lag räumlich getrennt von den drei Standortalternativen für das Wohngebiet. In dem Bericht kam die KEBW auch zu dem Ergebnis, daß zur Erfüllung der landesplanerischen Funktionszuweisung, die Standortqualität Backnangs hinsichtlich der Verkehrsstruktur verbessert werden müsse.[1]

Die KEBW ermittelte zu den schon vorhandenen kurz- bis mittelfristig mobilisierbaren Bauflächen im Stadtgebiet (ca. 43 ha Wohn- und ca. 7 ha gewerbliche Bauflächen) einen zusätzlichen Flächenbedarf. An zusätzlichen Wohnbauflächen wurden ca. 56 ha bei einer durchschnittlichen Dichte von 23 WE/ha ermittelt (ca. 1.300 WE). Bei maßvoller Verdichtung und attraktiven Bauformen legte man für die Entwicklungsmaßnahme einen Bedarf von ca. 35 ha zugrunde. Allerdings sollten für den geplanten Entwicklungsbereich Erweiterungsmöglichkeiten auf ca. 50 ha berücksichtigt werden. Für den gewerblichen Bereich wurde ein zusätzlicher Flächenbedarf von ebenfalls ca. 35 ha ermittelt, der im geplanten Entwicklungsbereich gedeckt werden sollte. Bei angenommenen 50 - 80 Arbeitsplätzen/ha wurde mit 1.800 bis 3.000 Arbeitsplätzen gerechnet.

Im Rahmen der weiteren Bürgerbeteiligung wurden die drei Arbeitskreise um eine Stellungnahme zum Bericht der KEBW gebeten. Diese nahmen zu dem geplanten Wohngebiet im wesentlichen eine ablehnende Haltung ein. Das geplante Gewerbegebiet wurde von den Arbeitskreisen positiver beurteilt.

Des weiteren wurden die Eigentümer und Pächter der im Entwicklungsbereich gelegenen Grundstücke angehört. Etwa die Hälfte (130) beteiligte sich an einer Frageaktion[2], davon zeigten ca. 20 % keine und ca. 65 % Mitwirkungsbereitschaft hinsichtlich des Verkaufs oder Tauschs ihrer Grundstücke; der Rest machte hierzu keine Angaben.

Aufgrund der kritischen Äußerungen zum geplanten Wohngebiet wurde die KEBW im Juni 1976 beauftragt, eine vierte Standortvariante (unter Berücksichtigung einer möglichen Neutrassierung der Landstraße L 1121) zu erarbeiten. Zusätzliche Verkehrsuntersuchungen waren hierfür erforderlich, so daß erst im März 1977 der Schlußbericht der KEBW fertiggestellt war. Die Ergebnisse der vorbereitenden Untersuchungen wurden der Projektgruppe aus dem Gemeinderat mitgeteilt. Drei Wohnbereichsstandortvarianten, darunter auch die neu erarbeitete, enthielten mehrere räumlich nicht zusammenhängende, selbständige Wohngebiete. Nachdem jedoch feststand, daß das Innenministerium von Baden-Württemberg aus Gründen der Rechtssicherheit nur ein einheitliches, zusam-

---

1 Ausbau der Bundesstraße 14 von Stuttgart nach Backnang, Bau der Bundesautobahn Neckar - Alb - aus dem Raum Aschaffenburg über Mundelsheim in den Raum Kirchheim/Teck mit Anschluß an die Bundesautobahn Karlsruhe - Stuttgart - München und S-Bahn-Anschluß an Stuttgart.
2 Nach Angaben der Befragten entfielen auf deren Grundbesitz ca. 73 ha des schon verkleinerten Untersuchungsbereichs von ca. 123 ha.

menhängendes (Wohn-) Gebiet als Entwicklungsbereich förmlich festlegen würde, empfahl die KEBW dem Gemeinderat die Standortvariante, die einen räumlich zusammenhängenden Wohnbereich darstellte und im Vergleich mit den anderen Varianten am besten im Einzugsbereich der geplanten S-Bahn-Haltestelle Maubach lag. Das geplante Wohngebiet mit ca. 37 ha Größe schloß direkt nördlich an den Stadtteil Maubach an. Erweiterungsmöglichkeiten waren bei dieser Standortvariante vorhanden. Das von der KEBW vorgeschlagene Gewerbegebiet mit ca. 35 ha lag zwischen der Bundesstraße 14 und der Landstraße 1080 und schloß im Norden unmittelbar an das vorhandene Gewerbegebiet von Backnang an. Zwischen beiden Gebieten (Entwicklungs-Teilbereichen) lag eine ca. 500 m breite, landwirtschaftlich genutzte Fläche.

Im Schlußbericht der KEBW wurden die Voraussetzungen nach § 53 Abs. 1 StBauFG für die förmliche Festlegung der beiden Teilbereiche zum Entwicklungsbereich als erfüllt betrachtet. Als wichtigen Grund für die Anwendung der Entwicklungsmaßnahme führte die KEBW an, daß eine Notwendigkeit darin bestand, die "Grundstückspreise unter Kontrolle zu halten". Sie gab an, daß die hohen Preise für erschlossenes Bauland in Backnang dazu geführt hatten, daß umliegende Orte ohne zentralörtliche Funktion mit der Stadt in Konkurrenz traten. Bei Realisierung der beabsichtigten Maßnahme im Rahmen des Allgemeinen Städtebaurechts befürchtete man, daß ein noch vorhandener Preisvorteil gegenüber dem Verdichtungszentrum Stuttgart und damit der Entwicklungsanreiz weitgehend aufgehoben worden wäre. Außerdem war man der Auffassung, daß die Stadt über die Grundstücke im beabsichtigten Entwicklungsbereich verfügen können müßte, um auf Bauinteressenten - insbesondere im Gewerbegebiet - schnell reagieren zu können. Schließlich hielt man die Anwendung des StBauFG auch aus finanziellen Gründen für erforderlich, da man sich Fördermittel für den Ankauf der Grundstücke und die Erschließung erhoffte.

Im Juni 1977 beschloß der Gemeinderat das Vorhaben Entwicklungsmaßnahme in der von der KEBW vorgesehenen Weise weiterzuverfolgen.

In der Folgezeit verzögerte sich jedoch die weitere Vorbereitung der Entwicklungsmaßnahme. Die Gründe hierfür lagen im wesentlichen in der erneuten Diskussion, ob die Entwicklungsmaßnahme im allgemeinen und die Anwendung des StBauFG im besonderen erforderlich und geeignet waren. Dies insbesondere vor dem Hintergrund, daß ein Teil der Grundstückseigentümer (Landwirte) mit der Durchführung der Entwicklungsmaßnahme für den Wohn-Teilbereich nicht einverstanden war. In der weiteren Vorbereitungsphase hielt man aber an der Entwicklungsmaßnahme fest. Das räumliche Entwicklungskonzept wurde insoweit modifiziert, als der Schwerpunkt des neuen Wohnsiedlungsgebietes stärker auf den geplanten S-Bahn-Haltepunkt Maubach ausgerichtet wurde.

Nachdem der Ortschaftsrat[1] von Maubach im Dezember 1978 grundsätzlich der vorgesehenen Wohn-Standortvariante zugestimmt hatte und im zwischenzeitlich

---

[1] Der Ortschaftsrat in Baden-Württemberg hat die örtliche Verwaltung zu beraten. Er ist zu wichtigen Angelegenheiten, die die Ortschaft betreffen, zu hören (siehe § 70 der Gemeindeordnung für Baden-Württemberg).

Anhang - Entwicklungsmaßnahme Backnang

fortgeschriebenen Landesentwicklungsplan die bevorzugte Förderung der Entwicklungsmaßnahme in Backnang ausdrücklich erwähnt wurde, faßte der Gemeinderat im März 1979 einstimmig den Beschluß, bei der Landesregierung die förmliche Festlegung zu beantragen.

Städtebauliche Entwicklungsmaßnahmen — Abb. 12

Backnang
Lage des Entwicklungsbereichs
im Stadtgebiet (1986)

Universität Dortmund
Fachbereich Raumplanung
Fachgebiet Vermessungswesen
und Bodenordnung

Doch auch in der folgenden Zeit zog sich die weitere Vorbereitung der Entwicklungsmaßnahme hin. Das Innenministerium stellte eine Reihe von Fragen an die Stadt zur geplanten Entwicklungsmaßnahme, insbesondere zur Unterteilung des Entwicklungsbereichs in zwei selbständige Teilbereiche.

Im Mai 1979 genehmigte das Innenministerium den Regionalplan für die Region Mittlerer Neckar. Die Aussagen des Landesentwicklungsplans bzgl. Backnang wurden im Regionalplan nochmals wiederholt. Für den Bereich der Verwaltungsgemeinschaft Backnang wurde als Richtwertregelung die Zunahme der Wohneinheiten um 1.900 und der Arbeitsplätze um 6.600 festgelegt. Der größte Teil davon sollte nach dem Regionalplan in der Stadt Backnang und insbesondere im Entwicklungsbereich realisiert werden.

Anfang 1981 kam man in Abstimmung mit dem Innenministerium zu der Auffassung, daß für den Teilbereich Wohnen ein landesweiter städtebaulicher Ideenwettbewerb durchgeführt werden müßte. Im April/Mai 1981 wurde der Ideenwettbewerb zur Entwicklungsmaßnahme von der Stadt ausgelobt. Das Ergebnis des Ideenwettbewerbs wurde Anfang 1982 bekanntgegeben. Auf Empfehlung des Preisgerichts beschloß der Gemeinderat im Februar 1982 den ersten Preisträger mit der weiteren Planung zu beauftragen, falls die Landesregierung die Entwicklungsverordnung erlassen sollte.

In der Zwischenzeit (September 1981) wurde der S-Bahn-Anschluß Backnangs mit den S-Bahn-Stationen in Backnang und Maubach realisiert.

Am 20.12.1982 beschloß die Landesregierung die förmliche Festlegung des Entwicklungsbereichs. Am 26.1.1983 trat die Rechtsverordnung in Kraft.

3. Entwicklungsträger

Ein Entwicklungsträger wurde nicht beauftragt, da die Stadt die Durchführung der Entwicklungsmaßnahme selbst übernehmen wollte. Allerdings wurden die KEBW mit den vorbereitenden Untersuchungen und ein Planungsbüro mit den planerischen Arbeiten für den Wohn-Teilbereich beauftragt. Die Bebauungsplanung für das Gewerbegebiet wurde vom Stadtplanungsamt übernommen.

Vom jeweiligen Oberbürgermeister wurde die Entwicklungsmaßnahme zur "Chefsache" erklärt. Innerhalb der Stadtverwaltung waren die Stadtkämmerei, das Liegenschaftsamt und das Stadtplanungsamt federführend mit der Durchführung der Maßnahme beauftragt.

Anfang 1983 informierten sich einige Vertreter des Gemeinderates, des technischen Ausschusses und der beiden o.g. Ämter über die Planung und Durchführung der städtebaulichen Entwicklungsmaßnahme in Völklingen. Die Erfahrungen mit der dort schon weiter fortgeschrittenen Entwicklungsmaßnahme sollten genutzt werden.

Mit den im folgenden beschriebenen Problemen beim Grunderwerb nahm der Arbeitsumfang der beiden Ämter zu. Die Grunderwerbsverhandlungen wurden z.T. auf eine andere Institution übertragen.

4. Durchführung und weitere Vorbereitung

Nach dem Entwicklungskonzept der Stadt sollten der Grunderwerb, die (Bauleit-) Planung, die Neuordnung sowie die Veräußerung der Grundstücke in vier (Wohn-Teilbereich) bzw. drei (Gewerbe-Teilbereich) Abschnitten von jeweils gleicher Größe bedarfsorientiert realisiert werden. Es wurde von einem Durchführungszeitraum von 12 bis 15 Jahren für die Realisierung ausgegangen. Die beiden Teilbereiche sollten zeitlich parallel entwickelt werden. Anfang 1983 beschloß der Gemeinderat die Aufstellung von Bebauungsplänen jeweils für den ersten Bauabschnitt im Gewerbe- und im Wohn-Teilbereich.

Nach Inkrafttreten der Rechtsverordnung wurde der Gutachterausschuß in Backnang beauftragt, die entwicklungsunbeeinflußten Grundstückswerte für den Grunderwerb zu ermitteln. Als maßgeblichen Stichtag für den beginnenden Entwicklungseinfluß legte der Gutachterausschuß das Datum Juni 1977 fest (5 1/2 Jahre vor Erlaß der Rechtsverordnung). Zur Begründung hieß es im Gutachten, daß mit den im Jahr 1975 begonnenen vorbereitenden Untersuchungen und dem Gemeinderatsbeschluß im Juni 1977, eine städtebauliche Entwicklungsmaßnahme durchführen zu wollen, eine solche Konkretisierung bzgl. der Verwirklichung der geplanten Stadterweiterungsmaßnahme stattgefunden hatte, daß mit der Anwendung des Städtebauförderungsgesetzes gerechnet werden mußte. Entwicklungserwartungen für die beiden Teilbereiche, die nach diesem Stichtag eintraten, waren nach Auffassung des Gutachterausschusses durch die bevorstehende städtebauliche Entwicklungsmaßnahme entwicklungsbedingt und deshalb bei der Wertermittlung nicht zu berücksichtigen.

Der Gutachterausschuß berücksichtigte allerdings die Darstellungen im Flächennutzungsplan-Entwurf von 1972. Dieser hatte für die beiden Teilbereiche des Entwicklungsbereichs Wohn- bzw. gewerbliche Baufläche dargestellt. Nach Auffassung des Gutachterausschusses waren sämtliche Grundstücke im Entwicklungsbereich als Bauerwartungsland zu bewerten. Für den Wertermittlungsstichtag Januar 1983 wurden folgende Werte ermittelt: 52,50 DM/m² für Grundstücke im Wohn-Teilbereich und 44,- DM/m² im Gewerbe-Teilbereich.

Im Februar 1983 wurden die Grundstückseigentümer von der Verwaltung über den Erlaß der Rechtsverordnung und die Eintragung des Entwicklungsvermerks in die Grundbücher informiert. Diese Mitteilung löste bei einem Teil der Eigentümer erhebliche Unruhe aus. Spätestens zu diesem Zeitpunkt stand fest, daß einige Eigentümer der im Wohn-Teilbereich gelegenen Grundstücke nicht bereit waren, die Entwicklungsmaßnahme durch Verkauf ihrer Grundstücke zu unterstützen. Daher beauftragte die Stadt, nachdem der Gemeinderat die vom Gutachterausschuß ermittelten entwicklungsunbeeinflußten Grundstückswerte als Ankaufspreise beschlossen hatte, die Landsiedlung Baden-Württemberg[1] mit dem Grunderwerb für den Wohn-Teilbereich. Damit erhoffte man sich eine zügigere Abwicklung des Grunderwerbs, da die Landsiedlung über große Erfahrungen bei Grunderwerbsverhandlungen mit Landwirten verfügte. Die Grunderwerbsverhandlungen für den Wohn-Teilbereich wurden im Mai 1983 aufgenommen.

Von der knapp 72 ha großen Fläche waren etwa 95 % der Grundstücke aufzukaufen. Der Rest befand sich bereits im Eigentum der Stadt. Außerdem verfügte die Stadt schon zu dieser Zeit über landwirtschaftliches Tauschland in

---

1   Die Landsiedlung Baden-Württemberg GmbH ist Organ der staatlichen Agrar- und Strukturpolitik und gemeinnütziges Siedlungsunternehmen des Landes. Sie ist schwerpunktmäßig im ländlichen Raum tätig, u.a. in der Stadt- und Dorfentwicklung.

einer Größenordnung von über 10 ha,[1] um Landwirten Ersatzland anbieten zu können.

Im August 1983 stellte eine Interessengemeinschaft aus mehreren Grundstückseigentümern, deren Grundstücke (insgesamt etwa 30 ha) im wesentlichen im Wohn-Teilbereich lagen, einen Normenkontrollantrag beim Verwaltungsgerichtshof (VGH) Baden-Württemberg. Daraufhin wurden zunächst die Grunderwerbsverhandlungen von der Landsiedlung auf Verlangen der Stadt ausgesetzt. Nur wenige Grundstücksgeschäfte waren in der Zwischenzeit abgewickelt worden.

Auch der damalige Präsident des Bauernverbands wendete sich gegen die Entwicklungsmaßnahme und schlug vier Standortalternativen vor. Diese wurden vom Stadtplanungsamt eingehend geprüft und bewertet. In einem ausführlichen Bericht kam das Amt zu dem Ergebnis, daß sämtliche Alternativen ungeeignet waren, um die Ziele der Entwicklungsmaßnahme zu erreichen. Das Amt war der Überzeugung, daß man an der Entwicklungsmaßnahme mit den beiden förmlich festgelegten Entwicklungs-Teilbereichen unbedingt festhalten sollte. Obwohl der Gemeinderat dem Bauernverband eine erneute Überprüfung von zwei der vier vorgeschlagenen Standortalternativen zusagte, gelangte man schließlich zu der Auffassung, daß die Entwicklungsmaßnahme in den von der Landesregierung förmlich festgelegten Teilbereichen durchgeführt werden müsse.

Die Antragsteller des Normenkontrollverfahrens, die auch die Standortalternativen des Bauernverbandes ablehnten, hielten an ihrem Antrag fest, so daß der Grunderwerb im Wohn-Teilbereich bis zur Entscheidung des VGH zurückgestellt wurde.

Die vom Liegenschaftsamt der Stadt im September aufgenommenen Grunderwerbsverhandlungen im Gewerbe-Teilbereich wurden allerdings fortgeführt. Folgendes lag den Verträgen zugrunde:

- Kaufpreis 47,80 DM/m² (ab Mai 1984 wurde der Kaufpreis jährlich mit 4 % verzinst)
- Die Stadt zahlte nach einem Gemeinderatsbeschluß ab Januar 1985 einen sog. Beschleunigungszuschlag von 2,50 DM/m², der für alle Grundstücke im gesamten Entwicklungsbereich gelten sollte, um die Grunderwerbsverhandlungen zügig zum Abschluß zu bringen.
- Die Vertragsnebenkosten einschließlich Kosten für landwirtschaftliches Tauschland trug die Stadt.
- Hauptberufliche Landwirte erhielten auf Wunsch neben der Entschädigung in Geld eine Entschädigung in Land. Diese Landentschädigung umfaßte die Überlassung von mindestens gleich großen landwirtschaftlichen Flächen. Der Wert dieser landwirtschaftlichen Flächen wurde auf die Geldentschädigung angerechnet. Soweit Pachtland verlorenging, wurde auch dieses ersetzt, wenn es der Stadt vom Flächenangebot her möglich war.

---

[1] Auch nach der förmlichen Festlegung des Entwicklungsbereichs erwarb die Stadt landwirtschaftliches Tauschland. Die Preise lagen bei ca. 15,- DM/m².

- Nebenberufliche Landwirte erhielten ebenfalls auf Wunsch neben der Entschädigung in Geld eine Entschädigung in Land.

Im Juli 1985, knapp 2 Jahre nach der Einleitung des Normenkontrollverfahrens, hatte der VGH Baden-Württemberg den Antrag, die Rechtsverordnung der Landesregierung für nichtig zu erklären, abgewiesen.[1] Er hielt das Allgemeinwohlerfordernis zur Durchführung der Entwicklungsmaßnahme für gegeben, trotz schwerwiegender Nachteile für die betroffenen landwirtschaftlichen Betriebe.

Nach der Entscheidung des VGH wurden die Grunderwerbsverhandlungen für den Wohn-Teilbereich im Juli 1985 von der Landsiedlung wieder aufgenommen. Trotz der Entscheidung des VGH hielt die öffentliche Diskussion über die Notwendigkeit der Baulandbereitstellung im Rahmen der Entwicklungsmaßnahme an. Der Gemeinderat der Stadt Backnang hatte deshalb im November 1985 beschlossen, nochmals eine Überprüfung der Entwicklungsmaßnahme von der Verwaltung vornehmen zu lassen. In der Zwischenzeit wurden die Grunderwerbsverhandlungen erneut zurückgestellt. Der Gemeinderat bekräftigte aber, grundsätzlich an der Entwicklungsmaßnahme festhalten zu wollen, insbesondere, was den gewerblichen Teil betraf, da verbindliche Bewerbungen von Industriebetrieben zu dieser Zeit schon vorlagen.

Die Grunderwerbsverhandlungen in diesem Teilbereich waren in der Zwischenzeit mit dem überwiegenden Teil der Eigentümer zum Abschluß gebracht worden. Lediglich in einigen Fällen gelang es trotz intensiver Bemühungen nicht, einen freihändigen Erwerb herbeizuführen. Wegen der Dringlichkeit des ersten gewerblichen Bauabschnitts wurde ebenfalls im November 1985 vom Gemeinderat beschlossen, die Enteignung und die vorzeitige Besitzeinweisung gegen 8 Eigentümer zu beantragen.

Da einige Eigentümer von Grundstücken im Wohn-Teilbereich auch weiterhin keine Verkaufsbereitschaft zeigten, hatte der Gemeinderat beschlossen, mit dem Land Baden-Württemberg nochmals über Alternativen hinsichtlich eines anderen Wohnstandortes zu verhandeln.

Die Überprüfung der Entwicklungsmaßnahme durch die Verwaltung wurde im Rahmen einer nichtöffentlichen Klausurtagung im September 1986, an der Mitglieder des Gemeinderates einschließlich des Oberbürgermeisters, der Verwaltung und der Ortsvorsteher von Maubach teilnahmen, eingehend erörtert. Die Erörterung ergab, daß an den Zielen der Entwicklungsmaßnahme festgehalten werden müsse, damit die Stadt ihre zukünftigen Versorgungsaufgaben erfüllen könne.

Weitere Entwicklung im Wohn-Teilbereich:

Im Dezember 1986 wurden die Grunderwerbsverhandlungen im Wohn-Teilbereich von der Landsiedlung wieder aufgenommen. Der den Eigentümern ange-

---
[1] VGH Baden-Württemberg, Urteil vom 4.7.1985 - 8 S 1923/83; siehe auch Kap. III

botene Kaufpreis betrug 66,- DM/m². Eine Verzinsung wurde - wegen der damaligen Entwicklung der allgemeinen Wertverhältnisse auf dem Grundstücksmarkt - nicht mehr vorgenommen; ansonsten lagen den Kaufangeboten der Landsiedlung die Bedingungen wie im Gewerbe-Teilbereich zugrunde. Einige Grundstücke konnten zu diesen Bedingungen von der Landsiedlung zwar erworben werden, doch nach kurzer Zeit stellte sich heraus, daß manche Eigentümer weiterhin nicht verkaufsbereit waren.

Vier Grundstückseigentümer stellten im November 1987 erneut einen Normenkontrollantrag beim VGH Baden-Württemberg. Trotz des Normenkontrollverfahrens beantragte die Stadt im Juni 1988 gegen diese Eigentümer die Enteignung und die vorzeitige Besitzeinweisung. Die Enteignungsbehörde beim Regierungspräsidium Stuttgart wollte jedoch über den Enteignungsantrag erst nach dem Urteil des VGH im Normenkontrollverfahren entscheiden. Im Dezember 1989 wies der VGH die Normenkontrollanträge ab.[1]

Nach dem Urteil des VGH konnte im Juni 1990 in den anhängigen Enteignungsverfahren eine Einigung dadurch erzielt werden, daß der Kaufpreis auf 82,- DM/m² erhöht wurde. Es handelte sich um eine Kompromißlösung, da ein von den Eigentümern in Auftrag gegebenes Wertermittlungsgutachten von einem Ankaufspreis von ca. 100,- DM/m² ausging.

Die Eigentümer mußten sich allerdings vertraglich verpflichten, keinen neuen Normenkontrollantrag zu stellen, der mit der Verwirklichung des zweiten Bauabschnitts im Gewerbe-Teilbereich im Zusammenhang stehen sollte. Die Alteigentümer, die ihre Grundstücke schon verkauft hatten, erhielten aus Gleichbehandlungsgründen eine Nachzahlung von 16,- DM/m².

Das Bebauungsplanverfahren für den ersten Bauabschnitt im Wohn-Teilbereich (Aufstellungsbeschluß April 1983) hatte sich durch die Grunderwerbsprobleme verzögert. Erst im März 1989 erlangte dieser Bebauungsplan Rechtskraft. Während man nach dem Entwicklungskonzept zum Zeitpunkt des Erlasses der Rechtsverordnung für die gesamte Wohnanlage noch von 1.300 bis 1.400 Wohneinheiten ausging, sind nun nach dem überarbeiteten und heute noch maßgebenden Entwicklungskonzept ca. 900 Wohneinheiten jeweils zu einem Drittel im Einfamilienhausbau, im Reihen- und Kettenhausbau und im Geschoßwohnungsbau (Eigentums- und Mietwohnungen) vorgesehen. Ein geplantes Zentrum soll nach diesem Konzept Läden für den täglichen Bedarf, eine Versammlungsstätte für junge und alte Menschen, eine Gaststätte, einen Kindergarten sowie Kinder- und Jugendspielplätze aufnehmen. Nach dem Konzept befinden sich unter den Wohnformen auch Wohngruppen, die sich um sogenannte Wohnhöfe gruppieren. Diese Wohnhöfe, als platzartige Ausweitungen der befahrbaren Wohnwege mit Gemeinschaftshaus gedacht, sollen Kindern als Spielplätze und Erwachsenen als Kommunikationszonen dienen.

Der erste Bauabschnitt gliedert sich in einen nördlichen und einen südlichen Teilabschnitt, die durch eine Wohnsammelstraße getrennt sind. Eine auf-

---

[1] VGH Baden-Württemberg, Urteil vom 5.12.1989 - 8 S 2821/87; siehe auch Kap. III

Abb. 13 Backnang Bebauungsplan 1. Bauabschnitt

gelockerte Bebauung in Form von freistehenden Einfamilienhäusern ist im südlichen Abschnitt, eine verdichtete Bebauung (maximal viergeschossig) in Form von Ketten- und Reihenhäusern sowie Mehrfamilienhäusern (mit Eigentums- und Mietwohnungen) im nördlichen Abschnitt vorgesehen. Wohneinheiten im Sozialen Wohnungsbau sind für den ersten Bauabschnitt nicht vorgesehen, sie sollen erst in den nächsten Bauabschnitten realisiert werden. Etwa 170 Wohneinheiten sollen entstehen. Die Grundstücksgrößen liegen zwischen 200 m² und 700 m². Ca. 43 % des Bebauungsplangebiets von 8,3 ha Größe sind als Verkehrsflächen (22 %), als Spielplätze (3 %) und als Obstbaumwiesen (18 %) ausgewiesen.

Für den verdichteten Wohnungs- und Mehrfamilienhausbau wurde noch während des Bebauungsplanverfahrens ein Realisierungswettbewerb durchgeführt. Von Bauträgergesellschaften wurden für bestimmte Quartiere Vorentwürfe erstellt und vom Gemeinderat ausgewählt. Mit den Bauträgern wurden Vorverträge abgeschlossen. Sie erhielten die Option, die entsprechenden Grundstücke von der Stadt als Zwischenerwerber kaufen zu können; dafür mußten sie sich verpflichten, die Grundstücke nach ihren Entwürfen zu bebauen. Später sollten die bebauten Grundstücke an Interessenten weiterveräußert werden. In einigen Fällen, in denen die späteren Nutzer schon feststanden, wurden die Grundstücke direkt an diese veräußert. Grunderwerbsteuer fiel in diesen Fällen nur einmal an. Die Erwerber mußten sich vertraglich verpflichten, einen Werkvertrag mit dem Bauträger abzuschließen, mit dem dieser zum Bau des Wohnhauses beauftragt wurde.

Von der Verwaltung wurden Kriterien für die Vergabe der Grundstücke erarbeitet und vom Gemeinderat beschlossen. Dieser Kriterienkatalog sollte auch für die weiteren Bauabschnitte im Wohn-Teilbereich gelten. Dabei sollten vorrangig die früheren Eigentümer berücksichtigt werden, insbesondere in den Fällen, in denen vertragliche Optionen auf die Reprivatisierung eingeräumt wurden. Die restlichen Bauplätze sollten zu 3/4 an Ortsansässige bzw. in Backnang Beschäftigte und zu 1/4 an Auswärtige veräußert werden. Die Verteilung dieser Bauplätze erfolgte nach folgenden Kriterien:

- Kinderreiche Familien, junge Familien (Ehegatte jünger als 40 Jahre) oder Schwerbehinderte

- Der Bewerber durfte noch über kein Wohnraumeigentum verfügen.

- Der Bewerber durfte die Einkommensgrenze des § 25 II. Wohnungsbaugesetz um nicht mehr als 30 % überschreiten.

- Außer den für Reihen- und Kettenhäusern bzw. für Eigentumswohnungen festgelegten Bauplätzen sollte grundsätzlich keine Vergabe an Bauträger, Immobilienfirmen oder Makler erfolgen. Darüber hinaus wurden die Bauträger, die im ersten Bauabschnitt Grundstücke für Reihen- und Kettenhäuser sowie für Eigentumswohnungen erhielten, angehalten, daß mindestens die Hälfte ihrer Erwerber die vorgenannten Kriterien erfüllen.

- Für die weitere Bewerberauswahl sollten folgende Gesichtspunkte berücksichtigt werden:

- derzeitige Wohnverhältnisse
- Eigennutzung oder Vermietung
- gesicherte Finanzierung
- bei auswärtigen Bewerbern: Beziehung zu Backnang (z.b. in Backnang geboren, Eltern oder Verwandte leben in Backnang oder Zuzug nach Backnang aus beruflichen Gründen).

Für den ersten Bauabschnitt lagen ca. 600 Bewerbungen vor. Von der Verwaltung wurden die notwendigen Informationen von den Bewerbern für eine erste Auswahl eingeholt. Vor der Vergabe der Grundstücke durch das Liegenschaftsamt wurden vom Gemeinderat die endgültigen Bedingungen, insbesondere der Grundstückspreis und die Baufrist, festgelegt.

In den Jahren 1990 und 1991 wurde ein erster Teilabschnitt erschlossen. Grundstücke für etwa 60 Wohneinheiten (in allen Wohnformen) wurden bereits von der Stadt veräußert. Mit dem Bau von Einfamilienhäusern konnte im Sommer 1991 begonnen werden. Folgende Bedingungen lagen den Kaufverträgen zugrunde:

- Kaufpreis 245,- DM/m² bis 280,- DM/m² je nach Wohnform
- Verpflichtung des Käufers spätestens zwei Jahre nach dem Kauf des Grundstücks ein bezugsfertiges Wohngebäude zu errichten. (Bei Einfamilienhäusern wurde eine etwas längere Frist eingeräumt.)
- Für die verdichtete Bauform: Verpflichtung zum sofortigen Abschluß eines Werkvertrages mit dem aus dem Realisierungswettbewerb hervorgegangenen Bauträger.
- Wiederkaufsrecht für die Stadt, falls

   a) das Grundstück vor einer Überbauung ganz oder teilweise weiterveräußert werden sollte oder

   b) auf dem Grundstück in der angegebenen Frist kein bezugsfertiges Gebäude errichtet werden sollte.

   Der Wiederkaufspreis sollte dem Kaufpreis zuzüglich der vom Käufer schon geleisteten Anliegerbeiträge ohne Verzinsung entsprechen.

- Zur Sicherung des Anspruchs auf Eigentumsrückübertragung hatte der Käufer die Eintragung einer Rückauflassungsvormerkung im Grundbuch zu bewilligen.

Das Bebauungsplanverfahren für den zweiten Bauabschnitt im Wohn-Teilbereich war 1992 noch nicht abgeschlossen. Die Grunderwerbsverhandlungen für diesen Abschnitt werden nun von der Stadt (Liegenschaftsamt) geführt, da man nicht mehr mit Problemen in diesem Abschnitt rechnet. Der Gemeinderat hat einen Preis von 98,- DM/m² festgelegt.

Weitere Entwicklung im Gewerbe-Teilbereich:

Im September 1985 war der Bebauungsplan für den ersten Bauabschnitt im Gewerbe-Teilbereich inkraftgetreten. Die schon erwähnten Enteignungsfälle zogen sich bis April 1987 hin. In dieser Zeit konnte letzlich mit allen Eigentümern eine Lösung gefunden werden - entweder durch Einigung und Rücknahme des Enteignungsantrags oder in vier Fällen durch Vergleich vor der Baulandkammer. Die Erschließung dieses ersten Bauabschnitts wurde noch im Jahr 1987 abgeschlossen.

Sämtliche Grundstücke (ca. 10,4 ha) wurden innerhalb eines Jahres zu einem Preis von 85,- DM/m² an 11 einheimische und 8 auswärtige Firmen verkauft. Es handelt sich i.w. um kleine bis mittelgroße Gewerbe- und Industriebetriebe. Der bewerbende Betrieb mußte der Gemeinde einen Entwurf zur Bebauung vorlegen. Daraufhin wurde von der Stadtverwaltung ein für die Bebauung geeignetes Grundstück ausgewählt und dem Betrieb zugeteilt. Im Grundstückskaufvertrag mußte sich der Betrieb verpflichten, nach den von der Verwaltung anerkannten Entwürfen innerhalb einer Frist von drei Jahren zu bauen.

Die Bebauung erfolgte in den Jahren 1987 bis 1990. Knapp 700 Arbeitsplätze wurden durch die Ansiedlung dieser Betriebe gesichert bzw. neu geschaffen.

Anfang 1987 hatte die Stadt den Beschluß zur Aufstellung eines Bebauungsplanes für den zweiten Bauabschnitt des Gewerbe-Teilbereichs gefaßt. Das Bebauungsplanverfahren dauerte, wie im ersten Bauabschnitt, ca. 2,5 Jahre. Im August erlangte dieser Bebauungsplan Rechtskraft. Der Grunderwerb (ab Mai 1987) konnte innerhalb von 2 Jahren zu den gleichen Konditionen wie im ersten Bauabschnitt, jedoch mit einem Kaufpreis von 52,- DM/m² abgeschlossen werden. Gegen vier nicht verkaufsbereite Grundeigentümer wurden im Juni 1989 Enteignungsanträge gestellt. Vor der Entscheidung durch die Enteignungsbehörde konnte eine Einigung erzielt werden, so daß im April 1990 die letzten Kaufverträge beurkundet werden konnten. Der Kaufpreis wurde auf 54,- DM/m² erhöht. Auch hier erhielten die Alteigentümer eine Nachzahlung in Höhe von 2,- DM/m².

Im Herbst 1990 lagen für den zweiten Bauabschnitt Bewerbungen von 41 Gewerbebetrieben mit einem Flächenbedarf von knapp 14 ha vor. Da für diesen Abschnitt nur Grundstücke mit insgesamt ca. 9 ha zur Verfügung standen, war eine Bewerberauswahl erforderlich. Danach sollte folgendes berücksichtigt werden:

- Vorrang für (umweltverträgliche) Industrie- und Gewerbebetriebe

- Keine Einzelhandelsbetriebe

- Erhalt von alteingesessenen Betrieben und Sicherung bestehender Arbeitsplätze

- Voraussichtliches Gewerbesteueraufkommen

- Ausgewogenes Verhältnis von Flächenbedarf zur Anzahl der Arbeitsplätze.

Der Verkauf der Grundstücke an die ausgewählten Bewerber konnte in 1991 durchgeführt werden. Die Grundstückspreise lagen bei 110,- DM/m². Wie im ersten Bauabschnitt wurde vertraglich eine Baupflicht vereinbart. Die ersten Erwerber haben mit den Baumaßnahmen begonnen. Etwa 550 Arbeitsplätze sollen durch die Ansiedlung der Betriebe gesichert bzw. neu geschaffen werden.

Der Bebauungsplan für den dritten Bauabschnitt befindet sich noch in der Aufstellungsphase, er sollte 1992 inkrafttreten. Mit dem Grunderwerb wurde Ende 1991 zu den gleichen Konditionen - mit Ausnahme des Kaufpreises, er betrug 1992 63,80 DM/m² - begonnen. Bewerbungen liegen für den dritten Abschnitt bereits vor; darunter befinden sich einige Betriebe, die im zweiten Abschnitt keine Berücksichtigung finden konnten.

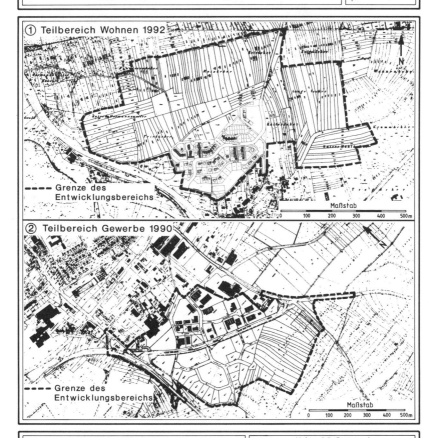

Städtebauliche Entwicklungsmaßnahmen — Abb. 14

Backnang Entwicklungsbereich

Universität Dortmund
Fachbereich Raumplanung
Fachgebiet Vermessungswesen
und Bodenordnung

5. Kosten und Finanzierung

Das für die Entwicklungsmaßnahme zugrundegelegte Finanzierungsmodell, ging davon aus, daß die Grundstücke in Abschnitten erworben, erschlossen und privatisiert werden, wobei mit den Verkaufserlösen soweit als möglich der jeweils nächste Abschnitt finanziert werden sollte.

Zur Förderung der Vorbereitung, vor allem der vorbereitenden Untersuchungen durch die KEBW, wurde die Entwicklungsmaßnahme 1974 in das Bund-Länder-Städtebauförderungsprogramm aufgenommen. 1982 wurde der Förderrahmen auf 12 Mio. DM festgesetzt (1/3 Bund, 1/3 Land und 1/3 Stadt). Bund und Land hatten bis 1990 8 Mio. DM (100 %) ausgezahlt. Die Entwicklungsmaßnahme wurde im Programmjahr 1991 ohne Förderung fortgesetzt.

Die Gesamtkosten der Entwicklungsmaßnahme betrugen bis 1992 ca. 76 Mio. DM ohne Finanzierungskosten, davon ca. 45 Mio. DM für Grunderwerb (einschließlich Grunderwerbskosten für außerhalb des Entwicklungsbereichs gelegene Flächen für eine Mehrzweckhalle und eine Friedhofserweiterung) und ca. 29 Mio. DM für Erschließung. Die Einnahmen aus der Grundstücksveräußerung, einschließlich Beiträge nach dem Kommunalabgabengesetz, lagen 1992 bei ca. 35,1 Mio. DM. Nach einer Übersicht der Stadt über die künftig noch entstehenden Einnahmen und Ausgaben aus dem Jahr 1992 werden als Gesamtkosten ca. 162 Mio. DM veranschlagt mit einer Eigenbeteiligung von ca. 25 Mio. DM.

Entwicklungsmaßnahme Friedrichsdorf

FRIEDRICHSDORF

Die Stadt Friedrichsdorf, 1687 gegründet, seit 1771 Stadtrechte, entstand in ihrer heutigen Form am 1.8.1972 aus dem freiwilligen Zusammenschluß der Stadt Friedrichsdorf (sog. "Zwiebackstadt") mit den zuvor selbständigen Nachbargemeinden Seulberg, Köppern und Burgholzhausen. Heute leben hier etwa 24.000 Einwohner.

Die Stadt liegt am Südosthang des Taunus. Sie gehört zum nördlichen Rand des Verdichtungsraumes Rhein-Main. Die Bundesautobahn A5, die das Gemarkungsgebiet durchschneidet, bindet die Stadt an das überörtliche Verkehrsnetz an (Autobahnanschlußstelle Friedberg). Die Stadt verfügt über einen S-Bahn-Anschluß mit Direktverbindung zur Frankfurter Innenstadt in knapp 30 Minuten (ca. 40 Autominuten).

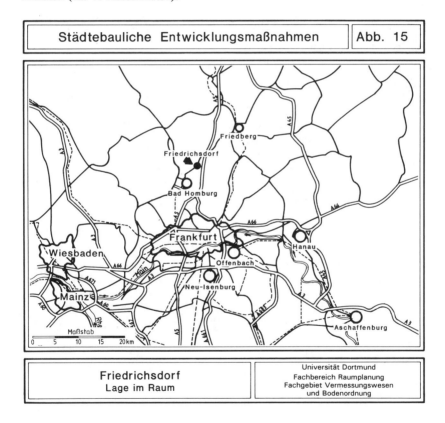

Städtebauliche Entwicklungsmaßnahmen — Abb. 15

Friedrichsdorf
Lage im Raum

Universität Dortmund
Fachbereich Raumplanung
Fachgebiet Vermessungswesen
und Bodenordnung

1. Vorgeschichte

Um den starken Siedlungsdruck auf die Stadt Frankfurt zu entlasten und um den Siedlungsprozeß zur Vermeidung einer Zersiedelung im Umland dieser

Stadt in geordnete Bahnen zu lenken, begann man Mitte der sechziger Jahre mit der Ausarbeitung eines Regionalplans für das Gebiet Untermain. Im Sommer 1965 legte Prof. Wortmann von der Gesellschaft für Regionale Raumordnung[1] im engeren Untermaingebiet einen ersten Entwurf vor. In diesem Entwurf war Friedrichsdorf als einer von 21 Siedlungsschwerpunkten vorgesehen.

Im Jahr 1968 legte die Regionale Planungsgemeinschaft Untermain (RPU)[2] den überarbeiteten Entwurf eines Regionalen Raumordnungsplans vor. Obwohl die Zahl der Siedlungsschwerpunkte gegenüber den ursprünglichen Vorstellungen Prof. Wortmanns drastisch reduziert worden war,[3] hielt man an der Ausweisung Friedrichsdorfs als Siedlungsschwerpunkt fest.

Hatte die Stadt 1961 nur ca. 10.570 Einwohner, so wuchs die Bevölkerungszahl bis 1970 um knapp 50 % auf 14.182 an. Die Zahl der Arbeitsplätze stieg in dieser Zeit nicht in gleichem Maße. So sank die Zahl der Erwerbspersonen am Ort von 380 (1961) auf 284 (1971) je 1.000 Einwohner bei etwa gleichbleibender Zahl der Arbeitsplätze (ca. 4.000).

Ende der sechziger/Anfang der siebziger Jahre ging man für das Rhein-Main-Gebiet im allgemeinen und für Friedrichsdorf im besonderen noch in Bevölkerungs- und Beschäftigtenprognosen von hohen Wachstumsraten aus. Friedrichsdorf sollte nach den Vorstellungen der Stadt und der RPU bis zum Jahr 1990 um 20.000 Einwohner wachsen; insgesamt 10.000 neue Arbeitsplätze wurden prognostiziert. Auf der Grundlage dieser Prognose bestand das stadtentwicklungsplanerische Ziel darin, an geeigneten Standorten Flächen in ausreichendem Maße für Wohn- und Gewerbezwecke bereitzustellen. Denn es war abzusehen, daß die vorhandenen Baulandreserven in den vier Stadtteilen Friedrichsdorfs nicht ausreichen würden.

2. Vorbereitung

Die Initiative zur Durchführung einer städtebaulichen Entwicklungsmaßnahme nach dem StBauFG ging vor allem von der RPU aus. Sie sah in dem Entwicklungsmaßnahmenrecht des 1971 inkraftgetretenen Städtebauförderungsgesetzes das geeignete Instrumentarium, um die als Siedlungsschwerpunkte im Entwurf des Regionalen Raumordnungsplans gekennzeichneten Orte zu entwickeln.[4]

---

[1] Privatrechtliche Gesellschaft für Regionale Raumordnung mbH. Sie ging über in die RPU.
[2] Regionale Planungsgemeinschaft Untermain (RPU), gegründet Mitte der sechziger Jahre, Hauptaufgabe: Aufstellung eines Regionalen Raumordnungsplanes nach dem Hessischen Landesplanungsgesetz
[3] Zu den acht übriggebliebenen Siedlungsschwerpunkten zählten die Orte Dietzenbach und Neu-Anspach, für die die Landesregierung ebenfalls eine städtebauliche Entwicklungsmaßnahme förmlich einleitete.
[4] Siehe Coordes, C. Neue Städte nach dem Städtebauförderungsgesetz, Stadtbauwelt Nr. 36, 1972, S. 286

Den größten Beitrag zur Erreichung der hochgesteckten Ziele aufgrund der prognostizierten Einwohner- und Beschäftigtenzahlen sollte die beabsichtigte städtebauliche Entwicklungsmaßnahme leisten.

Zur Erarbeitung eines ersten Entwicklungskonzeptes auf der Grundlage dieser Prognosen schrieb die RPU im Jahr 1971 zusammen mit den damals noch selbständigen Einzelgemeinden einen städtebaulichen Ideenwettbewerb "Stadtentwicklung am Taunusrand" aus. Der Wettbewerb wurde von einem Planungsbüro aus Darmstadt gewonnen, welches 1972 ein städtebauliches Rahmenkonzept für Friedrichsdorf vorlegte. Dieses Planungsbüro wurde später von der Stadt beauftragt, alle weiteren Planungsarbeiten zu erstellen.

Auf der Grundlage des Rahmenkonzeptes stellte die Stadt im Jahr 1972 beim Hessischen Innenminister einen Antrag auf förmliche Festlegung eines Entwicklungsbereichs, der sich über vier Teilbereiche in den Gemarkungsgrenzen der Ortsteile Friedrichsdorf, Seulberg und Burgholzhausen mit einer Brutto-Baufläche von 180 ha erstreckte und z.T. bebaut war. In diesem Bereich sollten der Siedlungsdruck aufgefangen und notwendige Infrastruktureinrichtungen sowie neue Arbeitsplätze geschaffen werden.

Stadt und RPU waren der Meinung, daß die Bauleitplanung des BBauG als rahmensetzendes Instrumentarium hierfür nicht ausgereicht hätte. Sie waren überzeugt, daß das Ziel dieser umfassenden Maßnahme nur dann erreicht werden könnte, wenn die Grundstücke im Entwicklungsbereich aufgekauft, neugeordnet und gezielt wieder - mit entsprechenden Auflagen - veräußert werden könnten. Nur auf diese Weise versprach man sich, Einfluß auf die bevölkerungsmäßige Zusammensetzung, die städtebauliche Konzeption und das wirtschaftliche Gefüge entsprechend den stadtentwicklungsplanerischen Vorstellungen ausüben zu können.

Die Möglichkeit, die Grundstücke zum entwicklungsunbeeinflußten Wert zu erwerben, war ein weiterer wichtiger Grund, eine Entwicklungsmaßnahme einleiten zu wollen. Man erhoffte sich, mit den Veräußerungserlösen die Maßnahme finanzieren zu können. Dabei sollte nicht nur die innere Erschließung, sondern auch die Infrastrukturausstattung im Entwicklungsbereich finanziert werden. Außerdem sollten Flächen für eine geplante Ortsumgehungsstraße des Ortsteils Seulberg im Entwicklungsbereich bereitgestellt werden.

Die Aussicht auf die Förderung dieser Maßnahme im Rahmen des Bund-Länder-Städtebauförderungsprogramms war ein weiterer Grund, die Maßnahme als Entwicklungsmaßnahme nach dem StBauFG durchführen zu wollen.

Am 17.10.1972 trat der Regionale Raumordnungsplan der RPU in Kraft.[1] Nach dem sachlichen und räumlichen Teilplan I waren die Ortsteile Friedrichsdorf und Seulberg als Siedlungsschwerpunkte ausgewiesen. Damit war die Durchführung einer Entwicklungsmaßnahme in diesen Ortsteilen regionalplanerisch abgesichert.

---

[1] Er wurde am 19.9.1972 von der Hessischen Landesregierung gemäß § 7 Hessisches Landesplanungsgesetz festgestellt.

Es zeigte sich aber in der folgenden Zeit, daß das Planungsgebiet zu groß angelegt war. Das ergaben die damaligen Prognoseergebnisse der Hessischen Landesregierung zur Bevölkerungs- und Beschäftigtenentwicklung. Die Stadt, die RPU und das beauftragte Planungsbüro waren daher bestrebt, das Wettbewerbskonzept auf eine nach den überarbeiteten Prognosen realisierbare Größe zu reduzieren und sinnvolle Durchführungsabschnitte zu definieren.

Hinsichtlich des Standortes der beabsichtigten Entwicklungsmaßnahme gab es insofern Unstimmigkeiten mit der Landesregierung, als sie einen von der Stadt beantragten Entwicklungs-Teilbereich im Ortsteil Burgholzhausen abgelehnt hatte. Die Stadt wollte auch in diesem Teilbereich Bauflächen ausweisen. Doch die Einbeziehung dieser Flächen in den Entwicklungsbereich wäre nach Auffassung der Landesregierung nicht mit den landes- bzw. regionalplanerischen Zielen vereinbar gewesen, da der Ortsteil Burgholzhausen nach dem Regionalen Raumordnungsplan 1972 nur als Gemeinde mit Eigenentwicklung eingestuft war.

Der im April 1974 vom Planungsbüro erarbeitete und öffentlich vorgestellte Entwurf des Flächennutzungsplans basierte bereits auf den veränderten Rahmenbedingungen. Der beabsichtigte, verkleinerte Entwicklungsbereich wurde schon grob dargestellt.

Die förmliche Festlegung des städtebaulichen Entwicklungsbereichs erfolgte am 23.9.1974 durch Erlaß der erforderlichen Verordnung der Landesregierung. Die Verordnung trat am 1.10.1974 in Kraft. Der Entwicklungsbereich umfaßte gegenüber den ersten Überlegungen nur noch eine Fläche von 88,3 ha, die ausschließlich landwirtschaftlich genutzt wurde. Der Entwicklungsbereich lag nur noch in einem der ursprünglich geplanten Teilbereiche im Anschluß an die bebaute Ortslage von Friedrichsdorf, östlich des bestehenden Bahndammes.

Bis 1990 sollten im Entwicklungsbereich 10.000 Menschen angesiedelt werden. Diese Zielvorstellung wurde von der Hessischen Landesentwicklungs- und Treuhandgesellschaft (HLT) gutachterlich als realistisch eingeschätzt. Die HLT ging von 9.000 neuen Einwohnern und 1.000 umgesetzten ansässigen Einwohnern aus. Dagegen hatte die Stadt entsprechend den Vorstellungen der RPU den Zuwachs von 7.000 Einwohnern und die Umsiedlung von 3.000 Bürgern angenommen.

Neben der beabsichtigten Ausweisung von Wohnsiedlungsflächen sollte die Funktion als Siedlungsschwerpunkt durch die Schaffung eines Bereichs für zentrale Versorgungseinrichtungen erreicht werden. Dieser Bereich sollte im Laufe der Zeit als neues Zentrum, im Anschluß an den alten Ortskern Friedrichsdorf, eine Integrationsfunktion für alle vier Ortsteile der Stadt übernehmen.

Weiterhin sollten durch die Entwicklungsmaßnahme neue Arbeitsplätze in einem größeren zusammenhängenden Gewerbegebiet geschaffen werden, um das Ungleichgewicht zwischen Arbeitsplatzentwicklung und Bevölkerungsentwicklung auszuräumen und den ansässigen Bürgern das Wohnen und Arbeiten am gleichen Ort zu ermöglichen.

Für die Durchführung der Maßnahme wurde ein Zeitraum von 15 Jahren bei abschnittsweiser Vorgehensweise veranschlagt.

3. Entwicklungsträger

Das nach der Hessischen Magistratsverfassung organisierte politisch-administrative System der Stadt Friedrichsdorf führte die Entwicklungsmaßnahme von Anfang an ohne Einschaltung eines Entwicklungsträgers mit der eigenen Verwaltung durch.[1]

Die Stadt setzte sich damit gegen das Land durch, das die Stadt mehrfach aufgefordert hatte, einen Entwicklungsträger zu beauftragen. Das zuständige Landesministerium hatte sogar unter Verweis auf § 55 Abs. 1 StBauFG angedroht, die Hinzuziehung eines Entwicklungsträgers formell zu verlangen. Das Land

---

[1] Die Entwicklungsmaßnahme in Friedrichsdorf ist die einzige von 7 städtebaulichen Entwicklungsmaßnahmen nach dem StBauFG in Hessen, die nicht von einem Entwicklungsträger vorbereitet bzw. durchgeführt wurde.

vertrat die Ansicht, daß eine Stadtverwaltung von der Größe Friedrichsdorfs[1] mit der Durchführung einer Entwicklungsmaßnahme überlastet sei. Dagegen war die Stadt der Auffassung, die Maßnahme alleinverantwortlich durchführen zu können. Außerdem führte die Stadt das Argument an, daß ein Entwicklungsträger die Maßnahme verteuern würde.

Ausschlaggebend für den Verzicht des Landes auf die Einsetzung eines Trägers war der Umstand, daß die Stadt in den Jahren 1974 und 1975 den größten Teil der Grundstücke im ersten Durchführungsabschnitt (Gewerbegebiet "Mitte" und Wohngebiet "Am Schäferborn", s.u.) aufgekauft hatte.

Der Bürgermeister der Stadt Friedrichsdorf hatte besonders in den ersten Jahren nach Erlaß der Rechtsverordnung eine dominierende Rolle bei der weiteren Vorbereitung und Durchführung der Entwicklungsmaßnahme eingenommen; er hat die Durchführungsplanung maßgeblich mitbestimmt, sich in die Öffentlichkeitsarbeit eingeschaltet, die Finanzplanung vorgenommen und wichtige Grunderwerbsverhandlungen geführt. Ihm zur Seite stand ein Team von fünf qualifizierten Verwaltungsmitarbeitern auf Dezernenten- und Amtsleiterebene. Diese Mitarbeiter hatten zur Vorbereitung auf die anstehenden Aufgaben in der Entwicklungsmaßnahme an Seminaren zum Städtebauförderungsgesetz teilgenommen.

Die Stadt beauftragte das schon erwähnte private Planungsbüro, das neben der Weiterentwicklung des Rahmenkonzeptes, die Überarbeitung des Flächennutzungsplans, die Erarbeitung der Bebauungspläne, die städtebauliche Oberleitung in der Entwicklungsmaßnahme und in begrenztem Umfang Erörterungsaufgaben zur Vorbereitung der Entwicklungsverordnung übernahm. Außerdem wurde eine Studie zum Anpassungsprozeß der neuen Bürger im Wohngebiet des ersten Durchführungsabschnitts ("Am Schäferborn") erarbeitet.

Mit der technischen Erschließungsplanung und Bauleitung wurde ein weiteres privates Unternehmen beauftragt.

4. Durchführung und weitere Vorbereitung

Vom beauftragten Planungsbüro wurde im Jahr 1975 ein Strukturkonzept erarbeitet. Gegenüber dem Flächennutzungsplan-Entwurf von 1974, der noch von einem Zuwachs von 12.000 Einwohnern bis 1985 ausging und dem der förmlichen Festlegung des Entwicklungsbereichs zugrundegelegten Ziel von 10.000 Einwohnern im Entwicklungsbereich, rechnete man mit einer Zielbevölkerungszahl von 9.000 Einwohnern bis 1990. Außerdem sollte nicht der gesamte Zuwachs im Entwicklungsbereich angesiedelt werden. Lediglich 6.000 Einwohner waren hierfür geplant, während für die verbleibenden Zuwächse Wohnbauflächen in anderen Gemeindeteilen bereitgestellt werden sollten. Für das Gewerbegebiet waren etwa 2.000 bis 3.000 Arbeitsplätze in einem Zeitraum von 15 Jahren vorgesehen.

---

1   Zur damaligen Zeit hatte die Stadtverwaltung 46 Bedienstete.

Von den 88,3 ha des Entwicklungsbereichs waren ca. 74,6 ha zu erwerben; die Restfläche befand sich bereits im Eigentum der Stadt; es handelte sich überwiegend um öffentliche Wegeflächen. Zur Ermittlung des entwicklungsunbeeinflußten Grundstückswerts hatte die Stadt schon im Jahre 1973 ein Wertgutachten durch den zuständigen Gutachterausschuß erstellen lassen. Damals kam man zu einem Wert von 20,60 DM/m², der einheitlich für den gesamten Entwicklungsbereich ermittelt wurde. Bei der Wertermittlung wurde berücksichtigt, daß sich schon ein vom reinen Agrarlandwert abweichender Wert aufgrund des allgemeinen Siedlungsdrucks in Friedrichsdorf und der Lage des Bereichs gebildet hatte. Preise für reines Agrarland außerhalb des Entwicklungsbereichs lagen zu dieser Zeit in Friedrichsdorf bei etwa 5,- bis 10,- DM/m². Preise für Wohn-Bauerwartungsland lagen etwa bei 60,- DM/m².

Die Stadtverordnetenversammlung erhöhte jedoch den Ankaufspreis auf 25,- DM/m², um mögliche Schwierigkeiten bei den Grunderwerbsverhandlungen mit den Grundeigentümern aus dem Wege zu gehen. Denn schon vor Erlaß der Entwicklungsverordnung, bei Bürgerversammlungen zur Vorstellung des Flächennutzungsplanentwurfs im Mai 1974, zeigte sich eine gewisse Unzufriedenheit der Landwirte, die sich durch mangelnde Verkaufsbereitschaft auszeichnete.

Die Fortschreibung des entwicklungsunbeeinflußten Grundstückswerts durch den Gutachterausschuß ergab für 1976 26,- DM/m². Anfang der achtziger Jahre lag er bei 27,50 DM/m². Zu dieser Zeit lagen die Preise für reines Agrarland bei etwa 8,- DM/m², für Wohn-Bauerwartungsland bei etwa 70,- DM/m² und für Wohnbauland bei knapp 400,- DM/m².

Die Grunderwerbsverhandlungen für alle Teilabschnitte verliefen ohne größere Schwierigkeiten. Die Ankaufspreise wurden i.d.R. akzeptiert, da sie etwa 2,5 bis 3 mal höher als die Preise für Ackerland waren. Durch den Kauf von landwirtschaftlich genutzten Flächen in Gebieten außerhalb des Entwicklungsbereichs und insbesondere durch den Ankauf eines 36 ha großen landwirtschaftlichen Betriebes in der Nachbargemarkung Rodheim konnte die Stadt landwirtschaftliches Tauschland ebenfalls im Verhältnis 1 zu 2,5 bis 3 anbieten. Damit gelang es, trotz anfänglicher Zurückhaltung der Landwirte und Proteste berufsständischer Organisationen, die Landwirte zum Verkauf ihrer Grundstücke zu bewegen.

Um die Verkaufsbereitschaft der Alteigentümer noch zu erhöhen, wurde ihnen unter der Bedingung, daß sie ihre Grundstücke an die Stadt verkaufen, vertraglich ein Rückkaufsrecht auf neugeordnete Baugrundstücke im Entwicklungsbereich angeboten. Außerdem konnte die Stadt für die von Landwirten gepachteten Flächen im Entwicklungsbereich Ersatz-Pachtflächen bereitstellen. Unfreiwillige Existenzverluste konnten dadurch vermieden werden.

Nach dem Realisierungskonzept der Stadt sollte die Maßnahme in zwei größeren, zeitlich aufeinanderfolgenden Durchführungsphasen realisiert werden. Die vom beauftragten Planungsbüro zu erstellenden Rahmenpläne sollten Grundlage für die ebenfalls von diesem Büro zu erarbeitenden Bebauungspläne sein.

Die erste Durchführungsphase sollte aus zwei Teilabschnitten, deren Realisierungszeitraum bis 1985 veranschlagt wurde, bestehen. Die zweite Durchführungsphase sollte ebenfalls in zwei größeren Teilabschnitten bis etwa 1990 realisiert werden.

Zur Bebauungsplanung:

Teilabschnitt 1: Bebauungsplan "Gewerbegebiet Mitte", ca. 19 ha, rechtsverbindlich seit 15.6.1977

Im Bebauungsplan wurden die Gebietstypen Mischgebiet und zu einem größeren Teil Gewerbegebiet festgesetzt. Zulässig war eine maximal dreigeschossige Bauweise. Dienstleistungsunternehmen und Betriebe des produzierenden Gewerbes sollten sich hier ansiedeln.

Teilabschnitt 2: Bebauungsplan "Am Schäferborn", ca. 19 ha, rechtsverbindlich seit 9.6.1977

Die Baugebiete wurden ausgewiesen für: Einfamilienhausbebauung (freistehende und Doppelhäuser, maximal zweigeschossig, überwiegend als reines Wohngebiet), verdichtete Einfamilienhausbebauung (Reihen- und Kettenhäuser, maximal zweigeschossig und überwiegend als reines Wohngebiet) sowie Geschoßwohnungsbau (maximal drei- bis viergeschossig, eine Einheit bis zu sechs Geschossen, überwiegend allgemeines Wohngebiet). Ein Kindergarten und zwei Kinderspielplätze waren geplant.

Teilabschnitt 3: Bebauungsplan "Houiller Platz", ca. 7 ha, rechtsverbindlich seit 23.6.1982

Hier stand der beabsichtigte Zentrumsbereich zur Realisierung an. Im Bebauungsplan wurden neben den Flächen zur Bebauung mit Reihenhäusern (maximal viergeschossig, i.d.R. zweigeschossig) Flächen zur Verbesserung der städtischen Infrastruktur festgesetzt: Geschäfte, Büros und Einzelhandelsbetriebe sollten in dem als Misch- und Kerngebiet gekennzeichneten Bereich geschaffen werden; außerdem wurde eine Gemeinbedarfsfläche für ein Bürgerhaus (u.a. mit Versammlungsräumen, Altenbegegnungsstätte und Bibliothek) festgesetzt. Orientierungspunkt des Gesamtgebietes sollte ein großer zentraler Platz mit umliegenden Geschäften werden.

Teilabschnitt 4: Bebauungsplan "Am Römerhof", ca. 28 ha, rechtsverbindlich seit 23.9.1985

Wohnbauflächen für Geschoßwohnungsbau, maximal dreigeschossig, Flächen für verdichteten Einfamilienhausbau mit zwei, maximal drei Vollgeschossen und Flächen für Hausgruppen, Doppelhäuser und freistehende Einfamilienhäuser mit bis zu maximal zwei Vollgeschossen sowie eine kleinere Mischgebietsfläche (unter 2 ha) in direkter Nähe zum S-Bahnhof zur Schaffung von Ar-

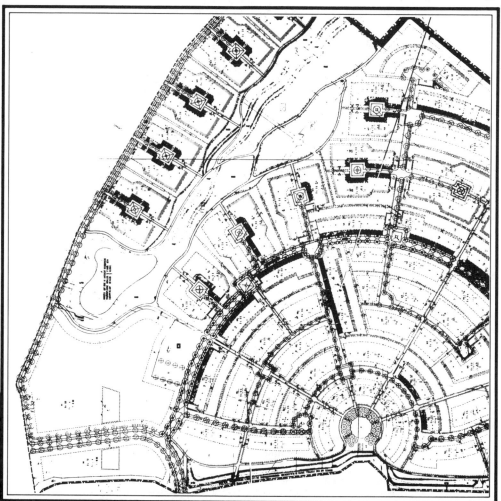

Städtebauliche Entwicklungsmaßnahmen

Abb. 17
Friedrichsdorf "Am Römerhof"
Bebauungsplan (Ausschnitt)

Legende

- — — Grenze des räumlichen Geltungsbereichs
- WR Reines Wohngebiet
- WA Allgemeines Wohngebiet
- MI Mischgebiet
- — · — Baugrenze
- II Zahl der Vollgeschosse
- 0,4 Grundflächenzahl
- 0,6 Geschoßflächenzahl
- g Fläche für den Gemeinbedarf
- Geschlossene Bauweise
- o Offene Bauweise
- ED Einzel- u. Doppelhäuser
- H Hausgruppen
- D Doppelhäuser
- ↑ Firstrichtung
- GGA Gemeinschaftsgaragen
- GST Gemeinschaftsstellplätze
- Öffentliche Grünfläche

Maßstab
0 20 40 60 80 100 m

Universität Dortmund Fachbereich Raumplanung
Fachgebiet Vermessungswesen und Bodenordnung

beitsplätzen im Tertiärbereich. Ein weiteres Ziel der Bebauungsplanung in diesem Bereich war die Schaffung verkehrsberuhigter Wohnbereiche. Darüber hinaus wurde kosten- und flächensparendes Bauen angestrebt. Die durchschnittliche Grundstücksgröße sollte 300 m² bei verdichteter Bauweise und 500 m² bei freistehenden Häusern betragen. Etwa 600 Wohnungen für 2.000 Einwohner wurden für diesen Bereich geplant.

Zur Realisierung der einzelnen Teilabschnitte:

Teilabschnitt 1: Der Ankauf der Flächen im "Gewerbegebiet Mitte" konnte - wie bereits erwähnt - zügig innerhalb von zwei Jahren (1975/76) durchgeführt werden. Da eine große Nachfrage nach Gewerbegrundstücken von ansässigen und auswärtigen Unternehmen bestand, konnte die Gemeinde die neugeordneten Grundstücke zügig veräußern. Die Verkaufspreise lagen zu Beginn der Veräußerung bei 130,- DM/m². Sie stiegen im Laufe der Jahre auf 170,- DM/m² (1990) an.

Die Preise wurden - wie für alle zu veräußernden Grundstücke - kostenorientiert ermittelt und von der Stadtverordnetenversammlung festgelegt. Sie lagen unter den Baulandpreisen in anderen vergleichbaren Gewerbegebieten der näheren Umgebung.

Im "Gewerbegebiet Mitte" konnten mehr als 20 Betriebe mit über 600 Arbeitsplätzen angesiedelt werden. Neben kleineren Betrieben[1] siedelten sich produzierende Betriebe sowie zwei größere Verwaltungsbetriebe an.

Aufgrund der großen Nachfrage nach kleineren bis mittelgroßen Gewerbegrundstücken erfolgte eine Änderung des Bebauungsplans: Durch eine zusätzliche Erschließungsstraße konnten weitere Gewerbebetriebe angesiedelt werden.

Teilabschnitt 2: Auch im Bebauungsplanbereich "Am Schäferborn" konnten die Grunderwerbsverhandlungen zügig zum Abschluß gebracht werden. Ein Enteignungsverfahren mußte eingeleitet werden, da ein Eigentümer überhöhte Kaufpreisforderungen stellte. Bevor es jedoch zu einem Enteignungsbeschluß kam, einigten sich Eigentümer und Stadt über eine spätere Rückkaufsmöglichkeit von Baugrundstücken.

Bei der Aufstellung der Bebauungspläne für die Wohngebiete im Entwicklungsbereich wurden abweichend vom Normalfall der Bebauungsplanung andere Wege eingeschlagen. Angestrebt wurde, den Festsetzungsrahmen des § 9 BBauG und der Baunutzungsverordnung nicht vollständig auszuschöpfen, um dem Investor einen größeren Raum für eigene Planungen zu lassen. Dafür waren die Bauherren bzw. -träger gehalten, spätestens bis zur Unterzeichnung des Grundstückskaufvertrags Vorentwürfe für ihre Vorhaben vorzulegen, die von der städtebaulichen Oberleitung durch das beauftragte Planungsbüro aner-

---

[1] Z.B. Druckerei, Autoreparatur- und Servicebetriebe, Unternehmensberatungs- und Werbefirma und Tonstudio. Einige ansässige Kleinbetriebe siedelten sich im Entwicklungsbereich an.

kannt werden mußten; außerdem war der Bauherr bzw. -träger zur laufenden Abstimmung mit der städtebaulichen Oberleitung verpflichtet.

Die Nachfrage nach Wohnbauplätzen war so groß, daß die neugeordneten Grundstücke im Jahr 1977 zu 80 % verkauft waren. 1980 konnte der Grundstücksverkauf abgeschlossen werden; die Grundstückspreise von etwa 110,- DM/m² zu diesem Zeitpunkt lagen unter den Preisen für vergleichbare Wohnbaugrundstücke in anderen Gebieten der Stadt.

Auf der Grundlage des Bebauungsplans entstanden in geringem Umfang Wohnungen in Einzelhäusern (ca. 10 %) und Reihenhäusern (ca. 20 %); die weitaus meisten Wohnungen entstanden im Geschoßwohnungsbau (ca. 70 %). Letztere wurden zum größten Teil von Wohnungsbaugesellschaften erstellt. Diese konnten Reihenhausgrundstücke und z.T. Einzelhausgrundstücke nur zusammen mit Grundstücken für den Geschoßwohnungsbau erwerben. Damit wollte die Stadt das Mißverhältnis zwischen der Nachfrage nach Einzelhaus- und Reihenhausgrundstücken einerseits und Grundstücken für den Geschoßwohnungsbau andererseits kompensieren. Nur wenige Wohnungen wurden mit Mitteln des sozialen Wohnungsbaus erstellt. Ca. 1.700 Einwohner leben heute in diesem Bereich. Viele davon lebten schon vorher in Friedrichsdorf.

Mit dem Hessischen Innenministerium gab es insofern Schwierigkeiten, als dieses die Absicht der Stadt, Grundstücke im Erbbaurecht zu vergeben - in einigen Fällen war dies schon geschehen - für nicht vereinbar mit der damaligen Städtebauförderungs-Verwaltungsvorschrift (StBauFVwV) hielt. Das Innenministerium begründete seine Auffassung damit, daß die Stadt nur dann Entwicklungsfördermittel erhalten könne, falls sie die Möglichkeiten der nach den damaligen Richtlinien vorgeschriebenen anderweitigen Deckung der Kosten der Entwicklungsmaßnahme voll ausschöpfe. Diese Möglichkeit ginge aber nach Meinung des Ministeriums in dem Umfang verloren, wie die Baugrundstücke nicht veräußert, sondern im Erbbaurecht vergeben werden. Außerdem wurde angeführt, daß die Stadt nach dem Grundsatz der sparsamen und wirtschaftlichen Verwendung öffentlicher Mittel die Grundstücke verkaufen müsse, um die Kosten der Kreditaufnahme zur Finanzierung der Entwicklungsmaßnahme so gering wie möglich zu halten.

Um die Förderung der Entwicklungsmaßnahme mit Städtebauförderungsmitteln nicht zu gefährden, wurde im weiteren Verlauf von der Vergabe von Erbbaurechten Abstand genommen.

Teilabschnitt 3: Auch in diesem Teilabschnitt konnten Grundstücksankauf, Neuordnung und Grundstücksverkauf zügig durchgeführt werden. Eine Reihe von Ladengeschäften[1] sind hier entstanden. Allerdings wurde das ursprünglich vorgesehene Schwimmbad erst gar nicht in die Bebauungsplanung einbezogen. Bis heute ist auch das Bürgerzentrum nicht gebaut worden.

Teilabschnitt 4: Ende der siebziger/Anfang der achtziger Jahre wurde mit dem Grundstücksankauf für den Bebauungsplanbereich "Am Römerhof" begonnen.

---

1   Einkaufsmarkt, Café, Restaurant und kleinere Ladengeschäfte

1983 befanden sich etwa 50 % der Grundstücke im Eigentum der Stadt. Der Grunderwerb ist heute abgeschlossen.

Im Gegensatz zum Bebauungsplan "Am Schäferborn" wird der Wohnungsbau überwiegend von privaten Bauherren durchgeführt.

Für den ersten Bauabschnitt "Am Römerhof" mit 103 Häusern wurde folgendermaßen vorgegangen: Da die Nachfrage nach Baugrundstücken von Friedrichsdorfer Bürgern sehr hoch war - insgesamt lagen 1983 ca. 400 Bewerbungen auf einen Bauplatz vor -, sollten nach einem Beschluß der Stadtverordnetenversammlung Baugrundstücke vorrangig von Friedrichsdorfer Bürgern erworben werden können, die noch kein Grund- oder Wohneigentum hatten. Daneben wurden diejenigen bei der Bauplatzvergabe bevorzugt, die zwar in Friedrichsdorf nicht wohnten, dort aber arbeiteten. Erst dann wurden Bewerber mit Grund- und Wohneigentum berücksichtigt. Nach einem von der Verwaltung ausgearbeiteten Punktesystem[1] wurden die Bauinteressenten 1985 angeschrieben und ausgewählt.

In einer Reihe von abendlichen Veranstaltungen mit den ausgewählten Bewerbern, die das Liegenschafts- und Planungsamt organisierte und durchführte, wurden Gruppen von 10 bis 12 Familien gebildet, die für eine nach architektonisch-gestalterischen Gesichtspunkten ausgewählte Baugruppe (Klaster[2]) in Frage kamen. Die so gebildeten Gruppen wiesen eine verhältnismäßig geringe Fluktuation auf. Etwa 80 % der ursprünglichen Gruppen-Mitglieder blieben von Beginn an bei ihrer Gruppe.

Die Neuordnung dieser Baugruppen-Grundstücke hinsichtlich Aufteilung und Größe erfolgte durch die Gruppenmitglieder selbst, um deren Bedürfnissen und Wünschen am besten entsprechen zu können. Diese Vorgehensweise führte i.d.R. zu einem schnellen Erfolg. Die von den einzelnen Gruppenmitgliedern ausgewählten Grundstücke konnten erst nach Abstimmung der Bauentwürfe mit den anderen Gruppenmitgliedern und der Stadt bzw. der städtebaulichen Oberleitung durch das Planungsbüro erworben werden. Aus diesem Grund mußte ein sog. Gruppierungsentwurf erstellt werden. In ihm war die räumliche Ausdehnung der einzelnen Gebäude in der Hausgruppe festzulegen. Weiterhin waren die wesentlichen Gestaltungsmerkmale der Häuser gemeinsam zu bestimmen. Zur rechtlichen Absicherung wurde diese planerische Abstimmung Gegenstand und Inhalt des Kaufvertrages (s.u.).

Für ein Klaster sollte jeweils nur ein Architekt die Planung übernehmen. Zur Vermeidung des Vorwurfs der unzulässigen Architektenbindung nach Art. 10, § 3 des Mietrechtsverbesserungsgesetzes wurde von der Stadt kein bestimmter Architekt vorgeschlagen. Jedoch wurden etwa 30 Architekten zu einer sog. Architektenbörse eingeladen, um ihre Vorstellungen bzgl. der Bebauung eines Klasters darzulegen.

---

[1] U.a. wurde die Wartezeit auf ein Baugrundstück berücksichtigt. Kinderreiche Familien wurden bevorzugt.

[2] Gruppe von Einzelhäusern oder Reihenhauszeile

Die Kaufverträge in diesem Teilabschnitt enthielten eine Reihe von besonderen Bedingungen, Verpflichtungen und Auflagen:

- Käufer mit vorhandenem Wohneigentum hatten einen höheren Kaufpreis zu zahlen (50,- DM/m²)
- Zahlung von Beiträgen nach dem KAG für Wasser- und Kanalanschluß durch den Käufer, auch wenn noch keine Beitragspflicht nach dem KAG entstanden war.
- Zahlung der Kosten des Kaufvertrages und der Grunderwerbsteuer durch den Käufer
- Erhöhung des Kaufpreises um 500,- DM/m² (!), wenn sich nach Abschluß des Kaufvertrages herausstellen sollte, daß der Käufer entgegen den gemachten Angaben bei Vertragsabschluß

  a) seinen Wohnsitz oder Arbeitsplatz nicht in Friedrichsdorf hatte oder

  b) bereits über Grund- oder Wohneigentum verfügte.

- Die Stadt verpflichtete sich zur Fertigstellung der Straßen und Gehwege, spätestens bei 90 %-iger Bebauung des Plangebiets.

- Der Käufer verpflichtete sich,

  a) nach der Bezugsfertigkeit die Außenanlagen fertigzustellen und die im Bebauungsplan festgesetzten Anpflanzungen vorzunehmen und dabei nur einheimische Gehölze zu verwenden,

  b) sein Bauvorhaben nur mit Gasanlagen auszustatten,

  c) keine Antennenanlage für Rundfunk und Fernsehen zu errichten,

  d) bezüglich der beabsichtigten Änderung des Bebauungsplans (s.o.) keine Bedenken und Anregungen gegen die Festschreibung der vorhandenen Bauten geltend zu machen und auf Rechtsmittel gegen die Änderungsplanung zu verzichten,

  e) sein geplantes Wohnhaus innerhalb von zwei Jahren ab Vertragsabschluß schlüsselfertig zu erstellen, selbst zu beziehen und dieses wenigstens fünf Jahre zu bewohnen,

  f) das erworbene Grundstück in unbebautem Zustand nicht an Dritte weiterzuverkaufen und

  g) über die Festsetzungen des Bebauungsplans hinaus in wirtschaftlich vertretbarem Rahmen Anforderungen der städtebaulichen Oberleitung durch das Planungsbüro zu erfüllen (insbesondere hinsichtlich der Gestaltung des Baukörpers und der Fassade).

Zur Sicherung des Rechts auf Rückauflassung des Grundstücks bei Nichteinhaltung der Bauverpflichtung und einiger anderer Verpflichtungen wurde in das Grundbuch eine Rückauflassungsvormerkung eingetragen. Falls die Stadt von ihrem Rückauflassungsrecht Gebrauch machen sollte, so zahlt sie dem Käufer lediglich den vereinbarten Kaufpreis für das unbebaute Grundstück ohne

Zinsen. Bei bebauten Grundstücken zahlt sie zusätzlich den vom Gutachterausschuß ermittelten Gebäudewert.

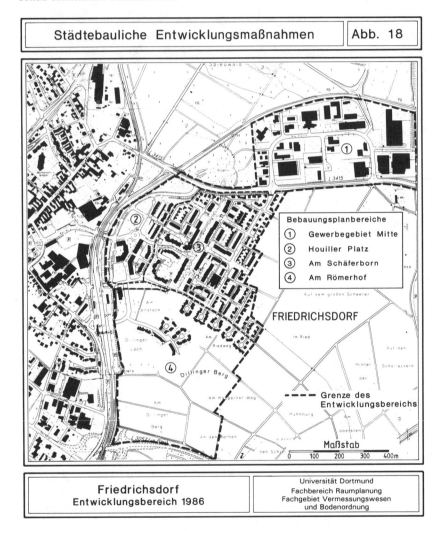

Die vollständige Bebauung des ersten Bauabschnittes erfolgte in den Jahren 1986 bis 1988. Die mit dem Bebauungsplan "Am Römerhof" verbundene Zielsetzung des kosten- und flächensparenden Bauens konnte in diesem Abschnitt zum größten Teil erfüllt werden, insbesondere bei ca. 50 Häusern, die mit Mitteln des sozialen Wohnungsbaus erstellt wurden. Die angestrebten Gesamtkosten von 250.000,- DM bei 100 m² Wohnfläche wurden bei den preiswertesten Häusern um 20.000 DM unterschritten; nur etwa 10 % lagen über diesem Richtwert. Es ist beabsichtigt, den Bebauungsplan "Am Römerhof" hinsichtlich der real gebauten Häuser in seinen Festsetzungen noch zu ändern, um damit das Ergebnis des kosten- und flächensparenden Bauens im Plan festzuschreiben. Durch die bevorzugte Vergabe der Baugrundstücke an kinderreiche Familien lag der Anteil der Kinder im Alter bis sechs Jahren 1989 bei etwa 22 % der Gesamtbevölkerung.[1]

Der Bereich "Am Römerhof" ist heute zu etwa einem Drittel bebaut. Es leben hier etwa 600 Einwohner. Man geht davon aus, daß alle Grundstücke bis etwa 1994/1995 verkauft sind. Die Realisierung der Mischgebietsfläche ist für die letzte Durchführungsphase der Entwicklungsmaßnahme vorgesehen.

Die Grundstückspreise liegen zur Zeit bei 215,- DM/m² für Reihenhäuser, 260,- DM/m² für Kettenhäuser und 300,- DM/m² für Einfamilienhäuser. Diese Preise liegen weit unter den Preisen in anderen vergleichbaren Gebieten der Stadt und der näheren Umgebung.

5. Kosten und Finanzierung

Dem beabsichtigten Finanzierungskonzept lag ein Modell der RPU zugrunde. Das Modell basierte auf einer vollständigen Eigenfinanzierung der Maßnahme, indem Grundstücksankauf, Neuordnung, Erschließung und Grundstücksverkauf schnellstmöglich erfolgen sollten.

Von der ursprünglichen Absicht, nämlich ohne Städtebauförderungsmittel auszukommen, mußte abgegangen werden. Im Jahr 1976 wurde die Entwicklungsmaßnahme in das Bund-Länder-Städtebauförderungsprogramm aufgenommen. In der Vorbereitungsphase wurden bis 1976 ausschließlich Förderungsmittel des Landes in Höhe von 500.000,- DM - i.w. für die Durchführung des städtebaulichen Wettbewerbs - bereitgestellt.

Seit 1976 lief die Finanzierung folgendermaßen ab: Für den Grundstückserwerb wurden von der Stadt Kapitalmittel aufgenommen. Die entstandenen Zinsen wurden gem. § 39 Abs. 5 StBauFG mit sog. Zinsdarlehen gefördert. Mit den Veräußerungserlösen sollten die Grunderwerbskosten, die Tilgungskosten für die Kapitalmittel, die Zinsdarlehen und die Kosten für Vorbereitung und Ordnungsmaßnahmen (i.w. für Erschließungsmaßnahmen) beglichen werden.

Die Gesamtkosten der Entwicklungsmaßnahme betrugen bis 1991 ca. 66,2 Mio. DM, davon ca. 22,7 Mio. DM für Grunderwerb und ca. 32 Mio. DM für Erschließung und Planung. Die für die Finanzierung der Maßnahme verwendeten Städtebauförderungsmittel wurden bis zum Jahr 1990 zu knapp 40 % an das Land und den Bund zurückgezahlt; 1992 konnten die gesamten Städtebauförderungsmittel von 6.514.000,- DM (1,845 Mio. DM Bund und 4,669 Mio. DM Land) zurückgezahlt werden. Die Einnahmen aus der Grundstücksveräußerung einschließlich Beiträge nach dem Kommunalabgabengesetz lagen 1991 bei ca. 60 Mio. DM. Nach einer Übersicht der Stadt über die künftig noch entstehen-

---

[1] Zum Vergleich: Das Baugebiet "Am Schäferborn" wies 1989 einen Anteil von 12 % auf.

den Einnahmen und Ausgaben aus dem Jahr 1991 wird ein voraussichtlicher Überschuß von ca. 23 Mio. DM erwartet. Die Stadt beabsichtigt, diesen Überschuß zur Finanzierung von Gemeinbedarfseinrichtungen (Sportplatz, Kindergarten) innerhalb und außerhalb des Entwicklungsbereichs einzusetzen.

Entwicklungsmaßnahme "Bergstadt" Rockenhausen

ROCKENHAUSEN

Rockenhausen liegt im Donnersbergkreis im Norden des pfälzischen Berglandes an der Bundesstraße 48 ungefähr 45 km westlich von Worms im Tal der Alsenz zwischen Bad Kreuznach (25 km) und Kaiserslautern (22 km). Die Stadt entstand auf einer römischen Siedlung am Fuße des Donnersbergs. Im Jahr 1332 verlieh Kaiser Ludwig IV. dem damaligen "Roggenhusen" die Stadtrechte. Mit der kommunalen Gebietsreform in Rheinland-Pfalz wurden im Jahr 1972 einige Nachbargemeinden zur Verbandsgemeinde Rockenhausen zusammengeschlossen. Etwa 6.000 Einwohner leben heute in der Stadt.

Städtebauliche Entwicklungsmaßnahmen — Abb. 19

Rockenhausen
Lage im Raum

Universität Dortmund
Fachbereich Raumplanung
Fachgebiet Vermessungswesen
und Bodenordnung

1. Vorgeschichte

Bis Ende der sechziger Jahre konnte Rockenhausen die Aufgabe als Auffangzentrum für die vom Bevölkerungsrückgang betroffenen umliegenden Gemeinden erfüllen. So wurden mehrere kleinere Wohngebiete erschlossen; außerdem konnten durch gewerbliche Förderungsmaßnahmen neue Betriebe - insbesonders ein größerer Gewerbebetrieb[1] - in der Stadt angesiedelt werden.[2] Auch mit dem Ausbau der sozialen Infrastruktur war begonnen worden. Doch Anfang der siebziger Jahre wurde das Bauland knapp. Die steilen, rutschgefährdeten Hänge waren für eine Bebauung ungeeignet; die Tallagen waren zum größten Teil bereits bebaut. Der Mangel an Bauland stellte das größte Entwicklungshemmnis für die Stadt dar. Aus geologischen Gründen kam für eine Ortserweiterung nur noch der spätere Entwicklungsbereich, die "Bergstadt", in Frage. Die Stadt reagierte rechtzeitig auf dieses Problem, indem sie die Ausweisung eines größeren Wohnbaugebietes anstrebte. Bereits im Jahr 1969 stellte der Entwurf des Flächennutzungsplans[3] für einen Teil der "Bergstadt" (12 ha) Wohnbaufläche dar.

2. Vorbereitung

Bereits vor dem Inkrafttreten des StBauFG setzte sich der damalige Bürgermeister von Rockenhausen für die Realisierung der geplanten "Bergstadt" im Rahmen einer städtebaulichen Entwicklungsmaßnahme nach diesem Gesetz ein. Dabei spielte die Aussicht auf Förderung eine wichtige Rolle. Ebenfalls vor Inkrafttreten des StBauFG gab es erste Vorüberlegungen zur Stadtkernerneuerung von Rockenhausen. Eine Bestandsaufnahme des Ortskerns, eine Vorstudie zur Sanierung und eine Verkehrsplanung lagen bereits vor.[4]

Im Rahmen der kommunalen Entwicklungsplanung wurde 1971 für die Stadt eine Studie zur Entwicklungsmaßnahme "Bergstadt"[5] erstellt. Die Studie ging davon aus, daß eine Stadterweiterungsmaßnahme für Rockenhausen notwendig sei, da schon nach dem damaligen Landesentwicklungsprogramm von Rheinland-Pfalz die Stadt als Mittelzentrum eingestuft war. Die Erhöhung der Einwohnerzahl und die Schaffung neuer Arbeitsplätze waren nach der Studie Voraussetzung, um die für ein Mittelzentrum erforderlichen zentralörtlichen Einrichtungen zu rechtfertigen. Es wurden die Möglichkeiten einer Wohnbebauung in dem dafür vorgesehenen topographisch bewegten Gelände untersucht. Das geologische Landesamt bestätigte in einer Untersuchung Anfang der siebziger Jahre die alternativlose Eignung dieses Standortes. Außerdem wurden erschliessungstechnische Fragen erörtert und die voraussichtlichen Kosten der Maßnahme ermittelt. Grundlage für diese Studie war gegenüber dem Flächennutzungsplan-Entwurf von 1969 ein auf ca. 20 ha vergrößerter Bereich. Die städtebauliche Konzeption dieser Studie ging von knapp 480 Wohnungen in verdichteter Bauweise für ca. 1.600 Einwohner[6], einschließlich der erforderlichen Folgeeinrichtungen in einem Zentrumsbereich (Café, Läden, Einkaufsmarkt,

---

[1] Es handelt sich um einen großen Zulieferbetrieb der Automobilindustrie. Dieser Betrieb stellt die weitaus meisten Arbeitsplätze im Ort (1974: ca. 1.300 Arbeitsplätze).
[2] Insgesamt hatte Rockenhausen 1970 einen Einpendlerüberschuß von 1.500 Beschäftigten.
[3] Bearbeitet im Institut für Städtebau, Siedlungswesen und Kulturtechnik der Universität Bonn.
[4] Ebenda bearbeitet.
[5] Ebenda bearbeitet.
[6] 26 % der Wohnungen waren als Familienheime in Form von Einzel- und Reihenhäusern, 74 % als Eigentums- und Mietwohnungen in Geschoßbauten und Terrassenhäusern vorgesehen.

Kindergarten), aus. Die Wohndichte sollte danach ca. 280 m² Nettowohnbauland/Wohnung betragen.

Obwohl die Studie keinen Hinweis auf die Realisierung der "Bergstadt" im Rahmen einer städtebaulichen Entwicklungsmaßnahme nach dem StBauFG enthielt, befürwortete der Verfasser der Studie die Anwendung dieses Instruments. Er war der Überzeugung, daß dieses Vorhaben am besten als Entwicklungsmaßnahme nach dem gerade inkraftgetretenen StBauFG verwirklicht werden konnte. Auch die Planungsgemeinschaft Westpfalz hielt die Durchführung einer städtebaulichen Entwicklungsmaßnahme für "dringend erforderlich".[1]

Aufgrund der Bedeutung dieser Stadtentwicklungsmaßnahme und der Eignung des vorgesehenen Entwicklungsbereichs als einzige Bauland-Flächenreserve entschlossen sich die Verantwortlichen der Stadt zur Durchführung einer Entwicklungsmaßnahme, mit der eine ausreichende Bereitstellung von Wohnbauland zur Stärkung der Wohnfunktion der Stadt sichergestellt werden sollte. Die Stadt war zu der Überzeugung gelangt, daß der Ausbau Rockenhausens Vorrang haben müsse vor weiteren Baugebietsausweisungen in den zur Verbandsgemeinde gehörenden Gemeinden. Die Realisierung der geplanten "Bergstadt" wurde von der Stadt als einzige Alternative angesehen, um einer drohenden Bevölkerungsabwanderung in die größeren Städte entgegenzuwirken. Außerdem sollte der - im Rahmen gewerblicher Förderungsmaßnahmen - durch Neuansiedlung von Betrieben verursachte Wohnungsbedarf im Entwicklungsbereich gedeckt werden. Schließlich sollten mit der Entwicklungsmaßnahme Ersatzwohnungen für die im Rahmen der Ortskernsanierung wegfallenden Wohnungen bereitgestellt werden.

Um die "Bergstadt" bebauen zu können, mußte zunächst die äußere Erschliessung hergestellt werden; insbesondere waren erforderlich: eine Anbindung der geplanten Sammelstraße im Entwicklungsbereich an das innerörtliche Verkehrsnetz (Bergstraße), der Bau eines Hauptsammlers zur Kläranlage, die Erweiterung der Kläranlage und der Bau eines Hochbehälters für die Sicherstellung der Wasserversorgung. Diese Aufgabe stellte die Gemeinde - neben den zu erwartenden Grunderwerbskosten - vor nicht unerhebliche Finanzierungsprobleme. Doch die Aussicht auf öffentliche Förderung dieser Maßnahmen, zum Teil auch im Rahmen der Städtebauförderung, sowie schon eingeleitete gewerbliche und industrielle Förderungsmaßnahmen ließen die Verantwortlichen am Willen zur Durchführung einer städtebaulichen Entwicklungsmaßnahme festhalten.

Anfang 1972 wurde deshalb vom Bürgermeister der Stadt Rockenhausen der Antrag auf Aufnahme in das Bund-Länder-Städtebauförderungsprogramm gestellt. Der Antrag wurde noch im selben Jahr bewilligt.

Anfang 1973 stimmte der Stadtrat bei einer Enthaltung dem Antrag auf förmliche Festlegung des Entwicklungsbereichs durch Rechtsverordnung der Landesregierung zu. Dem Antrag lag eine Karte mit der genauen Abgrenzung des Entwicklungsbereichs bei. Die Landesregierung wartete zunächst das Verfahren

---

[1] Schreiben des Geschäftsführers der Planungsgemeinschaft Westpfalz an den Bürgermeister von Rockenhausen vom 1.9.1971.

zur Aufstellung des Regionalen Raumordnungsplans ab. Dieser von der Planungsgemeinschaft Westpfalz nach mehrjähriger Bearbeitungszeit aufgestellte Regionale Raumordnungsplan wurde noch im gleichen Jahr verbindlich.[1] Rockenhausen war als Mittelzentrum mit Teilfunktion eingestuft. Darüber hinaus war der Ausbau zum voll ausgestatteten Mittelzentrum dieser Region vorgesehen.

Städtebauliche Entwicklungsmaßnahmen — Abb. 20

Rockenhausen
Lage des Entwicklungsbereichs
im Stadtgebiet (1976)

Universität Dortmund
Fachbereich Raumplanung
Fachgebiet Vermessungswesen
und Bodenordnung

Das regionalplanerische Ziel für Rockenhausen bestand insbesondere darin, die Lebensverhältnisse der Menschen in diesem peripheren ländlichen Raum, der durch eine geringe Bevölkerungsdichte, relativ große Entfernungen zu den Verdichtungsräumen und Arbeitsplätzen und eine schlecht ausgestattete Infrastruktur gekennzeichnet war, zu verbessern. Die Stadt Rockenhausen wurde in den Prioritätenkatalog der Regionalen Planungsgemeinschaft Westpfalz aufgenom-

---

[1] Der Regionale Raumordnungsplan wurde von der Staatskanzlei als Oberste Landesplanungsbehörde genehmigt und am 18.2.1974 gemäß § 13 Abs. 1 Landesplanungsgesetz Rheinland-Pfalz verbindlich.

men; sie sollte zu einem politischen, wirtschaftlichen und kulturellen Mittelpunkt dieser Region ausgebaut werden.

Nach dem Regionalplan sollte das Gewerbe in Rockenhausen ausgebaut werden. Den durch Gewerbebetriebserweiterungen und -ansiedlungen neu hinzukommenden Arbeitskräften sollte aus regionalplanerischer Sicht die Möglichkeit geboten werden, in Rockenhausen eine Wohnung zu finden. Ebenso sollten die infolge des landwirtschaftlichen Strukturwandels in den umliegenden Dörfern von der Landwirtschaft freigesetzten Bevölkerungsanteile in Rockenhausen Arbeit, Wohnung und eine angemessene Ausstattung mit öffentlichen und privaten Versorgungseinrichtungen finden. Deshalb sah der Regionale Raumordnungsplan 40 ha neue Siedlungsflächen für 700 Wohnungen hauptsächlich im Mittelzentrum vor.

Die stadtentwicklungsplanerischen Zielvorstellungen deckten sich somit mit den Vorgaben des Regionalplans. Damit war die städtebauliche Entwicklungsmaßnahme regionalplanerisch abgesichert.

Erst nach längerer Prüfung erließ die Landesregierung die Entwicklungsverordnung mit Wirkung vom 20.1.1976. Der Entwicklungsbereich in einer Größe von 22,6 ha wurde in den beantragten Grenzen förmlich festgelegt. Er wurde ausschließlich landwirtschaftlich, zum größten Teil von den etwa 40 Grundeigentümern selbst genutzt.

3. Entwicklungsträger

Anfang 1972 beauftragte die Stadt die dfh Siedlungsbau[1] mit der Vorbereitung der Entwicklungsmaßnahme. Seit dem 25.9.1974 ist dieses Unternehmen als Entwicklungsträger beauftragt. Im Treuhändervertrag wurde i.w. folgender Aufgabenbereich festgelegt:

- Auswertung der vorliegenden Bestandsaufnahmen und Strukturuntersuchungen
- Aufstellung eines Zeit- und Maßnahmenprogramms für die Neuordnung des Entwicklungsbereichs
- Mitarbeit bei den städtebaulichen Planungen im Entwicklungsbereich[2] und bei der Festlegung von Entwicklungsabschnitten sowie Mitwirkung bei der Erörterung der Neugestaltung des Entwicklungsbereichs und Ausarbeitung eines Planes für die Neuordnung
- Aufstellung eines Wirtschaftsplanes über die zu treffenden Maßnahmen, die zu erwartenden Kosten und die Finanzierungsmittel, Erarbeitung von Kosten- und Finanzierungsübersichten
- Aufnahme von Krediten zu Lasten des Treuhandvermögens (nach Zustimmung der Stadt)
- Öffentlichkeitsarbeit in Zusammenarbeit mit der Stadt

---

[1] Die dfh ("Das familiengerechte Heim") ist eine Siedlungsbaugesellschaft.
[2] Die dfh wurde später mit der Erarbeitung der Bebauungspläne beauftragt.

- Erwerb der Grundstücke im Entwicklungsbereich (nach Zustimmung des Bürgermeisters) und Veräußerung der neugeordneten Grundstücke (unter Beachtung der Weisungen der Stadt)
- Vorprüfung und Überwachung der Bauvorhaben im Entwicklungsbereich auf Übereinstimmung mit den Planungsgrundsätzen.

Die Stadt hat gemäß Treuhändervertrag eine Kontaktperson in der Verwaltung bestimmt, die die Tätigkeit aller beteiligten Stadtämter in Bezug auf die Entwicklungsmaßnahme koordinieren sollte und bestimmte Maßnahmen des Entwicklungsträgers zwecks erforderlicher Zustimmung der Stadt zu prüfen hatte.

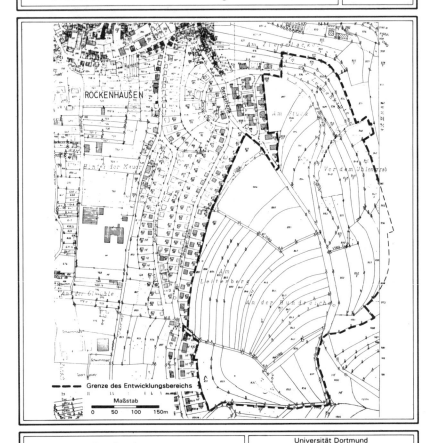

Städtebauliche Entwicklungsmaßnahmen — Abb. 21

Rockenhausen
Entwicklungsbereich 1976

Universität Dortmund
Fachbereich Raumplanung
Fachgebiet Vermessungswesen
und Bodenordnung

Die tiefbautechnische Planung wurde von einem ortsansässigen Planungsbüro übernommen.

4. Durchführung und weitere Vorbereitung

Da die Ausweisung von weiterem Bauland aus den genannten geologischen Gründen praktisch nicht mehr in Frage kam, verzichtete die Stadt auf die Aufstellung neuer Bebauungspläne in anderen Gebieten und konzentrierte sich voll auf die Planung und Realisierung der "Bergstadt".[1]

Nach der Zielsetzung der Landesregierung und der Stadt wurde der Entwicklungsbereich zunächst in zwei Bauabschnitte unterteilt, für die jeweils ein Bebauungsplan erstellt werden sollte. Der zweite Bauabschnitt wurde später in zwei Abschnitte/Bebauungsplangebiete unterteilt.

Ende 1974 wurde die Siedlungsbaugesellschaft dfh von der Stadt beauftragt, die Bebauungsplankonzeption aus dem Jahr 1971 zu überarbeiten. Die Stadt war der Auffassung, daß der Wohnungsbedarf mehr im Bereich des Einfamilienhauses lag, da die überwiegende Zahl der Bauinteressenten sich um ein Einfamilienhaus-Grundstück in der "Bergstadt" bewarben. Der Entwicklungsträger legte im März 1976, kurz nach Erlaß der Entwicklungsverordnung, einen Gestaltungsplan als überarbeitete Bebauungsplankonzeption für den gesamten Entwicklungsbereich sowie je einen Vorentwurf zu den Bebauungsplänen und den Grünordnungsplänen vor. Nunmehr wurde eine Bebauung mit etwa 300 Familienheimen auf Grundstücken von im Durchschnitt 600 m² Größe vorgesehen.

Der noch im Jahr 1976 vom Entwicklungsträger erarbeitete Bebauungsplan für den ersten Bauabschnitt erlangte schon 1977 Rechtskraft. Ende 1976 lagen für die 86 Bauplätze schon 55 Vormerkungen vor. Auch der zweite, im Jahr 1980 ins Verfahren gebrachte Bebauungsplan wurde im darauffolgenden Jahr rechtsverbindlich. Der dritte Bebauungsplan erlangte 1991 Rechtskraft.

Die Bebauungspläne sollten nach einem Stadtratsbeschluß keine zu engen Festsetzungen enthalten. Man wollte so den individuellen Wohnwünschen der Bauinteressenten am besten entsprechen können. Jedoch wurden Gestaltungsauflagen nach der Landesbauordnung wie z.B. Dachform und -neigung in die Bebauungspläne aufgenommen. Daneben wurde für jeden Bebauungsplan ein Grünordnungsplan als "Begleitplan" aufgestellt, der die Bepflanzung der öffentlichen Flächen, der privaten Flächen entlang der öffentlichen Flächen (Vorgartenbereich)[2] und der Flächen im Übergang zur freien Landschaft bzw. zum angrenzenden Baugebiet regelt.

Alle Bebauungsplangebiete wurden in kleinere Teilabschnitte unterteilt, die jeweils Gruppen von drei bis zehn benachbarten Grundstücken umfaßten. Für

---

[1] Erst heute plant die Stadt die Erschließung eines neuen Baugebietes im Anschluß an die "Bergstadt". Eine Erweiterung des Entwicklungsbereichs ist aber nicht vorgesehen.

[2] Die Einzäunung des Vorgartenbereichs war untersagt. Außerdem sollte jeder Eigentümer einen sog. Hausbaum pflanzen.

diese Grundstücksgruppen kam jeweils eine von mehreren ausgewählten Kombinationen von Festsetzungsmöglichkeiten nach § 9 BBauG in Frage. Im gesamtem Entwicklungsbereich durfte/darf maximal zweigeschossig gebaut werden, entgegen den urprünglichen Vorstellungen mit bis zu acht (!) Geschossen. Als Baugebietstyp wurde "Allgemeines Wohngebiet" festgesetzt. Neben drei Kinderspielplätzen enthalten die Bebauungspläne keine Gemeinbedarfseinrichtungen, die aber ursprünglich geplant waren.

Schon vor der förmlichen Festlegung, ab 1973, begann die Stadt Grundstücke im späteren Entwicklungsbereich zu erwerben. Der 1973 vom Gutachterausschuß ermittelte Verkehrswert von 10,- DM/m²[1] wurde im gleichen Jahr auf Antrag der Stadt vom Gutachterausschuß überprüft und bestätigt. Er kam zu dem Ergebnis, daß sich ein außerlandwirtschaftlicher Verkehrswert für die Flächen der "Bergstadt" zu dieser Zeit noch nicht gebildet hatte. Dennoch wurde bei der Wertermittlung als Entwicklungszustand Bauerwartungsland zugrundegelegt. Dabei stellte der Gutachterausschuß auf die Sonderregelung für land- und forstwirtschaftlich genutzte Grundstücke des § 57 Abs. 4 StBauFG[2] ab, obwohl diese Regelung erst in förmlich festgelegten Entwicklungsbereichen anzuwenden war. Er argumentierte, daß nach dieser Regelung ein - gegenüber dem tatsächlichen Wert - fiktiv höherer Wert angesetzt werden kann. Dieser fiktive Wert entsprach nach seiner Auffassung allgemein dem des Bauerwartungslands. Unter Berücksichtigung dieses Umstands hielt er einen Wert von 10,- DM/m² für angemessen. Zu diesem Preis wurde von der Stadt bis zum Erlaß der Entwicklungsverordnung ein Teil der Grundstücke erworben (etwa 1/3 der Gesamtfläche des Entwicklungsbereichs). Das erworbene Gelände wurde nach Erlaß der Verordnung in das Treuhandvermögen des Entwicklungsträgers übertragen.

Die noch nicht von der Stadt erworbenen Grundstücke konnten 1976 vom Entwicklungsträger zum Ankaufspreis von 1973 (10,- DM/m²) erworben werden. Lediglich ein ca. 2.000 m² großes Grundstück im dritten Bauabschnitt mußte Anfang 1992 noch vom Entwicklungsträger erworben werden. Der Eigentümer war bis zu diesem Zeitpunkt nicht bereit, sein Grundstück zu veräußern. Er hielt den vom Gutachterausschuß ermittelten Anfangswert für zu niedrig. Obwohl ihm unter Berücksichtigung der allgemeinen Preissteigerung 30,- DM/m² angeboten wurden, verlangte er etwa das doppelte.

Durch die Weigerung des Grundeigentümers ist die Realisierung des dritten Bauabschnitts blockiert, weil es sich hier um eine Fläche im Bereich der Zugangsstraße vom ersten zum dritten Bauabschnitt handelt. Der Entwicklungsträger hält eine Enteignung nicht mehr für ausgeschlossen. Allerdings versucht die Stadt weiterhin das Grundstück freihändig zu erwerben.

---

[1] Schon in der Studie zur Entwicklungsmaßnahme "Bergstadt" von 1971 wurde ein Ankaufspreis von 10,- DM/m² angenommen.

[2] Heute: § 169 Abs. 4 BauGB

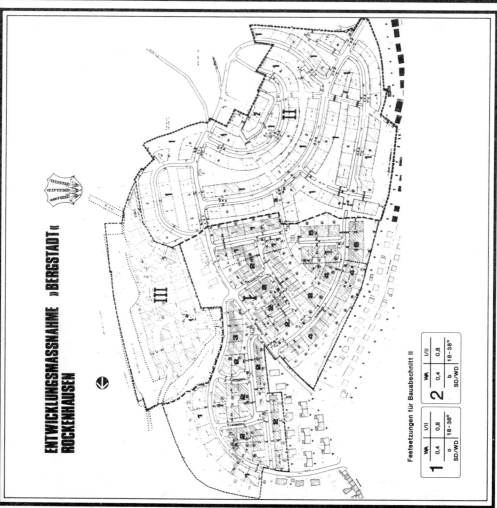

Abb. 22 Rockenhausen Bebauungspläne

Darüber hinaus gab es beim Grundstücksankauf keine Widerstände bei den Eigentümern bzw. bei den Pächtern, die die Grundstücke landwirtschaftlich nutzten. Landwirtschaftliche Betriebe wurden nicht gefährdet. Einige Landwirte begrüßten es, ihre Grundstücke zu einem etwa drei- bis fünfmal höheren Ackerlandpreis verkaufen zu können, da sie ohnehin ihren Betrieb aufgeben wollten.

Auf der Grundlage der Bebauungspläne wurden bisher durch Grundstücksneuordnung 195 Bauplätze (86 im ersten, 109 im zweiten) i.w. für Einfamilienhäuser geschaffen; 31 Bauplätze sind für den dritten Abschnitt geplant. Die durchschnittliche Grundstücksgröße beträgt etwa 650 m² und liegt damit etwa doppelt so hoch wie ursprünglich geplant. Ein geringer Teil der Baugrundstücke war im ersten Bauabschnitt für Mietwohnungen (fünf Häuser mit jeweils drei Wohnungen) vorgesehen. Die Bebauungsplanung für den zweiten Bauabschnitt wurde nochmals stärker auf die Bauform des Einfamilienhauses ausgerichtet. Etwa 20 ursprünglich geplante Baugrundstücke in diesem Abschnitt mußten zurückgenommen und als Grünfläche ausgewiesen werden, um einen Mindestabstand zu einem benachbarten, am Rand des Entwicklungsbereichs gelegenen Schweinezuchtbetrieb einhalten zu können. Außerdem mußte ein Teil des Betriebs (Schweinemast) wegen zu hoher Immissionsbelastung ausgelagert werden.

Im dritten Bauabschnitt sind neben Einfamilienhäusern einige Eigentumswohnungen (fünf Häuser mit jeweils drei bzw. vier Wohnungen) geplant.

Die für die "Bergstadt" notwendigen äußeren Erschließungsmaßnahmen konnten vor den ersten Baumaßnahmen im Entwicklungsbereich fertiggestellt werden. Im Jahr 1980 war die Erschließung des ersten Bauabschnitts abgeschlossen. Die Erschließung des zweiten Bauabschnitts erfolgte 1985.

Zur Beratung der Bauinteressenten wurde vom Entwicklungsträger ein Informationsbüro bei der Stadtverwaltung eingerichtet, welches an einem Wochentag besetzt war. Bauplatzreservierungen wurden hier entgegengenommen. Außerdem bot der Entwicklungsträger eine (kostenlose und unverbindliche) Finanzierungsberatung an, ebenso eine technische Beratung.

Der Verkauf der baureifen Grundstücke begann 1981 und zwar zeitgleich in allen Teilabschnitten des ersten Bauabschnitts (86 Bauplätze für Einfamilienhäuser und 5 Mietshäuser). So war es dem Entwicklungsträger möglich, unterschiedliche Wünsche der Kaufinteressenten besser zu berücksichtigen. Der Gutachterausschuß hatte den maßgebenden Neuordnungswert mit 23,- DM/m² für 1981 angegeben. Aufgrund der großen Nachfrage nach Einfamilienhausgrundstücken und der relativ niedrigen Baulandpreise waren innerhalb eines Jahres sämtliche Grundstücke zu diesem Preis verkauft. Die fünf Mietshaus-Grundstücke hat der Entwicklungsträger selbst erworben und bebaut. Nach Angaben des Entwicklungsträgers erwies sich die Vermietung der Wohnungen als schwierig. Alle Grundstücke des ersten Abschnitts sind heute bebaut.

Die 109 Einfamilienhaus-Grundstücke im zweiten Bauabschnitt wurden ebenfalls in allen Teilabschnitten zugleich zum Verkauf angeboten. Auch in diesem

Bauabschnitt wurde 1981 mit der Grundstücksveräußerung begonnen. Seit 1988 sind alle Grundstücke verkauft und bebaut. Der Gutachterausschuß ermittelte den Endwert zu 28,50 DM/m². Der im Vergleich zum ersten Bauabschnitt längere Verkaufszeitraum hatte i.w. zwei Gründe: Zum einen wurden 15 Baugrundstücke an den Entwicklungsträger zurückgegeben,[1] weil die Eigentümer der vertraglich festgelegten Bauverpflichtung nicht nachkamen; zum anderen ließ die Nachfrage nach Baugrundstücken nach.

Die vom Gutachterausschuß ermittelten Neuordnungswerte von 23,- DM/m² und 28,50 DM/m² für den ersten bzw. zweiten Abschnitt lagen unter den Preisen für Einfamilienhaus-Grundstücke in anderen Teilen der Stadt, der Verbandsgemeinde oder der näheren Umgebung; dort lag der Preis einschließlich Erschließungskosten etwa doppelt so hoch. So betrug der Richtwert für Wohnbaugrundstücke in anderen Teilen von Rockenhausen zur Zeit des Grundstücksverkaufs im ersten Bauabschnitt 25,- DM/m², jedoch erschließungsbeitragspflichtig; für Erschließungskosten waren noch 20,- DM/m² bis 25,- DM/m² hinzuzurechnen, so daß sich ein Baulandpreis von 45,- DM/m² ergab. Nach Angaben der Geschäftsstelle des Gutachterausschusses wurden die Neuordnungswerte "kostenorientiert" unter Berücksichtigung der öffentlichen Förderungsmittel, insbesondere der Städtebauförderungsmittel, ermittelt.

Die restlichen 31 Baugrundstücke im dritten Abschnitt sollten 1992 erschlossen werden. 1991 lagen aus den vergangenen drei bis vier Jahren etwa 15 Kaufbewerbungen vor. Die Grundstücke sollten nach Berechnungen des Entwicklungsträgers zu Preisen zwischen 110,- DM/m² und 140,- DM/m² veräußert werden. Angeboten hatte man den Kaufinteressenten jedoch 80,- DM/m² bis 100,- DM/m². Es wird damit gerechnet, daß einige der Bewerber wegen der Preiserhöhung vom Grundstückskauf absehen werden. Die Preiserhöhung wurde damit begründet, daß höhere Kosten für den zweiten Bauabschnitt angefallen waren und die Bewilligungshöhe für Städtebauförderungsmittel für den dritten Bauabschnitt niedriger als beantragt ausfiel. Die Verkaufspreise wurden bereits vom Stadtrat gebilligt. Nach Angaben der Stadtverwaltung wurden in jüngster Zeit Preise in dieser Größenordnung in anderen Teilen von Rockenhausen-Stadt gezahlt. Dennoch liegt dieser Preis erheblich über dem Richtwert für Rockenhausen-Stadt (31.12.1990: 65,- DM/m²) und ebenfalls über den Richtwerten der benachbarten Gemeinden.[2]

Nach einem Beschluß des Stadtrats wurden sämtliche Grundstücke vom Entwicklungsträger nur an Einzelpersonen vergeben. Darüber hinaus hatte der Stadtrat beschlossen, daß jede Familie nur ein Grundstück erwerben durfte. Außerdem wurde der Erwerb von Grundstücken durch juristische Personen, Bauherrengemeinschaften und sonstigen Trägergesellschaften ausgeschlossen. Lediglich der Entwicklungsträger erwarb und bebaute auf eigene Rechnung einige Grundstücke für den Einfamilienhausbau sowie den Mietwohnungsbau.

---

[1] Die Grundstücke wurden ohne Schwierigkeiten zum Preis von 28,50 DM/m² zurückgekauft. Eine Verzinsung wurde nicht vorgenommen.

[2] In Kirchheimbolanden, Sitz der Kreisverwaltung, liegen die Richtwerte (Stichtag 31.12.1990, Richtwertermittlung alle zwei Jahre) für Wohnbaugrundstücke, erschließungsbeitragsfrei bei 90,- DM/m² bis 120,- DM/m², in Winnweiler bei 65,- DM/m².

Die nach dem Treuhändervertrag notwendige Zustimmung wurde vom Stadtrat erteilt.

In den Grundstückskaufverträgen wurde geregelt, daß der Erwerber innerhalb von 3,5 Jahren mit dem Bau eines Wohnhauses zu beginnen hatte. Für den Fall der Nichteinhaltung der Bauverpflichtung bzw. eines Weiterverkaufs des unbebauten Grundstücks ohne Zustimmung des Entwicklungsträgers war der Käufer verpflichtet, das Grundstück dem Entwicklungsträger bzw. der Stadt zurückzuübertragen. Dieser Anspruch wurde grundbuchrechtlich durch Eintragung einer Rückauflassungsvormerkung gesichert.

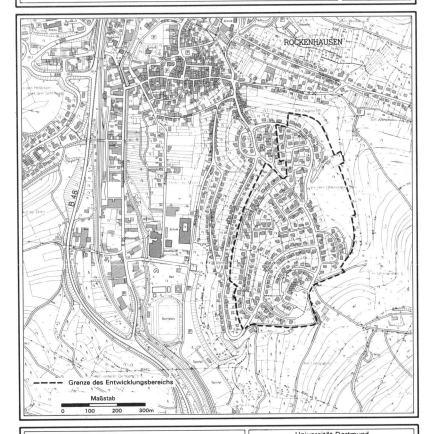

Städtebauliche Entwicklungsmaßnahmen | Abb. 23

Rockenhausen
Entwicklungsbereich 1989

Universität Dortmund
Fachbereich Raumplanung
Fachgebiet Vermessungswesen
und Bodenordnung

Da die Stadt besonderen Wert auf die Einfügung der Gesamtbebauung in die Landschaft und die gegenseitige Verträglichkeit benachbarter Bebauung legte, übernahm der Entwicklungsträger für alle Bauherren eine beratende Funktion und hat zu jedem Bauantrag Stellung genommen (Städtebauliche Oberleitung). In Übereinstimmung mit der Stadt und den zuständigen Baugenehmigungsbehörden konnten vom Entwicklungsträger erarbeitete Änderungsvorschläge i.d.R. einvernehmlich mit Architekten und Bauherren durchgesetzt werden. Weiterhin mußte sich der Käufer verpflichten,

- die Festsetzungen des Bebauungsplans zu beachten und insbesondere anzuerkennen, daß Immissionen, wie sie in ländlichen Gebieten ortsüblich sind, nicht ausgeschlossen werden können
- die Eingrünung und Bepflanzung des Vorgartenbereichs nicht selbst vorzunehmen, sondern vom Entwicklungsträger entsprechend dem Grünordnungsplan erledigen zu lassen. (Die Kosten hierfür wurden vom Entwicklungsträger übernommen. Für den dritten Bauabschnitt ist beabsichtigt, daß der Bauherr die Begrünungsmaßnahmen selbst und auf eigene Kosten durchführt.)
- zur ordnungsgemäßen Pflege und Erhaltung des Vorgartenbereichs sowie zur Belassung der Anlagen in ursprünglicher Form
- die Kosten der Gebäudeeinmessung selbst zu tragen.

Die "Bergstadt" ist heute zu 86 % bebaut. Insgesamt lebten dort Ende 1991 836 Einwohner. Gekauft/Gebaut wurde vorwiegend von jungen Leuten. Ein erheblicher Anteil der Bauherren resultiert aus den Mitarbeitern der ortsansässigen Gewerbebetriebe, insbesondere des größten Betriebes. Von den früheren Grundeigentümern erwarben nur wenige Baugrundstücke "zurück". Ca. 75 % der Bewohner des Entwicklungsbereichs stammen aus der näheren Umgebung der Stadt Rockenhausen, ca. 20 % aus den größeren Städten Ludwigshafen, Frankenthal und Kaiserslautern; aus anderen Bundesländern (so aus der Stadt Mannheim) etwa 5 %.

5. Kosten und Finanzierung

Die Gesamtkosten der Entwicklungsmaßnahme beliefen sich nach der der Landesverordnung zugrundegelegten Kostenübersicht auf 11.196.500,- DM - einschließlich äußerer Erschließung (2.161.000,- DM) und Gemeinbedarfseinrichtungen außerhalb des Entwicklungsbereichs (1.940.000,- DM). Durch die Städtebauförderungszusage von Bund und Land waren 2/3 der förderungsfähigen Kosten in Höhe von 6.222.800,- DM gedeckt. Weiterhin wurden Mittel aus sonstigen öffentlichen Haushalten des Bundes, des Landes und des Kreises in Höhe von 968.050,- DM erwartet. Der der Stadt verbleibende Kostenanteil von 4.005.650,- DM sollte über Bankkredite finanziert und später durch Einnahmen aus der Veräußerung von Baugrundstücken zurückgezahlt werden.

Tatsächlich entstanden bis 1991 Kosten in Höhe von ca. 29 Mio. DM, davon etwa 2,5 Mio. DM für Grunderwerb, ca. 16 Mio. DM für Erschließung und ca. 1,2 Mio. DM für Grünordnungsmaßnahmen. Die Entwicklungsmaßnahme wurde von 1972 bis 1985 von Bund und Land mit jeweils 8,32 Mio. DM gefördert. 1990 wurde sie wieder in das Städtebauförderungsprogramm zur Finanzierung des dritten Bauabschnitts aufgenommen; jeweils 300.000,- DM wurden 1990 von Bund und Land bewilligt, allerdings wurden 1,65 Mio DM beantragt. Für 1991 und 1992 wurden keine Städtebauförderungsmittel mehr bewilligt. Im Rahmen der Städtebauförderung wurden die außerhalb des Entwicklungsbereichs gelegene Mehrzweckhalle[1] (mit ca. 6,8 Mio. DM in die Förderung einbezogen) und der Bau eines Hochbehälters für die Sicherstellung der Wasserversorgung sowie die Umsetzung eines landwirtschaftlichen Betriebes mitfinanziert.

---

1 Die Mehrzweckhalle besteht aus zwei Teilabschnitten, wobei der erste Abschnitt mit Sport- und Kommunikationsräumen fertiggestellt und über das Programm für Zukunftsinvestitionen (ZIP) finanziert wurde. Der zweite, ebenfalls fertiggestellte Abschnitt mit den technischen Bereichen, einer Kleinschwimmhalle, Cafeteria und dem Technikgebäude wurde mit Städtebauförderungsmitteln im Rahmen der Entwicklungsmaßnahme mitfinanziert.

Entwicklungsmaßnahme Rödental

RÖDENTAL

Die fränkische Stadt Rödental in der heutigen Form wurde in den Jahren 1971 bis 1978 im Zuge der Kommunal- und Gebietsreform aus 16 vorher selbständigen Gemeinden gebildet. Die Stadtrechte wurden im Jahr 1988 verliehen. Sie ist die jüngste Stadt Frankens. Etwa 13.000 Einwohner leben heute in Rödental.

Die Stadt liegt ca. 7 km nordöstlich von Coburg an der Staatsstraße 2202. Ehemals im Zonenrandgebiet gelegen, hat sie heute eine auf 14 km Länge gemeinsame Grenze mit dem Nachbarbundesland Thüringen (Stadt Sonneberg).

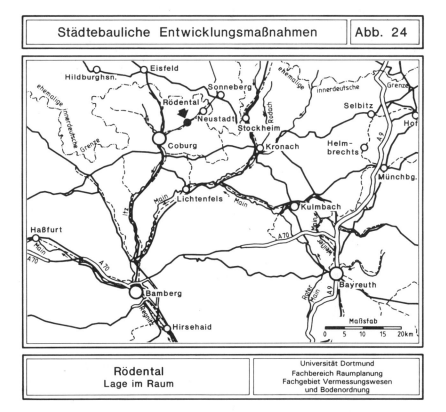

Rödental
Lage im Raum

Universität Dortmund
Fachbereich Raumplanung
Fachgebiet Vermessungswesen
und Bodenordnung

1. Vorgeschichte

Erste konkrete Planungsüberlegungen für den späteren Entwicklungsbereich gab es schon im Jahre 1967. In diesem Jahr beschloß der "Planungsverband

Rödental"[1] einen Bebauungsplan für diesen Bereich aufzustellen, insbesondere für Gemeinbedarfseinrichtungen. Die drei in enger räumlicher Nachbarschaft gelegenen Gemeinden Oeslau, Einberg und Mönchröden, hatten die Notwendigkeit der Abstimmung ihrer gemeindlichen Planungen, insbesondere Bauleitplanungen, erkannt. Dabei zeigte besonders die größte Gemeinde, Oeslau, Interesse an einer gemeinsamen Bauleitplanung, da sie wegen ihrer östlichen Gemarkungsgrenze zu Mönchröden kein Bauland mehr in diesem Bereich ausweisen konnte. Die Gemeinde Oeslau befürwortete deshalb im Hinblick auf eine Zusammenlegung der drei Gemeinden ein neues Ortszentrum auf der noch unbebauten, landwirtschaftlich genutzten Fläche im Schnittpunkt der drei Gemeinden. Das geplante Ortszentrum sollte neue Entwicklungsmöglichkeiten für alle drei Gemeinden eröffnen. Einhergehend mit diesen Planungen wurden die Verhandlungen für eine Zusammenlegung der drei Gemeinden geführt.

Einen ersten Bebauungsplan-Vorentwurf für ein neues Ortszentrum arbeitete im Jahre 1968 die damalige Kreisplanungsstelle des Landratsamtes Coburg aus. Als Ideenskizze gedacht, enthielt dieser Vorentwurf u.a. ein zwölfstöckiges (!) Rathaus, eine Bank, die Post, ein Hallenbad, Läden und Grünflächen. 1969 beschloß der Planungsverband, einen gemeinsamen Flächennutzungsplan aufzustellen und mit dessen Ausarbeitung die Ortsplanungsstelle für Oberfranken zu beauftragen sowie einen Bebauungsplan für das neu zu planende Ortszentrum aufzustellen. Ein Architekturbüro wurde beauftragt, den Bebauungsplan "Ortsmitte Rödental" auszuarbeiten. Dieser entspricht in seiner räumlichen Ausdehnung dem Bebauungsplanbereich "Mitte-Zentrum". Gleichzeitig wurde beschlossen, die Bebauungsplanung für ein Wohngebiet westlich des geplanten Ortszentrums ebenfalls von diesem Architekturbüro erstellen zu lassen. Noch im gleichen Jahr legte das Büro einen Entwurf vor. Die landes- und regionalplanerische Stellungnahme war äußerst positiv.

Die Aufstellung eines Bebauungsplans für eine neue Ortsmitte, einschließlich des Wohngebietes, stellte nach Auffassung der Bezirksplanungsbehörde "den Beginn einer gesunden Verdichtung innerhalb der Entwicklungsachse Coburg und Neustadt" dar.[2] Die Behörde war der Ansicht, daß - im Hinblick auf den damals vorhersehbaren Zusammenschluß der Gemeinden - die zentralen Funktionen des gesamten Siedlungsraumes zwischen Coburg und Neustadt bei Coburg durch dieses Zentrum entscheidend gestärkt werden könnten.

In den Jahren 1969 und 1970 wurden intensive Anstrengungen für einen Zusammenschluß der Gemeinden unternommen. Mit dem Zusammenschluß der sechs Einzelgemeinden Oeslau, Mönchröden, Einberg, Kipfendorf, Rothenhof und Unterwohlsbach zur Großgemeinde Rödental zum 1.1.1971 wurde die Realisierung des geplanten Ortszentrums zur Hauptaufgabe der neuen Gemeinde,

---

1   Zum "Planungsverband Rödental" hatten sich im Jahre 1964 die selbständigen Gemeinden Oeslau, Einberg und Mönchröden zusammengeschlossen (§ 4 BBauG, heute: § 205 BauGB).
2   Aus: Stellungnahme der Bezirksplanungsbehörde Oberfranken vom 10.11.1969

da keine der Einzelgemeinden in der Lage gewesen war, die Zentrumsfunktion der neu gebildeten Gemeinde zu übernehmen.[1]

2. Vorbereitung

Schon ab 1971 bemühte sich die Gemeinde, insbesondere der damalige Bürgermeister, das geplante Ortszentrum im Rahmen einer städtebaulichen Entwicklungsmaßnahme nach dem gerade inkraftgetretenen StBauFG zu realisieren.

Im beabsichtigten Entwicklungsbereich sollte ein Verwaltungs- und Versorgungszentrum entstehen: Fehlende private Einzelhandels- und Dienstleistungsbetriebe sowie fehlende zentrale öffentliche Einrichtungen sollten im Ortszentrum geschaffen werden, da bisher die Bedarfsdeckung vor allem durch die etwa 7 km entfernte Kreisstadt Coburg erfolgte.

Außerdem hielt die Gemeinde Rödental eine Entwicklungsmaßnahme für erforderlich, um den erheblichen Bedarf an Wohnbaugrundstücken, vor allem für Einfamilienhäuser, zügig mit Hilfe des Entwicklungsmaßnahmenrechts zu decken. Als Ursache für den Siedlungsdruck wurde insbesondere die günstige wirtschaftliche Situation der Gemeinde angesehen. 6.000 Arbeitsplätze waren zu dieser Zeit vorhanden. Die Zahl der Einpendler überstieg bei weitem die Zahl der Auspendler. Im Entwicklungsbereich sollte nun dieser Siedlungsdruck aufgefangen und für etwa 3.500 Menschen Wohnraum geschaffen werden.

Andererseits bestand in Rödental aber die Befürchtung, daß - langfristig beurteilt - wegen der Grenzlage zur ehemaligen DDR die Menschen aus Rödental abwandern würden, falls die Gemeinde keine Vorkehrungen treffe, dies zu verhindern. Mit der Entwicklungsmaßnahme wollte man der drohenden Abwanderung entgegenwirken.

Am 24.2.1972 beantragte die Gemeinde Rödental die Förderung dieses Vorhabens als städtebauliche Entwicklungsmaßnahme. Der Antrag wurde von der Bezirksregierung von Oberfranken befürwortet. Das zuständige Bayerische Staatsministerium sah die Entwicklungsmaßnahme als landesplanerisch erwünscht an. Bereits für das Jahr 1972 wurde sie in das Städtebauförderungs-Programm des Bundes und des Freistaates Bayern aufgenommen. Besondere Unterstützung erhielt die Gemeinde Rödental durch den damaligen Innenminister von Bayern, der sich nachdrücklich für die neugebildete Gemeinde und die städtebauliche Entwicklungsmaßnahme einsetzte.

Mitte 1972 wurde der von der Ortsplanungsstelle für Oberfranken ausgearbeitete Entwurf des Flächennutzungsplans von der Gemeinde gebilligt. Dieser Entwurf enthielt für den späteren Entwicklungsbereich die erforderlichen Bauflächenausweisungen.

---

[1] Bis zur förmlichen Festlegung des Entwicklungsbereichs wurden im Zuge der Gebietsreform zwei weitere Gemeinden eingegliedert; zu diesem Zeitpunkt zählte die neue Gemeinde Rödental ca. 10.600 Einwohner. Weitere acht Gemeinden kamen bis 1978 hinzu.

1973 beschloß der Gemeinderat die Abgrenzung des vorgesehenen Entwicklungsbereichs; gleichzeitig beantragte er die förmliche Festlegung des Entwicklungsbereichs durch die Landesregierung.

Begründet wurde der Antrag vor allem damit, daß der Ausbau des Ortsmittelpunktes einschließlich des Wohngebiets sich verzögern würde, falls die Neuordnung des vorgesehenen Bereichs im Rahmen einer amtlichen Umlegung nach dem BBauG erfolgen würde. Negative Auswirkungen auf die strukturelle Entwicklung und die Bodenpreise wurden befürchtet. Insbesondere ging man davon aus, daß im Verlauf des Grunderwerbs die Grundstückspreise für die benötigten öffentlichen Flächen - aber auch die Preise für Wohnbauland - vor allem in Erwartung von Planungsgewinnen erheblich ansteigen würden.

Da man des weiteren von Seiten der Gemeinde keine Handhabe sah, die Grundstückseigentümer im Rahmen des Allgemeinen Städtebaurechts zur zügigen Verwirklichung der Maßnahmen anzuhalten, hielt man die rechtzeitige Realisierung des Vorhabens nur im Rahmen einer städtebaulichen Entwicklungsmaßnahme nach dem StBauFG für möglich.

Durch die Aufnahme der Entwicklungsmaßnahme in das Bund-Länder-Programm zur Städtebauförderung und die Zusage, die Förderung auch in den darauffolgenden Jahren im Rahmen dieses Programms fortzusetzen, hatte sich in der Gemeinde die Absicht verfestigt, eine städtebauliche Entwicklungsmaßnahme durchzuführen.

Mit der Verordnung über den Teilabschnitt "Bestimmung der Zentralen Orte" des Landesentwicklungsprogrammes vom 3.8.1973[1] sollte die Gemeinde Rödental innerhalb der zentralörtlichen Gliederung Bayerns die Funktion eines Unterzentrums erfüllen. Rödental wurde außerdem als Ausbauschwerpunkt des Zonenrandgebiets ausgewiesen. Das Ziel der Landesplanung für Rödental war nun vorgegeben. Damit war die Vorbereitung und Durchführung einer städtebaulichen Entwicklungsmaßnahme landesplanerisch abgesichert.

In den Jahren 1973 und 1974 wurden im Rahmen der Vorbereitung der Entwicklungsmaßnahme jeweils ein Gutachten zum Verkehr[2] und zum Gewerbeflächenbedarf[3] im geplanten Ortszentrum erstellt. Im Verkehrsgutachten wurden Empfehlungen für das künftige Straßennetz im Ortszentrum gegeben und Korrekturen in der Linienführung der Straßen im Bebauungsplanentwurf "Ortsmitte Rödental" vorgeschlagen. Im Gewerbeflächenbedarfs-Gutachten wurde die Notwendigkeit einer stärkeren Kaufkraftbindung für Rödental unterstrichen. Danach sollte im Entwicklungsbereich ein besseres und reichhaltigeres Warenangebot und eine Konzentrierung der Einkaufsmöglichkeiten bei gleichzeitiger Verflechtung mit öffentlichen und privaten Dienstleistungen angestrebt werden. Zur Attraktivitätssteigerung dieses Zentrums wurde vorgeschlagen,

---

[1] Bayerisches GVBl. 1973, S. 452
[2] Gutachten über die "verkehrstechnische Untersuchung für die geplante Ortsmitte Rödental", erstattet von einem Planungsbüro aus Hannover.
[3] Gutachten über den "Bedarf an Flächen für Handel und Dienstleistungen in dem geplanten Zentrum der Gemeinde Rödental" von der DSK.

auch "höherwertige Güter und einige Spezialartikel in attraktiver Umgebung" anzubieten.

Mit Wirkung vom 1.2.1974 wurde der Entwicklungsbereich in den von der Gemeinde beantragten Grenzen förmlich durch die bayerische Staatsregierung festgelegt. Mit der Entwicklungsmaßnahme sollte Rödental an die Ziele der Landesentwicklung angepaßt werden.

Städtebauliche Entwicklungsmaßnahmen | Abb. 25

Rödental
Lage des Entwicklungsbereichs
im Stadtgebiet (1988)

Universität Dortmund
Fachbereich Raumplanung
Fachgebiet Vermessungswesen
und Bodenordnung

3. Entwicklungsträger

Die Aufgaben, die im Rahmen dieser Entwicklungsmaßnahme zu bewältigen waren, wurden von der neu gebildeten Gemeinde und ihrer Verwaltung als zu umfangreich angesehen, um ausschließlich von ihr bewältigt zu werden. Daher beschloß der Gemeinderat einen Entwicklungsträger zu beauftragen. Als 1972 in der Öffentlichkeit bekannt wurde, daß in Rödental eine Entwicklungsmaßnahme beabsichtigt war, hatten sich einige Unternehmen angeboten, diese Maßnahme zu betreuen. Aus diesem Angebot wählte die Gemeinde die DSK[1] als Entwicklungsträger aus. Die Wahl zugunsten der DSK kam zustande, da die Gemeinde neben der finanziellen Abwicklung einschließlich der Zwischenfinanzierung auch die Tiefbauplanung einem Entwicklungsträger übertragen wollte und die DSK dazu in der Lage war. Nach dem zwischen Gemeinde und DSK abgeschlossenen Treuhändervertrag hatte die DSK folgende Aufgaben zu übernehmen:

- die Durchführung der Bodenordnung, d.h. die Abwicklung des Grundstücksankaufs, Vermessung, Neuordnung und Abwicklung des Grundstücksverkaufs,

- die technische Planung und Durchführung der Erschließung des Entwicklungsbereichs,

- die Beschaffung und Bewirtschaftung der Zwischenkredite und öffentlichen Mittel, die zur Finanzierung der Entwicklungsmaßnahme für Grundstücksankauf, Erschliessungsmaßnahmen und Gemeinbedarfs- und Folgeeinrichtungen benötigt werden.

Bei der Gemeinde wurde der geschäftsleitende Beamte der Stadtverwaltung als Verbindungsperson zwischen der Gemeinde und dem Entwicklungsträger für den notwendigen Informationsaustausch bestellt. Außerdem übernahm er Koordinationsaufgaben zwischen der Gemeinde, der DSK, dem beauftragten Planungsbüro und den mit der Erschließung beauftragten Baufirmen und insbesondere die Grundstücksverhandlungen.

1974 wurde die DSK vom Bundesbauministerium als Entwicklungsträger für die Entwicklungsmaßnahme Rödental gemäß § 55 StBauFG bestätigt.

4. Durchführung und weitere Vorbereitung

Die Bedeutung dieser wichtigen Stadtentwicklungsmaßnahme und der im Vergleich zu der bebauten Gemeindefläche relativ große Entwicklungsbereich erforderten nach Meinung der Gemeinde und des Entwicklungsträgers eine gesichertere Planungsgrundlage, als sie bisher mit dem Bebauungsplanentwurf aus dem Jahre 1969 vorhanden war. Deshalb wurde noch vor förmlicher Festlegung des Entwicklungsbereichs im Jahre 1973 ein städtebaulicher Ideenwettbewerb vom Entwicklungsträger ausgelobt. Der Preisträger, ein Nürnberger Planungsbüro, wurde 1974 beauftragt, einen städtebaulichen Rahmenplan als städtebauliches Gesamtkonzept zu erstellen, um daraus die verschiedenen Bebauungspläne zu erarbeiten.

---

[1] Deutsche Stadtentwicklungs- und Kreditgesellschaft mbH mit Sitz in Frankfurt; heute: Deutsche Stadtentwicklungsgesellschaft mbH (DSK). Sie wurde im Jahre 1957 gegründet und ist als Organ der staatlichen Wohnungspolitik anerkannt. Ihr Aufgabenbereich erstreckt sich auf die Bodenordnung und Erschließung von Neubaugebieten, die Durchführung von Sanierungs- und Entwicklungsmaßnahmen nach dem StBauFG bzw. BauGB, auf sonstige Stadterneuerungsmaßnahmen und auf Dienstleistungen im ingenieurtechnischen Bereich. Die DSK wurde auch von der Stadt Dietzenbach/Hessen als Entwicklungsträger beauftragt.

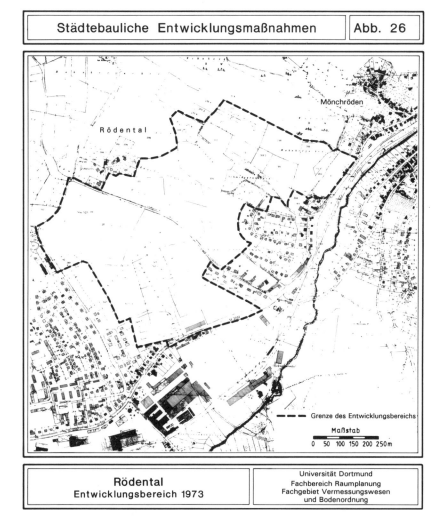

Abb. 26 Städtebauliche Entwicklungsmaßnahmen

Rödental – Entwicklungsbereich 1973

Universität Dortmund
Fachbereich Raumplanung
Fachgebiet Vermessungswesen
und Bodenordnung

Der von dem Preisträger im Jahre 1975 erstellte Rahmenplan enthielt voneinander abgegrenzte Nutzungsbereiche für Infrastruktur (öffentliche und private Dienstleistungen, Läden) einerseits und Wohnen andererseits. Dadurch wollte man mögliche Nutzungskonflikte vermeiden. Entsprechend den Vorgaben dieses Rahmenplans wurde der Entwicklungsbereich in fünf Teilabschnitte aufgeteilt. Hierfür wurden vier Bebauungspläne vom Planungsbüro erarbeitet:

a) Teilabschnitt 1: Bebauungsplan "Mitte-Zentrum", ca.18 ha, rechtsverbindlich seit dem 29.11.1976

Hier standen u.a. zur Verwirklichung an: das neue Rathaus, eine Mehrzweckhalle, ein Bürgerhaus (mit Veranstaltungssaal und Besprechungsräumen), eine Grundschule, ein Geschäftszentrum für Einzelhandels- und Dienstleistungsbetriebe (Banken, Post, Café, Apotheke) mit einer überdachten Ladenzeile (z.T. für Geschäfte mit höherwertigen Gütern, wie im Gutachten der DSK vorgesehen) und Geschoßwohnungsbau mit maximal drei Geschossen.

b) Teilabschnitt 2: Bebauungsplan "Mitte-West", ca. 9 ha, rechtsverbindlich seit 21.3.1978

Ausschließlich Wohnnutzung (reines Wohngebiet, maximal dreigeschossig) mit Flächen für freistehende Einfamilienhäuser, verdichteten Flachbau und Geschoßwohnungsbau (auch Eigentumswohnungen)

c) Teilabschnitt 3: Bebauungsplan "Rötlein", ca. 5 ha, rechtsverbindlich seit 21.3.1980

Flächen im östlichen Bereich für Geschoßwohnungsbau und im westlichen Bereich für freistehende Häuser und Doppelhäuser, maximal dreigeschossig

d) Teilabschnitt 4 (Stadtpark): Teilgebiet des Bebauungsplans "Mahnberg" mit insgesamt ca. 22 ha, rechtsverbindlich seit 29.11.1976

Flächen für freistehende Einfamilienhäuser und Geschoßwohnungsbau (auch Eigentumswohnungen), im Zentrum Grünbereich mit Teich und Kinderspielplatz als Naherholungszone, maximal zweigeschossig

e) Teilabschnitt 5 (Mahnberg): Teilgebiet des Bebauungsplans "Mahnberg"

Überwiegend Flächen für freistehende Einzel- und Doppelhäuser sowie für Reihenhäuser, maximal zweigeschossig.

Sämtliche Bebauungsplanverfahren einschließlich Änderungsverfahren wurden zügig ohne größere Schwierigkeiten innerhalb eines Jahres zum Abschluß gebracht.

Ab 1969 wurden Grundstücke für das geplante Ortszentrum erworben. Die Grundstücksverhandlungen wurden auf den Planungsverband übertragen. Schon zu dieser Zeit zeigte sich, daß die Bayerische Staatsforstverwaltung als größter Grundeigentümer (ca. 72 % der Flächen im Entwicklungsbereich) kein leichter Verhandlungspartner war. Bis 1973 konnten ca. 3 ha Gelände im späteren Bebauungsplanbereich "Mitte-Zentrum" erworben werden. Die vereinbarten Kaufpreise von ca. 16,- DM/m² lagen infolge der bisherigen Planungen über den Preisen des Agrarlandes.

Nach förmlicher Festlegung des Entwicklungsbereichs im Jahre 1974 erfolgte der Grunderwerb abschnittsweise: Der Entwicklungsträger erwarb vorrangig die Grundstücke in den Teilbereichen, die zuerst erschlossen und bebaut werden sollten. Allerdings dauerte es längere Zeit bis der Gutachterausschuß die zum Ankauf benötigten entwicklungsunbeeinflußten Grundstückswerte ermittelt hatte. Nachdem diese Werte bestimmt waren, konnten Kaufpreisforderungen

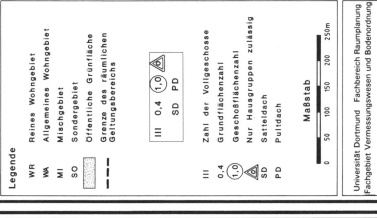
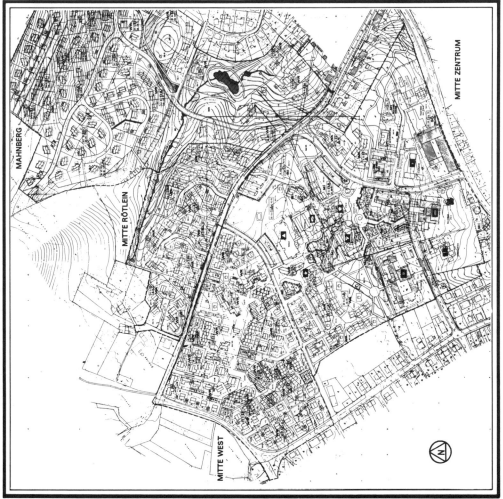

Abb. 27: Rödental Bebauungspläne

privater Grundstückseigentümer von über 20,- DM/m² mit Verweis auf die Nichtberücksichtigung entwicklungsbedingter Bodenwertsteigerungen nach § 23 Abs. 2 StBauFG auf 9,- DM/m² bis 12,- DM/m² reduziert werden (16,- DM/m² bis 18,- DM/m² für das Zentrum). Außerdem wurden Kaufverträge mit überhöhten entwicklungsbeeinflußten Kaufpreisen von der Gemeinde nicht genehmigt. Aufgrund der Anpassung an die Marktlage betragen die entwicklungsunbeeinflußten Grundstückswerte heute ca. 30,- DM/m².

Jedoch gerieten die Grunderwerbsverhandlungen nach der förmlichen Festlegung des Entwicklungsbereichs ins Stocken, weil die Staatsforstverwaltung als größter Grundeigentümer im Entwicklungsbereich - sie besaß etwa die Hälfte aller Grundstücke - die vom Gutachterausschuß ermittelten Anfangswerte nicht akzeptierte. Sie wollte die in ihrem Auftrag vom staatlichen Landbauamt ermittelten Preise von 26,- DM/m² bis 30,- DM/m² durchsetzen. Erst im Oktober 1976 konnte der erste Kaufvertrag abgeschlossen werden. Zu einem von der Gemeinde angestrebten Enteignungsverfahren kam es nur deshalb nicht, weil sich der für das Forstwesen zuständige bayerische Minister persönlich für das Zustandekommen des Kaufvertrages zum entwicklungsunbeeinflußten Grundstückswert einsetzte.

In der folgenden Zeit konnte der Grunderwerb zügig fortgeführt werden. Ersatzlandbereitstellung war nicht erforderlich. Schwierigkeiten mit Landwirten gab es nicht. Durch den Grunderwerb wurde keinem landwirtschaftlichen Betrieb unfreiwillig die Existenzgrundlage entzogen. Bis auf einen Teilbereich von etwa 9 ha im Bebauungsplangebiet "Mahnberg" waren Ende 1991 alle Flächen aufgekauft. Die Preise lagen zu dieser Zeit bei etwa 23,- DM/m².

Da man sich mit der Schaffung des Verwaltungs- und Versorgungszentrums eine Signalwirkung für weitere private Investitionen erhoffte, wurde die zunächst vorgesehene Erschließung des Wohngebietes "Mahnberg" auf einen späteren Zeitpunkt verschoben. Man begann mit der Erschließung der Bebauungsplanbereiche "Mitte-Zentrum" und "Mitte-West". Aufgrund der guten Nachfragesituation konnten genügend Bauinteressenten für den Wohnungsbau gewonnen werden. Des weiteren konnten ausreichend Investoren für die notwendigen Infrastruktureinrichtungen gefunden werden. Vor allem der Bau des Rathauses und der Mehrzweckhalle im Bereich "Mitte-Zentrum" gaben den Anstoß zu weiteren - privaten wie öffentlichen - Maßnahmen.

Der Bereich "Mitte-Zentrum" ist bis auf das geplante Bürgerhaus, die überdachte Ladenzeile und die Grundschule, die 1993/94 gebaut werden soll, vollständig mit den geplanten öffentlichen und privaten Verwaltungs- und Versorgungseinrichtungen bebaut.[1] Weiterhin entstanden hier eine Reihe von Geschoßwohnungen, z.T. altengerecht, die überwiegend von Wohnungsbaugesellschaften im Sozialen Wohnungsbau erstellt wurden.

---

1   Rathaus, Bauhof der Gemeinde, Post, Banken und Sparkasse, Mehrzweckhalle, Kindergarten, Feuerwehrgerätehaus mit Sozialstation, evangelisches Gemeindezentrum, Apotheke, Ärztehaus, Ladengeschäfte, Einkaufsmärkte, Café, Restaurant, doppelstöckige Parkpalette (eine zweite befand sich Ende 1991 noch im Bau); Altenheim und Hallenbad wurden schon vor förmlicher Festlegung des Entwicklungsbereichs auf der Grundlage des damaligen Bebauungsplanentwurfs fertiggestellt.

Auch die neugeordneten Grundstücke in den Bauabschnitten "Mitte-West", "Rötlein" und "Stadtpark" konnten zügig veräußert werden. Diese sind heute vollständig bebaut.

Mit der Erschließung des Baugebietes "Mahnberg" wurde 1988 begonnen. Für den noch ausstehenden Grunderwerb (ca. 1,5 ha) beabsichtigt die Gemeinde in zwei bis drei Fällen die Enteignung zu beantragen, da bis heute eine Einigung mit den Eigentümern wegen überhöhter Kaufpreisforderungen nicht zustande kam. Etwa 25 % der Baugrundstücke waren Ende 1991 verkauft und zum Teil bebaut.

Bei der Grundstücksveräußerung wurden Kaufverträge mit folgenden Bedingungen bzw. Auflagen für den Erwerber zur Sicherung der Entwicklungsziele abgeschlossen:

- Jeder Grundstückserwerber hat die Pflicht, innerhalb von 2 Jahren mit dem Hochbau zu beginnen. Bei Nichteinhaltung bzw. bei Weiterverkauf des Grundstücks in unbebautem Zustand hat der Entwicklungsträger ein Rückkaufsrecht zum selben Preis mit dem der Erwerber das Grundstück erworben hat. Die durch die Ausübung des Rückkaufsrechts entstehenden Kosten, Steuern und Gebühren trägt der Eigentümer. Das Rückkaufsrecht wird durch eine Rückauflassungsvormerkung im Grundbuch abgesichert.

- Neben dem allgemeinen Vorkaufsrecht nach dem BBauG/BauGB wird zusätzlich ein dingliches Vorkaufsrecht zugunsten des Entwicklungsträgers im Grundbuch eingetragen.

- Der Käufer verpflichtet sich, ausschließlich eine Gas- oder Elektroheizung zu installieren; eine Beheizung mit Öl oder festen Brennstoffen ist nicht zulässig.

- Der Käufer darf nur die vorhandene Gemeinschaftsantennenanlage benutzen und keine eigene Antennenanlage aufstellen.

- Der Erwerber zahlt einen vorläufigen Kaufpreis unter Anerkennung des noch genauer zu ermittelnden Preises, wenn er vom Gutachterausschuß noch nicht ermittelt wurde (s.u.).

Des weiteren hatten bzw. haben die Käufer eine städtebauliche Oberleitung durch die Gemeinde und die DSK anzuerkennen. Im Grundstückskaufvertrag steht hierzu:

"Die DSK führt eine städtebauliche Oberleitung durch. Ziel der städtebaulichen Oberleitung ist eine überzeugende städtebauliche Gesamtanlage. Für die städtebaulich-architektonische Überwachung bedient sich die DSK des Architekturbüros .... und für die Gestaltung der Außenanlagen des Architekturbüros ... . Zusätzliche Kosten entstehen dem Käufer dadurch nicht. Der Käufer anerkennt die Oberleitung der DSK und der beauftragten Architekten und verpflichtet sich, die Bebauung des Baugrundstücks hinsichtlich Architektur, Gestaltung der Gebäude (wie z.B. Fensterformate, Farbe der Dacheindeckung und des Außenputzes etc.) und Außenanlagen (insbesondere Einfriedungen und Vorgärten) vor Einreichung seines Baugesuchs mit der städtebaulichen Oberleitung abzustimmen und die Anregungen bei der Bauausführung zu erfüllen, auch soweit nicht im Baugenehmigungsbescheid enthalten. Die Festsetzungen des Grünordnungsplanes sind bei der Gestaltung der Außenanlagen zu beachten."

Der Verkaufspreis ergab sich aus den vom Gutachterausschuß ermittelten Neuordnungswerten. Er lag zu Beginn der Grundstücksverkäufe bei 47,- DM/m² bis 60,- DM/m² je nach Lage; Anfang 1993 lag er bei 80,- DM/m² bis 95,- DM/m² je nach Lage.

Die Ermittlung des Neuordnungswerts durch den Gutachterausschuß gestaltete sich ebenfalls schwierig und dauerte längere Zeit. Erst im August 1978 war das erste Verkehrswertgutachten fertiggestellt. Aber schon im Jahre 1976 war die Erschließung des Bereichs "Mitte-Zentrum" so weit fortgeschritten, daß eine Vielzahl von Bewerbern sich für die Vergabe von Wohnbauplätzen angemeldet hatte. Da die Gemeinde einerseits die Baumaßnahmen nicht unnötig hinauszögern und andererseits nicht auf die Einnahmen aus den Verkaufserlösen verzichten wollte, begann man in diesem Jahr mit der Veräußerung baureifer Grundstücke. In den Grundstückskaufverträgen mußten vorläufige Kaufpreise vereinbart werden. Bedingung war, daß die Erwerber den noch endgültig zu bestimmenden Preis aufgrund des ausstehenden Verkehrswertgutachtens anerkennen (s.o.). Das war besonders unbefriedigend, als der Gutachterausschuß für 1989/90 eine allgemeine Preissteigerung von 30 % ermittelte.

Die vom Gutachterausschuß ermittelten Neuordnungswerte wurden unter Berücksichtigung der Aufschließungskosten als günstig angesehen. Mitte der achtziger Jahre überlegte man, die vom Gutachterausschuß ermittelten Neuordnungswerte mit einem Aufschlag von 10 % festzusetzen. Der Stadtrat sprach sich aber dagegen aus.

Die Bayerische Staatsforstverwaltung bereitete ein zweites Mal größere Schwierigkeiten, als sie gegen ein Vermessungsergebnis in Zusammenhang mit dem Ausbau der Staatsstraße 2202[1] Widerspruch einlegte und die nachfolgenden Veränderungsnachweise über die Vermessung der Grundstücke im Entwicklungsbereich im Grundbuch nicht vollzogen werden konnten. Die rechtlich noch nicht gebildeten Grundstücke sollten aber verkauft werden. Daher wurden noch nicht vermessene Teilflächen verkauft und die Vertragsparteien mußten sich verpflichten, das spätere Vermessungsergebnis anzuerkennen. Daraus ergab sich ein weiteres Problem für die Grundstückserwerber. Sie konnten, da ihre Grundstücke rechtlich noch nicht im Grundbuch nachgewiesen waren, zur Finanzierung keine Hypotheken aufnehmen. Das Problem konnte jedoch insofern gelöst werden, als die örtlichen Kreditinstitute die Ansprüche aus den jeweiligen Kaufverträgen so lange beliehen, bis grundbuchrechtlich der Kauf des Grundstücks vollzogen war und die Absicherung durch eine Grundschuld bzw. Hypothek erfolgte.

Dem Wunsch einiger Alteigentümer nach Grundstücksankauf und -neuordnung Bauplätze zurückzuerwerben wird im letzten Bebauungsplanabschnitt entsprochen. Dabei wird vertraglich ein "Rückkauf" von Baugrundstücken vereinbart. Der Anteil der reprivatisierten Flächen betrug bis Anfang 1993 knapp 5.000 m².

---

1   Es handelt sich um die Ortsdurchfahrtsstraße von Rödental; sie grenzt direkt südlich an den Entwicklungsbereich an.

Obwohl die Gemeinde bzw. der Entwicklungsträger nicht streng auf die Einhaltung der Bebauungsfrist von zwei Jahren beharrte (konnte der neue Eigen-

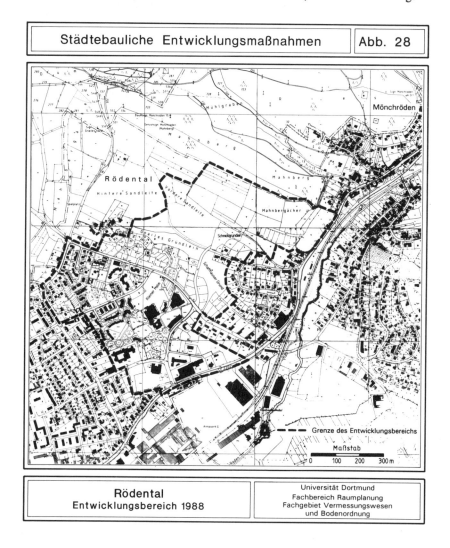

Städtebauliche Entwicklungsmaßnahmen — Abb. 28

Rödental
Entwicklungsbereich 1988

Universität Dortmund
Fachbereich Raumplanung
Fachgebiet Vermessungswesen
und Bodenordnung

tümer glaubhaft machen, daß er alsbald nach Ablauf der Frist mit dem Bau beginnen werde, so wurde die Frist verlängert), gab es drei Fälle, bei denen das Rückkaufsrecht ausgeübt werden mußte. Hierbei gab es von seiten der Eigentümer keine Schwierigkeiten.

Im Entwicklungsbereich wohnten April 1993 etwa 2.150 Menschen in 309 Ein- und Zweifamilienhäusern, 191 Mietwohnungen im Geschoßwohnungsbau (öffentlich gefördert) und 102 Eigentumswohnungen. Die städtebauliche Entwicklungsmaßnahme wird nach Angaben der Verwaltung voraussichtlich im Jahre 2000 abgeschlossen sein. Dann werden etwa 2.700 Einwohner im Entwicklungsbereich leben.

5. Kosten und Finanzierung

Seit 1972 wird die Maßnahme mit Städtebauförderungsmitteln gefördert. Im Antrag von 1972 auf Förderung nach dem StBauFG wurden die Kosten der Entwicklungsmaßnahme auf 14.280.000,- DM bis zum Jahr 1977 geschätzt. Mit Beschluß vom Juli 1972 verpflichtete sich die Gemeinde, von den Kosten der Entwicklungsmaßnahme ein Drittel selbst zu übernehmen. Durch die Förderungszusage waren die restlichen zwei Drittel der förderungsfähigen Kosten der Maßnahme gedeckt.

Tatsächlich entstanden an Kosten bis Ende 1992 ca. 46,3 Mio. DM, u.a. ca. 8,3 Mio. DM für Grunderwerb, ca. 29,3 Mio. DM für Erschließung, ca. 1,7 Mio. DM für den Entwicklungsträger, ca. 5,1 Mio. DM förderungsfähige Kosten für Rathausneubau, Mehrzweckhalle, Tiefgarage, Hochbehälter für die Wasserversorgung und Parkpalette, die auch im Rahmen des Programms für Zukunftsinvestitionen (ZIP) gefördert wurde.

Bis 1992 wurden 22,333 Mio. DM (11,220 Mio. DM Bund, 11,113 Mio. DM Land) Städtebauförderungsmittel bewilligt und ausgezahlt. Die Einnahmen aus der Grundstücksveräußerung lagen Ende 1992 bei ca. 11,1 Mio. DM. Bis zum voraussichtlichen Abschluß der Entwicklungsmaßnahme im Jahr 2000 werden nach der Finanzplanung des Entwicklungsträgers weitere Kosten in Höhe von 15.609.200,- DM veranschlagt.

Städtebauliche Entwicklungsmaßnahmen

§ 165

Städtebauliche Entwicklungsmaßnahmen.

(1) Städtebauliche Entwicklungsmaßnahmen in Stadt und Land, deren einheitliche Vorbereitung und zügige Durchführung im öffentlichen Interesse liegen, werden nach den Vorschriften dieses Teils vorbereitet und durchgeführt.

(2) Mit städtebaulichen Entwicklungsmaßnahmen nach Absatz 1 sollen Ortsteile und andere Teile des Gemeindegebiets entsprechend ihrer besonderen Bedeutung für die städtebauliche Entwicklung und Ordnung der Gemeinde oder entsprechend der angestrebten Entwicklung des Landesgebiets oder der Region erstmalig entwickelt oder im Rahmen einer städtebaulichen Neuordnung einer neuen Entwicklung zugeführt werden. Die Maßnahmen sollen der Errichtung von Wohn- und Arbeitsstätten sowie von Gemeindebedarfs- und Folgeeinrichtungen dienen.

(3) Die Gemeinde kann einen Bereich, in dem eine städtebauliche Entwicklungsmaßnahme durchgeführt werden soll, durch Beschluß förmlich als städtebaulichen Entwicklungsbereich festlegen, wenn

1. die Maßnahme den Zielen und Zwecken nach Absatz 2 entspricht,

2. das Wohl der Allgemeinheit die Durchführung der städtebaulichen Entwicklungsmaßnahme erfordert, insbesondere zur Deckung eines erhöhten Bedarfs an Wohn- und Arbeitsstätten oder zur Wiedernutzung brachliegender Flächen,

3. die zügige Durchführung der Maßnahme innerhalb eines absehbaren Zeitraums gewährleistet ist.

Die öffentlichen und privaten Belange sind gegeneinander und untereinander gerecht abzuwägen.

(4) Die Gemeinde hat vor der förmlichen Festlegung des städtebaulichen Entwicklungsbereichs die Voruntersuchungen durchzuführen oder zu veranlassen, die erforderlich sind, um Beurteilungsunterlagen über die Festlegungsvoraussetzungen nach Absatz 3 zu gewinnen. Von Voruntersuchungen kann abgesehen werden, wenn hinreichende Beurteilungsunterlagen bereits vorliegen. Die Gemeinde leitet die Vorbereitung der Entwicklung durch den Beschluß über den Beginn der Voruntersuchungen ein. Der Beschluß ist ortsüblich bekanntzumachen. Dabei ist auf die Auskunftspflicht nach § 138 hinzuweisen. Ist der Beschluß über den Beginn der Voruntersuchungen gefaßt und ortsüblich bekanntgemacht, sind die §§ 137, 138 und 139 über die Beteiligung und Mitwirkung der Betroffenen, die Auskunftspflicht und die Beteiligung und Mitwirkung öffentlicher Aufgabenträger sowie § 15 auf Anträge auf Durchführung eines Vorhabens und auf Erteilung einer Teilungsgenehmigung im Sinne des § 144 Abs. 1 Nr. 1 und 2 entsprechend anzuwenden.

(5) Der städtebauliche Entwicklungsbereich ist so zu begrenzen, daß sich die Entwicklung zweckmäßig durchführen läßt. Einzelne Grundstücke, die von der Entwicklung nicht betroffen werden, können aus dem Bereich ganz oder teilweise ausgenommen werden. Grundstücke, die den in § 26 Nr. 2 und § 35 Abs. 1 Nr. 6 bezeichneten Zwecken dienen, die in § 26 Nr. 3 bezeichneten Grundstücke sowie Grundstücke, für die nach § 1 Abs. 2 des Landbeschaffungsgesetzes ein Anhörungsverfahren eingeleitet worden ist, und bundeseigene Grundstücke, bei denen die Absicht, sie für Zwecke der Landesverteidigung zu verwenden, der Gemeinde bekannt ist, dürfen nur mit Zustimmung des Bedarfsträgers in den städtebaulichen Entwicklungsbereich einbezogen werden. Der Bedarfsträger soll seine Zustimmung erteilen, wenn auch bei Berücksichtigung seiner Aufgaben ein überwiegendes öffentliches Interesse an der Durchführung der städtebaulichen Entwicklungsmaßnahme besteht.

(6) Die Gemeinde beschließt die förmliche Festlegung des städtebaulichen Entwicklungsbereichs als Satzung (Entwicklungssatzung). In der Entwicklungssatzung ist der städtebauliche Entwicklungsbereich zu bezeichnen.

(7) Die Entwicklungssatzung bedarf der Genehmigung der höheren Verwaltungsbehörde; dem Antrag auf Genehmigung ist ein Bericht über die Gründe, die die förmliche Festlegung des entwicklungsbedürftigen Bereichs rechtfertigen, beizufügen. § 6 Abs. 2 und 4 ist entsprechend anzuwenden.

(8) Die Entwicklungssatzung ist zusammen mit der Erteilung der Genehmigung ortsüblich bekanntzumachen. Hierbei ist auf die Genehmigungspflicht nach den §§ 144, 145 und 153 Abs. 2 hinzuweisen. Mit der Bekanntmachung wird die Entwicklungssatzung rechtsverbindlich.

(9) Die Gemeinde teilt dem Grundbuchamt die rechtsverbindliche Entwicklungssatzung mit. Sie hat hierbei die von der Entwicklungssatzung betroffenen Grundstücke einzeln aufzuführen. Das Grundbuchamt hat in die Grundbücher dieser Grundstücke einzutragen, daß eine städtebauliche Entwicklungsmaßnahme durchgeführt wird (Entwicklungvermerk). § 54 Abs. 2 und 3 ist entsprechend anzuwenden.

§ 166

Zuständigkeit und Aufgaben

(1) Die Entwicklungsmaßnahme wird von der Gemeinde vorbereitet und durchgeführt, sofern nicht nach Absatz 4 eine abweichende Regelung getroffen wird. Die Gemeinde hat für den städtebaulichen Entwicklungsbereich ohne Verzug Bebauungspläne aufzustellen und, soweit eine Aufgabe nicht nach sonstigen gesetzlichen Vorschriften einem anderen obliegt, alle erforderlichen Maßnahmen zu ergreifen, um die vorgesehene Entwicklung im städtebaulichen Entwicklungsbereich zu verwirklichen.

(2) Die Gemeinde hat die Voraussetzungen dafür zu schaffen, daß ein funktionsfähiger Bereich entsprechend der beabsichtigten städtebaulichen Entwicklung und Ordnung entsteht, der nach seinem wirtschaftlichen Gefüge und der Zusammensetzung seiner Bevölkerung den Zielen und Zwecken der städtebaulichen Entwicklungsmaßnahme entspricht und in dem eine ordnungsgemäße und zweckentsprechende Versorgung der Bevölkerung mit Gütern und Dienstleistungen sichergestellt ist.

(3) Die Gemeinde soll die Grundstücke im städtebaulichen Entwicklungsbereich erwerben. Dabei soll sie feststellen, ob und in welcher Rechtsform die bisherigen Eigentümer einen späteren Erwerb von Grundstücken oder Rechten im Rahmen des § 169 Abs. 6 anstreben. Die Gemeinde soll von dem Erwerb eines Grundstücks absehen, wenn

1. bei einem baulich genutzten Grundstück die Art und das Maß der baulichen Nutzung bei der Durchführung der Entwicklungsmaßnahme nicht geändert werden sollen oder

2. der Eigentümer eines Grundstücks, dessen Verwendung nach den Zielen und Zwecken der städtebaulichen Entwicklungsmaßnahme bestimmt oder mit ausreichender Sicherheit bestimmbar ist, in der Lage ist, das Grundstück binnen angemessener Frist dementsprechend zu nutzen, und er sich hierzu verpflichtet.

Erwirbt die Gemeinde ein Grundstück nicht, ist der Eigentümer verpflichtet, einen Ausgleichsbetrag an die Gemeinde zu entrichten, der der durch die Entwicklungsmaßnahme bedingten Erhöhung des Bodenwerts seines Grundstücks entspricht. Die §§ 154 und 155 sind entsprechend anzuwenden.

(4) Die Vorbereitung und Durchführung der Entwicklungsmaßnahme kann einem Planungsverband nach § 205 Abs. 4 übertragen werden.

§ 167

Entwicklungsträger

(1) Die Gemeinde kann einen Entwicklungsträger beauftragen,

1. die städtebauliche Entwicklungsmaßnahme vorzubereiten und durchzuführen,

2. Mittel, die die Gemeinde zur Verfügung stellt oder die ihr gewährt werden, oder sonstige der städtebaulichen Entwicklungsmaßnahme dienende Mittel zu bewirtschaften.

(2) Die Gemeinde darf die Aufgabe nur einem Unternehmen übertragen, dem die zuständige Behörde bestätigt hat, daß es die Voraussetzungen für die Übernahme der Aufgabe als Entwicklungsträger erfüllt; § 158 ist entsprechend anzuwenden.

(3) Der Entwicklungsträger erfüllt die ihm von der Gemeinde übertragenen Aufgaben in eigenem Namen für Rechnung der Gemeinde als deren Treuhänder. § 159 Abs. 1 Satz 3 und Abs. 2 sowie die §§ 160 und 161 sind entsprechend anzuwenden.

(4) Der Entwicklungsträger ist verpflichtet, die Grundstücke des Treuhandvermögens nach Maßgabe des § 169 Abs. 5 bis 8 zu veräußern; er ist dabei an Weisungen der Gemeinde gebunden.

§ 168

Übernahmeverlangen

(1) Der Eigentümer eines im städtebaulichen Entwicklungsbereich gelegenen Grundstücks kann von der Gemeinde die Übernahme des Grundstücks verlangen, wenn es ihm mit Rücksicht auf die Erklärung zum städtebaulichen Entwicklungsbereich oder den Stand der Entwicklungsmaßnahme wirtschaftlich nicht mehr zuzumuten ist, das Grundstück zu behalten oder in der bisherigen oder einer anderen zulässigen Art zu nutzen. Liegen die Flächen eines land- oder forstwirtschaftlichen Betriebs sowohl innerhalb als auch außerhalb des städtebaulichen Entwicklungsbereichs, kann der Eigentümer von der Gemeinde die Übernahme sämtlicher Grundstücke des Betriebs verlangen, wenn die Erfüllung des Übernahmeverlangens für die Gemeinde keine unzumutbare Belastung bedeutet; die Gemeinde kann sich auf eine unzumutbare Belastung nicht berufen, soweit die außerhalb des städtebaulichen Entwicklungsbereichs gelegenen Grundstücke nicht mehr in angemessenen Umfang baulich oder wirtschaftlich genutzt werden können.

(2) Kommt eine Einigung über die Übernahme nicht zustande, kann der Eigentümer die Entziehung des Eigentums an dem Grundstück verlangen. Auf die Entziehung des Eigentums sind die Vorschriften des Fünften Teils des Ersten Kapitels über die Enteignung entsprechend anzuwenden.

§ 169

Besondere Vorschriften für den städtebaulichen Entwicklungsbereich

(1) Im städtebaulichen Entwicklungsbereich sind entsprechend anzuwenden

1. die §§ 144 und 145 (Genehmigungspflichtige Vorhaben, Teilungen und Rechtsvorgänge; Genehmigung),

2. § 147 Abs. 2 (Durchführung von Ordnungsmaßnahmen durch den Eigentümer),

3. § 151 (Abgaben- und Auslagenbefreiung),

4. § 153 Abs. 1 bis 3 (Bemessung von Ausgleichs- und Entschädigungsleistungen; Kaufpreise),

5. § 154 Abs. 1 Satz 2 und § 156 (Erschließungsbeiträge; Überleitungsvorschriften zur förmlichen Festlegung),

6. die §§ 162 bis 164 (Abschluß der Maßnahme),

7. § 191 (Vorschriften über den Verkehr mit land- und forstwirtschaftlichen Grundstücken).

(2) Die Vorschriften des Vierten Teils des Ersten Kapitels über die Bodenordnung sind im städtebaulichen Entwicklungsbereich nicht anzuwenden.

(3) Die Enteignung ist im städtebaulichen Entwicklungsbereich ohne Bebauungsplan zugunsten der Gemeinde oder des Entwicklungsträgers zur Erfüllung ihrer Aufgaben zulässig. Sie setzt voraus, daß der Antragsteller sich ernsthaft um den freihändigen Erwerb des Grundstücks zu angemessenen Bedingungen bemüht hat. Die §§ 85, 87, 88 und 89 Abs. 1 bis 3 sind im städtebaulichen Entwicklungsbereich nicht anzuwenden.

(4) Auf land- oder forstwirtschaftlich genutzte Grundstücke ist § 153 Abs. 1 mit der Maßgabe entsprechend anzuwenden, daß der Wert maßgebend ist, der in vergleichbaren Fällen im gewöhnlichen Geschäftsverkehr auf dem allgemeinen Grundstücksmarkt dort zu erzielen wäre, wo keine Entwicklungsmaßnahmen vorgesehen sind.

(5) Die Gemeinde ist verpflichtet, Grundstücke, die sie zur Durchführung der Entwicklungsmaßnahme freihändig oder nach den Vorschriften dieses Gesetzbuchs erworben hat, nach Maßgabe der Absätze 6 bis 8 zu veräußern mit Ausnahme der Flächen, die als Baugrundstücke für den Gemeinbedarf oder als Verkehrs-, Versorgungs- oder Grünflächen in einem Bebauungsplan festgesetzt sind oder für sonstige öffentliche Zwecke oder als Austauschland oder zur Entschädigung in Land benötigt werden.

(6) Die Grundstücke sind nach ihrer Neuordnung und Erschließung unter Berücksichtigung weiter Kreise der Bevölkerung und unter Beachtung der Ziele und Zwecke der Entwicklungsmaßnahme an Bauwillige zu veräußern, die sich verpflichten, daß sie die Grundstücke innerhalb angemessener Frist entsprechend den Festsetzungen des Bebauungsplans und den Erfordernissen der Entwicklungsmaßnahme bebauen werden. Dabei sind zunächst die früheren Eigentümer zu berücksichtigen. Auf die Veräußerungspflicht ist § 89 Abs. 4 anzuwenden. Zur land- oder forstwirtschaftlichen Nutzung festgesetzte Grundstücke sind Land- oder Forstwirten anzubieten, die zur Durchführung der Entwicklungsmaßnahme Grundstücke übereignet haben oder abgeben mußten.

(7) Die Gemeinde hat bei der Veräußerung dafür zu sorgen, daß die Bauwilligen die Bebauung in wirtschaftlich sinnvoller Aufeinanderfolge derart durchführen, daß die Ziele und Zwecke der städtebaulichen Entwicklung erreicht werden und die Vorhaben sich in den Rahmen der Gesamtmaßnahme einordnen. Sie hat weiter sicherzustellen, daß die neu geschaffenen baulichen Anlagen entsprechend den Zielen und Zwecken der städtebaulichen Entwicklungsmaßnahme dauerhaft genutzt werden.

(8) Zur Finanzierung der Entwicklung ist das Grundstück oder das Recht zu dem Verkehrswert zu veräußern, der sich durch die rechtliche und tatsächliche Neuordnung des städtebaulichen Entwicklungsbereichs ergibt. § 154 Abs. 5 ist auf den Teil des Kaufpreises entsprechend anzuwenden, der der durch die Entwicklung bedingten Werterhöhung des Grundstücks entspricht.

§ 170

Sonderregelung für Anpassungsgebiete

Ergeben sich aus den Zielen und Zwecken der städtebaulichen Entwicklungsmaßnahme in einem im Zusammenhang bebauten Gebiet Maßnahmen zur Anpassung an die vorgesehene Entwicklung, kann die Gemeinde dieses Gebiet in der Entwicklungssatzung förmlich festlegen (Anpassungsgebiet). Das Anpassungsgebiet ist in der Entwicklungssatzung zu bezeichnen. Die förmliche Festlegung darf erst erfolgen, wenn entsprechend § 141 vorbereitende Untersuchungen durchgeführt worden sind. In dem Anpassungsgebiet sind neben den für städtebauliche Entwicklungsmaßnahmen geltenden Vorschriften mit Ausnahme des § 166 Abs. 3 und des § 169 Abs. 2 bis 8 die Vorschriften über städtebauliche Sanierungsmaßnahmen entsprechend anzuwenden, mit Ausnahme der §§ 136, 142 und 143 Abs. 1, 2 und 4.

§ 171

Kosten und Finanzierung
der Entwicklungsmaßnahme

(1) Einnahmen, die bei der Vorbereitung und Durchführung der Entwicklungsmaßnahme entstehen, sind zur Finanzierung der Entwicklungsmaßnahme zu verwenden.

(2) Die Gemeinde hat entsprechend § 149 nach dem Stand der Planung eine Kosten- und Finanzierungsübersicht aufzustellen. Zu berücksichtigen sind die Kosten, die nach den Zielen und Zwecken der Entwicklung erforderlich sind.

LITERATURVERZEICHNIS

Aderhold, D.
Grenzregelungsverfahren nach dem Bundesbaugesetz, Möglichkeiten und Grenzen, VR 1984, S. 423

Alder, C.
Rechtliche Voraussetzungen und Grundsätze der Baulandumlegung, Schriftenreihe zur Orts-, Regional- und Landesplanung der ETH Zürich, Nr. 9, 1972, S. 44

ARGEBAU - Fachkommission "Städtebauliche Erneuerung"
- Muster-Einführungserlaß vom 7.6.1990
- Arbeitshilfe für städtebauliche Entwicklungsmaßnahmen nach dem BauGB-Maßnahmengesetz, Stand: Juli 1992

Bielenberg, W.
- Empfehlen sich weitere bodenrechtliche Vorschriften im städtebaulichen Bereich?, Gutachten B zum 49. Deutschen Juristentag, München 1972
- Erweiterte Umlegung und gemeindliche Entwicklungsmaßnahmen, BBaubl. 1982, S. 540 u. 606
- Baupflichten und Wohnbaulandmobilisierung, Informationsdienst vhw 1992, S. 193

Bohnsack, G.
- Gesellschaft·Raumordnung·Städtebau·Grund und Boden, Sammlung Wichmann Neue Folge, Schriftenreihe Heft 6, 1967

Braam, W.
- Stadtplanung, 2. Auflage, Düsseldorf 1993

Bundesminister für Raumordnung, Bauwesen und Städtebau
- Bodenpreise, Bodenmarkt und Bodenpolitik, Schriftenreihe "Städtebauliche Forschung", Heft Nr. 03.088, Bonn 1981
- Baulandbericht 1983, Schriftenreihe "Städtebauliche Forschung", Heft Nr. 03.100, Bonn 1983
- Materialien zum Baugesetzbuch, Schriftenreihe "Städtebauliche Forschung", Heft Nr. 03.108, Bonn 1984
- Städtebauliche Entwicklungsmaßnahmen, Schriftenreihe "Stadtentwicklung", Heft Nr. 02.035, Bonn 1985
- Baulandbericht 1986, Schriftenreihe "Städtebauliche Forschung", Heft Nr. 03.116, Bonn 1986

Conradi, P., Dieterich, H., Hauff, V.
Für ein soziales Bodenrecht, Frankfurt 1972

Coordes, C.
Neue Städte nach dem Städtebauförderungsgesetz, Stadtbauwelt 1972, S. 286

Deutscher Städtetag
Neue Wohnungsnot in unseren Städten, Heft Nr. 41, 1980

Dieckmann, J.
Zur Bodenrechtsinitiative des Deutschen Städtetages, GuG 1991, S. 181

Dieterich, H.
- Die freiwillige Bodenordnung nach dem "Stuttgarter Modell", Württembergische Gemeindezeitung 1972, S. 306
- Verkehrswert oder Verkehrswertspanne?, ZfBR 1979, S. 223
- Konsequente Flächenumlegung statt erweiterter Umlegung?, ZfBR 1982, S. 195
- Wertermittlung bei Industriebrachen, DS 1987, S. 237 u. 271

Dieterich, H.
- Baulandumlegung, 2. Auflage, München 1990
- Brauchen wir neue staatliche Interventionen auf dem Bodenmarkt?, GuG 1990, S. 16

Dieterich, H., Dieterich-Buchwald, B.
- Sicherung der Sanierungs- und Entwicklungsziele während der Bauphase, VR 1982, S. 200
- Endlich Innenentwicklungsbereiche!, ZfBR 1990, S. 61

Dieterich, H., Lemmen, F.-J.
Bewältigung der naturschutzrechtlichen Eingriffsregelung durch Umlegungen?, GuG 1991, S. 301

Dieterich, H., u.a.
- Umwidmung brachliegender Gewerbe- und Verkehrsflächen, Schriftenreihe "Städtebauliche Forschung" des Bundesministers für Raumordnung, Bauwesen und Städtebau, Nr. 03.112, Bonn 1985
- Baulandpotential und städtischer Lücken-Wohnungsbau, Schriftenreihe des Bundesministers für Raumordnung, Bauwesen und Städtebau, Nr. 03.089, Bonn 1981

Dieterich-Buchwald, B.
Bedeutung der Entwicklungsmaßnahme für die Stadtentwicklung, Informationsdienst des Volksheimstättenwerks 1990, S. 128

Döhne, W.
Stadterneuerung in Public Private Partnership - Modeformel oder neuer Weg?, Mitteilungen der Landesentwicklungsgesellschaften und Heimstätten, 1/1992, S. 3 (6)

Dransfeld, E., Voß, W.
Funktionsweise städtischer Bodenmärkte in Mitgliedstaaten der europäischen Gemeinschaft - Ein Systemvergleich, Diss., Dortmund 1993

Estermann, H.
Industriebrachen: Grundstücksfonds u. Development Corporation, Karlsruhe 1986

Fleck, K.
Erfahrungen mit städtebaulichen Entwicklungsmaßnahmen, Vortrag auf dem 311. Kurs des Instituts für Städtebau der Deutschen Akademie für Städtebau und Landesplanung Berlin vom 26. bis 28. April 1993 in Berlin, in: Referatesammlung zum 307. und 311. Kurs des Instituts, Berlin 1993, S. 185

Forßmann, J.
Entstehung, Funktion und Ablauf städtebaulicher Entwicklungsmaßnahmen nach dem Städtebauförderungsgesetz, Diss. 1978

Gaentzsch, G.
Städtebauliche Entwicklungsmaßnahmen nach dem Baugesetzbuch-Maßnahmengesetz, NVwZ 1991, S. 921

Gellermann, M., Middeke, A.
Der Vertragsnaturschutz, NuR 1991, S. 457

Glück, A.
Mehr Bauland ist möglich, München, 1981

Gronemeyer, S.
Der Verkehrswert als Schranke rechtsgeschäftlicher Veräußerung eines Grundstücks, BauR 1979, S. 112

Güttler, H.
Die Zuteilungsberechnung in der "erweiterten Umlegung" - Bereitstellung von Wohnbauflächen für bauwillige Dritte, VR 1982, S. 386

Halcour, F.
Die Altlastenproblematik aus technischer, planerischer und ökonomischer Sicht, GuG 1991, S. 263

Haus, U.
Zur Entwicklung lokaler Identität nach der Gemeindegebietsreform in Bayern, Passau 1989

Hildebrandt, H.
Baulandumlegung als gesetzliches Instrumentarium zum Vollzug der Bauleitplanung, ZfV 1984, S. 547

Jahn, R.
Einheimischenmodelle in Bayern - Rechtsfragen kommunaler Bau- und Bodenpolitik, Bay.Vbl. 1991, S. 33

Jans, H., Elferink, W.
Die Fortentwicklung des Planungs- und Bodenrechts in den Niederlanden, in: AfK (Archiv für Kommunalwissenschaften) I, 1985, S. 82

Kleiber, W., Simon, J., Weyers, G.
Recht und Praxis der Verkehrswertermittlung von Grundstücken, Köln 1991

Kratzenberg, R.
- Baulandbereitstellung mit der städtebaulichen Entwicklungsmaßnahme, Mitteilungen der Landesentwicklungsgesellschaften und Heimstätten, 3/1992, S. 13

- Städtebauliche Entwicklungsmaßnahmen - Ein bewährtes Instrument im neuen Gewand, BBauBl. 1992, S. 6

Krautzberger, M.
- Das Gesetz zur Erleichterung der Bereitstellung von Bauland, BBaubl. 1981, S. 514

- Das Maßnahmengesetz zum Baugesetzbuch, GuG 1990, S. 3

- Die "erweiterte Umlegung": Gesetzentwurf, Reformansatz und bodenpolitische Praxis, VR 1982, S. 374

Krautzberger, M.
- Notwendigkeit und Strategien der Aufschließung von Gewerbe- und Industrieflächen, WiVerw 1991, S. 117
- Die städtebauliche Entwicklungsmaßnahme - ein wichtiges baulandpolitisches Instrument der Gemeinden, LKV 1992, S. 84
- Naturschutz und Städtebau, Bauwelt 1992, S. 636 (638)
- Engpässe auf den Baulandmärkten - gesetzgeberische Überlegungen, GuG 1992, S. 249
- Ziele und Voraussetzungen städtebaulicher Entwicklungsmaßnahmen, WiVerw 1993, S. 85
- Die bodenpolitisch und naturschutzrechtlich bedeutsamen Regelungen des Investitionserleichterungs- und Wohnbaulandgesetzes, GuG 1993. S. 129

Krautzberger, M., Güttler, H.
Bodenvorratspolitik der Gemeinden, Städte- und Gemeindebund 1983, S. 7

Krupinski, H.-D.
Städtebauliche Entwicklungsmaßnahmen, Informationsdienst des Volksheimstättenwerks 1993, S. 90

Kuchler, F.
Das Verhältnis von Bauplanungsrecht und Naturschutzrecht, DVBl. 1989, S. 973

Lange, H.G.
Vier Jahre Städtebauförderungsgesetz, Der Städtetag 1975, S. 400

Lehr, R.
Erschließungsbeiträge - Bestandteil des Umlegungsplanes?, ZfV 1988, S. 21

Lemmen, F.-J.
- Grundstückswertermittlung in städtebaulichen Entwicklungsbereichen, Vortrag auf dem 311. Kurs des Instituts für Städtebau der Deutschen Akademie für Städtebau und Landesplanung Berlin vom 26. bis 28. April 1993 in Berlin, in: Referatesammlung zum 307. und 311. Kurs des Instituts, Berlin 1993, S. 71
- Grunderwerbsteuer im amtlichen Umlegungsverfahren?, ZfV 1993, S. 1

Meiners, H.
Bodenvorratspolitik und Baulandbeschaffung in den Niederlanden, in: Informationen zur Raumentwicklung, Bundesforschungsanstalt für Landeskunde und Raumordnung, S. 869

Minister für Stadtentwicklung und Verkehr des Landes NRW
Rechenschaftsbericht Grundstücksfonds, Stand: 31.12.1991

Minister für Stadtentwicklung, Wohnen und Verkehr des Landes NRW
Rechenschaftsbericht zum Grundstücksfonds Ruhr und zum Grundstücksfonds Nordrhein-Westfalen, Stand 31.12.1988

Needham, B.
The Netherlands in: Land and Housing Policies in Europe and The USA, (Hrsg.: Hallett), London 1990

Pfeiffer, U.
Baulandmangel - Marktversagen oder Politikversagen? GuG 1992 S. 1

Neuhausen, K.-H.
Die reaktivierte Entwicklungsmaßnahme, DÖV 1991, S. 146

Otte, E.
Anmerkung zum Urt. des Bundesverwaltungsgerichts vom 24.11.1978, ZfBR 1979, S. 76

Rössler, R., Langner, J., Simon, J., Kleiber, W.
Schätzung und Ermittlung von Grundstückswerten, 6. Auflage, Neuwied 1990

Runkel, P.
- Städtebauliche Entwicklungsmaßnahmen nach dem Maßnahmengesetz zum Baugesetzbuch, ZfBR, 1991, S. 91
- Städtebauliche Entwicklungsmaßnahmen nach dem Wohnungsbau-Erleichterungsgesetz, BBaubl. 1990, S. 252

Schäfer, R.
Ergebnisse eines Planspiels zur städtebaulichen Entwicklungsmaßnahme mit Vertretern bayerischer Städte und Gemeinden, Vortrag auf dem 311. Kurs des Instituts für Städtebau der Deutschen Akademie für Städtebau und Landesplanung Berlin vom 26. bis 28. April 1993 in Berlin, in: Referatesammlung zum 307. und 311. Kurs des Instituts, Berlin 1993, S. 19

Schindhelm, M., Wilde, H.
Die Abschöpfung des Sanierungsmehrwerts, Osnabrücker rechtswissenschaftliche Abhandlungen, 1991

Schmidt-Aßmann, E.
- Bemerkungen zum Boxberg-Urt. des BVerfG, NJW 1987, S. 1587
- Die eigentumsrechtlichen Grundlagen der Umlegung, DVBl. 1982, S. 125

Schmidt-Aßmann, E., Krebs, W.
Rechtsfragen städtebaulicher Verträge - Vertragstypen und Vertragsrechtslehren, Schriftenreihe "Forschung" des Bundesministers für Raumordnung, Bauwesen und Städtebau, Heft Nr. 460, 1988.

Schmidt-Eichstaedt, G.
Einführung in das neue Städtebaurecht - Ein Handbuch, Stuttgart 1987

Seele, W.
- Elemente und Probleme der städtischen Bodenpolitik, Verm.techn. 1991, S. 2
- Wertermittlung bei der Preisprüfung und Ungewißheit des Verkehrswertes, VR 1982, S. 105

Stahr, G.
- Wirtschaftliche Fragen zur Umlegung - Eine Auswertung abgeschlossener Erschließungsumlegungen, VR 1985, S. 335
- Wohnungsbauplanung und Naturschutz in Nordrhein-Westfalen, VR 1992, S. 207

Steger,
- Bauland von der Gemeinde, BWGZ 1981, S. 875

Steger,
- Freiwillige Bauland-Umlegungen in Baden-Württemberg, Rechtsfragen - Ergebnisse einer Umfrage, BWGZ 1982, S. 661

Steinbach, G.
Die Grenzregelung in der Praxis, Nachrichtenblatt der Vermessungs- und Katasterverwaltung Rheinland-Pfalz, 1988, S. 49

Steinebach, G.
Umwidmung militärischer Einrichtungen - Städtebauliche Möglichkeiten, BBaubl. 1992, S. 220

Steinfort, F.
Gesetze zur Förderung des Wohnungsbaus - nur Tropfen auf den heißen Stein, der städtetag 1991, S. 2 (5)

Stich, R.
- Wiedernutzung brachliegender Gewerbe-, Industrie- und Verkehrsflächen, UPR 1989, S. 401
- Bisher militärisch genutzte Flächen im Bundeseigentum als städtebauliche Entwicklungsmaßnahme im Sinne der §§ 6, 7 BauGB-MaßnahmenG, ZfBR 1992, S. 256
- Naturschutzrechtliche Eingriffs- und Ausgleichsregelungen und ihre Auswirkungen auf die gemeindliche Bauleitplanung und die Umlegung in Bebauungsplangebieten, GuG 1992, S. 301
- Die Aufgaben der Gemeinden zur Durchführung förmlicher städtebaulicher Entwicklungsmaßnahmen, WiVerw 1993, S. 104

Tesmer, W.
Das Stuttgarter Modell, ZfV 1971

Tiemann, M.
Konversion militärischer Liegenschaften, BBauBl. 1992, S. 811

Tiemann, M., Hüttenrauch, C.
Baulandpreise, Der städtetag 1982, S. 2

Umlandverband Frankfurt (Hrsg.)
Leitfaden zur gemeindlichen Anwendung von städtebaulichen Entwicklungsmaßnahmen nach den §§ 6 und 7 BauGB-Maßnahmengesetz

Velten, R., Steinfort, F.
Gehören Militärflächen den Städten?, Der städtetag 1992, S. 375

von der Heide, K.-H.
- Flächenmaßstab und Flächenbeitrag nach § 58 Baugesetzbuch - Vergangenheit, Gegenwart und Zukunft, VR 1988, S. 228
- Entwicklung der Bodenordnung in Stuttgart, VR 1989, S. 267

KOMMENTARE

Battis/Krautzberger/Löhr, Baugesetzbuch, 3. Auflage 1991, München 1991

Bielenberg, Städtebauförderungsgesetz, Kommentar, München 1986

Bielenberg/Koopmann/Krautzberger, Städtebauförderungsrecht, Kommentar und Handbuch, München 1992

Bielenberg/Krautzberger/Söfker, Baugesetzbuch, Leitfaden und Kommentierung, 3. Auflage, München 1990

Bielenberg/Krautzberger/Söfker, Städtebaurecht in den neuen Ländern, 2. Auflage, München 1992

Ernst/Zinkahn/Bielenberg, BauGB, München 1992

Hein, Kommentar zum Städtebauförderungsgesetz, Göttingen 1971

Kohlhammer, Kommentar zum Baugesetzbuch, Stuttgart 1992

Schlichter/Stich, Berliner Kommentar zum Baugesetzbuch, Köln 1988

Schlichter/Stich/Krautzberger, Städtebauförderungsgesetz, 2. Auflage, Köln 1985